新时代中国特色社会主义理论与实践研究丛书

北京大学习近平新时代中国特色社会主义思想研究院

新时代中国特色社会主义教育理论与实践研究

黄百炼 著

人民出版社

目　　录

前　言

党的十八大以来,习近平总书记站在实现中华民族伟大复兴的战略全局高度,十分敏锐地认识到教育、科技、人才对建设社会主义现代化强国的基础性、先导性和全局性重要作用,对新时代如何开展教育、科技、人才工作发表了一系列重要讲话。在日理万机的情况下,他亲自到学校考察达数十次,就教育改革发展提出一系列新理念新思想新观点。2018 年在新时代召开的第一次全国教育大会上,习近平总书记把他对教育改革发展的思考集中凝练为"九个坚持",形成了习近平总书记关于教育的重要论述的基本框架。全国教育系统组织学习习近平总书记关于教育的重要论述编写的各种讲义、读本都以"九个坚持"为基本框架展开阐释。

本书作为新时代中国特色社会主义教育理论与实践研究的专著,必须坚持以习近平总书记关于教育的重要论述为指导,同时还要注意把党的十八大以来教育领域各个方面贯彻落实习近平总书记关于教育的重要论述的理论研究和实践创新成果反映出来,从而形成了八章的结构框架。第一章"建设教育强国是实现中华民族伟大复兴的基础工程"。主要从建设教育强国是中华民族伟大复兴基础工程的角度论述优先发展教育事业的重大理论意义和现实意义;从人才资源是当今世界综合国力竞争的战略性资源角度论证教育优先发展思想;从解决新时代社会主要矛盾的突出短板阐述优先发展教育的社会推动作用。第二章"党对教育工作的全面领导是坚持中国特色社会主义教育发展道路的坚强保证"。主要从培养德智体美劳全面发展的社会主义事业建设者和接班人是关系党和国家长治久安的根本性问题,必须通过党的领导来把握社会主义办学方向;教育领域的很多工作对国家经济社会发展影响重大，加强党对教育事业的全面领导对实现党对一切工作的领导十分关键；高等教育处于教育事业的高端部位，加强党对高校的领导具有关系全局的作用；加强党的领导必须健全和完善党对教育工作领导的体制机制等几个方面来展开论述。第三章“新时代教育改革发展的基本要求”。习近平总书记“九个坚持”中，关于坚持社会主义的办学方向、坚持扎根中国大地办教育、坚持以人民为中心发展教育、坚持把服务中华民族伟大复兴作为教育的重要使命，是对整个教育工作如何服务于中国式现代化建设而提出的总体性要求。坚持社会主义的办学方向是我国举办教育事业的旗帜和道路；坚持扎根中国大地办教育是发展教育事业的立足点和出发点；坚持以人民为中心发展教育是我们发展教育的根本立场和最终归属；坚持把服务中华民族伟大复兴作为教育的重要使命是党和国家赋予广大教育工作者的神圣使命和责任担当。发展中国特色社会主义教育事业，这四个坚持必须融会贯通，统筹协调，全面把握，齐头并进。第四章“把立德树人作为教育的根本任务，培养担当民族复兴大任的时代新人”。习近平总书记在对中国特色社会主义事业长治久安的深邃思考中，高度重视立德树人的理论意义和实践意义，把它作为新时代教育的根本任务和我国发展教育事业首要的基础性工作。十余年来，我国在立德树人的理论与实践方面整体进入了质量提升和内涵发展的新阶段。第五章“坚持不懈深化教育领域综合改革”。深化教育体制机制改革是推动中国特色社会主义教育事业发展的根本动力，是推进教育事业健康发展的重要切入点和突破口，也是打通教育事业发展难点、堵点和痛点的基本路径。新时代教育综合改革可谓风生水起，全面开花，整体推进，浓墨重彩。第六章“教育大计，教师为本，努力为建设教育强国培养高素质专业化创新型教师队伍”。教师是教育发展的第一资源，是国家富强、民族振兴和人民幸福的重要基石。兴国必先强师，党的十八大以来，在以习近平同志为核心的党中央坚强领导下，各级党委和政府、社会各界以满腔热情支持和关心教育事业，切实把尊师重教的理念落到实处，形成了有史以来最有利于教师健康成长的良好环境和体制机制。第七章“建设高等教育强国，办出中国特色世界一流大学”。在习近平总书记关于教育重要论述中，高等教育作为一种教育类型，不会作为独立的组成部分专项论述。但是，高等教育作为教育事业的龙头，加快建设中国特色、世界一流的大学和优势学科是建设教育强国的重中之重。习近平总书记在整个教育事业发展的全局中，特别重视高等教育强国建设，十多次到高校视察，亲自把脉，发表重要讲话。因此，非常有必要在新时代中国特色社会主义教育理论与实践研究的专著中占有独立成章的地位，形成新时代教育改革发展理论与实践研究的普遍性和特殊性的有机统一。通过高等教育系统广大师生员工的不懈奋斗，中国高等教育整体水平已经进入世界第一方阵。第八章“新时代中国特色社会主义教育发展道路越走越宽广”。该章通过对主流媒体公开发布的数据进行综合分析，集中对新时代中国特色社会主义教育改革发展取得的历史性成就，发生的格局性变化，作一个全景式描述，进一步坚定中国特色社会主义教育自信，为在 2035 年建成教育强国更加奋发有为。

本书写作有以下特点：一是以习近平总书记关于教育的重要论述为指导，从理论与实践两个方面展开研究。习近平总书记在新时代对教育工作发表的重要讲话，内容十分丰富，涉及的领域非常广泛，作者在认真学习，深刻领会的基础上，力争把习近平总书记关于教育的重要论述涉及的重要论点、重要论断都关注到，并进行理论阐述和实践探知。本书章节目的标题相当多的部分都是引用习近平总书记的原话，尽力做到能够完整、全面、准确领会习近平总书记关于教育的重要论述的思想精髓。二是把新时代教育改革发展的理论与实践同新中国成立以来我们党发展社会主义教育，特别是改革开放以来发展中国特色社会主义教育的历史结合起来研究。新时代的教育改革发展与新中国教育事业的发展既有一脉相承的关系，又有站在新的历史方位和新的历史起点上的创新发展，讲清楚新时代中国特色社会主义教育的发展，离不开历史经验的科学总结，离不开中国国情的历史背景，离不开理论与实践创新的发展逻辑。通过二者的有机结合，进行详略得当的叙述、史论结合的分析和今夕改革发展的比较，能够比较清晰地感受到在党的领导下教育工作者一代又一代人的接续奋斗，更能够深刻认识到新时代教育工作者面临的新形势、新任务,承接的更为艰巨的责任与使命担当。三是把理论阐释和实践探知结合起来。习近平总书记关于教育的许多重要论述,都是一个个重要论断,其中蕴含了深刻的道理,既有深厚的历史文化积淀,又有新时代的思想文化创新,内涵十分丰富,是习近平新时代中国特色社会主义思想的重要组成部分。研究新时代中国特色社会主义教育理论必须对习近平总书记关于教育的重要论述的一些基本观点、重要论断进行个人领会和理解基础上的阐释。这是一个难度很大的工作,必须在全面把握这一问题的理论逻辑、历史逻辑和实践逻辑的基础上进行论述。作者在广泛学习、借鉴、吸收已有研究成果的基础上做了个人研究的最大努力。同时,新时代十余年教育改革发展轰轰烈烈,高潮迭起,要尽量全面反映教育系统发展创新的实践成果也非易事,必须广泛收集,实时跟进。尽力把教育系统全面贯彻落实习近平总书记关于教育重要论述所做的实际工作,产生的标志性成就如实反映出来,作者也为此付出了努力。四是把突出重点和照顾全面结合起来。本书不是教育领域的专项研究著作,也不是学科门类研究的学术著作,而是一定时段全领域全景式改革发展问题的研究。因此,结构的设计必须把突出重点和照顾全面有机地结合好,既不能面面俱到,篇幅冗长,又不能捉襟见肘,首尾不顾。本书在写作中把作为教育工作者(不论从事何种工作、不论在哪一个教育类型工作)应该在新时代认识和理解的教育理论和实践都涉及了。同时,把新时代教育改革发展有亮点、有特色的内容都进行了重点阐述,能够用简短的时间全面了解和把握,从而深刻认识习近平总书记关于教育的重要论述的精神实质、深谋远虑和高瞻远瞩,也能够了解新时代教育改革发展在党的领导下的波澜壮阔、齐心协力和累累硕果。

本书的写作历经两年,其间还因为新冠疫情等原因使之停停顿顿。尽管作者主观上想把书写得在同类作品中有一定水平,但由于能力有限,又远离实践一线,可能不尽如人意。敬请读者批评指正,不吝赐教。

第一章 建设教育强国是实现中华民族伟大复兴的基础工程

2012 年 11 月 15 日在党的十八届中央政治局常委同中外记者见面时，新当选的中共中央总书记习近平同志首次提出实现中华民族伟大复兴的中国梦。党的十八大以来，实现中华民族伟大复兴成为当代中国人民不懈奋斗、孜孜以求的宏伟目标。在实现中华民族伟大复兴中国梦的战略思考中，习近平总书记总揽全局，明见万里，观往知来，在 2012 年 12 月考察广东的时候就深刻地意识到“中国这么多人，教育上去了，将来人才就会像井喷一样涌现出来。这是最有竞争力的”①。此后，习近平总书记频繁到高校、中小学等教育科研机构调查研究，发表了一系列讲话，形成了新时代发展教育事业的新思想、新理念、新观点。在党的十九大报告中，习近平总书记第一次明确提出“建设教育强国是中华民族伟大复兴的基础工程”，正式开启了建设教育强国的新征程。在习近平新时代教育重要论述的指引下，新时代教育强国建设成为实现中华民族伟大复兴工程的重要内容，教育优先发展战略的实施深刻地改变着中国教育格局的变化。

第一节 教育对实现中华民族伟大复兴是具有决定性意义的事业

教育起源于人类社会生活的需要，教育与人类社会生活过程、物质生产

① 《习近平关于科技创新论述摘编》，中央文献出版社 2016 年版，第 107 页。

关系紧密相连,并以现实的社会生活为基础,教育的发展与演进取决于社会的经济政治变革。教育是现代化发展的必要条件,科学技术在社会生产中的运用越是广泛,对劳动者在生产中智力素质的要求就越高,教育的地位和作用就越是重要。教育的作用主要在于把人从简单的劳动力培养成具有特殊劳动技能的劳动者;运用已有的精神原料把人化为有特定的精神文化的人;按照社会的政治法律道德规范把人塑造成符合社会政治化要求的社会人。总之,经济的腾飞、科技的创新、社会的进步都取决于国民思想政治、文化科技、身心素质的提升,而国民素质的提高起基础性、决定性作用的就是教育。

一、综合国力的竞争归根结底是人才的竞争

综合国力(Comprehensive National Power)是衡量一个国家基本国情和基本资源最重要的指标,也是衡量一个国家的经济、政治、军事、文化、科技、教育、人力资源等实力的综合性指标。国际上一般将国家战略资源划分为8类资源和23个指标,这些指标的总和构成了综合国力。综合国力是评价和衡量一个国家实力和能力的重要依据,综合国力越强,国际竞争力就越强,国际地位就越高。实现中华民族伟大复兴实质上就是要不断提高中国的综合国力,成为社会主义的现代化强国。综合国力的提高与人才具有十分密切的关系,正如习近平总书记深刻指出的:"当今世界的综合国力竞争,说到底是人才竞争。人才越来越成为推动经济社会发展的战略性资源,教育的基础性、先导性、全局性地位和作用更加突显。"①

为什么说综合国力的竞争归根结底是人才的竞争呢?

从综合国力的内在指标来看,人才因素是最重要的核心指标。目前,综合国力的指标有8类资源23项指标,这8类资源分别是经济资源、人力资本、自然资源、资本资源、知识技术、政府资源、军事实力和国际资源。从8类资源的含义我们可以看到人才因素在这里面起着关键性的作用。一是有

① 习近平:《做党和人民满意的好老师》,《人民日报》2014年9月10日。

的资源虽然与人才因素没有直接的关系,但人才因素能够起到充分转化利用或者化劣势为优势的作用。例如,自然资源,有的国家资源丰富,有的国家资源贫瘠,在人才资源丰富的条件下,有丰富自然资源的国家可以提高开发利用率,增加国家的财富;而缺乏自然资源的国家可以找到避开自然资源贫瘠的战略发展之路,像日本、瑞士、以色列等国就是这样。相反,在缺乏人才资源的情况下,自然资源丰富的国家只能靠出口资源坐吃山空,资源贫瘠的国家就面临生存危机。二是有些类型的资源与人才因素只有间接的关系,但人才因素是构成这类资源的关键。例如,军事实力等,军事实力与机械装备、冶金材料等有直接的关系,但人才的因素非常重要,没有高素质的人才,再好的武器也只是一堆钢铁。三是有些类型的资源与人才因素有直接的关系,成为国家综合国力的重要组成部分。经济资源的增长(GDP)必须依靠高素质的劳动者提高劳动生产率,需要产业的不断升级换代来扩大经济增长点。人力资本特别是获得教育的机会和能力被视为经济增长过程中的决定性因素。通常,人力资本用人口受教育年数来表示,受教育年数愈多,劳动力工作技能就愈熟练,劳动生产率就愈容易提高,从而促进经济的增长。知识技术被视为最重要的国家战略资源,特别是在 21 世纪,世界进入知识社会与信息社会,它的重要性与日俱增。知识技术资源包括:科学论文数、本国居民专利申请数、个人计算机使用数、政府用于 R&D(研究与开发)支出额等。这四个方面的指标反映了一个国家知识技术运用的广泛性和知识技术创新能力,成为国家竞争力的核心内容。

从世界各国综合国力竞争的历史过程来看,人才竞争是各国综合国力竞争的决定性因素。在各国综合国力的发展过程中,最积极、最活跃的发展因素就是人才。一个国家要想占据全球竞争战略制高点,并始终保持强劲的竞争力,仅靠一般性人才是远远不行的,必须拥有一支在全球范围内称得上超一流人才组成的队伍。人才是创新的第一资源。例如,美国就是这样,美国在全球范围内网罗了大批的超一流科学家和企业家,依靠他们占据了全球竞争经济科技的各个战略制高点,从而在世界上称王称霸,成为世界最强的人才强国。改革开放以来,我国保持了 40 多年的持续快速发展,特别是近十几年来，我国实施科教兴国战略和人才强国战略，培养汇聚了一大批顶级的科学家和企业家，综合国力迅速提升，经济总量位居全球第二，多个高技术领域领先世界，华为、大疆创新、宁德时代、京东方等一大批企业成为世界范围内行业的龙头老大。但我国拥有的超一流人才数量还是偏少，占领的经济科技战略制高点还是不多，强有力的竞争态势还没有构成。世界知识产权组织等机构发布的2012年全球创新指数报告显示，我国的创新力排名为第34名，居金砖国家之首，但创新投入指数中的排名仅为第55名，其中，高等教育排名为第125名，高校外国留学生排名为第90名等。“人力资本与研究”（第21位）、“制度”（第62位）等要素与发达国家相去甚远。这一状况也可以从德科集团等发布的“全球人才竞争力指数”报告中得到进一步印证，2020年中国人才竞争力在132个国家中排名仅为第42名。我国虽然拥有较为领先的基础教育系统，在知识技能等方面表现突出，但在吸引人才和职业及技术技能等指标上处于劣势。① 正因为中国的综合国力发展正以较快速度追赶世界发达国家，以美国为首的发达国家竭力阻止中国的发展，最要害的是在人才、科技等方面下狠手封堵打压，中美之间的人才竞争展现出更加严峻的态势。特朗普上台后，其政府对中国采取了贸易制裁、高科技企业制裁、产业政策施压，并改变移民和留学政策，出台限制来自中国的科学、技术、工程、数学领域人才到美国留学，限制中美间科技交流等遏制措施，这些遏制措施背后的本质都是人才竞争。中美之争不单单是美国民粹主义抬头、学术界新麦卡锡主义兴起，更是其大国地位受到挑战引致的对中国人才的敌意和戒备。“卡脖子”困境其实是人才困境。可以预见，中美高科技人才之争，并不会随着新的美国领导人上台而消失。因此，我们应该清醒地认识到，日趋激烈的国际人才竞争将常态化，中国在全球人才竞争中的地位将受到极大的挑战和钳制。

从新的科技革命的发展趋势来看，抢占科技制高点将引发更为激烈的人才竞争。当今世界正处于第四次科技革命的阶段。第四次科技革命是以

---

① 转引自陈丽君：《如何迎接新一轮全球人才竞争》，《光明日报》2021年2月21日。

网络化、数字化和智能化为标志的革命。革命的内涵是赋智，革命的目标是增强机器的感知力与判断力，追求物质与知识生产的自主化。这一发展过程将为人类实现劳动解放奠定物质基础，成为智能文明的缔造者。网络化、数字化和智能化的发展与以相对论和量子力学为核心的第二次科学革命直接相关。第二次科学革命的展开，涌现出激光器、晶体管、核能等新技术以及量子化学、量子生物学、量子医学等新学科。到20世纪末，量子密码、量子通信、量子计算机等技术的发展，带来了第二次量子革命，使量子纠缠、量子叠加态等奇特属性，像电磁波一样，成为宝贵的技术资源。科技的竞争实质上说到底就是人才的竞争，经济先发国家都是利用全球人才资源作为本国经济社会发展的战略性资源。2020年全球暴发的新冠疫情，引发了国际关系格局变化和经济优劣势区域的重新布局，越来越多的国家开始追求供应链完整化，从全球化的支持者转向逆全球化或谋求与周边国家联合的区域化。人才战略性地位和价值也受到各国前所未有的重视，全球人才竞争日趋白热化，人才已经进入全球竞争和共享并存的时代。人才的获取、使用和占有的方式将发生根本性改变，智力流动成为人才价值体现和保值升值的主要方式。各国纷纷开启新一轮人才战。比如，英国在2020年7月提出设立国家"人才办公室"，设立了3亿英镑基金支持各类研发机构，开放了无限额的"全球人才签证"，推出超常规的人才新政，不要求申请者来英前就有工作机会，简化一切繁文缛节，大力延揽全球最优秀的科学家、研究人员和企业家。近15年来，美国吸引了10万多名外国移民。硅谷现人口中的38%出生于国外，65%的计算机和数学相关领域人才来自国外，51%的自然科学研究人才出生在国外。处在科技创新最前沿、具有原始创新能力、目前还走在我们前面的美国对中国不是友好型的，而是遏制型、围堵型的。他们从法律到投资再到高科技遏制的打压手段和程度仍在不断加码。可以说，当前我国人才工作面临的机遇和挑战既处于最好时代也处于最坏时代，如何化危为机、转危为安，对我们来说是极大的挑战和考验。

二、教育水平决定一个国家的核心竞争力

综合国力的竞争说到底是人才的竞争，而人才的竞争实力来源于一个国家的教育水平。美国作为当今世界上综合国力最强的国家就是因为有高水平的教育。美国的人才制度系统包括一套以四个“高”为标志的成熟的具有美国特色的人才价值制度模式，即：高普及性的高等教育与社会培训体系、高门槛的人才移民政策、高竞争的市场配置机制、高效率的企业用人制度。建立高普及性的高等教育与社会培训体系和实施高门槛的人才移民政策两个并列的制度，组成了人才价值获取制度体系；建立高竞争的市场配置机制和高效率的企业用人制度，组成了人才价值实现制度体系。美国就是靠这个人才制度而成为当今世界的第一人才强国。① 其中高普及性的高等教育与社会培训体系是“四高”中的核心制度体系。因为只有优质的、高普及性的教育才能为顶尖人才提供创新的良好条件，才能吸引全世界最优秀的学生来学习深造，才能孵化出一大批运用新科技推动市场经济发展的企业。因此，美国的教育水平决定了它的核心竞争力处于世界上最强的地位。

如何理解教育水平是一个国家的核心竞争力的决定性因素？教育能否培养出合格的公民关系到一个国家的发展和稳定。国家的核心竞争力奠定在社会的发展和稳定的基础上。一个国家如果不能实现正常的发展和稳定就根本谈不上有竞争力。而一个国家的发展和稳定依赖于教育提供符合社会发展规范要求的人，在现代社会就是合格的公民。人是社会发展的主体，人是生产力中最积极、最活跃的因素，因此，培养什么人的问题关系一个国家的前途命运。形成公民意识，培养合格公民是培养什么人的问题中要解决的最基本问题。公民意识是指具有一国国籍的人，在对自己祖国思想文化、社会制度、管理体制、法律规章认同的基础上而产生的对社会生活的自觉调适和控制的心理活动。公民意识主要包括主体意识、友爱意识、自律意识、诚信意识、法治观念、平等观念、民主观念、公正观念、效率观念、权力与

① 参见赵永乐：《人才制度的全球竞争力从哪儿来》，《光明日报》2016 年 12 月 6 日。

义务观念相统一、自由与纪律观念相统一国家利益高于一切的观念等。公民意识是民主政治社会发展,人的政治社会化的结果。没有合格的公民意识,就没有健康发展的民主政治,就没有人与人之间的建立在法治基础上的自由、平等、民主和公正的健康关系,整个社会就会充斥暴力、犯罪、以强欺弱、以势压人。正因为如此,各国的教育都非常重视公民教育,把培养合格公民作为学校教育的基本责任,特别是发达国家已经有一套成熟的培养合格公民的教育体系,起到了社会稳定器的作用。相反地,不发达资本主义国家公民意识教育水平很低,培养出来的人与现代社会要求格格不入,因而这些国家毒品泛滥、黑社会势力猖狂、犯罪率居高不下,金钱和人情是维系整个社会关系的两根支柱。在这样的社会里没有平等和正义,国家处于经济停滞、政治动荡、文化混乱、社会失序的状况。中国作为社会主义国家更加重视合格公民的培养,因为社会主义事业的发展需要的是有理想信念,能够当家作主,能够维护社会公平正义,遵纪守法,奋发有为的人,比资本主义国家社会政治化的要求更高。我们党不仅在党的十七大提出了"加强公民意识教育"的要求,更是在党的十八大提出了社会主义核心价值观,把青少年的培养提到社会主义建设者和接班人的高度。可以说,我们国家对青少年培养的要求,合格公民目标是底线,社会主义事业建设者和接班人是基本目标。只有这样才能使我们国家有比资本主义国家更有优势的竞争力。

教育能否培养出创新型人才关系到一个国家能否占据科技制高点。科技创新一般包括原始创新、集成创新、引进消化吸收再创新三种类型。原始创新是指前所未有的重大科学发现、技术发明、原理性主导技术等创新成果。原始创新意味着在研究开发方面,特别是在基础研究和高技术研究领域取得独有的发现或发明。原始创新是最根本的创新,是最能体现智慧的创新,是一个民族对人类文明进步作出贡献的重要体现。原始创新有其独特的影响因素,内在因素有原始积累、核心人物、团队协作、原创技巧、科研兴趣等;外在因素包括创新氛围、激励机制(包括经费支持、合理的立项审查和成果评价体系、待遇等政策体系及相应制度)等。原始创新中最重要的因素就是长期的、雄厚的基础研究和大师级的科技创新人才，这正是与教育和教育水平密切相关。美国之所以能够成为最具有核心竞争力的国家，就是依赖于世界上最强的基础研究人才和基础研究能力。美国从 1895 年开始颁发诺贝尔奖计，年均获奖者超两人以上，根据不同数据来源综合，历史上获奖人数达 377 人以上，占近 70%，始终位居世界第一。世界上最顶尖的基础研究中心大都集中在美国，产出占同期世界总数 60%以上的科研成果，集聚了全球近 50%高被引科学家。我们国家最薄弱的是原始创新，同时还存在困扰教育发展的“钱学森之问”。我们只有下决心把基础研究搞上去，才可能产生大量原始创新的成果，涌现不少大师级人才。集成创新，是指围绕一些具有较强技术关联性和产业带动性的战略产品和重大项目，将各种相关技术有机融合起来，实现一些关键技术的突破甚至引起重要领域的重大突破。集成的意思是指将某类事物中各个好的、精华的部分集中、组合在一起，达到整体最优的效果，为融合、综合成为整体、一体化之意。集成不是简单的连入、堆积、混合、叠加、汇聚、捆绑和包装，而是将各种创新要素通过创造性的融合，使各项创新要素之间互补匹配，从而使创新系统的整体功能发生质的变化，形成独特的创新能力和竞争优势。集成创新与教育发展密切相关，它需要各种相关学科在一定创新理念的引领下，实现有机的融合，形成技术关联性和产业带动性的战略产品。这需要交叉学科、新兴学科的发展。消化吸收引进创新是指对引进外国技术的结构、配方、原理、数据等进一步分析、研究，将引进的技术应用到同类产品或其他产品上，做到发展新产品、新技术，其技术水平与引进技术基本相当或稍有提高。在引进技术的基础上，逐步做到有所提高和创新，即产品结构、工艺方法、材料配方等有较大的改变，性能有显著的提高，原理、机理有新的突破，且具有世界先进技术水平。消化吸收引进创新虽然在三类创新形态中是见效最快、投资回报率比较高的创新，但在知识产权保护法制日益健全的环境下、在西方发达国家对我国高科技产品出口实行全面封堵的情况下，这种类型创新的比例在不断下降。同时，消化吸收引进创新对创新人才提出了很高的要求，需要逆向思维能力很强的创新型人才，这种类型的人才没有很深的学科知识，综合学习能力和创新精神也是不行的。因此,教育对创新型人才的培养关系重大。我们需要把创新精神培育纳入国民教育体系,在中小学阶段注重激发引导学生的创新兴趣、科学意识,将科学和创新教育作为教育均衡发展的基本要求,培养青少年的科技兴趣、思辨能力和创新精神。在高等教育阶段建立基础研究人才培养的长期稳定支持机制,保证基础研究队伍的源头供给,积极发展新兴学科、交叉学科,着力培养具有创新意识、综合能力、国际视野的一流青年创新人才,才能切实提高我国的科技竞争力。

教育能否培养出一大批具有哲学社会科学素养的治国理政人才关系一个国家的兴衰存亡。哲学社会科学是以社会现象为研究对象的科学,其目的是阐述和揭示人类社会发展的规律,促进人与人、个人与社会、人类与自然界诸关系的和谐发展。哲学社会科学一般属于上层建筑的意识范畴,具有阶级性和政治性。它的产生以及作用的发挥与人类社会生产方式的演进有密切的关系。近代社会以前,尽管人们已经积累了有关社会历史的大量资料,但还未能对社会现象作出全面系统的说明。自从资本主义生产方式形成以后,生产力的迅速发展,新技术的广泛运用,使数学、化学、物理学、天文学、生物学、地学等自然科学应运而生,并不断衍生出分支学科。自然科学的发展,推动了人类思维方式的巨大变革,使科学形态的哲学首先发展起来,从而促进了大量新兴人文科学、社会科学和管理科学的诞生。随着资本主义生产方式的逐渐成熟和自然科学的飞跃发展,哲学社会科学在维护资本主义的社会稳定,提高行政管理效率,加强社会控制,实现社会整合等方面发挥着十分重要的作用。发达资本主义国家不仅自然科学比较发达,而且人文社会科学也比较发达,特别是法学、政治学、社会学、经济学、管理学、历史学等学科比较发达。例如,美国的总统大都毕业于哈佛大学等高校。我国作为社会主义国家,哲学社会科学承担着理论创新、传承文明、咨政育人、服务社会、凝聚人心等方面的作用。以一个国家的历史文化和现代文明融合的民族精神,是一个国家最深沉、最持久的力量。正如习近平总书记指出的:“一个民族的文明进步,一个国家的发展壮大,需要一代又一代人接力努力,需要很多力量来推动,核心价值观是其中最持久最深沉的力量。”①实现中华民族伟大复兴我们不仅需要大批理工科专业毕业的科技人才，而且需要具有世界眼光和战略思维，懂政治、识大局，掌握娴熟政治领导艺术的各级领导干部，特别是高级领导干部；需要精通各部门各行业专业知识，跟踪和了解世界发展动态，善于谋划，讲效率、抓调控的管理工作者；需要坚持马克思主义立场，严谨治学，淡泊名利，潜心钻研，厚积薄发的哲学社会科学研究工作者；需要善为人师，知识渊博，传道解惑，诲人不倦的哲学社会科学教育工作者；需要热心公务，善解人意，坚持正义，熟悉组织协调的各类社会工作者……这些人才都需要通过哲学社会科学的教育发展去培养，没有大批治党治国的人才，社会主义现代化强国的实现同样是没有希望的。

综上所述，教育是人才培养的基础，是综合国力构成的基础性要素。只有教育上去了才有高素质人才和创新型人才，只有人才像泉水般喷涌出来，以创新为引领的综合国力才会越来越雄厚。正如习近平总书记指出的，“人才是创新的根基，是创新的核心要素。培养人才，根本要依靠教育。”②因此，必须从科技是第一生产力、人才是第一资源、创新是第一动力的三个“第一”关系中，深刻认识建设教育强国的伟大意义。

三、实现中华民族伟大复兴，教育具有基础性、先导性和全局性作用

习近平总书记深刻指出：实现中华民族伟大复兴“教育的基础性、先导性、全局性地位和作用更加突显”③。教育的基础性作用是在同科学技术是第一生产力发生紧密关联的现代化社会充分体现出来的。第一，教育为现代化提供人才和智力储备。教育的主要功能之一就是培养有生产劳动能力的人。现代社会生产力发展所需要的劳动力不是从事简单劳动的人，而是从事复杂劳动的人。运用现代科学文化知识培养高素质的劳动者，越来越

① 《习近平关于社会主义文化建设论述摘编》，中央文献出版社 2017 年版，第 119 页。

② 《习近平会见清华大学经济管理学院顾问委员会海外委员和中方企业家委员》，《人民日报》2017 年 10 月 31 日。

③ 习近平：《做党和人民满意的好老师》，《人民日报》2014 年 9 月 10 日。

成为经济转轨换型、实现高质量发展的基础性要素。20 世纪 60 年代，世界上有 101 个经济体，在达到人均 GDP 3000 美元以上水平以后就掉入“中等收入陷阱”，只有十多个经济体进入高收入阶段。一个非常重要的因素，就是教育没有为经济的可持续发展提供合格的劳动者，教育、科技、人才等要素没有跟上时代的进步。第二，教育是把科学技术转化为现实生产力的关键因素。通过科学研究发明创造的高科技和新科技，只是知识形态的生产力，还不是现实的生产力。要实现知识形态到现实形态的转化，最关键的一环就是要在科技创新的前提下，通过发展现代教育使生产者掌握现代科学技术和生产技能，教育就成为使科学技术由潜在的生产力变为现实生产力的关键因素。科学技术是第一生产力，没有教育为基础，只能说是理想状态的生产力。第三，现代教育还能再生产新的科学技术，成为科技创新的孵化器。高等院校具有科学技术继承、发展、创新的必要条件，能够在培养人才的过程中，高效率地完成现代科学技术的扩大再生产，成为科技创新的基地。同时，由于现代生产是科学技术的物化，这就决定了现代经济发展必然是生产、科技、教育三者的紧密结合。只有实现三者的结合，才能发挥各自的最大潜能，从而促进现代化的高速发展。当代，国内外的一些高等学校就是教育、科研、生产三结合的综合体，许多有生机的企业、科研单位也是这种结合形式。现代经济发展的特点，决定了教育是基础性产业。

教育的先导性与教育在服务新时代经济高质量发展中的先行性、教育在全面社会主义现代化国家建设中的导向性直接相关。第一，教育在新时代经济高质量发展中具有先行性。中国特色社会主义进入新时代，正处于经济高质量发展阶段。高质量发展就是高质量供给加快成长、升级需求得到有效满足的过程。生产力的高质量发展是一个持续的过程，它需要有一个适应生产力发展源源不断地提供合格劳动者的教育供给。而教育周期比通常的经济周期要长，同时还有产生效应滞后的特点。一个人从幼儿园到大学毕业要 20 多年的时间，专业人才的培养一般要比使用时间大约提前 10 年。因此，培养人才的教育，需要先于经济的发展。不优先发展教育，就不能培养未来社会所需要的人才；反过来，不为未来培养人才，教育就没有意义。教育先行的观点强调了教育的一个基本特性,就是教育是决定未来的一个关键因素。同时还要看到,当今经济发展的高速度,科技革命的迅猛性,同教育的产出和应用有个时间差,即提前为经济发展、科技腾飞储备人才,只有这样才能抢占先机。这决定了教育目标的超前性。第二,教育在全面社会主义现代化国家建设中具有导向性。全面建设社会主义现代化国家,不仅仅要求经济有高质量发展,而且需要政治建设、文化建设、社会建设、生态文明建设齐头并进。劳动者的科学技术素质固然重要,而劳动者的思想道德素质同样具有重要的作用。诸如劳动者的精神状态、劳动能力发挥的方向、为社会主义现代化建设服务的态度、劳动者在生产劳动过程中的主动性、积极性和创造精神,以及个人的人生观、价值观和社会观等,都会对生产力的发展、生产潜力的发挥、经济运行的优质高效起着导向作用。所有这些属于精神世界的因素,都要通过良好的思想政治教育、历史文化熏陶、社会实践体验、教师模范引导才能获得。中国特色社会主义教育要为实现中华民族伟大复兴源源不断地培养有理想、有道德、有文化、有纪律的社会主义建设者和接班人,而不是习近平总书记严肃指出的培养“社会主义的掘墓人”。从这个意义上说,教育在全面建设社会主义现代化国家中的导向性作用十分重要。

教育的全局性体现了教育在中国特色社会主义现代化建设中的全面影响性和地位的战略性。所谓全局就是事物的整体和发展的全过程,是在空间和时间中运动的事物整体与局部的统一、现在和未来的统一。中国式现代化的本质是人的现代化,教育是实现人的现代化的关键环节。教育正是全面建设社会主义现代化国家中渗透在各个方面、贯穿在各个阶段的事业,因此也是关系到全局的事业。教育的全局性体现在:第一,教育具有全面影响性。教育的成效关系现代化建设的各个局部和全局。教育在现代化建设的各个领域、各条战线具有多种功效,为现代化建设的发展和社会进步所必需。从经济基础、生产关系的调整改革到解放和发展社会生产力;从国家的农业、工业、国防、科技、城镇的现代化到地区的均衡发展、部门的事业发展;从上层建筑领域中最重要的民主与法治建设、文化的繁荣、科学的发展到社会主义核心价值观的弘扬光大和社会的和谐稳定;从提高全民族的科学文化素质到大师级人才、拔尖创新人才、大国工匠等专门人才的培养;等等,都要由教育来满足它们对人才和智力的需要。可以说,教育在现代化建设中影响的全面性贯穿一切环节,渗透一切领域,覆盖方方面面,效能作用时时显现。教育之所以直接影响到社会主义现代化建设这个全局,最根本的是现代化的所有事业都要靠人去实现,而人的素质是第一位的重要因素。人多且素质高是人力资源优势,反之则是沉重的人口负担。教育的伟大功能正在于把沉重的人口负担转化为巨大的人力资源优势。第二,教育地位的战略性。实现社会主义的现代化毫无疑问经济建设仍然是中心,这一点任何时候都不能动摇。以经济建设为中心,就意味着其他领域都要服从和服务于这个中心,教育也是如此。即使这样并不影响教育地位的战略性,因为教育对经济建设的服务主要是通过人才培养和智力支持的方式。这是其他行业不能代替、不可比拟的。进行现代化建设,技术设备可以引进,但国民的科学文化素质不能引进,劳动者科学文化素质低,即使引进了先进的技术设备也难以发挥作用,更谈不上消化吸收、改造发展。何况在西方发达国家对我国实行高科技封锁的情况下,连高科技也必须要靠自己创造,更需要有更多更高的具有科学文化素质的劳动者。教育在现代化建设中对经济建设的服务作用不仅表现为现实,而且也体现在长远,关系到未来。不少当代著名的经济学家和政治家都不约而同地认为,最终影响一个国家和地区经济社会发展速度与质量的决定性因素不是资本和资源,而是人力资源、人的政治社会化和人的科学文化素质。这就要求我们高度重视提高教育存量和人才质量水平,为现代化建设提供充足的、高质量的人才支撑服务。正如习近平总书记指出的:“教育是提高人民综合素质、促进人的全面发展的重要途径,是民族振兴、社会进步的重要基石,是对中华民族伟大复兴具有决定性意义的事业。”①

教育的基础性、先导性和全局性的关系是一个整体。教育的基础性决

---

① 习近平:《做党和人民满意的好老师》,《人民日报》2014年9月10日。

定着教育的战略意义,教育的先导性是教育的基础性和全局性功能充分发挥作用的前提和保证,教育的全局性则是教育在整个国家经济社会发展中总体社会价值的反映。三者相互联系、相互制约共同构成了教育战略地位和作用的整体。确立教育的基础性、先导性和全局性的战略地位,就要转变教育是投资期长,见效慢,显绩难以评估,纯消费事业的观念,树立教育投资是战略性投资、是重大基础工程建设的战略思想。这就要求注意克服重经济轻教育、计显绩丢潜绩、抓当前忘长远的短视倾向,高度自觉地把推进经济社会发展的方向转移到依靠科技进步和切实提高劳动者素质的轨道上来。

四、优先发展教育事业是党之大计、国之大计

2018 年在全国第 34 个教师节来临之际,习近平总书记在全国教育大会上深刻指出:“党的十九大从新时代坚持和发展中国特色社会主义的战略高度,作出了优先发展教育事业、加快教育现代化、建设教育强国的重大部署。教育是民族振兴、社会进步的重要基石,是功在当代、利在千秋的德政工程,对提高人民综合素质、促进人的全面发展、增强中华民族创新创造活力、实现中华民族伟大复兴具有决定性意义。教育是国之大计、党之大计。”[①]习近平总书记把教育优先发展战略的认识,提升到“国之大计,党之大计”的前所未有高度,是对中国特色社会主义事业长治久安的深邃思考,是对我们党教育事业发展历史经验的科学总结,是对全面建设社会主义现代化强国的战略布局。

把实现教育优先发展作为国之大计、党之大计,是对中国特色社会主义事业长治久安的深邃思考。社会主义事业的发展是一个漫长的历史过程,从推翻剥削制度,建立社会主义制度开始,要经历解放和发展生产力;巩固和健全人民当家作主的政治制度;消除封建残余思想和资产阶级腐朽堕落思想的影响;弘扬和建设传统优秀文化、革命文化和现代文化;建立公平正

---

① 《坚持中国特色社会主义教育发展道路 培养德智体美劳全面发展的社会主义事业建设者和接班人》,《人民日报》2018 年 9 月 11 日。

义法治的社会秩序；推进人的全面发展和社会的全面进步等历史过程。从消灭阶级、消灭剥削到实现共产主义要经历无数的历史发展阶段，实现长时期的阶梯式发展，需要几代人、十几代人甚至几十代人的不懈努力。社会主义事业的发展，不仅是物质形态的现代化，更是人的现代化。没有人的科学思想文化素质的不断提高，就谈不上生产力的发展、制度文明的发展、文化的发展和社会的和谐稳定。人是社会的主体，社会发展的方方面面都依赖于人，决定于人，人的问题是社会发展的根本问题。只有把教育放到关系党和国家前途命运、长治久安的战略位置，才能为社会主义事业的发展源源不断地培养合格建设者和接班人。把"培养什么样的人的问题和怎样培养人的问题"作为国之大计、党之大计，就是要以对党和国家高度负责的政治态度，关心和重视教育的发展，采取一切可以采取的手段加强人的培养和教育，把一代又一代的青年人培养成有远大理想抱负、有深厚为民情怀、有扎实创新创业本领、有勇毅前行的道德情操、有健康审美情趣、有宽阔国际视野的新人。这样，社会主义事业才能够薪火相传、接续奋斗，不断战胜前进途中的风险挑战和艰难险阻，向着远大的目标一步一步地接近。

把教育优先发展作为国之大计、党之大计是对我国教育事业发展历史经验的科学总结。我国历来就有尊师重教的文化传统，新中国成立以来，我们党对教育在社会主义事业中地位作用的认识与优秀的传统文化相结合，高度重视教育的发展。中国人民政治协商会议第一届全体会议通过的《中国人民政治协商会议共同纲领》就强调，"中华人民共和国的文化教育为新民主主义的，即民族的、科学的、大众的文化教育"，赋予广大人民群众有广泛的教育权。1949 年 12 月，新中国刚刚成立两个月就组织召开第一次全国教育工作会议，谋划和确定新中国的教育大政方针和发展蓝图。1950 年，毛泽东同志在《人民教育》创刊号上题词："恢复和发展人民教育是当前重要任务之一。"党的十一届三中全会以后，面对百业待兴、人才奇缺的状况，邓小平同志以极富战略性的眼光指出："忽视教育的领导者，是缺乏远见的、不成熟的领导者，就领导不了现代化建设。"在拨乱反正任务还没有完成的情况下，邓小平同志就毅然决然推行高考制度改革，开启了改革开放新时期教育发展的大幕。20 世纪 90 年代,我们党审时度势、顺应历史潮流,在党的十四大第一次作出教育优先发展的重大决断。党的十四大以后,1995 年,党中央、国务院第一次提出科教兴国战略,随后历次党代会都提出了教育优先发展的要求并实施科教兴国战略和人才强国战略的重大战略举措。党的十五大提出了全面建设小康社会的战略目标,围绕全面小康社会的建设目标,我们党提出“科教兴国战略和可持续发展战略”。2001 年,我国将人才战略确定为国家战略,紧接着党的十六大指出:“教育是发展科学技术和培养人才的基础,在现代化建设中具有先导性全局性作用,必须摆在优先发展的战略地位。”党的十七大讲教育的标题就是“优先发展教育,建设人力资源强国”。由此可见,我们党对教育地位和作用的认识是越来越深刻。正因为我们党历来高度重视教育的发展,从而保证了中国特色社会主义事业后继有人,新中国成立以来“两个奇迹”的发生,与教育事业的蓬勃发展无不相关。只有在党和国家事业发展中越来越重视教育,党和国家事业的发展才会顺水推舟,平稳健康。

把实现教育优先发展作为国之大计、党之大计是对全面建设社会主义现代化强国进行的战略布局。2020 年我国实现全面建成小康社会的战略目标,这不仅提前实现了联合国在全世界消除贫困的目标,也实现了中华民族数千年来彻底告别贫困的历史。这在中国和世界历史上都有彪炳千秋的里程碑意义。全面小康社会建成以后,立即开启了全面建设社会主义现代化国家的新征程,党的十九大在全面小康社会即将建成之际,就开始对全面建设社会主义现代化国家进行谋篇布局。习近平总书记在 2018 年作出“教育是国之大计、党之大计”的重要论断,就是为全面建设社会主义现代化国家进行的战略思考。全面建设社会主义现代化强国必须实现经济的高质量发展,避免许多发展中国家掉入“中等收入陷阱”厄运,就必须培养源源不断地适应经济新常态的高素质劳动者。在现代化建设的过程中世界上有相当多的国家,没有在人均 GDP 达到 3000 美元水平以后仍然实现经济的平稳增长,进入发达国家行列,其中一个非常重要的原因就是在经济发展需要转轨升级的时候,不能为经济的更高质量发展输送大量合格的劳动力,使经济发展仍然停留在粗放型、资源消耗型、劳动密集型的水平上。全面建成小康社会以后，我国进入经济发展的新阶段，必须为经济的高质量发展储备大量的合格劳动者。全面建设社会主义现代化国家，必须抢占世界科技创新的制高点，彻底攻克发达国家遏制中国崛起的“卡脖子”科技，我们必须拥有世界上堪称一流的各种大师级人才。大师级人才不可能从天上掉下来，也不可能实行大规模的人才引进，必须主要依靠自己培养造就。只有把教育放到关系国家生死存亡的位置，全力以赴，自力更生，才能摆脱受制于人的困境。全面建设社会主义现代化国家需要一大批国际化的人才，只有这样，中国才能逐步走向世界舞台的中央。在建设社会主义现代化强国的征程中，无论是扩大“一带一路”的国家经济合作，还是构建人类命运共同体；无论是中国文化、中国声音走出去，还是国际话语权的争夺；无论是意识形态领域的唇枪舌剑，还是明刀明枪的军事斗争准备；无论是科技创新高地的拉锯式竞争，还是人才聚集力的比拼等，都需要一大批懂外语、有专长、熟悉国际关系的人才，这需要教育的大力发展。全面建设社会主义现代化国家需要覆盖社会各领域的全科型、应用型和复合型人才。进入新时代，人民对美好生活的向往和期待更高，不断增强人民的幸福感、获得感和安全感是实现社会主义现代化的本质要求，特别是在实现社会更加优质、均等、共享的服务上，在向社区、基层、农村、边疆、少数民族地区和弱势群体等方面工作的加强上，我们迫切需要一大批适应社会底层生活和发展需要，知识全面，独当一面，综合服务能力较强的各类人才。只有这样才能维护社会的和谐稳定，促进社会的全面进步。教育强国目标实现了，以人民为中心的根本政治原则才会真正落实落地。

党的二十大以后，习近平总书记又进一步强调：“建设教育强国，是全面建设社会主义现代化强国的战略先导，是实现高水平科技自立自强的重要支撑，是促进全体人民共同富裕的有效途径，是以中国式现代化全面推进中华民族伟大复兴的基础工程。”[①]习近平总书记的重要讲话更加深刻地论

① 《加快建设教育强国　为中华民族伟大复兴提供有力支撑》，《人民日报》2023 年 5 月 30 日。

述了坚持教育优先发展，加快建设教育强国的重大意义，必须坚定不移地遵循。

第二节　振兴新时代教育事业必须坚定中国特色社会主义教育自信

2020年6月习近平总书记在宁夏考察时指出："坚定的理想信念，永远是激励我们奋勇向前、克难制胜不竭的力量源泉。全党同志特别是各级领导干部要不忘初心、牢记使命，始终保持清醒头脑和政治定力，坚持和加强党的领导不动摇，坚持和发展中国特色社会主义不动摇，坚持实现中华民族伟大复兴的宏伟目标不动摇，锲而不舍把革命先辈为之奋斗的伟大事业推向前进。"①总结我们党成长壮大的历史，党的事业的发展无不是在理想信念的支撑下取得的。我国文化教育长期落后，在旧中国文盲和半文盲占人口的绝大多数，高等教育极不发达，能够接受高等教育的简直凤毛麟角。新中国成立以后，特别是改革开放以后，我国的教育事业获得了突飞猛进的发展。但是，我们与发达国家的教育水平和质量还有相当大的差距，能否通过三个五年计划左右的时间，达到和赶上世界一流水平，还需要我们胸怀理想，坚定信心，振奋精神，只争朝夕。建设社会主义现代化教育强国必须打好坚定理想信念的思想基础。

一、中国特色社会主义制度具有促进教育事业健康发展的显著优势

教育的本质是特定社会按照一定的社会发展要求培养人的社会活动。教育事业的发展与社会生产实践联系紧密，又有鲜明的意识形态性，一个国家经济基础与上层建筑的性质、状况对教育有决定性的影响和制约作用。旧中国教育之所以长期落后就在于其生产力水平极低，生产关系腐朽，政治

① 《决胜全面建成小康社会　决战脱贫攻坚　继续建设经济繁荣民族团结环境优美人民富裕的美丽新宁夏》，《人民日报》2020年6月11日。

制度反动,思想文化制度僵化。新中国教育事业之所以能够取得跨越式发展的进步,就在于社会主义制度为教育事业的发展开辟了广阔的空间。尽管我们现在的教育水平质量与发达国家相比还有一定的差距,但有中国特色社会主义制度的优越性,我们一定会使教育事业的发展达到世界先进水平。

中国特色社会主义经济制度具有促进教育事业健康发展的显著优势。我们现有基本经济制度是:公有制为主体、多种所有制经济共同发展;按劳分配为主体、多种分配形式并存;社会主义市场经济体制等。中国特色社会主义经济制度为教育事业的发展提供了持久的动力和广阔的空间。首先,为教育的发展提供了越来越强的动力。我国现阶段的生产关系是完全适应生产力(包括科学技术)的解放和发展要求的。改革开放以来,我国的 GDP 连续 40 多年以高于 9%的速度递增,这在全世界都是独一无二的。这种经济发展速度提供了人才需求和人才需求多样化的强大动力,推动了我国教育事业的快速发展。其次,教育发展有相对较充分的物质条件保障。在社会主义条件下,广大人民群众享受平等的受教育权利,为保障广大人民群众能够享受到平等的受教育的权利,国家财政的公共事业支出会向教育倾斜。即使在经济基础十分薄弱的情况下,国家都高度重视教育的投入。在国家经济发展达到一定的水平之后,国家会拿出更多的钱投入教育,为教育事业发展提供较充分的物质条件保障。这就是中国作为发展中国家,教育比其他发展中国家要发达得多的重要经济原因。最后,社会主要矛盾的变化,拉动了教育的消费需求,从而调动各市场主体举办教育的积极性,教育事业发展充满生机和活力。我们党坚持以人民为中心的根本政治立场,始终把社会主要矛盾的解决都集中在人民群众利益需要的满足和实现上。新中国成立以后,我们党围绕人民群众日益增长的物质文化需要发展和解放生产力,进入新时代我们党又围绕人民群众日益增长的美好生活需要去解决发展不充分不平衡的问题。在社会主要矛盾解决的过程中,我国社会主义基本经济制度的活力被激发出来,调动了各市场主体满足人民对教育需求特别是优质教育需求的积极性,从而促进教育事业的蓬勃发展。新时代我国办学体制出现的多样化就是一个明证。

中国特色社会主义政治制度具有促进教育事业健康发展的显著优势。我国是工人阶级领导的，以工农联盟为基础的人民民主专政国家，人民当家作主是社会主义政治制度的本质特征。这种政治制度具有促进教育事业发展的显著优势。首先，党的领导制度有利于从社会基本矛盾运动的状况中，统筹协调各方面的关系，确立教育发展的地位和战略，作出有利于教育事业发展的战略部署。党的领导是中国特色社会主义政治制度的根本保证，在党的统一领导下，能够依据全国一盘棋的总体格局，确定教育在经济社会发展中的地位和作用，制定促进国民经济发展的教育战略，同时按照统筹协调的方法，制定科学发展教育的政策方针，从而始终保证教育能够得到足够的重视和有效的发展。其次，人人平等的政治权利为凸显教育的公益性提供了制度依据，为制定一系列有利于教育事业发展的政策方针提供了法治保证。社会主义政治制度的一个基本特征就是人人平等，这个政治前提确定了每个人都有享受充分教育的权利。即使是我国经济发展水平还满足不了所有人享受充分教育的权利，但我们国家教育发展的方向始终是保证人人能够享受充分的教育。社会主义政治制度使教育的公益性质更加突出，这就为教育事业的发展提供了广阔的空间和充分的法治保证。最后，全过程人民民主的发展使教育发展的决策更加科学化、民主化和法治化。全过程人民民主是社会主义民主政治的鲜明特色，教育问题又是民生之首，受到人民群众的格外关注。讨论和决定教育的问题成为党和国家决策的重点问题。在发展全过程人民民主中，教育问题能够做到有事就商量，大事多商量，难事反复商量，使教育方面的决策实现科学化、民主化和法治化，做到始终呼应人民群众的严重关切，尽可能满足人民群众的期盼和要求。

中国特色社会主义思想文化制度具有促进教育事业健康发展的显著优势。以马克思主义为指导的社会主义先进文化制度是我们教育事业发展的思想文化基础，有利于教育事业的健康发展。首先，能够科学把握中国特色社会主义教育的发展规律，做到按规律办事。中国特殊的国情决定了既不能走发达国家教育发展的道路，也不能走其他发展中国家的教育发展之路。

中国要找到一条适合中国国情的教育发展之路，只有在马克思主义思想的指导下，实现思想理论与实践的有机结合，找到符合中国国情的教育发展道路，从而使教育事业发展行稳致远。其次，有利于激发人的精神力量，促进教育事业的快速发展。在尊重客观规律的前提下，精神的力量具有决定性作用。中国特色社会主义的思想文化制度，能够为人的精神世界铸魂补钙，弘扬教书育人行为世范的美德，激发勤奋学习刻苦钻研的热情，树立发愤图强奋发有为的报国之志。教育作为一种精神生产活动，在先进思想文化的引领下，会产生强大的精神力量并转化为改造世界的强大物质力量。最后，人的全面发展要求促进了教育领域的全面发展。中国特色社会主义的思想文化制度对人的发展要求是全面的而不是片面的，绝对不允许把人培养成有科学技术专长的精致利己主义者。社会主义制度需要把人培养成德智体美劳全面发展的社会主义新人，这就为教育领域的全面发展和均衡发展提供了制度依据，使各类教师都受到社会的充分尊重，使各类教学都得到合理的发展，形成完整全面的教育体系。

综上所述，社会主义制度具有促进教育事业健康发展的显著制度优势，在这样的制度越来越健全完善的情况下，我们应该对建设社会主义现代化教育强国充满信心。正如习近平总书记指出的："中华文明源远流长、绵延不断，基础在教育。实现中华民族伟大复兴，基础在教育。我们办教育，就是要提高人民综合素质，促进人的全面发展，提升社会文明程度，坚定文化自信，增强全民族创造活力。"①

二、我国教育事业跨越式的发展奠定了建设教育强国的基础

建设教育强国不仅要有坚定的信心，而且要有扎实的基础。没有扎实可靠的基础，再宏大的理想也只能是空想和幻想。我们党提出建设社会主义教育强国的目标不是心血来潮的激情冲动，也不是急于求成的大干快上，

① 《解放思想改革创新再接再厉 谱写陕西高质量发展新篇章》，《人民日报》2021 年 9 月 16 日。

而是乘势而为地抢抓机遇。新中国成立以来我国教育事业的持续发展为新时代建设教育强国打好了深厚的思想、制度、物质、组织和管理基础,完全具备了建设教育强国的充分必要的条件。

第一,形成了比较科学的社会主义教育思想理念和路线方针政策。新中国成立以后,我们党实现了对教育工作的领导,把文化教育事业摆在重要位置。我们党依据马克思主义关于人的全面发展、教育与生产劳动相结合的基本观点等,逐步形成和发展了符合中国国情的教育理论及党的教育方针政策。新中国成立初期,毛泽东同志就明确指出:“我们的教育方针,应该使受教育者在德育、智育、体育几方面都得到发展,成为有社会主义觉悟有文化的劳动者。”改革开放以后,邓小平同志提出了“教育要面向现代化、面向世界、面向未来”的要求,提出了要培养“有理想、有道德、有文化、有纪律”的社会主义新人的要求。进入 21 世纪,党的教育方针不断赋予新的时代特征和新的内涵。我们党把实施素质教育作为促进人的全面发展的重要战略举措,党的十八大首次提出立德树人是教育的根本任务,并且全面地表述了党的教育方针,即“坚持教育为社会主义现代化建设服务、为人民服务,把立德树人作为教育的根本任务,培养德智体美全面发展的社会主义建设者和接班人”。新中国成立以来,我们党的教育理论以及教育的方针政策,都是围绕人的全面发展的根本教育目的,着眼于最大限度满足人民群众对教育的需求,服务于经济社会的全面发展而不断演进的。在科学的理论和正确的政策方针指引下,我国的教育事业得到了蓬勃发展。

第二,建立了比较完善的、具有法治保障的教育制度和管理体系。新中国成立以后,根据 1949 年 9 月制定的《中国人民政治协商会议共同纲领》中关于文化教育政策的规定,在党中央和毛泽东同志的关怀指导下,于 11 月召开了第一次全国教育工作会议,具体研究了教育建设的总方针,明确了新教育的总方向。从此,我国在接管、清理和改造旧教育过程中逐步建立和完善了教育制度与教育管理体系。教育部作为国务院的国家教育行政部门负责全国教育管理行政,各级行政辖区都建立了教育行政工作管理机构。党的十一届三中全会以后教育改革不断深化,教育法制不断健全,特别是社会主义市场经济体制的建立，激发了教育改革的活力。基础教育逐步打破国家包揽办学、过度集中的体制而不断完善地方负责、分级管理的体制；高等教育打破了“条块分割、重复设置、自我封闭、服务单一”的状况，逐步形成政府依法宏观管理，学校依法自主办学的体制，大大提高了办学的积极性。办学体制形成了以政府办学为主，社会各界共同参与，公办学校和民办学校共同发展的格局。教育投资体制建立了以国家财政拨款为主并随着国民经济发展和财政收入增长逐步提高，多种渠道筹措教育经费为辅的体制，调动了各方面教育投入的积极性。学校内部领导体制经过多达六次的反复试验和改革，高等教育在党的十三届四中全会确定为党委领导下的校长负责制的领导体制，形成了“党委领导，校长负责，教授治学，民主监督”的高校内部治理体系框架。基础教育领域建立了校长负责制的领导体制。其他教育制度，如招生就业制度、学位制度、教师职务制度等都在不断地改革完善。新中国成立 70 多年以来，我国的教育体制基本适应了改革开放历史阶段经济社会快速发展的需要，是具有生机活力的教育体制。

第三，建立了覆盖全面、功能齐备的教育系统。经过不懈的努力，我国建成了世界上最大的，覆盖全面、功能齐备的教育系统。基础教育从 1986 年实施《中华人民共和国义务教育法》算起到 2011 年，所有县级行政单位、所有省级区划全部通过普及九年义务教育的国家验收。这标志着中国人民基本受教育权利保障水平达到全覆盖的高度。与此同时，学前教育和高等教育也获得了蓬勃发展，为从人口大国向人力资源大国转化并迈向人力资源强国奠定了坚实的基础。随着改革开放的深入发展，我国的职业教育方兴未艾，从 1991 年开始国家作出大力发展职业教育的决定，形成了中等、高等职业教育两个层次，办学规模不断扩大，办学质量不断提高，源源不断的高素质技术技能型人才的输出，打造了“中国制造”这张在世界上最耀眼的名片。高等教育成为世界上规模最大的教育体系，稳步进入大众化阶段。高校科研创新能力显著提高，成为我国创新体系建设的一支重要力量。我国从 20 世纪 60 年代开始创建继续教育，形成了包括学历教育和非学历教育、职业导向和非职业导向教育，以及各种丰富人民精神生活和提高生活质量的教育活动。这种终身学习体系对促进我国经济可持续发展,建设人力资源强国意义重大。在改革开放政策的激励下,诞生了民办教育,彻底打破了国家包揽办学的单一格局。到党的十八大之前,我国的民办教育已经覆盖到从幼儿园到高等教育的各个办学层次。民办教育的发展缓解了教育资源短缺的矛盾,为国家培养了大批人才,激发了教育的活力。除此以外,我国的民族教育和特殊教育也在经济社会发展中得到了突飞猛进的发展。

第四,教育的基础设施水平在发展中国家名列前茅,部分接近发达国家水平。随着经济社会的发展,我国教育的基础设施建设发生了翻天覆地的变化。城市基础教育的校园建设、图书资料、试验设备等基本都实现了标准化、现代化的要求。农村基础设施建设在21世纪初期推进义务教育均衡发展的战略举措中,不断地补短板,强弱项,大多数农村学校成为当地基础设施最好的单位,为提高基础教育质量创造了良好的物质基础。高等教育基础设施的建设更是成绩斐然,从20世纪初到党的十八大之前,科研经费以平均20%以上的速度递增,从事科技活动的研究与发展的机构成倍增长,有的翻了好几倍,为建设创新型国家提供了强大的人力支撑。

第五,有些教育门类的教育质量在国际教育领域有相当的竞争力。经过几十年的努力,我国的基础教育水平和质量已经进入世界前列。高等教育领域取得了跨越式发展。这表现在:一是我国基础研究更加扎实、深入,新兴学科发展迅速。传统学科不断涌现新生长点,面向国家、社会重大需求和面向实际应用的成果数量与质量明显提高。二是技术进步与实际应用取得重大成果。例如,高校的稀土研究、计算机汉字激光照排技术研究、基础数学研究、神经外科研究、内科血液学研究等都达到了国内顶尖水平,具有相当的世界影响力。三是科技人才培养与学科队伍建设支撑学科发展。我国科技人才队伍不断壮大,并着力培养了一批高层次的科技领军人才。到2009年,45岁以下的中青年科技人员已占队伍总人数的80%,为学科队伍建设打下了极好的基础,为各学科培养了规模合理的专业技术人才和梯队。我国在科学和工程教育方面也是大踏步前进,已成为全球科学和工程类专业本科生最多的国家。四是学科平台建设保障科技创新能力提升。国家先后实施了国家科技基础条件平台建设工程、“211 工程”、“985 工程”、国家知识创新工程等重大工程，一批国家投资的大科学工程项目得以立项、开工建设、升级改造或竣工；国家实验室、国家重点实验室、国家工程实验室等建设得到加强；一批科学和技术研究所需的仪器和装备，通过自主研制、引进和升级改造等方式，得以明显提升。①

总之，从新中国成立到党的十八大之前的 60 多年间，我国教育改革加速推进，教育发展方式加快转变，教育现代化水平不断提升，我国教育总体发展水平已进入世界中上行列，为建设现代化教育强国打下了良好的思想、制度和物质条件等基础。

三、建设教育强国必须依靠制度优势克服面临的重大阻力和重大挑战

尽管新中国成立以来到党的十八大之前，我国的教育事业获得了较快的发展，支撑了中国特色社会主义建设人才资源和科技文化创新的需要，但毕竟长期经济文化落后，底子比较薄弱。再加上教育体制还不能主动适应经济社会快速发展的需要，仍然存在重大阻力和重大挑战。建设社会主义现代化教育强国不是轻轻松松敲锣打鼓就能够实现的，我们仍然需要付出艰巨的努力，需要克服发展过程中的各种重大阻力和挑战。

一是教育投入的不足是制约教育事业发展的重要物质因素。教育投入是支撑国家长远发展的基础性、战略性投资，是发展教育事业的重要物质基础，是公共财政保障的重点。党中央和国务院一直对教育高度重视，从 2001 年到 2010 年公共财政教育投入年均增长率达 20%以上，高于同期财政收入的年均增长幅度。但是教育投入不足仍然是制约教育改革发展的突出问题。《中华人民共和国教育法》规定的实现财政性教育经费支出占国内生产总值比例达到 4%的目标一直没有实现。教育经费投入的不足，使教育均衡发展的理念无法落实，科技创新必要的开支捉襟见肘，人民群众的

① 参见袁贵仁主编：《中国教育》，北京师范大学出版社 2013 年版，第 9—174 页。

强烈文化教育需求得不到有效满足，教育的国际竞争力比较薄弱。

二是体制机制需要不断健全和完善。教育事业发展需要科学的、协调的、健全的体制机制作为保证其健康发展的四梁八柱。教育体制机制由国家的经济政治文化体制机制决定并成为其中的一部分。党的十一届三中全会以来，我们在进行经济政治文化体制改革过程中，也在不断推进教育体制机制改革并取得了很大的成绩。然而，我国传统的体制机制既有经济文化落后带来的制约，也有过去长期因循守旧带来的老化、僵化；既有计划经济时代留下的惯性力量，又有新时期发展太快带来的不适应；既有改革的精神动力不足，更有利益固化的阻力等。到党的十八大之前，教育事业发展仍然存在体制机制不科学、不适应、低效率的问题。办学体制存在单一化、不平衡和缺乏生机活力等问题。管理体制存在缺乏分层负责、统筹协调、百花齐放、协同发展等问题。经费投入体制存在财政保障机制不到位、投资渠道单一化、办学活力不足、经费使用效率不高等问题。考试体制存在制度僵化、考试内容陈旧、考试方法简单、不利于有效识别人才等问题。招生体制存在选人方法单一和僵化、有的自由裁量权过大且缺乏监督制约容易产生腐败等问题。就业体制存在与经济社会发展需求脱节现象、与用人单位衔接关系不紧密、学生社会实践能力比较低的问题。评价导向体制存在唯分数、唯文凭、唯论文、唯升学、唯帽子的“五唯”的问题。产学研融合体制存在产学研分离，各不统属，各自为战，不能形成合力，产生强大聚合力的问题。学校内部治理体系存在党的领导弱化，学校管理人治色彩浓厚，发扬民主不充分，管理效率不高等问题。人事薪酬制度存在缺乏科学激励竞争机制，不能充分调动教职员工积极性，平均主义、忙闲不均，职业怠倦、跳槽调离等情况同时存在的问题。教学管理制度存在教学纪律松弛，管理不科学、不规范，管理导向把控不严等问题。民主管理和监督制度存在缺乏民主管理制度化、程序化和法治化，民主监督缺乏有效制约监督等问题。人才培养模式存在单一化、简单化和方法陈旧创新不足，不能适应人才多样化发展的要求等问题。教学内容方式方法存在教材编写滞后，跟不上时代发展对知识的需求，教学方式方法简单落后，不能适应将知识迅速转化为生产力的紧迫要求等问题。教育体制机制存在的这些问题如果得不到比较有效的解决，就会严重阻碍教育现代化的实现。

三是一些思想观念阻碍深化教育改革。通过几十年的改革开放，应当说人们的思想观念发生了很大的变化，绝大多数都接受改革开放的新思想、新观念。但是，改革改到自己头上，要在自己身上割肉舍痛，有些人的思想观念就成了改革创新的阻力。最突出的有这么几种错误的思想观念。最后一种是利益固化观念。有的人习惯于原有固化的生活方式、工作方式、工作内容和薪酬来源方式，不愿意对个人或者单位进行有利于进步和发展的脱胎换骨的改造，对改革横加指责，拒绝个人工作内容和方式的调整，甚至极个别的用过激方式反对改革。一种是本位主义的思想观念。由于教育系统的教师和干部都有自己的专业背景，对自己的专业情有独钟，在改革发展过程中很容易产生本位主义思想，只强调自己专业的重要性，只希望自己的专业得到更多的支持和帮助，而缺乏着眼于学校和事业发展战略思考问题的大局意识和全局观念。本位主义的思想观念造成了学校改革发展是一个反复博弈、相互妥协、利益均沾的过程。一些学校决策不一定是科学化的结果，而是争论妥协或者是大权独揽的结果。这种情况往往造成学校改革发展不温不火，慢步齐走，不能实现扬长避短，重点突破，创先争优的发展。一种是文人相轻观念。这是知识分子比较集中的地方容易形成的观念。文化人自恃有专业学识，互相之间看不起，习惯于用自己的长处比别人的短处，缺乏团结合作，团结就是力量的意识，表现在工作中就是喜欢特立独行，个人自由，不愿意协同配合，特别是不愿意当配角。

四是学校治理结构不适应现代化治理体系建设要求。党的领导作用存在虚化、弱化和边缘化的倾向。党的领导作用没有体现在贯彻落实党的路线方针政策方面，而是表现在形式主义、做表面化文章方面。党的领导抓全局、把方向、用好人的功能不明显。有的学校缺乏依法治校的意识和能力。有的学校缺乏治理章程，治理结构缺乏法治依据和保障，以人治事的现象比较突出。主要领导的个人素质决定学校治理的成效，个人素质优秀，能够办出一所好学校，反之就会把学校搞垮搞乱，致使制度没能成为管理工作和教学工作的根本遵循。教师的主体作用发挥不充分,专家教授在治学工作中的权威性不够,行政办学色彩浓厚。民主监督不能形成真正的制约力量,有的学校长期存在的不良之风得不到有效的治理和纠正。

五是学校安全和发展存在一些重大风险。由于学校领导班子和教职员工的思想政治素质不同,学校的历史文化积淀存在多样化,学校治理体系的完善程度和治理能力水平不一样,学校发展战略的定位和战略谋划能力有高低,学校的政治生态状况程度有差异,等等。学校的安全和发展存在很不平衡的情况,少数学校存在办学质量水平低,学校办学声誉比较差,学校发展面临困境和危机的问题;有的学校政治生态比较差,教职员工管理不严,存在学术不端、教师职业道德恶劣、重要管理部门腐败现象严重的问题;有的学校管理不善,存在安全事故时有发生、责任事故时有发生的问题;有的学校治学不严,存在学生思想政治工作松弛、学生思想道德素质不高、学生学习动力不足,学生违法乱纪问题突出的问题,等等。这些问题的存在严重威胁学校的安全和发展。

综上所述,建设教育强国还有许多艰巨繁重的改革发展任务,必须高度重视这些问题的存在,更需要有敢于担当的精神迎难而上,更需要有效举措破解难题,更需要有坚强的领导凝聚改革发展的力量。

四、坚定教育自信,以饱满的精神状态实现教育强国建设目标

新中国成立以来,特别是改革开放以来,我国教育事业发展取得的重大成就和重要经验给了我们深刻的启示。这就是:要在中国共产党领导下坚定不移地坚持中国特色社会主义教育发展道路,坚持不懈地深化教育改革,坚毅勇敢地排除各种风险和挑战,坚如磐石地恪守教育的初心和使命。建设社会主义现代化教育强国我们依然面临十分艰巨的任务,存在重大的风险挑战,我们决不可以掉以轻心,决不可以心存侥幸,决不可以顺其自然,必须奋发有为,开拓创新,志在必得。正如习近平总书记指出的:“当今中国正处于实现中华民族伟大复兴的关键时期,国家强盛、民族复兴需要物质文明的积累,更需要精神文明的升华,决不能丢掉革命加拼命的精神,决不能

丢掉谦虚谨慎、戒骄戒躁、艰苦奋斗、勤俭节约的传统，决不能丢掉不畏强敌、不惧风险、敢于斗争、敢于胜利的勇气。全党同志要用党在百年奋斗中形成的伟大精神滋养自己、激励自己，以昂扬的精神状态做好党和国家各项工作。”①

坚定教育自信必须始终保持蓬勃向上，只争朝夕，时不我待的精神状态。建设教育强国时间紧、任务重、范围广，需要用强烈的紧迫感和始终高昂的精神状态去改革攻坚，不能有丝毫的精神懈怠和掉以轻心。十几年时间弹指一挥间，稍有松弛就会丧失机遇，耽搁时间，成为历史的罪人。中国共产党百年奋斗的历史告诉我们，前进道路上只有坚持不懈地奋斗才能取得胜利。正如习近平总书记在北京大学考察时对大家勉励的：“五四运动源于北大，爱国、进步、民主、科学的五四精神始终激励着北大师生同人民一起开拓、同祖国一起奋进。青春理想，青春活力，青春奋斗，是中国精神和中国力量的生命力所在。今天，在实现中华民族伟大复兴新征程上，北大师生应该继续发扬五四精神，为民族、为国家、为人民作出新的更大的贡献。”②

坚定教育自信必须始终保持敢于攻坚克难的斗争精神。如前所述，建设教育强国我们还面临很多困难，还有数不清的体制机制障碍需要扫除，还可能会遇到许多前所未有的风险挑战。我们必须以史为鉴，以史增信，以史力行，始终保持和发扬我们党百年奋斗创造的斗争精神，勇毅前行地战胜前进道路上的一切重大阻力、一切风险挑战。“实现中华民族伟大复兴，必须坚持斗争精神。中国共产党和中国人民是在斗争中成长和壮大起来的，斗争精神贯穿于中国革命、建设、改革各个时期。我国正处于实现中华民族伟大复兴关键时期，改革发展正处在攻坚克难的重要阶段，在前进道路上，我们面临的重大斗争不会少。我们必须以越是艰险越向前的精神奋勇搏击、迎难而上。”③

---

① 《用好红色资源赓续红色血脉　努力创造无愧于历史和人民的新业绩》，《人民日报》2021 年 6 月 27 日。

② 习近平：《在北京大学师生座谈会上的讲话》，《人民日报》2018 年 5 月 3 日。

③ 《十九大以来重要文献选编》（中），中央文献出版社 2021 年版，第 676 页。

坚定教育自信必须始终保持忠于党的教育事业，坚持以人民为中心的深厚情怀。我们建设的教育强国是中国特色社会主义的教育强国，不是其他什么社会制度下的教育强国。教育强国建设的目的就是要更好地为社会主义、为人民服务，推进社会的全面进步和人的全面发展。我们要带着对社会主义制度、对人民的深厚感情去做开创性的工作。只有始终把党、国家和人民的事业当作崇高的事业去追求、去发展才能有强大的精神动力开创伟大事业。正如习近平总书记指出的："要坚持以人民为中心的发展思想，维护好工人阶级和广大劳动群众合法权益，解决好就业、教育、社保、医疗、住房、养老、食品安全、生产安全、生态环境、社会治安等问题，不断提升工人阶级和广大劳动群众的获得感、幸福感、安全感。"①

坚定教育自信必须始终坚持改革创新精神，不断进行新实验、创造新经验、总结新成果。社会主义不会从天上掉下来，现代化教育强国也不会自然而然地实现。改革开放的历史一再证明，不断深化改革是事业发展进步的源头活水。建设教育强国我们面临的问题和矛盾都是崭新的，是其他发达国家在教育强国建设中从未遇到过的，没有现成的经验可以照搬，没有现成的答案可以照抄。我们要弘扬改革创新精神，推动思想再解放、改革再深入、工作再抓实，凝聚起全面深化改革的强大力量，在新起点上实现新突破。正如习近平总书记指出的："虽然我们已经走过万水千山，但仍需要不断跋山涉水。在新时代，中国人民将继续自强不息、自我革新，坚定不移全面深化改革，逢山开路，遇水架桥，敢于向顽瘴痼疾开刀，勇于突破利益固化藩篱，将改革进行到底。"②

坚定教育自信必须始终保持胸怀全局的大局观念，自觉维护现代化教育强国建设大局。教育的改革发展是整个国家改革发展事业的一个方面，学校的改革发展又是整个教育事业改革发展的一个点，至于一个学科、一个专业的改革发展更是整个学校改革发展的一个侧面。建设教育强国必须按

---

① 习近平：《在全国劳动模范和先进工作者表彰大会上的讲话》，《人民日报》2020 年 11 月 25 日。

② 习近平：《论坚持全面深化改革》，中央文献出版社 2018 年版，第 460 页。

照国家、学校、学科、专业等发展的总体布局来统筹推进，就一个教育领域或者局部的建设来说，不可能做到齐头并进，也不可能样样都强。必须强化大局意识，树立全局观念，从维护社会主义现代化教育强国建设的大局来着手某一个教育领域和方面的改革发展。在这里一定要克服本位主义观念和文人相轻观念，做到从大局出发，能够维护大局，割肉舍痛，加强理解，相互支持，从总体上推进教育强国的建设。正如习近平总书记指出的："全党同志特别是各级领导干部要有自我革新的勇气和胸怀，跳出条条框框限制，正确处理中央和地方、全局和局部、长远和当前的关系。正确对待利益格局调整，坚决克服地方和部门利益的掣肘。"①

第三节　始终把教育摆在优先发展的战略位置

综合国力的竞争归根结底是人才的竞争，人才的竞争又是教育水平和质量的竞争。顺利实现中华民族伟大复兴的目标，教育发挥着基础性、先导性和全局性的作用。习近平总书记深刻指出："我们要从党和国家事业发展全局的高度，全面贯彻党的教育方针，坚持优先发展教育事业，坚守为党育人、为国育才，努力办好人民满意的教育，在加快推进教育现代化的新征程中培养担当民族复兴大任的时代新人。"②始终把教育放在优先发展的战略位置是全社会的共同认识和共同责任，要按照2035年建成教育强国的总体目标，奋发有为，加快推进教育现代化。

一、必须牢固确立优先发展教育事业的思想理念

所谓思想理念是人类以自己的语言形式来诠释客观事物时在人的脑海里留下的概括的某种形象。思想理念的形成是我们对客观事物的规律已经有了一定的认知而进行的提炼和总结。这种认知具有概括的广度和深度。

---

①　习近平：《论坚持全面深化改革》，中央文献出版社2018年版，第58页。

②　《全面推进教育文化卫生体育事业发展　不断增强人民群众获得感幸福感安全感》，《人民日报》2020年9月23日。

概括性越高,认知的信息内容就彰显得越丰富。优先发展教育事业的思想理念就是这样。从党的十三大提出“必须坚持把发展教育事业放在突出的战略位置”,到党的十四大第一次提出“必须把教育摆在优先发展的战略地位”,再到党的十八大以后提出“始终把教育摆在优先发展的战略位置”,可以说我们党对教育优先发展的认识不断深化。然而,思想理念对每一个具体的人来说,在自己头脑中形成确定不移的认知还需要在实践中不断加深理解。我们党确立的优先发展教育的正确思想理念不会自动地在每一个从事社会实践的人中自然而然地形成,必须在实现中华民族伟大复兴的实践中深化认识。

要通过不断增强对党和国家千秋大业高度负责的政治责任感来牢固确立教育优先发展的思想理念。教育事业是一个周期长、见效慢的发展过程,作为领导者来说要在较短的任期内通过教育发展显示的成绩来作为个人成长进步的资本,显然是不可能的。这就意味着,坚持优先发展教育就是一件功成不必在我的事情。教育优先发展的思想理念尽管我们提出的时间不短了,之所以在一些地方得不到落实,就在于我们的有些领导者,特别是“一把手”不愿意在自己主政一方期间把有限的资源投入教育中去。这就是习近平总书记批评的急功近利的政绩观。坚持教育优先发展的思想理念必须站在讲政治的高度,从提升对党和国家高度负责政治责任感方面来加深认识和理解。一个领导者只有把自己的工作当作党和人民对自己的信任,工作的目的不是升官发财,而是加快建设社会主义的现代化,才能够在领导工作中统揽全局、协调各方,把教育发展放在优先资源配置的方面,而不是为了自己的所谓政绩患得患失,更不会把主要精力和权力行使放到可以进行寻租的领域。教育优先发展的思想理念是否得到贯彻落实,不是停留在口头上和文件里,而是要体现在治国理政的方方面面。

要通过不断改进守正笃实、久久为功的工作作风来牢固确立教育优先发展的思想理念。教育作为一个“十年树木,百年树人”的长效工程,是一个细致活、慢功夫活,来不得半点急于求成和拔苗助长。坚持教育优先发展必须具备守正笃实、久久为功的工作作风。只有按照教育发展的客观规律,尊重人的成长的循序渐进性和个性化特点、尊重教育新生态建立和修复的长期性和艰巨性、重视人的因素在教育发展中的决定性作用、深刻认识教育投资周期长、力度需不断加大等特点，才能把优先发展的思想理念始终不渝地贯穿领导工作全过程，坚持一张蓝图干到底。过去有的地方教育优先发展的思想观念之所以落实得不好，就在于有的地方思想认识不一致，没有坚持不懈地落实教育优先发展的战略性工作，存在一时冷一时热，领导者的注意力和关注点不断飘移，教育发展和改革浅尝辄止等问题。牢固树立教育优先发展的思想理念必须从加强和改进工作作风入手，发扬习近平总书记提倡的钉钉子精神，把教育优先发展落实到一任任领导者薪火相传，接续奋斗，不达目的决不罢休的实干中。

要通过不断增强开拓进取、攻坚克难的创新精神来牢固确立教育优先发展的思想理念。教育的发展存在基数大、类型多、综合性强、发展极不平衡、互动关系密切、矛盾和问题多样复杂等情况。教育优先发展需要直面问题，做到抽丝剥茧，化繁为简，革新鼎故，条分缕析。教育的优先发展是一个经济基础与上层建筑相互适应的过程，只有在优先发展教育的过程中使教育的基础性、先导性和全局性作用发挥得更加充分，才能促进经济社会发展和稳定。因此，从某种意义上说，教育的优先发展就是一场社会重大变革的过程。从新中国成立以来的历史看，每一次重大的教育变革都促进了社会的深刻变化。没有新中国成立初期对旧教育的改造和社会主义教育制度的建立，就没有社会主义的全面建设；没有改革开放初期教育制度的改革，就没有以经济建设为中心的生产力的发展；没有21世纪初的科教兴国战略就没有全面建成小康社会的顺利实现。因此，只有坚持问题导向，抓住阻碍教育事业发展的问题不放，不断深化改革，不断进行教育体制机制创新，教育优先发展的思想理念才能够牢固地树立起来。

要通过深入体察人民群众对高水平优质教育的热切期待来牢固确立教育优先发展的思想理念。教育问题关系千家万户，是每一个人、每一个家庭都直接或者间接面对的问题，因而是民生最大的问题。新时代社会的主要矛盾里，人民对美好生活的需要中，教育占了很重要的一部分。人民群众对高质量优质教育的新期待、新希望具有紧迫性和重要性。离开了教育问题的解决而谈新时代的社会主要矛盾就是隔靴搔痒、避重就轻。要把坚持以人民为中心的根本政治立场与牢固树立教育优先发展的思想理念有机结合起来，要把人民高不高兴、满不满意、赞不赞成、答不答应的执政标准与办好人民满意的教育统一起来。只有真正想人民群众之所想，急人民群众之所急，把人民群众急难愁盼的事情办好，才能真正牢固树立教育优先发展的思想理念。

二、必须坚定不移实施新时代科教兴国和人才强国战略

党的十八大之前，我国实施科教兴国战略，实施国家中长期教育改革和发展规划纲要，着重抓住推进教育改革、促进义务教育均衡发展、继续加强职业教育、推进高等学校管理体制和招生制度改革、加强教师队伍建设五个方面的工作，经过努力我国已经成为世界教育人口最多的教育大国，初步建成最大规模的现代化教育体系。进入新时代，我们党把“优先发展教育，办好人民满意的教育”作为教育改革与发展的中心任务，同时把教育问题作为改善民生与社会建设的首要问题。党的十九大提出实现教育强国的总体目标，2019 年 2 月党中央、国务院颁布的《中国教育现代化 2035》对实现教育现代化、迈入教育强国作出了部署，开启了教育大国向教育强国转变的新征程。

新时代实施科教兴国战略主要采取以下战略举措：一是全面深化教育领域的综合改革。首先，深化重点领域和关键环节改革步伐，推动教育整体发展迈上新台阶，努力构建学习型社会的建立。在教育改革中推进教育的网络化、数字化和终身化，以教育信息化带动教育现代化。其次，重视教师队伍的建设。尤其是农村地区教师的发展前景和薪资待遇改革是这一时期改革的重点。最后，改革人才培养模式，全面实施素质教育，把立德树人作为教育的根本任务，以学生的思想道德建设为引领促进素质教育的全面发展，培养德智体美劳全面发展的社会主义事业建设者和接班人。二是以教育公平促进社会公平正义。推进城乡义务教育一体化发展，高度重视农村义务教育，促进城镇基本公共服务与农村共享。在加强城乡一体化的同时，逐渐缩小区域和校际之间的差距。全面提升中西部教育发展水平。同时，

保障残疾人基本教育权利，对家庭经济困难学生提供资助。在实施“十四五”规划期间，着力做好支持欠发达地区特别是“三区三州”等原深度贫困地区巩固教育脱贫攻坚成果，积极扩大基础教育学位供给，提高学前教育入学率和义务教育巩固率，保障群众受教育权利，加快缩小与其他地区教育差距，阻断贫困代际传递。三是实施创新驱动发展战略。将“创新驱动”引入科教兴国战略，实现科技创新的“非对称”赶超。首先，深入实施创新驱动发展战略，增强产业转型升级的技术技能人才支撑，深化产教融合、校企合作，发挥企业重要办学主体作用，推动职业院校（含技工院校，下同）、应用型本科高校面向经济社会发展需求，加强产教融合实训基地建设，创新培养模式，优化培养结构，提升学生创新精神、实践水平和就业创业能力，打造一批精品职业院校，带动职业教育、高等教育质量整体提升，更好地服务实体经济发展。其次，完善科技创新能力体系，全面提升各类创新主体的能力；构建协同创新要素，提升资源配置的效率；在不断提升人才培养质量的同时加强学科建设和科研能力的创新水平；突出“高精尖缺”导向，加大高端科技创新人才队伍培养的力度。围绕国家重大战略需求，组织实施一批重大科技项目和工程的关键核心技术；在高校科研院所层面，创新领域组建一批国家实验室，提升自主创新能力，积极抢占科技战略制高点。实施“十四五”规划期间，要加快“双一流”建设，加强急需领域学科专业建设，显著提升人才培养能力，加快破解“卡脖子”关键核心技术。服务疫情防控、健康中国和教育强国建设需要，加快培养国家急需的医学和教师人才。促进高等教育资源布局优化调整，有效提升高等教育对区域经济社会发展的支撑引领能力。

改革开放以来，我们党逐步确立了“科学技术是第一生产力”“人才资源是第一资源”“创新是第一动力”的思想。人才强国战略是党中央、国务院继实施科教兴国战略之后提出的又一项战略决策。党的十八大以来，以习近平同志为核心的党中央深刻回答了为什么建设人才强国、什么是人才强国、怎样建设人才强国的重大理论和实践问题，提出了一系列新理念新战略新举措。一是坚持党对人才工作的全面领导。加强党对人才工作的政治引领，做到从党和国家战略全局上识才、用才、容才、聚才，着力把党内和党外、国内和国外各方面优秀人才集聚到党和人民的伟大奋斗中来,努力建设一支规模宏大、结构合理、素质优良的人才队伍。二是坚持人才引领发展的战略地位。坚持把人才资源开发放在最优先位置,高度重视建设战略人才力量,切实打好创新发展人才基础。三是坚持“四个面向”,即面向世界科技前沿、面向经济主战场、面向国家重大需求、面向人民生命健康。支持和鼓励广大科学工作者紧跟世界科技发展大势,对标国际一流水平,根据国家发展急迫需要和长远需求,提出新理论、开辟新领域、探索新路径,多出战略性、关键性重大科技成果,不断攻克“卡脖子”关键核心技术,不断向科学技术广度和深度进军。四是坚持全方位培养用好人才。着力造就一流科技领军人才和创新团队,培养具有国际竞争力的青年科技人才后备军,用好用活人才,大胆使用青年人才,激发创新活力,放开视野选人才、不拘一格用人才。五是坚持深化人才发展体制机制改革。坚决破除人才培养、使用、评价、服务、支持、激励等方面的体制机制障碍,加快形成有利于人才成长发展的体制机制,将我国的制度优势转化为人才优势、科技竞争优势。六是坚持聚天下英才而用之。实行更加积极、更加开放、更加有效的人才引进政策,用好全球创新资源,精准引进急需紧缺人才,形成具有吸引力和国际竞争力的人才制度体系,加快建设世界重要人才中心和创新高地。七是坚持营造识才爱才敬才用才的环境。为人才心无旁骛钻研业务创造良好条件,在全社会营造鼓励大胆创新、勇于创新、包容创新的良好氛围。八是坚持弘扬科学家精神。教育引导各类人才矢志爱国奋斗、锐意开拓创新。

科教兴国战略、人才强国战略和创新驱动发展战略是相互依托和相互支撑的综合发展战略,在实现社会主义现代化教育强国的建设中必须并驾齐驱。正如习近平总书记深刻指出的:“我们一定要深入实施科教兴国战略、人才强国战略、创新驱动发展战略……不断提高思想道德素质和科学文化素质。”①

① 习近平:《在庆祝“五一”国际劳动节暨表彰全国劳动模范和先进工作者大会上的讲话》,《人民日报》2015 年 4 月 29 日。

三、必须健全优先发展教育事业的体制机制

落实科教兴国战略和人才强国战略，始终把教育摆在优先发展的战略位置不能停留在口号里、文件中，必须具有制度保障。制度作为要求大家共同遵守的办事规程或行动准则，是教育事业发展可靠性、稳定性和长期性的保证。健全优先发展教育事业的体制机制是深刻总结新中国成立以来我国教育事业发展经验教训形成的宝贵认识。只有不断健全和完善优先发展教育事业的体制机制，才能保证建设社会主义现代化教育强国奠立在坚实的法制基础上。

要健全完善制定国民经济社会发展规划优先安排教育发展的顶层设计机制。优先发展教育必须首先落实在每五年制定的国民经济和社会发展的规划中，加强教育发展规划与经济社会发展规划的有效衔接。在国民经济和社会发展规划中落实教育优先发展的理念，就能够提供政策保障。党的十八大以来，习近平总书记主持的中央全面深化改革领导小组和中央全面深化改革委员会审议通过的许多政策性文件，都把教育优先发展的思想理念落到了实处。党的十九届三中全会决定组建中央教育工作领导小组，在审议国家教育发展规划、中长期规划、教育重大政策和体制改革方案，协调解决教育工作重大问题等方面发挥决策议事协调的作用。这就使教育优先发展战略有了加强顶层设计的组织领导保障。不断健全教育优先发展的顶层设计机制，有利于强化规划引领，设计战略宏图，将建设教育强国的战略任务变成谋篇布局、谋定而动的可持续、可行性的政策举措。

要健全优先保障教育支出的财政资金投入机制。教育投入是支撑国家长远发展的基础性、战略性投资，是发展教育事业的重要物质基础，是公共财政保障的重点。坚持教育优先发展必须把增加财政性教育投入作为建设公共财政体制的重点，明确各级政府财政支出的责任。教育作为公益性事业是否坚持优先发展，财政资金投入成为衡量教育事业发展的一个重要指标。我国教育法规定了国家财政性教育经费支出应当达到占国内生产总值的比例4%的要求，但由于经济发展水平的限制，到2012年才首次达到这个

目标。党的十八大以来,教育经费投入连年保持在4%以上,有力地推动了教育事业的发展。《中国教育现代化2035》进一步明确了保证国家财政教育经费支出占国内生产总值的比例一般不低于4%,并确保只增不减,这就为教育现代化建设提供了可靠的物质基础。健全优先保障教育支出财政资金投入体制,还要不断深化教育经费投入体制的改革,建立国民教育经费稳定增长的长效机制,探索与社会主义市场经济相适应的多渠道筹集办学经费的机制,完善教育经费分配、管理、使用的法治化、标准化、制度化、科学化的机制等,不断提高经费投入、使用的科学效率。

要健全优先满足教育和人力资源发展需要的公共资源配置机制。公共服务是一个国家保障本国国民生活水平和生活质量而提供的公共产品。公共服务带有公益性质,应当由政府直接提供或者通过政府购买服务的方式提供。公共服务包含的内容很多,比如基础设施建设、公共安全、教育、医疗卫生、生态环境等都属于公共服务范围。我国坚持社会主义制度,在提供公共服务方面更应该按照社会主义原则的要求,满足人民群众的需要。但是由于我国长期经济文化比较落后,社会主义的原则无法充分满足现实的所有需要。因此,我国长期存在人民日益增长的物质文化需要与落后的社会生产之间的矛盾。进入新时代以后,我国的经济社会发展取得了巨大进步,公共服务产品不论是从类型来说,还是从服务的质量来说都有了极大的提高。在这样的情况下,公共预算的支出在公共资源的配置中更加要注重优先满足教育和人力资源的开发。这不仅是解决新时代社会主要矛盾的重大关切,更是服务中华民族伟大复兴的需要。健全优先满足教育发展和人力资源开发需要的公共资源配置机制,就是要把公共服务落实到教育基础设施的建设、家庭经济困难学生的生活补助、学生学习的资助、学生就业的服务、贫困地区的教育帮扶、特殊群体的教育等方面。只有这样才能满足人民群众的新期待,推动区域、城乡协调发展,提高公共服务的覆盖面和水平,充分显示社会主义制度的优越性。同时,要形成教育经费"三个增长"逐年提高的态势,做到各级政府财政拨款的增长高于财政经常性收入的增长,按在校学生人数平均的教育费用逐年增长,教师工资和学生的公共费用逐步增长。正如习近平总书记指出的:"要优化教育资源配置,逐步缩小区域、城乡、校际差距,特别是要加大对革命老区、民族地区、边远地区、贫困地区基础教育的投入力度,保障贫困地区办学经费,健全家庭困难学生资助体系。"①

要建立健全全社会关心支持教育事业发展的合力机制。教育关联千家万户,关系国家的前途命运,需要全社会来支持和关心,形成一个多方参与的系统工程。只有全社会都承担关心教育、重视教育、支持教育的责任,充分发挥市场在资源配置中的决定性作用,家庭、学校、政府、社会密切配合,努力营造有利于青少年健康成长的社会环境,才能够顺利地实现教育优先发展。要充分发挥市场经济在资源配置中的作用,积极调动各市场主体依法发展教育的积极性,做到拾遗补缺,以弥补公共财政资金的不足。同时,拓宽教育投资渠道,引进民营资本兴办教育,深化办学体制的改革,更好地满足人民群众对优质教育的渴求。组织和动员全社会支持教育,积极利用和接受社会各界的捐赠和资助来发展教育。要强化家庭教育的责任。要通过家长学校、家校共育、《家庭教育促进法》的贯彻落实等手段,强化家长作为孩子第一任老师的责任,帮助孩子扣好人生的第一粒扣子。政府要高度重视教育工作,除了在公共财政经费投入、公共资源配置方面重视教育之外,还要重视本地区教育发展存在的突出问题,并加以解决。同时,要通过报刊、广播、电视、新媒体、剧院、博物馆、纪念馆、科技馆、运动场等载体,努力营造有利于立德树人的思想政治环境。要充分发挥各人民团体,如妇联、青年团、学会、协会等的作用,加强对教育工作研究的智库作用,同时协调各种社会资源支持和帮助教育。企业和事业单位要履行支持和帮助教育的义务,积极为学生参加社会实践活动、观察了解社会、培养锻炼实践能力提供便利。

要建立健全落实教育优先发展战略要求的监督考核评价机制。要保证

---

① 《全面贯彻落实党的教育方针　努力把我国基础教育越办越好》,《人民日报》2016 年 9 月 10 日。

教育优先发展的思想理念能够在全社会得到贯彻落实,不仅需要社会参与的各方都有高度的政治自觉,还需要有严格的社会监督,把思想自觉和监督制约有机地结合起来。要强化各级人大的法律监督。只有各级人大依照相关教育法律法规对法律实施情况的监督,才能督促政府更好地履行法律赋予的教育责任。要加强各级人民政协的民主监督作用。通过专题调研、协商座谈、提案议案、批评建议等方式对落实教育优先发展战略进行民主监督,帮助政府、学校和其他社会组织改进工作。要加强政府的自身监督。教育行政部门建立教育督导机构代表政府对各级政府、各类学校贯彻落实党的教育方针、教育政策法规、履行教育职责等方面的情况进行监督。要强化群众对教育工作的监督。广大人民群众是教育工作的受体,对教育发展状况有切身的体会和感受。充分发挥人民群众的监督作用可以直面教育方面的急难愁盼热点问题,有利于帮助政府发现问题、认识问题和解决问题。

四、各级党委和政府必须把优先发展教育作为义不容辞的责任

正因为教育事业在实现中华民族伟大复兴的征程中具有不可替代的巨大作用,是一项实现中华民族伟大复兴的基础性工程,各级党委和政府在履行党和国家领导工作职责时,就承担着优先发展教育的重要责任。

各级党委和政府要在深刻领悟“两个确立”的决定性意义,不断增强“四个意识”、坚定“四个自信”、做到“两个维护”的基础上,用高度的政治自觉贯彻落实党中央决策部署,把教育优先发展的思想理念体现在执政兴国的实践中。教育事业的发展虽然关系党和国家的前途命运,但对领导者个人的前途命运来说直接影响不大。正因为如此,一些领导者往往用实用主义的态度来对待教育。优先发展教育事业的思想理念在有些地方存在“说起来重要,干起来次要,急功近利起来不要”的情况。落实教育优先发展的领导责任要从讲政治的高度,把维护党的团结统一和集中统一领导转化为实际的领导科学。要通过提高政治判断力、政治领悟力和政治执行力深刻理解党中央提出的科教兴国战略、人才强国战略、创新驱动发展战略的重要理论意义和实践意义,自觉维护党中央的权威。高度自觉地提高教育

优先发展的政治责任感，坚决反对落实教育优先发展思想理念中的形式主义、阳奉阴违、沽名钓誉和瞎折腾等错误领导行为。

各级党委和政府要把教育改革发展工作纳入重要议事日程，及时研究改革发展的重大问题。要把优先发展教育纳入党委和政府把方向、议大事、抓全局的总体部署中，做到提前谋划、总体布局、战略定位、综合施力，一张蓝图干到底。要提高政治敏锐性，及时发现教育事业在关系全局发展中存在的影响全局性发展的短板、弱项和薄弱环节，做到补短板、强弱项，实现均衡发展。要及时研究教育改革发展中面临的突出矛盾和问题，运用政策工具箱，支持教育体制机制改革，形成有利于教育改革发展的政策导向。要坚持以人民为中心的工作导向，对人民群众关心的急难愁盼问题，在政策法规允许的范围内，通过协商民主达成共识，用最大的诚意、最坚决的态度、最彻底的措施予以呼应。正如习近平总书记指出的，“各级党委和政府要坚持把教育放在优先发展的战略位置，强化责任意识，及时研究解决教育改革发展的重大问题和群众关心的热点问题。”①

各级党委和政府要在民生事业发展中突出教育发展的优先地位，在公共事业服务中优先配置教育资源。在新时代，人民群众对美好生活的需要是多方面的，尽管我国综合国力有了很大的提高，但是要办的事情还是非常多。在这样的情况下，各级党委和政府在提供公共事业服务方面仍然要坚持教育优先发展的原则，优先在教育方面配置公共资源。因为教育是老百姓最普遍、最关心的民生大事，是牵动社会主义现代化建设的“牛鼻子”。要通过优先提高教育公共服务水平，为广大人民群众提供优质的教育教学、提供均衡发展的教育环境，帮助贫困学生和特殊群体受到国家资助，阻断贫困的代际传递等，以促进社会的和谐稳定，将巨大的人力资源转化为人才资源。习近平总书记对各级党委政府提出明确要求，他说：“要全面贯彻党的教育方针，坚持社会主义办学方向，坚持教育公益性原则，着力构建优质均

① 《全面贯彻落实党的教育方针　努力把我国基础教育越办越好》，《人民日报》2016 年 9 月 10 日。

衡的基本公共教育服务体系，建设高质量教育体系，办好人民满意的教育，培养德智体美劳全面发展的社会主义建设者和接班人。”①

各级党委和政府要在区域发展中重视教育的基础性、先导性和全局性作用，围绕新阶段的高质量发展下气力解决人才短缺面临的突出矛盾。新时代进入经济社会高质量发展的新阶段，最短缺的是各种类型的人才，特别是技术技能型人才。这是经济社会发展的突出矛盾。为了满足“中国制造”“中国创造”和“中国智造”的需要必须加快人才培养的步伐。从人才需求的紧迫性来说，也要高度重视落实教育优先发展的思想理念，例如，职业教育的发展就是这样。职业教育是培养技术技能型人才的模式，但是职业教育在我国还遇到不少发展中的问题。这些问题不是教育部门自身能够解决的，需要地方党委和政府运用各种管理手段（包括行政的和非行政的）来加以解决。习近平总书记在对全国职业教育工作的指示中指出：“在全面建设社会主义现代化国家新征程中，职业教育前途广阔、大有可为。要坚持党的领导，坚持正确办学方向，坚持立德树人，优化职业教育类型定位，深化产教融合、校企合作，深入推进育人方式、办学模式、管理体制、保障机制改革，稳步发展职业本科教育，建设一批高水平职业院校和专业，推动职普融通，增强职业教育适应性，加快构建现代职业教育体系，培养更多高素质技术技能人才、能工巧匠、大国工匠。各级党委和政府要加大制度创新、政策供给、投入力度，弘扬工匠精神，提高技术技能人才社会地位，为全面建设社会主义现代化国家、实现中华民族伟大复兴的中国梦提供有力人才和技能支撑。”②从习近平总书记的指示中就可以看出，要保证职业教育的发展，各级党委和政府在制度创新、政策供给、投入力度、提高技术技能型人才地位、弘扬工匠精神等方面都有义不容辞的领导责任。深入探讨改革开放以来我国经济社会发展不平衡的状况，为什么有的地方经济社会发展老是停滞不

① 《把保障人民健康放在优先发展的战略位置　着力构建优质均衡的基本公共教育服务体系》，《人民日报》2021 年 3 月 7 日。

② 《加快构建现代职业教育体系　培养更多高素质技术技能人才能工巧匠大国工匠》，《人民日报》2021 年 4 月 14 日。

前，最主要的原因之一就是那些地方培养不出人才，留不住人才，用不好人才。各级党委和政府认真履行教育优先发展的思想理念，就是为了促进本地区经济社会的高质量发展而培养好人才，用好人才。

党的二十大首次将科技、教育、人才等工作列为专章阐述，这既坚持了教育、科技、人才是全面建设社会主义现代化国家的基础性、战略性支撑，又强调了三者之间的有机联系。各级党委和政府、各级各类学校要通过协同配合、系统集成，以教育强国建设为目标，以全面提高人才自主培养质量为重点，加快建设高质量教育体系，共同开辟发展新领域、新赛道，不断塑造发展新动能、新优势，为实施科教兴国战略、强化现代化建设人才支撑奠定坚实基础。

第二章　党对教育工作的全面领导是坚持中国特色社会主义教育发展道路的坚强保证

教育作为培养人的社会活动，是受一定的经济基础和上层建筑影响和制约的社会行为。中国特色社会主义教育发展道路是我们党在创立中国特色社会主义过程中形成的独具特色的人的培养活动路径。中国共产党创立、捍卫、发展了中国特色社会主义，党的领导是中国特色社会主义的最本质特征。毫无疑问，发展中国特色社会主义教育，建设教育强国必须坚持党的全面领导。

第一节　走中国特色社会主义教育发展道路必须始终坚持党的全面领导

发展社会主义教育事业从必须坚持党的领导到必须坚持党的全面领导，经历了一个认识和实践逐步深化的过程。这一过程与新时代“四个全面”战略布局深入推进密切相关。党的十九大在总结十八大以来我国发生历史性变革、取得历史性成就经验的基础上，提出了“坚持和加强党的全面领导”的要求，党的十九届四中全会作出的决定明确指出要坚决维护党中央权威，健全和完善总揽全局、协调各方的党的领导制度体系，把党的领导落实到国家治理各领域各方面各环节。2020 年全国教育工作会议进一步要求“坚持和完善党对教育工作全面领导的制度体系”。这标志着党对教育工作的全面领导开始进入规范化、制度化和法治化的阶段。

一、党的领导是中国特色社会主义教育的最本质特征

教育事业作为中国特色社会主义事业的一个重要组成部分，必须在这一领域坚持和加强党的领导。教育事业的方方面面必须充分体现党的领导的控制力、影响力和凝聚力。只有让党的意志和主张在教育事业中得到全面贯彻落实，教育事业才能顺利发展和前进。党的领导已经成为中国特色社会主义教育事业的最本质特征。习近平总书记在2021年4月考察清华大学时指出："要坚持党的领导，坚持马克思主义指导地位，全面贯彻党的教育方针，坚持社会主义办学方向……更好为改革开放和社会主义现代化建设服务。"①党的领导作为中国特色社会主义教育的最本质特征主要体现在以下几个方面。

坚持马克思主义的指导地位，用马克思主义指导教育科学发展。马克思主义深刻揭示了自然界、人类社会、人类思维发展的普遍规律，为人类社会发展进步指明了正确的方向，极大地推进了人类文明的进程。中国共产党是马克思主义与工人运动相结合的产物，从党成立的那一天起就是马克思主义的忠诚信奉者和坚定实践者。在党的百年奋斗历程中，我们党始终把马克思主义写在自己的旗帜上，把握科学理论指引的正确方向，运用马克思主义立场、观点、方法，正确认识问题，科学分析问题，有效解决问题，创造了长期保持发展和稳定的奇迹。教育作为培养人的社会活动，始终必须面对"培养什么样的人""怎样培养人"和"为谁培养人"的问题。毫无疑问，走中国特色社会主义教育发展道路就必须坚持马克思主义的指导。马克思主义不仅揭示了人类社会发展规律，而且也指明了社会主义教育的正确方向。社会主义教育要有利于实现人的全面发展、实现教育和生产劳动相结合，必须坚定正确的政治方向、坚持教育发展的公平性，社会物质生产方式和水平决定人的发展水平和方向等马克思主义的基本观点对坚持社会主义

① 《坚持中国特色世界一流大学建设目标方向　为服务国家富强民族复兴人民幸福贡献力量》，《人民日报》2021年4月20日。

教育发展道路仍然具有深远的指导意义。坚持马克思主义的指导可以运用科学的世界观和方法论正确地认识当代中国教育面临的实际情况,找到符合中国国情的教育发展规律,为中国教育发展提出具有战略性、预见性和创造性的发展思路,绘制教育发展蓝图。坚持马克思主义的指导能够尊重人的发展规律,正确处理社会存在与社会意识的关系,通过科学的社会实践活动正确地认识社会,又通过社会意识的反作用,充分发挥人的主观能动性,实现精神变物质的转化,更加有力地加快人的成长成才。坚持马克思主义的指导能够根据马克思主义揭示的教育基本原理和基本观点丰富和发展马克思主义教育思想。在新的时代、新的历史发展阶段上提出培养人的新观点、新理念和新思想,将人的全面发展要求不断推向新的历史阶段。坚持马克思主义的指导能够在教育实践中把握好意识形态的正确方向,坚持用马克思主义对学生进行科学教育工作,反对和抵制各种错误思潮观念的影响,正确认识人的成长和社会发展过程中存在的复杂社会现象和问题,进一步坚定社会主义的理想信念,培养有理想、有道德、有纪律、有文化的社会主义新人。

把坚定正确的政治方向放在首位,全面贯彻落实党的教育方针。办社会主义教育培养的人只能是社会主义事业的建设者和接班人,而不是别的什么人,更不是社会主义的掘墓人。这就决定了社会主义教育人才培养的政治要求。坚持党对教育工作的领导就是要把对人才教育的原则贯彻落实到人才培养的各个环节和各个阶段。坚持党对教育工作领导的一个非常重要的方面,就是把坚定正确的政治方向放在教育工作的首位。这就要求整个教育工作必须全面贯彻落实党的教育方针,树立正确的教育思想,不断提高受教育者的思想政治素质和科学文化素质,培养全面发展的人才。学校是意识形态的前沿阵地,是各种思想文化交流激荡的汇合点,是社会主义思想与资产阶级思想争夺青少年的主战场。坚定正确的政治方向要强化党对思想理论工作的领导。党必须通过有效的新闻舆论宣传,高唱主旋律,打好主动仗;必须通过领导和组织哲学社会科学研究,推进马克思主义的中国化和时代化;必须大力弘扬和传播优秀的传统文化、革命文化和现代文化。坚定正确的政治方向要高度重视思想政治工作。思想政治工作是我们党的优良传统和政治优势，加强思想政治工作必须充分发挥思想政治课的主渠道作用，坚持用马克思主义和中国特色社会主义理论进学生的头脑；必须把思想政治教育贯穿整个教育活动的全过程，做到人人都是育人导师，处处都是育人环境；必须针对学生思想中存在的各种思想疑虑和困惑做耐心细致的思想政治工作，做到一把钥匙开一把锁，春风化雨润物无声。坚定正确的政治方向必须抓好教师队伍的建设。教师是学生健康成长的指导者和引路人，教师的思想政治素质决定和影响学生的思想政治素质的水平，必须高度重视教师的思想政治工作，从思想政治上关心他们的成长和进步，帮助他们正确处理政治与业务、理论与实践、个人与集体的关系，激励他们牢固确立马克思主义的立场、观点和方法；要加强师德师风建设，树立典型，鼓励先进，形成教师学为人师、行为世范的良好用人导向；要严肃教育教学纪律，严肃处理学术不端、道德败坏、思想反动的极少数害群之马。

坚持教育事业发展为党的中心工作服务，促进人的全面发展和社会的全面进步。马克思主义执政党的历史使命是全心全意为人民服务，在解放和发展生产力的过程中，消灭剥削，消除两极分化，逐步实现共同富裕，不断推进人的全面发展和社会的全面进步，追求共产主义远大理想的实现。这就决定了教育必须服从和服务于党的中心任务，保证教育事业的发展能够符合广大人民群众的根本利益，符合社会进步的大趋势。加强党对教育工作的领导必须坚持教育事业发展为党的中心工作服务。要把握好教育与当代中国政治、经济、文化和社会发展领域的丰富而又具体的关系，充分发挥教育对促进社会主义物质文明、政治文明、精神文明、社会文明和生态文明建设的作用，在充分发挥作用的过程中体现教育的功能和地位。要充分发挥教育在践行党的初心和使命中的作用。要通过教育贯彻落实坚持以人民为中心的根本政治原则，不断在促进人的全面发展中提高人的思想政治素质和科学文化素质，维护好教育公平，办好人民满意的教育。要强化教育在党完成每一个历史发展阶段重点工作的服务功能。社会主义事业的发展是阶梯式的。人的全面发展和社会的全面进步是一个整体推进的过程，在这个过程中的每一个历史阶段，党都有相对集中的重点工作。例如，在改革开放初期以集中进行经济建设为中心任务、21世纪初到2020年以全面建成小康社会为中心任务；当前我国正在以建设社会主义现代化强国为中心任务。教育只有围绕党的中心任务，为党的中心任务的完成及时提供符合人才规格要求的人才支撑，才能保证党的事业的顺利发展，充分体现党管人才的原则要求。

加强党的建设，为实现党对教育工作的领导提供坚强的思想政治和组织保证。教育领域是知识分子最集中的领域。知识分子具有善于学习和思考、见识广、视野开阔、反应灵敏、责任心强、独立思维、不迷信不盲从、敢于直抒己见等特点。同时，知识分子主要从事个体智力劳动的生活和工作方式，部分人存在接触社会比较少、个性强、坚持己见、信息处理和辨别容易受到各种信息干扰、合作意识不强等不足。因此，在教育领域加强党的建设显得特别重要。要通过教育系统加强党的建设，全面、准确、完整地贯彻落实党的知识分子政策，教育、团结、引导知识分子听党话、跟党走，自觉抵制各种错误信息的干扰，坚定正确的政治方向，团结在实现中华民族伟大复兴的旗帜下，结成爱国、团结的统一战线，为完成党的中心任务开拓进取、创造佳绩。要通过教育系统加强党的建设，净化政治生态，消除一切影响党的先进性、弱化党的纯洁性的行为，营造风清气正的育人环境。要通过党的建设健全党的领导体制，形成结构合理、功能齐全、制度完善、充分调动各方面积极性、富有效率的学校治理体系，以保证党的路线方针政策能够落实到教育领域的方方面面。要通过党的建设充分发挥党支部的战斗堡垒作用和党员的先锋模范作用，做到守土有责，守土尽责，以基层党组织和党员的出色工作和模范行为，以身作则，率先垂范，带动广大师生员工，把他们团结在党的周围，使党领导的教育事业更加具有凝聚力、向心力和战斗力。

二、我国教育发展的历史证明必须坚持党对教育工作的全面领导

新中国即将成立时，面对一个贫穷落后、百废待兴，基本是以自然经济为主的新国家，如何进行社会主义建设，成为党中央重点思考的一个问题。

毛泽东同志敏锐地认识到:“随着经济建设的高潮的到来,不可避免地将要出现一个文化建设的高潮。中国人被人认为不文明的时代已经过去了,我们将以一个具有高度文化的民族出现于世界。”①为了迎接文化建设高潮的到来,改造旧教育、建设新教育成为党领导教育工作的首要任务。我们党领导人民废除了半殖民地半封建社会的旧式教育制度体系,开始独立自主地探索建立社会主义教育制度。在完成对旧教育制度的改造后,我们党“有计划有步骤地实行普及教育”,保证人民群众享有接受教育的基本权利,适应社会主义建设对人才的需要。随着教育对经济社会发展发挥的作用与日俱增,在“为什么培养人,为谁培养人”的问题上,教育的政治属性逐渐凸显。1958 年 9 月中共中央和国务院出台的《关于教育工作的指示》中指出,“党的教育工作方针,是教育为无产阶级的政治服务”,同时提出“为了实现这个方针,教育工作必须由党来领导”,明确规定了党领导教育工作的基本要求。从新中国成立到 1966 年“文化大革命”前夕,教育事业是在党的领导下独立探索中前进的,这期间党中央和毛泽东同志提出了许多重大理论问题和实践问题,被实践证明是基本正确的。例如,党的教育方针、两种教育制度和劳动制度、高校和中小学的工作条例以及一些重大的教育改革举措等。十年“文化大革命”党在指导思想上犯的全局性错误,不仅使社会主义建设遭受重大挫折,教育事业也在“踢开党委闹革命”的局势下深受其害,国家陷入无政府状态,社会发展基本停滞,甚至拉大了与发达国家的教育差距。②

党的十一届三中全会以后,随着拨乱反正、正本清源工作的完成,党和国家工作战略重心的转移,教育在经济建设以及社会主义现代化建设中发挥着越来越重要的作用。为促进教育事业的发展,确保社会主义的办学方向,1985 年 5 月,邓小平同志在全国教育工作会议上明确强调,党在领导教育工作的过程中,“各级党委和政府,对教育工作不仅要抓,并且要抓紧、抓

---

① 《毛泽东著作选读》下册,人民出版社 1986 年版,第 692 页。

② 参见中华人民共和国教育部编写组:《中国共产党教育理论与实践》,北京师范大学出版社 2001 年版,第 49—61 页。

好，严格要求，少讲空话，多干实事”。[①] 党中央颁布《中共中央关于教育体制改革的决定》，明确强调要“加强领导，调动各方面积极因素，保证教育体制改革的顺利进行”。根据党中央的统一部署，我国教育体制改革顺利开展，教育法律体系的基本框架初步建立，教育改革发展实现突破性进展。然而，20世纪80年代，随着对外开放，资产阶级的错误思想和腐朽生活方式乘虚而入，我们党还缺乏在开放条件下抵制剥削阶级思想渗透的经验，加上国内极少数人鼓吹和宣扬西方的价值观念，因而一度出现资产阶级自由化泛滥的情况。高校接连发生学潮，直至爆发1989年春夏之交的政治风波。总结教育领域发生的这些问题，主要原因是我们党在一定时期放松了思想政治工作。邓小平同志深刻指出：“我们最大的失误在教育，对年轻娃娃、青年学生教育不够。”[②]我们党通过认真总结经验教训，开始高度重视在教育领域加强党的领导。

党的十三届四中全会后，以江泽民同志为主要代表的中国共产党人面对国际共产主义运动遭受严重挫折、西方敌对势力集中力量对中国进行颠覆渗透的严峻形势，面对经济社会发展艰巨繁重的任务，教育改革发展的重要性日益显示其战略意义，提出了真正把教育摆在优先发展的战略地位的思想。在这种情况下，江泽民同志强调：“各级党委和政府要切实加强对教育工作的领导，结合本地区的实际情况，制定具体的实施方案，精心筹划，统一部署，组织贯彻落实”。[③] 在此阶段，党对教育工作的领导不断加强，教育改革发展不断取得新成就。特别是基本实现普及九年义务教育、基本扫除青壮年文盲、建设世界一流大学，大力推进“211”工程，使我国基础薄弱的教育面貌发生了根本性改变。

党的十六大以后，以胡锦涛同志为主要代表的中国共产党人强调“推动教育事业科学发展，加强和改善党的领导是关键”[④]。并且在此后领导教

① 《邓小平文选》第三卷，人民出版社1993年版，第121页。

② 《邓小平文选》第三卷，人民出版社1993年版，第327页。

③ 《江泽民文选》第一卷，人民出版社2006年版，第370页。

④ 《全国教育工作会议文件选编》，人民出版社2010年版，第19页。

育事业的过程中不断强化责任意识，全面统筹、凝聚各方力量，成功探索出适应社会主义初级阶段基本国情的教育发展道路。从 20 世纪 90 年代到党的十八大之前，党对教育工作的领导得到不断加强，教育改革取得新的成就，“主要劳动年龄人口和新增劳动力的平均受教育程度处于发展中国家较高水平”；“人类发展指数（HDI），超过同期世界平均水平，缩小了与发达国家的教育差距”①。虽然在党的领导下我国的教育发展取得了巨大的成绩，但由于各种复杂的原因，党的建设仍然存在失之于软、失之于松，腐败问题居高不下的状况，党的领导依然存在弱化、虚化、边缘化的倾向。反映到教育领域一些地方和部门还存在治党不严、管党不力，思想政治工作抓而不紧、意识形态阵地防守不严，师德师风问题不断、教育腐败触目惊心等情况。针对上述状况，习近平总书记曾深刻指出：“如果管党不力、治党不严，人民群众反映强烈的党内突出问题得不到解决，那我们党迟早会失去执政资格，不可避免被历史淘汰。这决不是危言耸听。”②

党的十八大以后，开启了全面从严治党战略布局，加强党的全面领导，以伟大的自我革命引领伟大的社会革命的政治实践。以习近平同志为核心的党中央围绕“建设什么样的长期执政的马克思主义政党和怎样建设长期执政的马克思主义政党”的根本性问题，以坚定的马克思主义信仰，以我将无我，不负人民的赤诚之心，以刮骨疗毒，壮士断腕的自我革命勇气推进全面从严治党，短短几年时间消除了党、国家和军队存在的严重隐患，党在革命性锻造中更加坚强。同时，在统筹中华民族伟大复兴战略全局和世界百年未有之大变局中，深刻认识到党的领导是中国特色社会主义的最本质特征。在党的十九大提出加强党对一切工作的领导的基础上，在 2018 年新修订的宪法中以法律形式明确肯定了党在中国特色社会主义建设中的领导核心作用。党的十九届四中全会决定坚持和完善“党是领导一切的，坚决维护党中央权威，健全总揽全局、协调各方的领导制度体系，把党的领导落实

---

① 参见袁贵仁主编：《中国教育》，北京师范大学出版社 2013 年版，第 3—6 页。

② 《习近平关于全面从严治党论述摘编》，中央文献出版社 2021 年版，第 4—5 页。

到国家治理各领域各方面各环节”。在加强党的全面领导的要求下，习近平总书记在全国教育大会上旗帜鲜明地指出：“加强党对教育工作的全面领导，是办好教育的根本保证。”①《中共中央关于深化党和国家机构改革的决定》，把教育列为16个“涉及党和国家事业全局的重大工作”之一。

新中国成立以来，党对教育工作的指导作用从“领导”到“全面领导”，是一个理论逻辑、实践逻辑、历史逻辑不断深化的过程。不断加强党对教育工作的领导可以说是紧紧抓住了我国教育发展的“根”与“魂”。党的全面领导意味着党领导的范围、方式、主体、内容更加具体，党的领导效能更加具有全面性、系统性和协调性。党的全面领导必然开创新时代教育改革发展的新局面。

三、在新时代，教育领域很多工作与党和国家事业发展关系重大，必须加强党对教育的全面领导

加强党对教育工作的全面领导不仅是新时代建设社会主义现代化强国的必然要求，同时，也是教育领域的特殊要求。教育领域很多工作与党和国家事业发展关系重大，教育是一项涉及党和国家事业全局的重大工作，加强党对教育工作的领导尤其重要。

教育发展是关系中国特色社会主义事业后继有人的重大问题，必须加强党的全面领导。进入新时代，我国各个层级的教育对象都是21世纪以后出生的青少年。这些青少年能否在经历过战火纷飞年代、经历过贫穷落后生活磨难、经历过社会主义事业曲折发展过程的年长一辈陆陆续续退出历史舞台的时候做到后继有人，这对我们的教育是一个十分严峻的挑战。因为这些孩子一出生就过着富足和安定的生活，没有经历过挫折、痛苦、迷茫和生存压力。他们对中国特色社会主义必然性的了解、对两种社会制度的比较竞争、对共产主义理想的追求等缺乏历史感和实践体验。要通过教育把他们培养成社会主义事业的建设者和接班人具有相当大的挑战性。有三

① 《坚持中国特色社会主义教育发展道路　培养德智体美劳全面发展的社会主义建设者和接班人》，《人民日报》2018年9月11日。

个特别重要的问题需要解决:一是马克思主义的旗帜能否打到底。青年学生相不相信马克思主义,能否做到既坚持马克思主义的基本立场、观点、方法不动摇,又坚持发展、创新、丰富马克思主义不停步;既坚持马克思主义的基本原理同中国具体实际相结合,又注意同中华优秀的传统文化相结合,推进马克思主义的中国化、时代化和大众化,把中国特色社会主义的共同理想与实现共产主义的远大理想有机地结合起来,这决定了社会主义中国举旗定向大问题。二是社会主义意识形态的阵地能否巩固。教育领域是意识形态的前沿阵地,在意识形态国际话语权西强东弱的状况下,意识形态领域的斗争更加激烈。目前,多元社会思潮交融交锋,互联网、物联网、新媒体、线上教育等新的教育载体与传播渠道迅速发展,青少年学生很容易受到各种错误信息的干扰,意识形态领域没有硝烟的战争从来没有停止过。教育好青年一代,使他们能够通过自己的政治敏锐性和政治判断力,站稳立场,这决定了争夺下一代的斗争谁是胜利者的大问题。三是社会主义核心价值观能否深入人心。社会主义核心价值观是中国当代公民一切活动的行为准则,是构建现代社会和谐稳定的价值基础。党的十八大以来通过推进"四个全面"战略布局所形成的政治新生态就是要重塑有利于社会和谐稳定的环境。能否使社会主义核心价值观成为广大青年人的价值取向,自觉抵制腐朽落后的思想文化,自觉做一个高尚的人、纯粹的人、脱离了低级趣味的人,是关系人的现代化实现的大问题。这三个问题的顺利解决关系党和国家未来事业的成败,必须通过加强党的全面领导来保证。习近平总书记深刻指出:"培养什么人,是教育的首要问题。我国是中国共产党领导的社会主义国家,这就决定了我们的教育必须把培养社会主义建设者和接班人作为根本任务,培养一代又一代拥护中国共产党领导和我国社会主义制度、立志为中国特色社会主义奋斗终身的有用人才。"①

教育发展是关系社会主义现代化强国能否顺利实现的重大问题,必须

① 《坚持中国特色社会主义教育发展道路　培养德智体美劳全面发展的社会主义建设者和接班人》,《人民日报》2018年9月11日。

加强党的全面领导。从2021年开启社会主义现代化强国建设的新征程到2049年中华人民共和国成立一百周年，将是“Z世代”以后出生的青年人担任现代化建设主力军的时代。“Z时代”指1995年以后到2010年15年间出生的人群，这部分人生于互联网时代，占我国人口的30%以上，是我国现代化建设时期最年富力强的群体，并且经历整个建设全过程的一代。教育除了提高青少年的科学文化素质、创新创业能力之外，还发挥关键性的作用，主要体现在三个方面：一是广大青少年能否具有朝气蓬勃的奋斗精神。敢于斗争敢于胜利的奋斗精神是我们党之所以能够从小到大，由弱变强，从胜利走向胜利的精神力量。到了以“Z世代”为主体的青年一代，能否保持这种精神状态，我们遇到的挑战很多。最大的挑战就是环境的压力越来越小，安乐的氛围无声无息地弥漫开来。在这样的情况下，唯有拨云开雾的思想政治教育才能激发青少年的奋斗精神，做到始终保持“生于忧患，死于安乐”的忧患意识；始终保持不负韶华、只争朝夕的勤奋作风；始终保持不折不挠、敢于胜利的斗争精神。二是广大青少年是否具有报效国家的爱国之志。随着越来越多的家庭进入中产阶层，青少年把劳动作为谋生的主要手段的现象在逐步削弱。越来越多的中国家庭靠改革开放以来的财富积累消除了子孙后代依靠起早贪黑的劳作养家糊口的生活。在这样的情况下，青年一代如何避免滋长靠吃祖宗饭的食利主义、不思进取的懒惰主义和狭隘自私的利己主义，是一个极大的挑战。如何让广大青少年胸怀远大理想，以强烈的建设社会主义现代化强国的报国之志去提高自己的思想境界，增强生活和工作的精神动力，需要我们党开创新时代思想政治工作的新局面去解决这个问题。三是广大青少年能否成为社会主义现代化国家治国理政的中坚力量。到了“Z世代”群体接我们国家治国理政的班的时候，他们都有了相对丰富的国际教育背景和广阔的国际视野。习近平总书记深刻指出：“教育就是要培养中国特色社会主义的建设者和接班人，而不是旁观者和反对派。”①

---

① 《习近平会见清华大学经济管理学院顾问委员会海外委员和中方企业家委员》，《人民日报》2017年10月31日。

教育从很大的程度上关系到青少年从走向社会时是否已经确立了马克思主义的世界观和方法论、是否有了一双识别真善美、假丑恶的慧眼、是否有了不怕风吹浪打和香风毒雾的政治立场。我们党只有始终加强对教育事业的全面领导，才能从根本上解决接班人后继有人的问题。正如习近平总书记指出的："青年兴则国家兴，青年强则国家强。青年一代有理想、有本领、有担当，国家就有前途，民族就有希望……全党要关心和爱护青年，为他们实现人生出彩搭建舞台。"①

教育发展是关系新时代社会主要矛盾的有效解决的重大问题，必须加强党的全面领导。新时代人民群众对美好生活的向往，一个重要的方面就是期待受到更加优质的教育。教育作为党践行初心使命的重要领域，需要在党的全面领导下做到坚持以人民为中心发展教育。一是要通过教育打破贫困代际传递。社会主义的本质是坚持走共同富裕的道路。共同富裕不仅指物质生活资料的富足，而且也包含精神文化的丰富。实现党的第一个百年奋斗目标，我们解决了消灭绝对贫困的问题。但是，相对贫困仍然存在，特别是一些经济文化落后的偏远地区，由于缺乏科学文化素质而不能通过高智力劳动谋生的贫困家庭为数不少。扎实推进共同富裕，教育不可或缺。习近平总书记指出："要更加注重教育脱贫，不能让贫困现象代际传递；要更加注重提高脱贫效果的可持续性。"②二是实现教育公平和高质量均衡发展。人人平等是社会主义社会的本质特征，但由于复杂的历史和社会原因，社会主义的平等又是一个需要长期奋斗以缩小人与人之间差距的过程。特别是教育，尽管改革开放时期经过 40 多年的不懈努力已经解决了人人有学上的问题，但地区之间、学校之间、农村与城市之间的教育质量和水平仍然参差不齐，甚至有相当大的差距。人民群众对美好生活的向往是同在蓝天下，享受同等质量的教育。解决教育公平问题是我们党面临的文化任务，更是政治任务。习近平总书记指出，"教育公平是社会公平的重要基础，要不

---

① 《十九大以来重要文献选编》(上)，中央文献出版社 2019 年版，第 49 页。

② 《习近平李克强张德江王岐山分别参加十二届全国人大四次会议青海代表团审议》，《人民日报》2016 年 3 月 11 日。

断促进教育成果更多更公平惠及全体人民，以教育公平促进社会公平正义。”①三是建设学习型社会，提高人才资源利用率。进入新时代，中国人口也开始步入人口老龄化时代。“人口红利”的减少，人口出生率的下降，带来了劳动力不足的隐忧。如何提高劳动者素质、延长劳动时间成为新时代人力资源建设需要解决的问题。如果党和国家不能及时应对风险挑战，就可能延缓现代化国家的建设进程，甚至严重影响国家发展的可持续性。必须通过发展多种形式、灵活多样的教育，提高各类人群的科学文化素质，建设学习型国家实现多种形式的就业创业，把沉重的人口负担转化为巨大的人力资源。

综上所述，党对教育工作的领导关系党和国家事业发展的全局，只有坚持党对教育工作的全面领导才能更好地为建设社会主义现代化强国服务。2023 年 5 月习近平总书记在二十届中央政治局第五次集体学习时进一步强调：“建设教育强国是全党全社会的共同任务。要坚持和加强党对教育工作的全面领导，不断完善党委统一领导、党政齐抓共管、部门各负其责的教育领导体制。各级党委和政府要始终坚持教育优先发展，在组织领导、发展规划、资源保障、经费投入上加大力度。”②新时代教育改革发展的实践证明，只有不断加强党对教育工作的全面领导，教育强国目标的实现才有坚实可靠的保证。

四、新时代加强党对教育工作全面领导的责任和使命

加强党对教育工作的全面领导，就要在引领教育改革发展方向的前提下，统筹协调各个方面的关系，推进教育事业各方面、各领域科学发展。习近平总书记指出：“党的领导必须是全面的、系统的、整体的……哪个领域、哪个方面、哪个环节缺失了弱化了，都会削弱党的力量，损害党和国家事

① 《习近平谈治国理政》第二卷，外文出版社 2017 年版，第 365 页。

② 《加快建设教育强国　为中华民族伟大复兴提供有力支撑》，《人民日报》2023 年 5 月 30 日。

业。”①加强党对教育工作的领导，各级党组织都要明确各自的责任和使命。

学校党的领导班子要切实发挥把方向、管大局、做决策、抓班子、带队伍、保落实的领导责任。在教育领域，学校是承担教书育人工作的主体，坚持党对教育工作的领导，各级各类学校都要在贯彻落实党的教育方针过程中切实履行好党的领导责任。要切实把好方向。在政治理论、政治原则、政策方针问题上旗帜鲜明，敢于亮剑，毫不动摇。在新时代，要按照“两个确立”的要求，不断增强“四个意识”，坚定“四个自信”，做到“两个维护”。领导班子要在学习领会党的思想理论和战略策略过程中不断提高政治领悟力，在纷繁复杂的形势下和各种思想文化交流激荡的环境中不断提高政治判断力，在贯彻落实党的路线政策方针中不断提高政治执行力，牢牢把握好办学的正确政治方向，强化守土有责、守土担责、守土尽责的政治担当。要切实统揽工作大局。要按照统揽全局协调各方的党的全面领导要求，在学校做好整体性、协调性、全面性的组织领导工作。凡事都从大局着眼，坚持顶层设计，谋长远、布大局，追求全面发展、整体推进。善于把抓主要矛盾和促进次要矛盾的转化、突出重点工作与整体协调发展、解决具体现实问题与促进深层次问题的有效解决、激发教师的积极性和创造性与维护教职员工队伍的和谐稳定等有机地结合起来，不断增强教育工作的预见性、科学性、系统性和可持续发展。坚决反对翻烧饼、瞎折腾、一点论、急于求成、急功近利的短期领导行为。要坚持科学决策。决策是搞好学校管理的前提和基础，要按照民主集中制原则，在充分发扬民主的基础上做到正确的集中，推进决策的科学化、民主化和法治化，做到任何重大决策都经得起历史和师生员工的检验。坚决反对决策过程中不实事求是、不调查研究、不遵守决策规则和程序、缺乏系统思维和底线思维，甚至是权力寻租的各种错误决策行为。要切实抓好班子建设。领导班子是学校坚持党的全面领导的组织核心，是体现党的集体领导原则的组织载体，抓好班子建设是维护党的全面领导的基本组织要求。要注意调整和完善领导班子的结构实现能位互补；要

① 习近平：《论坚持党对一切工作的领导》，中央文献出版社 2019 年版，第 229 页。

加强党性修养和学习教育，不断提高领导班子成员思想政治素质和工作能力；要严肃党内政治生活，在政治上互相关心和帮助，形成有利于领导班子团结进步的政治氛围；要落实党组织主要负责人的主体责任和纪委的监督责任，主要负责人要自觉接受班子成员的监督，带头维护廉洁自律、带头坚持团结一致，坚决反对拉帮结派、团团伙伙、集权专断、两面人的错误行为。要抓好学校的队伍建设。要坚持“党管干部”“党管人才”的要求，坚持新时代党的组织路线，落实好干部标准，把政治过硬、品行优良、业务精通、锐意进取的优秀干部选配到各类学校领导岗位上来。要按照又红又专的原则，科学选派教学、科研等组织单位的负责人，团结带领教学科研团队开拓进取。要按照有利于发挥党组织作用、有利于党员教育管理、有利于密切联系师生员工关系的原则，科学设置学校基层党组织，突出政治功能，提升基础党组织组织力。坚决反对以我划线、任人唯亲、伯乐相马、关门点将、盲人摸象等组织行为。要抓好保落实的工作。落实是领导工作的底色，如果领导工作不着力于落实而飘浮在口号和纸面上，那就毫无意义。保落实就是要坚持一分部署，九分落实，领导班子成员特别是“一把手”要用钉钉子精神把作出的决策部署一件一件地变为现实，坚持一张蓝图干到底。切实保证党在教育方面的方针政策和上级党组织作出的决策部署能够得到不折不扣的贯彻执行，保证取得实质性的成效。在这个问题上坚决反对搞形式主义、下表面功夫、一曝十寒、虎头蛇尾的虚假领导行为。

上级党委机关和教育行政部门党组织要履行检查监督、评价考核和奖惩问责等职责，全面把控教育改革发展的情况。各级地方党委要坚决执行党中央的战略部署，切实落实科教兴国战略、人才强国战略和创新驱动发展战略，在各项工作安排中坚持教育优先发展。要关注和研究教育改革发展中存在的重大问题和重点难题的破解，推进教育改革。主要负责人要亲自参与和关心学校思想政治工作、人才培养工作、科技创新工作和党风廉政建设工作。教育行政部门党组织要全面考察教育系统党的领导和党的建设工作，通过健全和完善规章制度、严格履行检查监督、评价考核、奖惩问责等行政手段，营造风清气正的政治生态。上级监察委要做好对教育系统的政治巡视工作，加强对履行党的领导职责和全面从严治党责任的检查监督，推动监督检查具体化、常态化。对于各种违纪以及执纪不严的行为要严肃追究领导责任，确保全面从严治党主体责任落实落地。

学校各级党组织应抓实抓严党建工作。在党员人数规模比较大的学校存在党委、分党委、党总支、党支部等各级党组织，在党员人数较少的单位也存在党支部、党小组等组织。每一个基层党组织都应该发挥党员的先锋模范作用和党组织的战斗堡垒作用。要坚持以政治建设为引领，把准政治方向、坚持党的政治领导、夯实政治根基、涵养政治生态、防范政治风险、永葆政治本色、提高政治能力。要加强党的全面建设，在政治建设统率下加强思想建设、组织建设、制度建设、作风建设和纪律建设。以党的制度建设贯穿党的建设全部过程，通过规范组织领导行为、严守工作程序、严格依法办事、设置用权高压线、强化民主监督等一系列制度建设工作，使党的基层组织实现标准化、科学化和规范化。科学设置党支部，坚持落实“一岗双责”要求，把党组织建设成战斗堡垒和相对独立的工作单元，把加强党的建设和干事创业有机地结合起来。着力解决一些基层党组织弱化、虚化、边缘化问题，把基层党组织建设成坚强的战斗堡垒。切实推进基层党组织工作创新、扩大党内基层民主、加强党员教育的针对性和有效性，开展严肃的党内政治生活、高质量地培养和发展新党员、加强党内激励关怀帮扶。要加强对党支部书记的教育培训，认真落实“三会一课”、民主生活会和组织生活会等制度，确保组织生活落实有效，切实提高基层党组织的组织力。

第二节　不断健全和完善党对教育全面领导的体制机制

党对教育工作的全面领导不是空洞的、抽象的、无序的，必须通过相互关联、功能互补的有效组织活动去实现。履行党全面领导教育的责任和使命需要相适应的组织载体，健全和完善党对教育全面领导的体制机制是坚持党的领导的根本组织保证。正如习近平总书记指出的：“推进国家治理体系和治理能力现代化，就是要适应时代变化，既改革不适应实践发展要求的体制机制、法律法规，又不断构建新的体制机制、法律法规，使各方面制度更加科学、更加完善，实现党、国家、社会各项事务治理制度化、规范化、程序化。”①习近平总书记在这段话里面，对推进国家治理体系和治理能力现代化建设提出了三个重要的概念，即制度、体制、机制。因此，在深入探讨健全和完善党对教育全面领导的体制机制之前，需要了解制度、体制、机制的一些知识，以便于更加深刻地把握健全和完善党对教育全面领导的体制机制的重大意义并自觉推进体制机制的改革创新。

在政治学范畴里，制度、体制、机制是三个相互关联又相互区别的词汇。“制度”在这里统指社会制度，是建立在一定生产力发展水平基础上，反映该社会价值判断和价值取向，由国家或者国家机关制定的要求大家共同遵守的办事规程或行动准则。制度作为调整交往活动主体之间以及社会关系的规则和准则，具有法律性、强制性和权威性。社会制度按照性质和范围可以分为根本制度、基本制度和具体制度。例如，党的领导制度是我国的根本领导制度、党对教育的全面领导制度是基本的领导制度、高校党委领导下的校长负责制是具体的领导制度。“体制”在这里特指政治体制，是体现国家性质政治制度的组织、结构、管理、手段、方法等具体形式的总称。它包括政党、政府、立法、司法等机构的组织形式和相互之间的权限划分；中央机关和地方机关、主体民族和少数民族之间相互关系的结构形式和权限划分；组织协调各种机构、各级人员关系的管理原则、手段和方法等。制度与体制的关系是内容与形式的关系，内容决定形式，形式为内容服务，并反作用于内容。只有形式不断符合内容的要求才能对内容的发展起积极的推动作用。这就是要进行政治体制改革的原因。我国的政治体制可以分为若干个层面：相对于巩固人民民主专政的国体制度而言，需要不断对人民代表大会制、共产党领导的多党合作与政治协商制度、民族区域自治制度、基层群众自治制度的政治体制进行改革；相对于人民代表大会这个根本的政治制度以及共产

① 《十八大以来重要文献选编》（上），中央文献出版社2014年版，第549页。

党领导的多党合作与政治协商制度、民族区域自治制度、基层群众自治制度等基本政治制度而言，需要对行政管理、司法制度、干部人事制度、民主监督制度、公务员管理、民主集中制等政治体制进行改革。在教育领域，相对于党的领导制度而言需要对党委领导下的校长负责制、党组织领导的校长负责制的政治体制进行改革。“机制”原指机器的构造和运作原理，后来常用于借指事物内部能自动正常运行并发挥预期功能的内在工作方式，包括有关机构组成部分的相互关系以及各种变化的相互联系。机制运行必须具备两个基本条件：一是相互配套、相互协调的制度体系；二是有推动制度健康运行的“动力源”，即出于发展自身利益而拥有的驱动力以及控制其发展方向的监督力量。机制一旦形成就是一套自动化的运动系统，就好像高铁一启动，就必须按照预定的计划遵循既定的轨道来运行一样。

制度、体制、机制三者存在相互包含又相互区别的关系。从包含关系来说，三者都有规则、准则、原则、程序等制度因素。从区别来说，体制通常指形式性制度，是规定性制度形之于外的表现方式和实施形式。制度决定体制内容并由体制表现出来，体制的形成和发展受制于制度，又对制度的实施和完善具有重要作用。机制通常指使制度发挥功能的实践。机制从属于制度和体制，通过制度系统内部组成要素按照一定方式的相互作用来实现其特定功能。机制的运行规则是为了达到一定管理目标人为设定的，具有强烈的社会性和导向性。如竞争机制、市场机制、激励机制、惩罚机制、巡查机制、监督机制等。体制机制虽然由规定性制度决定，但如果体制机制的组织机构、治理方式、权限关系、管理流程、工作方法以及实践功能达不到规定性制度的要求，就会影响规定性制度作用的发挥，导致蜕化变质。这就是健全和完善体制机制的原因。同时，必须注意不能脱离规定性制度的要求来研究体制机制，否则会把体制机制的改革引向否定党的领导和社会主义制度的邪路。健全和完善党对教育全面领导的体制机制，必须既符合党的领导的根本制度要求，又要积极创建符合新时代发展要求的适合形式并产生良好的实践功能。

一、建立党中央统一领导教育工作的协调议事决策机构

在中央层面，加强党对教育工作领导的认识和组织方式有一个不断深化的过程。改革开放初期，我们党认识到要加强对教育工作领导时，1985年6月18日由人大常委会第十一次会议决定设立国家教育委员会作为主管全国教育事业的国务院组成部分，第一任主任由时任国务院副总理李鹏同志担任。按照1994年国务院公布的国家教委工作职责，国家教委具有“参与国家经济体制和科技体制改革方案的研究和制定工作，并根据其基本精神和要求，统筹规划、协调指导教育体制和办学体制的改革，理顺教育内部和外部的关系，建立适应社会主义市场经济体制和政治体制、科技体制需要的具有中国特色的社会主义教育体制及运行机制”的职能。很显然，教育工作在国务院的管理工作中具有比其他部门更加重要的地位。1995年5月6日颁布的《中共中央　国务院关于加速科学技术进步的决定》，首次提出在全国实施科教兴国战略。党的十五大以后，由一位中央政治局常委负责教科文卫等方面的领导工作。1998年3月，时任总理朱镕基在全国人大闭幕记者招待会上宣布，中央已经决定成立国家科技教育领导小组。该小组历任组长为国务院总理，副组长为分管科教工作的副总理或国务委员，成员包括发改委主任、教育部部长、科技部部长、财政部部长、农业部部长、中科院院长、工程院院长、自然科学基金会主任等。其主要职责是加强对科技、教育工作的宏观指导和对科技重大事项的协调，实施科教兴国战略，推进科技、教育体制改革，提高我国科技、教育水平，促进经济与社会事业的发展。2018年国家科技教育领导小组改为国家科技领导小组。

党的十九大以后，党中央为了全面落实党的十九大提出的加强党对一切工作的领导的要求，着手党和国家机构的改革。党的十九届三中全会作出《中共中央关于深化党和国家机构改革的决定》，针对以往党和国家机构体制机制运行中存在的一些不足和问题，提出加强党的全面领导，首先要加强党对涉及党和国家事业全局的重大工作的集中统一领导。事实证明，党的十八大以来，为加强党中央集中统一领导，维护党中央权威而建立的一系

列决策议事协调机构发挥了十分有效的作用。党的十九届三中全会决定加强党中央决策议事协调机构的作用，明确指出，党中央决策议事协调机构在中央政治局及其常委会领导下开展工作，负责重大工作的顶层设计、总体布局、统筹协调、整体推进。党的十九届三中全会公布的《深化党和国家机构改革方案》中提出："为加强党中央对教育工作的集中统一领导，全面贯彻党的教育方针，加强教育领域党的建设，做好学校思想政治工作，落实立德树人根本任务，深化教育改革，加快教育现代化，办好人民满意的教育，组建中央教育工作领导小组，作为党中央决策议事协调机构。主要职责是，研究提出并组织实施在教育领域坚持党的领导、加强党的建设方针政策，研究部署教育领域思想政治、意识形态工作，审议国家教育发展战略、中长期规划、教育重大政策和体制改革方案，协调解决教育工作重大问题等。"

中央教育领导小组的成立，在坚持党的领导方面有了明显的加强，更加具有统一性、全面性、系统性和协调性。一是突出了党的领导地位和党中央的权威性。与党的十八大之前，党中央和国务院加强对教育工作领导的措施比，党对教育工作的领导不是通过国务院和国务院下属的教育行政部门，而是由中央政治局及其常委会直接领导，真正把党的领导的要求和维护党中央权威的要求落实在组织机制中。很多重大的决定都是以党中央和国务院的名义发布，提高了政策法规的权威性，使党对教育工作的全面领导实至名归。二是强化了统揽全局、顶层设计、战略谋划的作用。从中央教育领导小组的职能来看，教育领导小组不是事无巨细地主管教育的事务性工作，而是从党的事业高度，突出从总体布局和长远发展思考的顶层设计；强化总揽全局，运筹帷幄，综合平衡的统筹协调；加强对涉及教育事业发展问题深入研究和思考的战略谋划，使领导工作更加具有前瞻性、预见性和系统性。中央教育领导小组成立以后抓的工作都体现了战略性和全局性，例如，2019年2月中共中央、国务院印发《中国教育现代化2035》，这是我国第一个以教育现代化为主题的中长期战略规划，是新时代推进教育现代化、建设教育强国的纲领性文件，定位于全局性、战略性、指导性，与以往的教育中长期规划相比，时间跨度更长，重在目标导向，对标新时代中国特色社会主义建设总体战略安排，从“两个一百年”奋斗目标和国家现代化全局出发，在总结改革开放以来，特别是党的十八大以来教育改革发展成就和经验的基础上，面向未来描绘教育发展图景，系统勾画了我国教育现代化的战略愿景，明确教育现代化的战略目标、战略任务和实施路径。再如，中共中央、国务院《关于深化教育教学改革全面提高义务教育质量的意见》，对事关亿万少年儿童健康成长，事关国家发展，事关民族未来的工作进行全面部署。还有，中办、国办印发《关于分类推进人才评价机制改革的指导意见》，把教书育人作为教育人才评价的核心内容；中共中央、国务院《关于学前教育深化改革规范发展的若干意见》，抓住了老百姓反映强烈的急难愁盼的事情；中共中央办公厅印发了《关于加强新时代马克思主义学院建设的意见》，对筑牢学习研究宣传马克思主义的主阵地有重要指导意义。三是有利于深化改革，推进发展。教育改革涉及方方面面，许多看似教育的问题实则是社会的问题，教育的问题需要通过解决教育之外的问题才能达到目的。过去一些改革之所以长期推进不下去，如，下放高校办学自主权、学生社会实践能力的培养等问题，都是因为部门各自为政，甚至利益固化不愿意深化改革。建立党中央全面领导教育工作的议事协调决策机构有利于从党和国家战略全局的政治高度来打破各自为政、利益固化、不思进取等改革阻力，以攻坚克难、刮骨疗毒的政治勇气，战胜影响教育事业发展的风险挑战。例如，2021年中共中央办公厅、国务院办公厅印发《关于进一步减轻义务教育阶段学生作业负担和校外培训负担的意见》，即解决“双减”问题，一直是一个人民群众十分期盼，但又无可奈何的老大难问题。新中国成立以来中央和教育部门出台的涉及减负的文件就有上百件，但学生负担之重却未有明显改观，在个别地方甚至像拍皮球一样越拍越高，负担越减越重。但这次由党中央统一指挥，号令各部门统一行动，短短两年时间就得到了基本治理，受到广大家长的充分肯定。再如，破“五唯”现象，也是一个大家都觉得要解决，但又无从下手的大难题。党中央通过深入调查，科学论证详制方案，于2020年出台中共中央、国务院《深化新时代教育评价改革总体方案》，下决心扭转不科学的教育评价导向,坚决克服唯分数、唯升学、唯文凭、唯论文、唯帽子的顽瘴痼疾,提高教育治理能力和水平,取得了明显的效果。四是提高了齐抓共管的协调性。党的集中统一领导的最突出特点就是能够做到总揽全局协调各方。建立党中央教育工作领导小组一个最重要的工作就是为实现某一教育改革发展的任务,可以把原来互不统属的力量和资源有效地配置在一起,产生新的动能,从而不断推进事业的发展。协调既是新时代的新发展理念,也是新时代教育改革发展的迫切需要。建立党中央教育议事协调决策机构可以说充分发挥了党的领导的协调各方作用。例如,中宣部、中央文明办、中央纪委机关、中组部、国家监委、教育部、全国妇联印发《关于进一步加强家庭家教家风建设的实施意见》,抓住"扣好人生第一粒扣子"的基础性问题,强化了在家教家风工作上的全方位组织协调,必将极大地促进家教家风建设。

二、加强党对教育事业的统筹管理

我国地域大、人口多、发展不均衡,加强党对教育事业全面领导,党中央主要起总揽全局、顶层设计、统筹协调、把握方向的作用,但不可能面面俱到,涉及每一个地方的每一个问题;也不可能对所有教育工作大包大揽,一竿子插到底。党的十九届四中全会关于深化党和国家机构改革的决定,就是针对一些领域过去中央和地方机构职能上下一般粗,权责划分不尽合理等问题进行改革的。教育领域也是这样,经过改革开放以来的多次改革和实践,国务院发布的《国家中长期教育改革和发展规划纲要(2010—2020)》进行了下放高校办学自主权、进行省级政府教育综合改革试点等改革。党的十八大以后,改革不断深化,改革成效明显。一个分层管理、各负其责,区域协调发展、激发内涵发展动力,促进更大范围教育均衡的管理格局开始形成,强化了党对教育事业统筹管理的责任和使命。习近平总书记指出:"各级党委要把教育改革发展纳入议事日程,党政主要负责同志要熟悉教育、关心教育、研究教育。各级各类学校党组织要把抓好学校党建工作作为办学治校的基本功,把党的教育方针全面贯彻到学校工作各方面。”①

各级党政主要负责同志要关心教育、熟悉教育、研究教育。各级党政主要负责人作为主政一方的“一把手”，负有在所辖地方全面贯彻落实党的路线方针政策的主体责任。特别是树立科学的政绩观，对党的总体布局和长远战略负政治责任。只有对党和国家事业高度负责的领导人，才会用心、用力去关心教育、熟悉教育和研究教育。各级党政主要负责人要充分了解本地区教育发展的实际情况、充分认识本地区经济社会发展对教育的需要、深入体察人民群众对教育的期盼和需求。要能够根据本地区的教育情况，按照党的教育方针路线提出符合本地区发展实际的教育改革发展时间表、任务书和路线图，促进教育事业与经济社会协调发展。要以敢于担当的精神，克服妨碍本地区教育改革发展的阻力和难题。要以深厚的人民情怀解决老百姓对优质教育的期盼。党政主要负责同志要亲临思想政治教育、意识形态领域管理、师德师风建设、人才培养和科技创新的第一线，为青年学生和教职员工答疑释惑、现场办公、鼓劲打气，以便于广交朋友。各级党政主要负责同志要履行好“党管干部”的职责，认真研究教育系统领导干部素质要求和履职能力的特殊规律，把合适的人选派到教育的领导岗位，切实避免一些地方曾经发生过的照顾性安排、边缘性安排和乱点鸳鸯谱的教育领导干部任用现象。

各级党委和政府要把事关教育改革的工作纳入重要议事日程。教育工作连接经济基础和上层建筑，教育发展与社会方方面面都有千丝万缕的关系。任何教育发展重大问题的解决都不是孤立的、仅凭教育部门自身就能够完成的。例如，老百姓反映强烈的“择校难”问题、学生学业负担过重的问题、教师队伍不稳定的问题等，都需要全社会的关心和帮助才能解决。加强党的全面领导，各级党委和政府就应该站在对党和人民负责的政治高度关心教育事业的改革发展。各级党委和政府在本地区发展一盘棋中落实科

① 《坚持中国特色社会主义教育发展道路　培养德智体美劳全面发展的社会主义事业建设者和接班人》，《人民日报》2018 年 9 月 11 日。

教兴国战略和人才强国战略，除了要不折不扣地执行和履行国家法律与政策法规规定的教育发展要求之外，还要根据本地区的财力、物力、人力的实际状况，创造性地推进教育优先发展。要经常性地针对本地区经济社会发展布局，分析研究对教育的重大需求，切实做到"三个增长"；认真分析本地区教育发展面临的困难和问题并积极有为地解决问题。努力做到一方面通过有效的组织手段、经济手段、政策手段等管理方法，为教育的内涵发展激发活力；另一方面，通过宏观调控、健全管理、政策导向、打击犯罪等手段，为教育改革发展营造良好的环境。

要切实发挥省级教育领导小组的决策议事协调作用。我国31个省（区、市）和新疆生产建设兵团，除极个别地域面积比较小之外，绝大多数都相当于甚至超过世界上中等国家的地域面积和人口。每一个省、自治区和直辖市都有完整的教育体系。但由于我国的历史、经济和文化原因，每个地区之间又有很大的差异性而且发展极不平衡。在这样的情况下，党中央对教育的领导只能是宏观的、原则性的和方向性的。各个省、自治区和直辖市必须按照中央的战略布局，根据自己的实际情况创造性地开展工作。因此，加强党对教育工作的全面领导必须充分发挥省级教育领导小组的作用。党的十九届三中全会以后，各省、自治区、直辖市按照中央的改革方案建立了省级教育领导小组。几年的发展实践证明，省级教育领导小组对统筹发展本地区的教育，起到了十分明显的作用。像北京、上海、江苏、广东、浙江等经济发达地区快马加鞭，教育发展走在全国前列，在一些重大发展问题上做到先行先试，探索区域实现教育现代化的新路子，率先实现教育现代化，实现高质量的教育均衡发展，为全国建设教育现代化强国积累经验，创造发展模式。像新疆、西藏、云南、青海、内蒙古等不发达地区，积极探索在中央政府加大对不发达地区支持力度的前提下，善于发现自己的优势与不足，寻找优先发展教育的突破口，发展特色教育，做到强弱项、补短板，促进了教育的快速发展，推进了教育公平的实现。

县级以上政府要加强对下一级政府履行教育职责的督导和问责。在我国，县级以上地方各级人民政府都设立了教育行政管理的专门机构。《义务教育法》规定，义务教育实行县级人民政府为主管理的体制。截至2022年12月，我国有2844个县级区划，333个地级市区（州盟），每个县市区都独立对本地区的基础教育发展负责。由于我国经济发展水平差异性比较大，发达县市区和不发达县市区的教育水平很不平衡。加强党对教育工作的全面领导，除了各县市区的党委和政府要积极发展本地区的基础教育之外，还要通过健全教育督导机制，按照国家规定的基础教育质量、规模和发展水平等标准，对县级政府履行教育职责进行评估考核，保证同在蓝天下，所有的青少年都能够享受到同样规格的基础教育。督促县级党委和政府认真履行教育职责，维护教育公平。

三、健全和完善各级各类学校党组织领导下的校长负责制

学校是教育事业发展的基础设施和主体单位。加强党的领导，学校是最关键的环节。各级各类学校党的领导制度相对于党的领导的根本制度而言是属于形式性制度的体制范畴，即用什么样的最合适的组织方式、结构方式、管理方式等去实现党对学校的有效领导。尽管新中国成立之初，党和国家的领导人就意识到必须加强党对学校的领导，但是在领导体制上，我们对在学校采取何种最有效的党的领导方式却经历了较长时间的探索。例如，新中国成立以来高校党的领导体制就经历了六次重要的调整，其中有两次是实行校长负责制，四次是实行党委领导下的以校长为首的校务委员会负责制、党委领导下的校务委员会负责制、党委领导下的校长分工负责制，直到1989年6月中共中央发布关于加强党的建设的通知，决定“高校实行党委领导下的校长负责制”，才基本把高校党的领导体制确定下来。党的十三届四中全会以后，高校党委领导下的校长负责制不断健全和完善，2014年中共中央办公厅印发《关于坚持和完善普通高等学校党委领导下的校长负责制的实施意见》，对完善高校党的领导体制提出了新时代的要求。中小学校由于实行县级为主的管理体制，中小学校的领导体制各地不完全一样，但改革开放以后基本上都是实行校长负责制。2022年1月中共中央办公厅印发的《关于建立中小学校党组织领导的校长负责

制的意见(试行)》,明确全国所有学校统一坚持党组织领导的校长负责制。

党组织领导的校长负责制和校长负责制是两种不同的领导体制。在党的领导下,学校实行校长负责制并不等于轻视或削弱党的领导。这种领导体制主要是通过校长本人独当一面,坚持党的教育方针、执行党的路线方针,个人率先垂范的模范作用来体现党的领导。那么,为什么一定要实行党组织领导的校长负责制呢?党组织领导下的行政首长负责制(包括校长负责制)是我们党在长期革命和建设实践中的创造。这种体制适合在管理环境比较复杂、风险挑战比较多、工作任务艰巨繁重、任何重大决策都有战略性影响的领域内进行组织领导。目前,我们国家在学校、医院、军队、地方都实行这种领导体制。实行这种领导体制的优势在于,充分集聚领导班子的集体智慧,在重大问题上把稳政治方向,尽量少犯颠覆性错误;同时,又充分发挥专家和将才的作用,进行专业化管理,群策群力推动事业发展。事实证明,这种领导体制比主要依靠个人思想政治素质和专业素质大权独揽的个人负责制要稳靠和有效得多。正如习近平总书记指出的:"党委要保证高校正确办学方向,掌握高校思想政治工作主导权,保证高校始终成为培养社会主义事业建设者和接班人的坚强阵地。"①"加强党对教育工作的全面领导是办好教育的根本保证,要在中小学校建立党组织领导的校长负责制,把政治标准和政治要求贯穿办学治校、教书育人全过程各方面,坚持为党育人、为国育才,保证党的教育方针和党中央决策部署在中小学校得到贯彻落实。"②在新时代,加强党的全面领导,必须在学校坚持党组织领导的校长负责制,并在推进教育事业改革发展过程中不断健全和完善。

要在贯彻落实党的路线方针、把握办学方向、制定战略规划、决定重大事项等工作上强化党委组织的集体领导。党组织领导的校长负责制实质上

① 《把思想政治工作贯穿教育教学全过程　开创我国高等教育事业发展新局面》,《人民日报》2016年12月9日。

② 《加快科技体制改革攻坚建设全国统一电力市场体系　建立中小学校党组织领导的校长负责制》,《人民日报》2021年11月25日。

是集体领导和个人负责相结合的一种领导体制。这种领导体制的重心在集体领导。集体领导是我们党的领导的最高原则之一,也是我们党能够从胜利走向胜利的根本组织经验。改革开放以后通过的两个关于党内政治生活的决议,都强调了集体领导原则。健全和完善学校党组织领导的校长负责制必须从健全和完善集体领导原则做起。要健全集体领导的规则、程序和方法,并形成严格议事的决策机制,切实防止集权专断、议而不决的情况发生。要保证在事关党的路线方针、学校战略规划、重大事项决定的问题上,由领导班子来把关定向,切实防止把集体领导变成事无巨细、寻枝摘叶的清谈馆。党政主要负责人要做坚持民主集中制的表率,特别是党委书记要充分调动领导班子成员的积极性,善于集思广益,善于听取不同意见,善于团结所有班子成员,把任何重大的决定都作为集体智慧的结晶,切实防止以我划线、拉帮结派、搞虚假民主的小圈子行为。要强化集体领导的责任意识,形成对党和国家高度负责的、干事创业的领导集体,健全问责的责任追究机制,切实防止把领导集体变成瞻前顾后、不敢担当、八面玲珑、无所作为的班子。

要在执行党组织决定、主持全面行政管理工作、推进学校事业发展工作中严格实行依法治校。在党组织领导的校长负责制下,校长全面负责学校的教育教学、科学研究、行政管理等工作,是学校治理的法人代表。一般来说,校长都由政治过硬、品德高尚、业务精湛、治校有方的专家担任。由于校长是属于专家型领导,拥有较高的学术头衔和学术地位,一般具有个人影响力比较大、视野宽广、独立性强、敢于创新等特点。在实行党组织领导的校长负责制下,校长作用的发挥与实行校长负责制不同,就是不强化个人负责的作用,而是注重集体领导和个人负责的结合。这就是说,校长作用的发挥必须以遵守集体领导为前提,而不是“我是法人,我说话算数”“我是法人,出了问题我负责”。坚持党组织领导的校长负责制,校长应当维护好单位法人的良好形象,通过健全一系列决策机制、监督机制和执行机制做依法治校的模范和表率。校长即使在某些问题的看法上独具一格,也必须通过民主协商,求同存异,形成正式决定以后,才能贯彻个人意志。坚决反对任何个人凌驾于集体领导和规章制度之上的领导行为。

要在党性修炼上牢记初心使命，在无私奉献中维护领导班子的团结统一。学校是知识分子集中之地，知识分子的特点对搞好领导班子的团结协作是一个挑战。坚持党组织领导的校长负责制必须解决好团结协作的问题。团结统一、团结合作是我们党加强集中统一领导和政治建设的根本要求，也是我们党能够战胜各种风险挑战的组织优势。在学校，领导班子不解决好团结协作问题，就会是一盘散沙，毫无凝聚力、向心力和战斗力。要通过建立“不忘初心、牢记使命”的学习教育制度，提高领导班子成员的使命意识，端正马克思主义权力观、政绩观、事业观、利益观和价值观，一心为公，不徇私情。要通过严肃的党内政治生活，严格遵守民主集中制，加强党性修炼，砥砺品格，强化“四个意识”。党政主要负责人要勇于自我革命，自觉置身于广大师生员工的民主监督之下，清清白白做人，公正廉洁办事。要形成团结协作、干事创业的工作机制，从中培养和发现学校治理的领导骨干。

必须充分发挥党的领导在学校治理体系建设中的核心作用。学校治理体系指学校管理和运行的架构和内容，主要包括决策治理机制、民主管理、学术和专业评价机制、人事激励机制、科学研究机制、社会合作机制等。学校治理体系是学校管理的四梁八柱，党的领导是学校管理的核心和支柱，必须充分发挥党组织在学校治理体系中的核心作用。要加强学校党组织对各管理机构的领导，配备党员领导干部担任各机构的主要负责人。有些学术管理机构由非党员领导干部担任主要负责人的，要选配政治合格、办事公道、群众信任的专家担任。要完善加强党的领导的工作流程，凡是各工作机构研究决定的重大事项都要事先与党组织负责人沟通或者经过党组织会议研究决定，不得自作主张，各行其是。要加强党组织各工作机构的协调，保证学校党组织作出的决定能够在各部门得到贯彻落实，形成强大的工作合力。学校的纪检监察部门要重视政治监督，保证立德树人、师德师风、廉政建设等方面的健康发展。

四、切实增强学校基层党组织的组织力

党的基层组织是确保党的路线方针政策和决策部署贯彻落实的基础。我们党之所以有战斗力就是从“支部建在连上”开始的。中国特色社会主义进入新时代,我们党要有新气象新作为,必须高度重视党的基层组织建设。党的十九大报告明确提出“要以提升组织力为重点、突出政治功能”;党的二十大报告又提出“把基层党组织建设成为有效实现党的领导的坚强战斗堡垒”。这些要求为保证党的全面领导落实到基层明确了方向,对于解决一些基层党组织弱化、虚化、边缘化问题具有重要意义。

基层党组织的组织力,主要指基层党组织为完成其承担的职责任务、实现党组织的工作目标而组织凝聚动员影响基层社会各方面力量的能力。基层党组织的组织力主要由政治领导力、组织覆盖力、群众凝聚力、社会号召力、发展推动力和自我革新力等组成。学校是意识形态的前沿阵地,是青少年学生社会主义核心价值观形成的熔炉,是人类文明传承的基地,是科技创新的摇篮,对党和国家事业具有极端的重要性。每一个基层党组织如果能够充分发挥教书育人的作用,就可以保证党和国家的千秋伟业后继有人,否则就会动摇社会主义的根基。正因为如此,党的十八大以来,以习近平同志为核心的党中央十分重视基层党组织的建设。2017 年 8 月中共教育部党组发布《关于加强新形势下高校教师党支部建设的意见》,这是新中国成立以来,教育部党组对学校教师基层党组织建设发布的第一个文件。2018 年 12 月中共中央印发了《中国共产党支部工作条例(试行)》,这是中国共产党历史上第一部关于党支部工作的基础主干法规,是全面从严治党向基层延伸的制度成果。2021 年 4 月 16 日,党中央印发新修订的《中国共产党普通高等学校基层组织工作条例》。一切工作到支部是党的强大优势,党的力量来自组织,组织力量的根在支部。作为党的肌体的“神经末梢”,支部是党在社会基层组织中的战斗堡垒。习近平总书记指出:“做好基层基础工作十分重要,只要每个基层党组织和每个共产党员都有强烈的宗旨意识和责任意识,都能发挥战斗堡垒作用、先锋模范作用,我们党就会很有力量,

我们国家就会很有力量，我们人民就会很有力量，党的执政基础就能坚如磐石。”①

要以政治建设为统领，强化基层党组织的政治功能。要明确政治功能是基层党组织第一位功能，实现对社会各领域基层组织的政治领导。要将“两个维护”“两个确立”作为当前必须着力抓好的重大政治任务，坚持开展“不忘初心、牢记使命”主题教育、党史学习教育和学习贯彻习近平新时代中国特色社会主义思想主题教育，严肃党内政治生活，严明党的政治纪律和政治规矩；要将以人民为中心的价值追求贯穿政治建设全过程，坚持以学生为本、以教师为本，贯彻落实党的教育方针，始终坚持培养社会主义事业建设者和接班人的政治方向。

要以思想建设为基础，为基层党组织夯基垒台、强基固本。思想具有先导作用，用什么样的思想理论武装头脑，党员就会有什么样的行动。思想建设作为党的基础性建设，是党的建设的第一步，思想建设基础不打牢，党的其他各方面建设就不可能巩固，党的事业就不可能顺利发展。要把坚定理想信念作为党的思想建设的首要任务，中国共产党人的理想信念，是建立在马克思主义所揭示的人类社会发展规律基础之上的。要深入学习习近平新时代中国特色社会主义思想，牢记党的初心和使命，挺起共产党人的精神脊梁，解决好世界观、人生观、价值观这个“总开关”问题，自觉做共产主义远大理想和中国特色社会主义共同理想的坚定信仰者和忠实实践者，自觉把立德树人作为终生的事业追求。

要以创新党组织工作方式，建强组织体系为重心，切实提升基层党组织的组织力。提升组织力是中国共产党基层组织建设的核心要义。要切实解决基层党组织，特别是教工党支部弱化、虚化、边缘化问题，推动基层党组织设置从“有形覆盖”向“有效覆盖”转变。学校基层党组织要在学校治理中提升组织领导力和凝聚力，围绕教学科研的功能定位与重点任务，形成以党

① 《充分调动干部和群众积极性　保证教育实践活动善做善成》，《人民日报》2013 年 7 月 13 日。

组织领导、各类组织协同、群众广泛参与的学校治理结构。高校中的院系党组织发挥作用的体制机制有待进一步理顺,2010 年《中国共产党普通高等学校基层组织工作条例》规定,高校院系级单位通过党政联席会议,讨论和决定本单位主要事项,不再简单实行(院)系主任负责制。但党政联席会议如何形成规范化、制度化、科学化的治理模式,还有很大改革空间,需要在干部配备和体制机制完善等方面探索新做法,创造新经验。

应以规范化建设为依托,激发党支部的活力。党支部是党联系群众的"最后一公里",直接关系着党的凝聚力、战斗力和向心力的形成。要通过整体提升党支部建设的规范化水平来增强党组织的活力。要选好用好支部书记,探索党支部书记岗位的职业化和专业化,有的学校正在积极探索学术"双带头人""高层次人才+支部""科研平台+支部"等模式,提高党支部书记的权威性和影响力。要健全支部书记岗位培训制度与考评体系,提高主体意识与责任意识。要严把政治关,特别是准确把握入党动机,提高党员发展质量。要定期召开民主生活会、"三会一课"、组织生活会,推动党的组织生活制度化、规范化、常态化。以分类管理与积分管理等创新手段,依托党建新媒体,提高党员学习教育的自觉性和学习教育管理的针对性与实效性。要通过搭建多种平台,提高广大党员对党内事务的参与度,扩大党内民主的范围,保证党员的民主权利。要加强党内的激励、帮扶和关怀,解决党员的个人关切,体现组织的温暖,把支部建成"党员之家",实现"支部主导"与"党员主体"双轮驱动。

第三章　新时代教育改革发展的基本要求

在2018年全国教育大会上，习近平总书记深刻总结了我国过去教育改革发展的重要成就和基本经验，就新时代教育改革发展提出了一系列新理念新思想新观点，即“九个坚持”，其中把“坚持社会主义办学方向”“扎根中国大地办教育”“坚持以人民为中心发展教育”“坚持把服务中华民族伟大复兴作为教育的重要使命”作为新时代教育改革发展的基本要求。这些基本要求都是我们办好新时代教育的根本遵循，只有认真坚持和贯彻落实了这些基本要求才能保证社会主义现代化教育强国的顺利实现。

第一节　坚持社会主义的办学方向

中国特色社会主义进入新时代，习近平总书记多次在重要场合，强调坚持社会主义办学方向。“君子务本，本立而道生”，办学方向是办学之要，立校之本，方向决定道路和命运。我们必须总揽中华民族伟大复兴战略全局和世界百年未有之大变局，心怀“国之大者”，始终坚持社会主义办学方向这个“本”。

一、办学方向是新时代教育的首要问题

教育作为培养人的社会实践活动，受一定的社会经济基础和上层建筑的影响和制约，无论在什么样的社会形态下都有一个“培养什么样的人，为谁培养人”必须回答的问题。这就是培养人的方向和路径，即办学方向。新中国成立以来的实践证明，办学方向事关国家发展的命脉和兴衰，不仅关

乎教育的价值立场、发展道路、立德树人根本任务的实现,更是影响国家长治久安、中华民族伟大复兴、社会主义千秋伟业后继有人的大问题。中国特色社会主义进入新时代,办学方向的问题不仅没有随着中国特色社会主义事业的不断发展而淡化,反而越来越显得重大和紧迫,办学方向的问题是新时代教育改革发展必须解决的首要问题。

只有把握好社会主义办学方向,才能在教育改革中始终保持政治定力,做到行稳致远。进入新时代,虽然我们的教育与过去相比取得了长足的进步,但是与发达国家的教育相比还有很大的差距,在阻碍教育事业发展的问题中既有经济发展水平带来的制约性因素,又有体制机制不顺畅带来的阻力;既有人才培养的方式方法落后的问题,又有意识形态引领的实效性问题;既有思想观念陈旧落后的问题,又有盲目照抄照搬西方教材、教学和管理方法的问题等。办好新时代的教育必须不断深化改革,但是改革往哪个方向走,如何保证改革不走偏方向,必须保持社会主义办学方向的政治定力。因为教育的改革有些是不属于意识形态的,例如,办学体制的改革、教学方式方法的改革、科研管理体制的改革等,好像没有办学方向的问题。实际上这些看似中性的体制机制改革也有政治导向的牵引。如,办学体制的改革就有一个用什么样的思想理念来激发办学的积极性问题。如果这个问题不解决好,也可能会把办学的积极性引导到唯利是图、培养精致利己主义者,甚至培养社会主义旁观者的路上去。

只有把握好社会主义办学方向,才能在与世界文明交流融通中始终保持自我,不改变社会主义的性质。随着对外开放大门的进一步敞开,国际文化教育交流在不断拓展,特别是建设教育强国,我们的许多参照系基本都是瞄准资本主义的发达国家。在向发达国家教育经验学习的过程中,如何保持自己的独立性,如何弘扬传统文化的优势,如何在学习中做到扬长避短、兴利除弊,需要有自己的政治立场、政治敏锐性和政治判断力。过去我们在办学过程中曾经出现过把西方的教材原原本本地搬到课堂、把西方的学科移植到中国的教育体系中、把西方的教育评价标准作为衡量教育水平和质量的教训,其结果就是把学生培养成“言必称希腊”的盲目崇拜者。加强与世界的文明交融，决不是要化掉自己，而是要在学习别人的长处和经验的基础上更好地提高自己。坚持社会主义的办学方向是加强与世界文明交融的政治前提。正如习近平总书记指出的："教育与国家前途命运紧密相连。我们教育的目的就是培养社会主义建设者和接班人，要坚持正确办学方向，落实党的教育方针，加强高素质教师队伍建设，培养有历史感、责任感、志存高远的时代新人，为实现中华民族伟大复兴提供有力人才支撑。"①

只有把握好社会主义办学方向，才能旗帜鲜明地与各种错误思想观念作斗争，牢牢站稳政治立场。进入新时代，世界正处于各种力量博弈的大发展大调整大变革时期。在国际舆论话语权"西强东弱"的格局还没有发生根本性改变，在发达国家依然是大多数留学生向往的目标国的形势下，一些西方反华势力非常害怕中国的崛起，他们利用舆论优势和教育优势千方百计在意识形态领域对中国共产党的领导妖魔化，对中国特色社会主义制度的优越性极力矮化，对中国特色社会主义事业唱衰，对中国发展存在的问题和不足无限扩大。在国内，改革发展正处于关键期，改革的阵痛性、系统性、深层次性和变动性，容易产生思想混乱和情绪波动，西方反华势力的声音容易在一部分思想政治意识不正确和不健康的人群中产生共鸣。在教育领域的一些重要政治问题上，有的人存在错误和糊涂的思想观念，正如习近平总书记指出的："有些人甚至党内有的同志却没有看清这里面暗藏的玄机，认为西方'普世价值'经过了几百年，为什么不能认同？西方一些政治话语为什么不能借用？接受了我们也不会有什么大的损失，为什么非要拧着来？有的人奉西方理论、西方话语为金科玉律，不知不觉成了西方资本主义意识形态的吹鼓手。"②如果我们在教育领域里面不坚持社会主义的办学方向，旗帜鲜明地同一些错误思想观念作斗争，教育的意识形态阵地就会拱手让给反华势力及其代理人，中国特色社会主义将会遭受万劫不复的厄运。这是我们绝对不能允许的。

---

① 《向全国各族人民致以美好的新春祝福　祝各族人民生活越来越好祖国欣欣向荣》，《人民日报》2020 年 1 月 22 日。

② 习近平：《在全国党校工作会议上的讲话》，人民出版社 2016 年版，第 8 页。

只有把握好社会主义的办学方向,才能培养全面发展的时代新人,为中华民族伟大复兴提供坚实的人才支撑。育人是办学的出发点和归宿,坚持社会主义办学方向就是以培养人为根本价值指向,把办学育人联系起来一体化思考。习近平总书记指出:“培养什么人,是教育的首要问题。我国是中国共产党领导的社会主义国家,这就决定了我们的教育必须把培养社会主义建设者和接班人作为根本任务,培养一代又一代拥护中国共产党领导和我国社会主义制度、立志为中国特色社会主义奋斗终身的有用人才。这是教育工作的根本任务,也是教育现代化的方向目标。”①一所学校一旦在办学方向上走错了,在培养人的问题上走偏了,那就像一棵歪脖子树,无论如何也长不成参天大树。坚持社会主义办学方向就要做到在人才培养问题上,教育服务国家发展,培养社会发展所需要的人。教育不能离开政治空谈人才培养,必须要与国家政治要求紧密相连,这样教育才能够发展壮大。党的十九届六中全会作出的《中共中央关于党的百年奋斗重大成就和历史经验的决议》,在新时代中国共产党人要求做到的“五个必须”中特别强调“必须抓好后继有人这个根本大计”,就凸显了办学育人的重大战略意义。党的二十大以后,习近平总书记又提出:“培养什么人、怎样培养人、为谁培养人是教育的根本问题,也是建设教育强国的核心课题。”②可以说,坚持好社会主义的办学方向就等于抓住了新时代教育现代化建设这一鸿篇巨制的关键词,牵住了新时代教育改革发展的牛鼻子。

二、把马克思主义作为学校最鲜亮的底色

教育工作是以“人”为中心的知识传播和思想建构活动,给学生传播什么样的知识,进行什么样的思想建构,关系学生世界观、人生观、价值观的定型,也关系学生用什么样的思想观念认识和改造社会。作为社会主义国家

---

① 《坚持中国特色社会主义教育发展道路 培养德智体美劳全面发展的社会主义建设者和接班人》,《人民日报》2018 年 9 月 11 日。

② 《加快建设教育强国 为中华民族伟大复兴提供有力支撑》,《人民日报》2023 年 5 月 30 日。

的教育必须以科学理论改造人的主观世界，使主体能够更好地把握外部事物运行的基本规律和本质特征，以增强主体改造外部世界的能力和本领。这就要求我们必须坚持马克思主义的指导。坚持社会主义办学方向不是一句空洞的政治口号，而是深深根植于人民群众之中的生动丰富社会实践，是面对人的现实生活世界而进行的精神塑造和理论建构活动。习近平总书记2018年5月2日在考察北京大学时深刻指出："马克思主义是我们立党立国的根本指导思想，也是我国大学最鲜亮的底色。"[①]虽然习近平总书记讲话的时候是针对大学教育来讲的，但从他的一贯思想来看是对教育的普遍要求。全国教育系统都应该把马克思主义作为最鲜亮的底色。

把马克思主义作为教育的最鲜亮底色就要始终高举旗帜，坚持马克思主义不动摇。特别在新时代要深入学习贯彻落实习近平新时代中国特色社会主义思想。这个思想是当代中国马克思主义、二十一世纪马克思主义，是中华文化和中国精神的时代精华，实现了马克思主义中国化新的飞跃。要坚持不懈地进行马克思主义科学理论的学习研究和阐释宣传，注重马克思主义与中国实际和中国文化相结合，让马克思主义讲"中国话""百姓话"。要推动马克思主义不仅进校园、进课堂、进教材，更要进学生头脑，办好落实立德树人根本任务的关键课程，为学生一生成长奠定科学思想基础。要着力引导广大师生更加深刻领悟马克思主义的真理力量，运用马克思主义的立场、观点和方法分析现实社会问题和解决具体问题，引导广大师生坚定信仰、积极传播和模范践行社会主义核心价值观，培养一大批坚定信仰、勇于实践的青年马克思主义者。

把马克思主义作为教育的最鲜亮底色要落实领导责任。在教育领域高举马克思主义的旗帜，学校党组织负有思想政治工作的主体责任，党组织负责人是第一责任人，学校领导班子担负共同责任。要在加强党的领导过程中坚持马克思主义的学习教育，让广大党员干部提高马克思主义教育的自觉性。要坚持两个培养整体推进。努力探索把有条件的党务工作者培养成

① 习近平：《在北京大学师生座谈会上的讲话》，《人民日报》2018年5月3日。

学术带头人，把行政系统主要负责人、学科带头人培养成基层党组织负责人，通过双向融合整体推进基层党的建设。要坚持教师、教材两个关键重点把关。把好教师的入口关、培训关、考核关，对哲学社会科学教材选用进行政治把关。

把马克思主义作为教育的最鲜亮底色要加强对哲学社会科学研究的指导和引导。我国的哲学社会科学都是在马克思主义指导下发展起来的。马克思主义是我国哲学社会科学发展的“灵魂”。高校的哲学社会科学研究不论从机构，还是人员、研究成果数量、成果的影响力来看都在全国具有举足轻重的地位。高校的哲学社会科学研究搞得好不好，关系马克思主义的创新和弘扬、关系意识形态领域的健康发展，关系党和国家重要决策和立法立规是否具有充分的智力支持，还关系到社会的和谐稳定等。要在坚定不移地贯彻“双百”方针，活跃学术思想，鼓励思想解放，大胆创新，繁荣社会主义文化的基础上，充分调动广大哲学社会科学工作者的积极性和创造性。同时又要加强对一些敏感人物的关注，进行必要的提醒、教育。在工作中要特别注意分清学术与政治的界限，帮助极个别思想认识有偏差的学者纠正思维方法，深入了解实际，倾听真实民意，端正学术方向，做一个有良知负责任的理论工作者。正如习近平总书记指出的：“我国广大哲学社会科学工作者要自觉坚持以马克思主义为指导，自觉把中国特色社会主义理论体系贯穿研究和教学全过程，转化为清醒的理论自觉、坚定的政治信念、科学的思维方法。”①

把马克思主义作为教育的最鲜亮底色，要加强对意识形态领域的管控。学校要加强对意识形态的管理，组成以党组织负责人主抓、其他分管部门领导人参加的监控体系。要加强对学术讲坛的意识形态把关，有效防范对马克思主义模糊和错误认识的传播和扩散。要加强校园网络管理，以唱响主旋律，打好主动仗的主动进取姿态，占领网络舆论阵地。学校要把 BBS 作为弘扬主旋律的新载体、思想教育的新阵地。要对网络管理人员加强思想

① 习近平：《在哲学社会科学工作座谈会上的讲话》，《人民日报》2016 年 5 月 19 日。

政治教育，提高政治敏锐性和政治鉴别力，及时发现对马克思主义的边缘化、空泛化、标签化以及社会主义核心价值观失语、失踪、失声的问题，并采取积极主动措施旗帜鲜明地予以克服和纠正。要健全激励机制，鼓励探索以学生自主开发、自我管理和自我教育为特色的网络论坛管理新模式，不断弘扬正能量。同时在网络技术上加强研究和科技更新，做到更有效地设置屏幕功能、甄别扫描功能，消除有害信息。要主动利用新媒体、新的传播手段和方法及时发布严肃新闻，澄清事实，消除谣言小道消息的扩散，强化新闻舆论宣传的引导工作。

三、把培养全面发展的社会主义事业建设者接班人作为办学的根本任务

坚持社会主义办学方向，把马克思主义作为教育领域的最鲜亮底色，归根结底要落实到人才培养上。只有真正把培养人的问题解决了，社会主义办学方向才不会成为一句空话。在新时代教育要培养什么样的人的问题上，习近平总书记反复强调立德树人的极端重要性。2018 年 5 月北京大学 120 年校庆期间，习近平总书记再次来学校考察，在师生座谈会上又进一步严肃指出："借此机会，我想就学校培养什么样的人、怎样培养人，同各位同学和老师交流一下看法。我先给一个明确答案，就是我们的教育要培养德智体美全面发展的社会主义建设者和接班人。"①在同年的全国教育大会上，习近平总书记把全面发展的范围增加了"劳动"的要求。新时代人才的培养必须从德智体美劳五个方面全面培养。

培养德智体美劳全面发展的人才是新时代建设社会主义现代化强国的客观需要。实现中华民族伟大复兴我们首先需要的是有理想、有信念、有道德、有精气神的人。这是为人之魂，"人无德不立"就是这个道理。教育发展绝对不能培养一大批吹毛求疵的旁观者，更不能允许自己培养出数典忘祖，忘恩负义，背叛祖国的反对者。有了德还必须有才，即改造世界的本领。

① 习近平：《在北京大学师生座谈会上的讲话》，《人民日报》2018 年 5 月 3 日。

当今世界科学技术突飞猛进,新科学、新技术、新业态、新职业、新模式目不暇接,我们要建设现代化强国必须学习和掌握最新科技,走在世界前列,否则就会落后,就要挨打。必须培养有深厚理论功底,掌握前沿技术,有很强实操能力,敢于开拓创新的人才。身体素质是人能够赖以生存、生活和工作的物质基础,良好的身体素质可以健康幸福地生活,减轻国家医药负担,延长工作年限,保持良好的精神状态,为党和国家提供更多、更好的服务。形成健康的审美情趣,正确识别真善美和假恶丑,树立正确的审美价值观,有利于全社会建立健康的社会生态,自觉抵制和消除腐朽颓废的思想观念和行为方式,减少社会犯罪。同时培养欣赏美、爱好美、发扬美的情趣和爱好,创造艺术美、人格美、和谐美和竞技美等,促进社会的和谐稳定。劳动创造了人类,创造了人类社会。进入新时代,人工智能、机器人、无人机、计算机等机器设备的智能化和机械化并没有降低劳动的作用。劳动在实体经济发展、人格精神培养、科学研究和科技创新以及家庭和谐和美等方面更加凸显其极端重要性。习近平总书记把"劳动"纳入人才培养教育体系,顺应了新时代人的全面发展的需要,使我国的教育培养目标更加完整,使人的全面发展要求更加科学化。

把培养全面发展的社会主义事业建设者接班人作为办学的根本任务,要坚持德育为先。育人必先育德,在人才培养中,努力做到学生的德育水平要与社会价值导向接轨。要通过思想政治理论课教育和课程思政教育,坚守好思想政治教育的主阵地。同时大力弘扬社会主义先进文化,努力探索素质教育的有效途径和载体、创建学生宿舍自我管理新模式、开展"大学生文明修身"活动和遵纪守法教育、开展志愿者活动等"关爱"活动、加强校园文化建设,活跃各社团组织等。一切活动都着眼于培养学生的爱党爱国的情怀、坚定理想信念,增强社会责任感、奉献精神和大学生的自身道德修养。

把培养全面发展的社会主义事业建设者接班人作为办学的根本任务,要以提高教学质量为生命线。学生全面发展、健康成长是学校办学的基本理念,要把学生成才作为办学的出发点与归宿。从学校的实际出发、从学生的实际出发,分析学生思想政治素质和文化科学素质存在的状态,按照新时代人才培养的规格和要求，研究和确定教育方案和教育举措，加强对不同类型、不同层次学生教育的针对性和实效性。要通过学校整合力量，挖掘资源潜力，增加课程数量，扩大选修课的比例，构建模块式课程组合，为学生提供丰富的课程资源，帮助学生自主学习选课。要提高精品课程、名师课程的利用率，专门安排著名教授为本科生开设素质教育核心课程，让学生享受更多更好的优质教育。要坚持以育人为宗旨，采取一切必要措施，提供一切便利，保证教学质量，一切工作都围绕学生成长成才而开展。要注重学生实践能力的培养锻炼，通过加强与社会上企业、事业单位、社会团体等的联系，让学生有更多的机会接触社会，了解社会。一方面，通过对社会的观察和了解，提高理论联系实际，实事求是，不尚空谈，踏实做事的作风；另一方面，通过社会实践提高社交活动能力、生产劳动能力和就业创业能力。

把培养全面发展的社会主义事业建设者接班人作为办学的根本任务，要激发学生自觉成长成才的热情。学生是人才培养的主体，学生能否成长成才，除了学校的教育引导作用之外，关键是激发学生的内生动力。辩证唯物主义告诉我们：内因是根据，外因是条件，只有广大学生从“要我学”变成“我要学”才能形成强大的学习动力。要通过各种荣誉表彰和激励措施，激发学习热情，增强成才意识，鼓励学生刻苦学习，努力拼搏。要开展高雅艺术进校园、校园文化节、学生社团、学术讲座、图书宣传周及各类评比竞赛等活动，丰富校园文化生活，积极营造学术文化氛围。要注重学生气质培养，强化学生人文素养、艺术素养、科学素养、劳动素养的协调发展，形成大文大理、文理相通、多才多艺、能文能武、能工能学的素质结构。

四、把“四个服务”作为办学的根本要求

进入新时代，习近平总书记对社会主义办学方向的认识不断深化，创造性地提出了教育“四个服务”新论断。2014 年 9 月，在与北京师范大学师生代表座谈时，他强调：“我们的教育是为人民服务、为中国特色社会主义服务、为改革开放和社会主义现代化建设服务的”，提出了教育要做到“三个服务”的观点。2016 年在全国高校思想政治工作会议上，他指出：“我国高

等教育发展方向要同我国发展的现实目标和未来方向紧密联系在一起，为人民服务，为中国共产党治国理政服务，为巩固和发展中国特色社会主义制度服务，为改革开放和社会主义现代化建设服务。”①第一次明确提出了高校要坚持“四个服务”的要求。2018 年，在新时代第一次全国教育大会上，他再次重申了“四个服务”，并将其拓展为对整个教育领域坚持社会主义办学方向必须把握的根本要求。

坚持教育为人民服务，这是兴办社会主义教育必须遵循的根本宗旨和价值取向，也是教育“四个服务”的逻辑起点和价值基点。中国共产党是中国工人阶级的先锋队，同时又是中国人民和中华民族的先锋队，党成立的初心和使命就是为人民谋幸福，为民族谋复兴。人民是中国共产党赖以成长的阶级基础和执政基础，也是中国共产党在建设社会主义事业中要教育改变的主体。只有实现了人的全面发展，才能推动社会的全面进步，也才有可能实现共产主义远大理想。教育在促进人的全面发展中具有关键性的作用，只有坚持教育为人民服务，才能使教育在制度、目标、措施与方法等层面做到以育人为本，办好人民满意的教育。中国共产党百年奋斗的历史，就是不断实现好、维护好、发展好最广大人民群众的根本利益历史。教育为人民服务是“以人民为中心”的根本政治立场在教育领域的具体体现，就是要让教育改革发展成果更多更公平地惠及全体人民，满足人民不断增长的多元多层次的教育需要，以公平有质量的教育促进社会公平正义。

坚持教育为中国共产党治国理政服务，这是贯彻落实全面深化改革战略举措，推进国家治理体系和治理能力现代化的根本需要。治国理政是指国家管理人员治理国家管理政务的社会政治活动。随着我国社会主义制度的基本成熟和定型，党的十八届三中全会提出全面深化改革的总目标就是完善和发展中国特色社会主义制度，推进国家治理体系和治理能力现代化。党的十九届四中全会把实现国家治理体系和治理能力现代化确定为第二个

① 《把思想政治工作贯穿教育教学全过程　开创我国高等教育事业发展新局面》，《人民日报》2016 年 12 月 9 日。

百年奋斗目标的重要内容之一。国家治理体系是国家制度落实到国家治理中的具体化、实体化，它包括国家治理的组织领导体系、政策法规体系、力量构成体系、资源要素体系等。国家治理能力是运用国家制度管理国家各方面事务的能力，它包括改革发展稳定、内政外交国防、治党治国治军等各方面各领域的能力。只有构建完备的国家治理体系、形成高效的国家治理能力，国家制度才能够得到切实执行，才能具体落实到治国理政过程中。治国理政实质上就是国家治理体系和治理能力综合运行的过程，治国理政能否实现国泰民安，取决于国家治理体系和治理能力的状况。很显然，教育在推进国家治理体系和治理能力现代化中发挥着不可或缺的重要作用。教育必须在学生思想政治教育中发挥主渠道、主阵地作用，帮助学生扣好人生的第一颗扣子、第二颗扣子，塑造马克思主义的世界观、人生观和价值观，打好坚定理想、为民服务、廉洁从政的底色，才能为国家治理源源不断地输送合格的社会主义事业接班人。教育必须加强世界一流学科建设，特别是把哲学社会科学各学科办成既吸收世界优秀文明成果，又结合中国现代和历史文化实际的优势学科，才能源源不断地创新马克思主义理论、为国家治理输送治国理政的优秀专门人才。教育必须加强新时代中国特色社会主义智库建设，提高咨政服务能力，为党和国家提供全方位的、高水平的决策参谋咨询建议，促进党和国家决策的民主化、科学化和法治化。

坚持教育为巩固和发展中国特色社会主义制度服务，是社会主义办学方向的必然要求。中国特色社会主义制度是构建社会主义大厦的四梁八柱，是坚持和发展社会主义的“定海神针”。没有社会主义制度就没有社会主义。教育为巩固和发展中国特色社会主义制度服务，就是要通过正确的历史观教育，帮助人们正确认识中国特色社会主义制度产生的历史渊源、历史必然性、发展脉络、独特创造、基本内涵、价值理念、鲜明特色和独特优势等，帮助人们深刻认识“只有社会主义才能救中国，只有中国特色社会主义才能发展中国”的道理，从而坚定政治制度自信，进而坚定“四个自信”。历史证明，一个人只有从思想上、政治上、历史逻辑上真正认同社会主义制度，才能成为社会主义制度的维护者、捍卫者和发展者。这里面教育的作用极其重要。西方霸权主义国家在世界上煽动的“颜色革命”,都是从否定这个国家的制度开始的。制度作为要求大家共同遵守的办事规程或行动准则,具有一定的约束性和强制性。只有制度成为带电的高压线和带刺的防护栏,制度才有作用,制度的生命力在于不折不扣地贯彻执行。教育为巩固和发展中国特色社会主义制度服务就是在学校通过开展系统全面的公民意识教育,弘扬社会主义核心价值观,通过长期有效的实践和锻炼,形成民主、平等、公正、法治、诚信、廉洁、纪律等意识。只有学生毕业后当普通劳动者的时候是合格公民,当领导干部的时候,能够不搞特权,廉洁从政,就能够保证社会主义制度能够稳定运行,充分发挥其制度优势。我国现行的社会主义制度是与社会主义初级阶段的国情相适应的,所以,我国的社会主义制度还有很大的发展空间和改善余地,因此改革永远在路上。只有通过发展教育,不断跟踪世界文明发展的最新成果,不断深化对共产党执政规律、社会主义建设规律、人类社会发展规律的认识,不断研究现行社会主义制度运行的状况,以问题意识为导向,总结经验、发现问题、推进改革,不断健全和完善社会主义制度,才能够使社会主义制度始终保持先进性和具有旺盛的生命力。

坚持教育为改革开放和社会主义现代化建设服务,是教育价值实现的根本路径,也是教育发展的内在动力。改革开放是当代中国的最鲜明特征,社会主义现代化建设是新时代社会发展的主旋律。教育存在和发展的价值就是适应经济社会发展的要求,满足经济社会发展对人才的需要。教育不为改革开放和社会主义现代化建设服务,就失去了教育存在的意义和价值。教育为改革开放和社会主义现代化建设服务,就是要在把人力资源大国改变为人才资源强国上下更大的功夫;就是要为经济社会转型升级和高质量发展培养各种社会急需的应用型人才;就是要适应新时代推动新型大国外交、建设“一带一路”、构建人类命运共同体将中国文化传播出去;就是要围绕争夺国际话语权、参与全球治理等需要,培养一大批熟悉国际事务的复合型人才;就是要为治国理政、科技发展、社会服务等培养一大批创新型人才;就是要为基层人民群众和欠发达地区的人民群众享受更加优质和及时的服务培养一大批全科型人才。同时,教育在服务改革开放和社会主义现代化建设的过程中,不断得到反哺。通过改革开放事业的发展和社会主义现代化建设的成就,不断对教育提出新的发展要求并为其提供支持发展的相应条件,从而形成教育发展的强大内生动力,在服务的过程中不断实现自己的价值,又获取进一步发展的动力。从现代高等教育的发展规律来看,世界著名大学的发展历来都是在服务国家战略中壮大并快速走向成功的。例如,美国的大多数世界一流大学都曾参加过三大科学工程(曼哈顿工程、阿波罗登月计划、人类基因组计划),从而奠定和巩固了学术领军地位。我国工科的率先发展与改革开放以来我国工业现代化的建设是密不可分的。20 世纪末开始的现代企业制度改革推动了我国经管学科的发展。我国高度重视知识创新体系建设使得基础研究得到了长足进步。一流大学发展的根本动力来自经济社会发展需要与大学适应社会发展需要内生机制的调适与衔接。

综上所述,教育的“四个服务”围绕“以人民为中心”,构成了相互联系、互为支撑、不可分割的有机整体,统一于坚持社会主义办学方向,培养中国特色社会主义事业建设者和接班人的全过程。

第二节　坚持扎根中国大地办教育

习近平总书记关于坚持扎根中国大地办教育的论断是从“扎根中国大地办大学”的思想理念发展而来的。2014 年 5 月他在考察北京大学的时候指出:“世界上不会有第二个哈佛、牛津、斯坦福、麻省理工、剑桥,但会有第一个北大、清华、浙大、复旦、南大等中国著名学府。我们要认真吸收世界上先进的办学治学经验,更要遵循教育规律,扎根中国大地办大学。”①2016 年 12 月在全国高校思想政治工作会议上、2018 年 5 月习近平总书记再次考察北京大学的时候反复强调了这样的要求。在 2018 年 9 月全国教育大会上,他把这一要求扩大到整个教育领域。在习近平总书记关于国家经济社会各项事业发展的论述中,唯独对教育事业发展特别强调了扎根中国大地的重

① 习近平:《青年要自觉践行社会主义核心价值观》,《人民日报》2014 年 5 月 5 日。

要性。这体现了他对教育发展规律认识的深刻性和独到性。扎根中国大地办教育,深刻回答了在中国这样一个历史文化底蕴深厚、国家发展特殊复杂的社会主义国家怎样培养人、怎样发展教育的问题,深刻揭示了新时代中国特色社会主义的教育发展道路。

一、从实际出发,体现中国特色是办好中国教育的前提和基础

扎根中国大地办教育的重要论断,遵循了辩证唯物主义对立统一规律的矛盾普遍性和特殊性关系原理。矛盾存在于一切事物之中并贯穿于事物发展的始终,任何事物的发展都是矛盾的普遍性与特殊性的辩证统一。矛盾的普遍性即共性是同类事物的共有本质特征,具有绝对性和无条件性;矛盾的特殊性即个性是每个事物自身独有的个性特征,具有相对性和有条件性。共性(普遍性)寓于个性(特殊性)之中,世界上不存在离开个性的共性,也不存在离开共性的个性,二者相互区别又相互依存,并在一定条件下相互转化,共同推进事物向前发展。教育是培养人的事业,集文化传承、咨政育人、服务社会、科技创新于一体。教育与制造业、金融业、信息经济等行业领域的不同之处,在于教育既立足于当下的社会环境和政治经济制度,服务于经济社会发展,又发端于一定地域悠久绵长的历史文化,承担着历史文化传统与人之间文化传承的桥梁作用。历史文化、政治制度、社会环境显著的地域性,人文环境的独特性使教育改革发展不可能只有一种适合所有国家的普遍模式。扎根中国大地办教育就是要在尊重本土历史文化、政治经济制度、社会环境的情况下实事求是发展教育。这就要求不崇洋媚外,照搬照抄,一哄而上,也不因循守旧,夜郎自大,盲目排外,在尊重教育发展规律,学习世界上一切先进的教育理念、教育经验、教育成果的基础上,坚定不移地走自己的教育发展道路。

坚持扎根中国大地办教育就是要立足于中国国情。教育作为人类社会普遍存在的社会活动又寓于每个国家具体的教育实践中。任何教育离不开一个国家的国情和实际。中国的国情与世界上其他国家有很大的差别,中国的教育只有立足于中国国情才能够办好。中国国情的内容非常丰富,但

最大的国情就是中国是一个处于社会主义初级阶段的发展中大国。立足于中国的国情首先就是要立足于中国是一个社会主义国家。扎根中国大地办教育必须坚持中国共产党领导,坚持社会主义制度,贯彻落实党的基本路线、基本纲领和基本政策。在这个问题上必须毫不动摇。其次,要看到中国教育发展最大的问题是发展不平衡、不充分带来的不能很好满足人民日益增长的美好生活需要的矛盾。就教育发展而言,宏观层面上存在区域、城乡之间教育发展水平的不平衡;中观层面上存在区域内、学校间优质教育资源分配的不均衡和发展水平的不平衡;微观层面上存在评价标准僵化、单一,每个学生个体全面发展积极性调动和人生价值实现的不充分。立足中国的国情必须长期把深化教育改革,推进教育公平,实现高质量优质均衡发展作为首要任务。最后,要始终面对我国过去经济文化长期比较落后,教育发展的任务重大而紧迫的现实。虽然我国有5000多年的文明史,但在近代由于封建专制制度的腐朽落后、帝国主义的入侵,打断了中华文明自然历史发展的进程,沦为半殖民地半封建社会。旧中国自然经济状态的落后生产力、封建主义的消极传统文化、资本主义的奴化思想,使中国的教育大大落后于资本主义国家。尽管70多年社会主义教育事业取得了大发展,但与有几百年教育发展历史的发达国家相比还是有很大的差距。立足于中国的国情就是要实事求是地认识自己的不足和短板,深刻认识发展是硬道理,坚定不移地坚持教育优先发展战略,实现科教兴国和人才强国。

扎根中国大地办教育就是要扎根于中华民族优秀的传统文化和光荣的革命文化之中。中国自古有重教、乐教、助教、兴教的历史底蕴,有注重家庭、注重家教、注重家风的优良传统,历经数千年积累了许多符合教育规律的历史经验,无数优秀教育家的教育思想与实践书写了中国教育发展史上浓墨重彩的华章。例如,形成了“有教无类”“因材施教”的教育思想;提倡“建国君民,教育为先”“化民成俗,其必由学”,形成了集教育、修身、治国于一体的观念,做到修身治国平天下;注重个人层面的修身立德,强调“孝亲尊师”“仁者爱人”“自强不息”“厚德载物”“忠义诚信”,形成了以德为先的道德思想;倡导“天下为公”“以德治国”“民惟邦本”“和而不同”“民贵君轻”等治国理政观念;等等。从整体上看来,中华优秀传统文化构建了一套包含仁爱、民本、诚信、正义、和合、大同等核心价值的完整伦理教化体系。还有中国千百年的办学历史形成了独特且完整的管理制度和教学方法,古代书院就是其中的代表。不仅如此,在长期的教育实践中我国还产生了像孔子这样的世界著名的大教育家和一大批像老子、荀子、孟子、墨子、张之洞、王阳明、严复等古代教育改革家,以及陶行知、晏阳初、梁漱溟、蔡元培、杨贤江等近代的教育改革家,产生了像《学记》《论语》《大学》《中庸》等文化典籍。这些教育思想、教化理念是中华民族的宝贵精神财富,这在其他国家是不多见的。习近平总书记指出:“中华民族在几千年历史中创造和延续的中华优秀传统文化,是中华民族的根和魂。”①中国共产党在领导革命和建设的过程中,大力发展教育文化。在建立革命根据地的时期,就开展多种形式的工农教育活动,克服各种困难创办学校,广泛开展工农革命教育。新中国成立后,面对一穷二白的现状,一步步发展,最终实现从教育大国向教育强国的迈进,积累了“穷国办大教育”的丰富经验。在长期的教育发展实践中形成了如坚持党的领导、坚持教育优先发展、坚定正确的办学方向、重视以德为先的思想政治教育、重视素质教育、坚持德智体美劳全面发展、办好人民满意的教育、追求人的自由全面发展等独具特色的教育思想;涌现出了鲁迅、徐特立、马叙伦、张伯苓、黄炎培等现代教育家。习近平总书记旗帜鲜明地提出扎根中国大地办教育主张,就是要把中华文明发展中孕育的优秀传统文化以及党和人民在伟大革命事业中孕育的社会主义先进文化,转化为建设社会主义现代化教育强国的精神养料,以此丰富教育改革发展的文化底蕴,提升建设教育强国的信心。

扎根中国大地办教育必须突出自己的办学特色。近代中国进入半殖民地半封建社会以后,逐渐失去了自己的办学特色。随着第一批留美学生的教育交流开始,我国的教育开始全面学习西方,特别是高等教育。新中国成立以后又开始全面学习苏联。有相当长一段时间言必称卢梭、杜威、苏霍姆

① 《习近平谈治国理政》第二卷,外文出版社 2017 年版,第 426 页。

林斯基等。改革开放以后，一些学校热衷于过“洋节”、遵“洋俗”，从教育管理、教育评价、教育方法、教育活动等各方面都模仿国外。这实质上是违背了辩证唯物主义的基本原理，是缺乏文化自信的表现。进入新时代，习近平总书记十分敏感地认识到这个问题的严重性，2014年在考察北京大学时就深刻指出：“办好中国的世界一流大学，必须有中国特色。没有特色，跟在他人后面亦步亦趋、依样画葫芦，是不可能办成功的。”①后来又反复强调办教育必须突出中国特色。这既坚持了马克思主义的基本原理，又紧密结合了中国实际；既传承了中国几千年的文明成果，又体现了新时代的文化创新。教育发展突出中国特色，首先要突出中国特色的人才培养体系和人才培养标准。中国特色社会主义教育的独特之处就是为党育人、为国育才，培养德智体美劳全面发展的社会主义事业建设者和接班人。这完全不同于西方的教育目标和教育要求，也不同于古代的“学而优则仕”。其次，要体现百花齐放、百家争鸣的特点。中国特色也不是一种颜色、一个模板。而是在社会主义制度下的多层次、多样化发展。教育发展的规律告诉我们，任何学校由于所处的经济发展水平、历史文化习俗、学校发展历史、人员结构成分、特殊地域文化、学校学科背景等不同因素，就是一墙之隔的学校，都会有很大的差别。突出特色就是每个学校都要根据自己的实际，做到扬长避短，兴利除弊，突出自己的鲜明特征，而不要盲目模仿、照搬，重复过去一段时间存在的同质化现象。再次，要因地制宜，合适发展。突出中国特色就是符合中国实际的合适发展。离开了中国实际，离开了合适发展都不能称之为“中国特色”。中国的区域流域发展、地域历史文化、自然经济地理状况、文化习俗习惯等对教育发展有独特的规定性和约束性，使教育发展体现具有中国特色社会主义的独有特点。例如，解决区域发展的不平衡，需要建立教育投入有所倾斜并开展长期的对口支援的机制；城乡二元社会结构的分割，决定农村教育必须主要依托乡村振兴为基石；多民族长期杂居生活、和谐共处、文明交融的现实，决定了铸牢中华民族共同体意识是教育教学的立足

① 习近平：《青年要自觉践行社会主义核心价值观》，《人民日报》2014年5月5日。

点;区域经济社会发展的特殊性、中国人才需求的多样性、中国人口的庞大基数、中国独立完整的国民经济体系等因素,决定了教育发展必须发挥区域优势、互补优势和人口大国优势,走差异化发展道路。最后,要加强总结和提炼自己独特的教育思想和教育经验。中国现在是教育大国,但我们却缺少有影响力的教育思想家和教育思想。尽管我国在古代、近代和现代都出了著名的教育家,但是影响力和传播力还远远不够。突出中国特色就不能妄自菲薄、自叹不如,而是要坚定自信、认真总结、大力宣传,让教育的中国声音、中国经验、中国方案走向世界。

二、坚定不移走中国特色社会主义教育发展道路

扎根中国大地办教育最重大的成果就是形成了中国特色社会主义教育发展道路。中国特色社会主义教育发展道路的概念最早公开发表是在2012 年。这个概念被广泛运用是在党的十八大以后。然而,中国特色社会主义教育发展道路的探索却早于党的十一届三中全会。可以说,中国特色社会主义道路的破题是从教育开始的。邓小平同志在 1977 年主导高考改革,强调人才工作的极端重要性,提出“科学技术是第一生产力”“尊重知识,尊重人才”“知识分子是工人阶级的一部分”“教育事业必须同国民经济发展的要求相适应”等一系列重要论断,为党的十一届三中全会的召开作了重要的铺垫。

根据一些专家学者的研究,中国特色社会主义教育发展道路的探索和形成大致经历了三个阶段。第一个阶段是创立时期(1978 年至 1993 年)。这个时期,对中国教育发展道路如何发展进行了初步的思考和探索。邓小平同志提出了“三个面向”教育战略思想、1985 年出台《中共中央关于深化教育体制改革的决定》、1993 年颁布《中国教育改革和发展纲要》,拉开了中国特色社会主义教育发展道路的序幕。第二个阶段是开拓与发展时期(1993 年至 2012 年)。这个时期,“三个代表”重要思想、科学发展观丰富和发展了中国特色社会主义理论体系。我国社会主义市场经济体制基本确立,科教兴国战略、人才强国战略、建设创新型国家战略逐步提出,教育优先

发展地位确立，实施素质教育，大力促进教育公平，提高教育质量，颁布实施《国家中长期教育改革和发展规划纲要（2010—2020 年）》。中国特色社会主义教育发展道路、理论体系进一步深入发展，中国特色社会主义教育发展道路的内涵进一步丰富和充实。第三个阶段是基本定型和开启教育强国建设新征程时期（进入新时代以后）。这个时期，以习近平同志为核心的党中央提出把“立德树人”作为教育的根本任务、提出社会主义核心价值观和教育“为谁培养人的问题”、提出坚持社会主义办学方向、坚持扎根中国大地办教育、坚持以人民为中心发展教育、坚持把服务中华民族伟大复兴作为教育的重要使命等一系列教育改革发展总要求；提出要建设教育强国，推动教育综合改革，加快实现教育现代化的总目标。创新、丰富、发展了中国特色社会主义教育发展道路内涵，开启了中国特色社会主义教育发展道路的新征程。①

中国特色社会主义教育发展道路经过 40 多年的发展已经成为中国特色社会主义道路的重要组成部分，形成了独特的理论框架、制度体系和实践模式。在各位专家学者总结概括的基础上，笔者尝试做一个简要的概述，以求教于方家。

第一，中国特色社会主义教育发展道路是中国特色社会主义道路的丰富和拓展。科学社会主义是关于工人阶级争取自身解放的性质、条件和目的的学说。1848 年《共产党宣言》的发表，标志着科学社会主义的诞生。100 多年来世界上的马克思主义政党为了实现社会主义进行了不懈的探索，终于在部分国家建立了社会主义制度，开始了社会主义的建设。在社会主义建设过程中由于有的国家指导思想、战略决策、自身建设出了问题，又蜕化变质倒退回资本主义社会。中国特色社会主义是中国人民在中国共产党的领导下进行的社会发展探索。经过几十年的发展，中国特色社会主义道路越走越宽广，中国经济社会发展出现了持续发展和长期稳定的两大奇

---

① 参见刘复兴：《开辟中国特色社会主义教育发展道路新时代》，《人民教育》2018 年第 1 期。

迹。人是社会主义建设的主体,人的培养是实现工人阶级和广大人民群众自身解放的一个重要方面。由于人的培养是一个"十年树木,百年树人"的过程,持续时间长,产生效果慢,在以经济建设为中心,急于改变贫穷落后面貌的时期,教育不会摆到党和国家发展的中心位置。这就是中国特色社会主义教育发展道路比中国特色社会主义道路提出比较晚的原因。现在中国特色社会主义教育发展道路日益成为人们关注的重点,这说明中国特色社会主义在深入发展,中国特色社会主义理论的研究和探索更加精细化和专门化。中国特色社会主义教育发展道路已经成为中国特色社会主义道路的一个重要分支,这也决定了中国教育的发展必须以习近平新时代中国特色社会主义思想为根本遵循,以中国特色社会主义道路为根本的发展方向。

第二,中国特色社会主义教育发展道路有独特的理论内涵。中国特色社会主义教育发展道路是一条既不同于资本主义国家的教育发展道路,也不同于其他社会主义国家的教育发展道路。中国特色社会主义教育发展道路既有世界上所有教育发展的共性,更有自己特有的个性。因此,中国特色社会主义教育发展道路在"为谁培养人,怎样培养人,培养什么样的人"的根本问题上;在人才培养目标、人才培养模式和方法、人才培养的根本要求上;在教育发展类型和规模上;在中国教育发展的战略策略和实践路径上、在教育管理的思想理念上等方面都形成了自己独特的思想理论体系,确立了中国特色社会主义教育思想。

第三,中国特色社会主义教育发展道路形成了特有的教育治理体系。中国的教育治理体系是国家治理体系的一个重要组成部分。国家治理体系的成熟和定型决定和影响着教育治理体系的成熟和定型。经过长期不懈的改革和完善,我国的教育治理体系形成了以党组织领导为核心力量,以行政领导人负责组织实施,以专家学者进行学术治理,以师生员工开展民主管理和监督,以法律规章为遵循的内部治理体系。这种治理体系有效地在学校把党的领导、实现人民当家作主和依法办事有机地统一起来,把各方面的积极性调动起来,促进了教育的改革发展。

第四,中国特色社会主义教育发展道路围绕人的全面发展具有发展目标的渐进性和长远性。社会主义的教育与资本主义国家的教育的本质区别之一就是教育目标的渐进性和长远性。资本主义国家人才培养带有明显的急功近利性和短视性，人才培养的目的就是个人获取更好的生活资料，他们没有崇高的社会理想和远大的社会追求目标，而片面地强调个性的自由发展。这样的教育能够培养出极少数的社会精英，但总体来说缺乏培养学生强烈社会责任感和爱国主义情怀的教育功能。社会主义的教育一方面要为经济社会发展服务，及时提供合格的劳动者；另一方面，要培养拥护社会主义、具有报国之志、胸怀远大理想的接班人。中国特色社会主义教育不仅要紧密联系中国实际培养符合当代社会需要的人才，例如，新中国成立以后扫除文盲，改革开放以后普及义务教育，进入新时代大力发展职业教育等；同时要按照社会主义事业发展的要求培养具有共同理想与远大理想的接班人。因此，中国特色社会主义教育强调德育为先、强调人的全面发展、强调为经济社会发展服务等，这就构成了人才培养目标的中国特色。

第五，改革开放是走中国特色社会主义教育发展道路的活力之源。中国的教育与中国的经济社会发展状况具有高度的契合性，既存在发展先天不足的问题，又存在体制机制不相适应教育发展需要的方方面面。从改革开放初期起就一直不停地进行教育体制机制的改革，但社会主义事业前无古人的开创性和体制机制适应教育事业发展的相对滞后性决定了必须把改革贯穿教育发展的始终。同时，中国的教育要走出一条独特的发展道路必须学习世界上一切有益的经验，必须打开国门兼收并蓄，消化吸收。改革开放以来从允许出国留学开始，中国的教育在开放中不仅没有被西化，反而越办越强大。必须坚持改革开放不动摇。

第六，建设独特的教育评价和监控体系是保证中国特色社会主义教育发展道路行稳致远的方向盘。评价体系是教育的“指挥棒”，评价体系的指标设计会引导教育发展的兴奋点。扎根中国大地办教育，需要抓紧构建中国特色的教育评价体系和监控体系，不能随着欧美教育的评价体系“起舞”，也不能围着某些西方大学排行榜转圈。简言之，要有中国的标准和中国的质量保证。只有这样教育发展的目标才有可能实现，教育发展的着力点才会更加突出,教育的导向才不会发生偏差。可以肯定,中国的教育评价的指标会更加严格、更加广泛、更加符合人的全面发展实际。例如,国际上公认的大学评价标准就只有人才培养、科学研究、社会服务三大职能的要求,而我国则提出高校肩负人才培养、科学研究、社会服务、文化传承创新、国际交流合作五大职能。另外,根据中国的国情还需要对学校的发展,特别是高校的发展进行合理定位、办出特色、差别化发展,这就要求评价标准多样化和多层次性,不能一刀切,这必然使中国教育评价体系和监控体系呈现丰富多彩的发展。

三、扎根中国融通世界,开创中国教育精彩未来

扎根中国大地办教育不仅要立足于中国的国情,从中国的实际出发,办出中国特色的教育,同时还要面向世界、面向未来。因为综合国力的竞争是世界范围内的竞争,人才的竞争也是世界范围内的竞争。中国的教育办得好不好,有没有人才培养的优势,有没有国际竞争力,我们自己说了不算。必须在同最高教育水准的比较竞争中证明自己发展道路选择的正确性和优越性。因此,扎根中国大地办教育不是要自我封闭,孤芳自赏,夜郎自大,而是要加强文化的融通交流,在开放竞争中崭露头角。正如习近平总书记指出的:"教育传承过去、造就现在、开创未来,是推动人类文明进步的重要力量。当今时代,世界各国人民的命运更加紧密地联系在一起,各国青年应该通过教育树立世界眼光、增强合作意识,共同开创人类社会美好未来。"①

扎根中国、融通世界要敢于学习世界一切先进的教育成果。开放带来竞争活力,封闭导致保守落后,只有胸怀世界、放眼全球、与时俱进、拥抱创新,才能更好地扎根中国大地办教育。要主动配合国家"走出去"战略,坚持扎根中国与融通世界相结合,坚持立足时代与面向未来相结合,认真吸收世界上先进的办学治学经验,加强各方面各领域的国际教育合作。要瞄准世界前沿教育水平和管理水平制定发展战略,大胆吸收和引进海外顶尖人

---

① 《习近平向首届清华大学苏世民书院开学典礼致贺信》,《人民日报》2016年9月11日。

才,联合培养有海外学习经历的人才,提升我国高层次人才培养的质量和水平。国内一流大学要努力争取培养具有全球胜任力的创新人才。要加强与世界一流大学、研究机构、企业和国际组织的战略合作,建设一批国际科研合作基地和智库,通过国际合作创造世界级的科研成果。要做到在开放中不断提高自己的竞争力,在合作中历练自己的能力和本领,在文明交流中把我国建设成为学习大国、人力资源强国和人才强国。

扎根中国融通世界要敢于对标先进,勇于改革,不断增强教育改革外驱力。扎根中国大地办教育不仅要求我们重视自身历史、文化、教育和制度的优势,同时还必须正视自身发展的问题与不足。在全球化背景下,打开国门对标世界先进水平,是认识和发现自己不足的最好的办法。因为在封闭的状态下纵向比较很容易对发展的成就感到满足,只有同时进行横向比较,才能对自己的发展作出精确定位。通过精确定位才能够真正认识到自己在世界教育格局中的位置,从而保持清醒的头脑,深入察觉不足和问题,凝聚促进改革的外部驱动力。实践证明,针对本国教育存在的问题,采取借鉴、吸收、引进国际先进经验、先进方法、先进管理、先进技术等措施,是教育改革发展"少走弯路"和实现"跨越式发展"重要路径,也是教育发展本土化与全球化相统一的内在要求。与发达国家相比,我国教育存在的困难和问题还很多。面对基础教育优质均衡发展任重而道远、高等教育规模庞大但整体办学水平仍有待提升、人才培养模式粗放、办学模式单一、评价标准简单化、教学方法陈旧、中小学生负担过重、大学生创造力培养不足等一系列问题还有很长的改革路子要走。中国教育改革发展中面临的问题往往是发达国家从来没有遇到也不可能遇到的重大前沿问题。这些问题既有中国特定经济社会因素和历史文化因素的影响,也有教育发展、世界发展的共同渊源。我们一定要坚持改革开放的基本国策,既要学习和借鉴国际先进文化,更要注重弘扬中国的优秀传统文化;既要积极借鉴国际一流的办学和管理经验,更要坚守中国的教育价值取向,做到批判性吸收;既要研究全球前沿的教育发展问题,更要研究当代中国教育发展的重大问题;既要培养具有国际化视野的优秀人才,更要培养国家建设的紧缺人才;既要遵守和遵循教育的一般规律和规则,更要结合中国实际确立中国规范和中国标准，锐意改革，不断进取。

扎根中国融通世界要主动参与国际教育治理，积极贡献中国经验、中国方案。中国作为世界上最具有样本性的发展中大国，中国的教育成功一定具有较大的国际影响力，可以对那些国情相同、文化相同、感情相近的国家提供有益的启示、借鉴和帮助，作出中国这个文明古国的世界贡献。要坚持教育发展的民族性与世界性的统一，认真总结教育改革发展的中国经验，汇聚中国智慧，形成中国方案，传播中华文化，提升中华文化软实力和教育影响力。进入新时代以来，中国教育在世行主办的全球基础教育发展论坛上介绍中国经验、为英国教育部开展“中国方法”的教育课堂实验、在国际教育论坛介绍中国工科人才培养经验等，这都说明，我国独立自主探索创新积累的教育经验已经达到了一定的国际水平，产生了一定的世界影响力。在世界各国开始学习借鉴中国教育经验、中国教育方案的今天，中国教育发展更应该自信地扎根于中国的实践根基，不断总结、不断推广这些成功的教育经验与方法。同时，我们还要树立以解决人类教育发展问题为己任的教育责任观，积极主动参与全球国际教育治理，承担发展中大国应当承担的国际教育责任，拓展与国际组织合作的广度与深度，积极参与国际教育理念、规则、标准和评价方法等方面的制定，在国际教育治理中，提供中国方案，贡献中国智慧。只要我们积极参与，敢于走出去，就一定能够在国际教育领域有越来越多的中国声音。正如习近平总书记在北京大学师生座谈会充分自信地预测的：“只要我们在培养社会主义建设者和接班人上有作为、有成效，我们的大学就能在世界上有地位、有话语权。”①

扎根中国融通世界要加强国际教育交流合作，通过教育的纽带增强国际友谊，共同构建人类命运共同体。中华优秀传统文化，特别是优秀的教育传统所具有的丰富蕴涵与精髓旨要铸就了中国教育发展的历史辉煌，在世界教育发展史上独树一帜，时至今日仍然闪耀着历史的光芒。中国教育典籍中的许多精要与世界教育理念相同、文字相通、方法相似，有许多共同点。

① 习近平：《在北京大学师生座谈会上的讲话》，《人民日报》2018 年 5 月 3 日。

这就是教育文化交融汇合的基础。随着我国进一步扩大对外开放，学校在教育国际交流合作中发挥的作用将越来越大。我们要开展更高层次的国际合作办学，加强师资交流、共建联合实验室、设立合作科研项目、推动科技人文人才交流，推动学生互换、学分互认，构建双学位、联合培养人才。我们不仅要“请进来”，还要“走出去”，传播中华优秀文化，宣传中国道路、中国思想，讲好当代中国故事，促进人心相通、文化共兴，教育共荣，形成相互尊重、相互理解、相互欣赏、相互帮助的国际教育合作格局，为推动各国教育的共同发展，构建人类命运共同体作出贡献。

第三节　坚持以人民为中心发展教育

习近平总书记在全面深化教育改革的过程中创造性地提出了“坚持以人民为中心发展教育”的论断，科学回答了我国教育事业发展为了谁、发展依靠谁的教育价值目标的基本问题。这一论断是习近平新时代中国特色社会主义思想在教育领域的发展，为全面推进教育改革与发展提供了基本价值导向，对于建设社会主义教育强国具有重要指导意义。

一、坚持以人民为中心发展教育是党的人民立场在教育领域的具体体现

中国共产党自成立以来就确立了实现社会主义和共产主义的奋斗目标，把为人民谋幸福，为民族谋复兴作为自己的初心使命，在百年辉煌历程中带领人民开辟和发展了社会主义制度，彻底改变了中华民族贫穷落后和文盲充斥的困苦生存条件与消沉的精神状态。进入新时代以来，习近平总书记把党的根本宗旨创造性地发展为“以人民为中心”的思想，多次强调“人民立场是中国共产党的根本政治立场，是马克思主义政党区别于其他政党的显著标志”①。始终坚持人民立场是我们党能够抵御一切风险挑战，

① 《十八大以来重要文献选编》（下），中央文献出版社 2018 年版，第 352 页。

战胜各种艰难险阻,不断创造历史辉煌的最大底气。中国特色社会主义教育要始终坚持人民立场,把以人民为中心作为教育工作的根本出发点与落脚点,不断满足人民对教育与美好生活的需要,是中国共产党以人民为中心的根本政治立场在教育领域的具体体现。

坚持以人民为中心的教育发展观既有坚持马克思主义与中国优秀传统文化相结合的一脉相承,又有坚持习近平新时代中国特色社会主义思想的理论创新。坚持以人民为中心的教育发展观生成于马克思主义关于教育的有关论述,植根于中国传统教育思想,熔铸于新时代党的初心使命的践行和中国特色社会主义教育规律的探索。以人民为中心发展教育反映了党教育方针的理论本质,弘扬了马克思主义的历史观,体现了人民群众是历史创造者的政治地位。坚持以人民为中心发展教育,科学回答了我国教育的根本出发点与立足点、评价标准、发展依靠力量与价值目标等一系列基本问题,必须坚定不移地坚持以人民为中心的教育发展观。

坚持教育为人民服务的根本政治立场,把办人民满意教育为发展教育的根本尺度,坚持依靠人民推动教育改革创新,坚持教育促进人的全面发展、幸福发展与终身发展,构成了坚持以人民为中心发展教育的基本要义,我们必须全面理解和深刻把握。

坚持以人民为中心的教育发展观,要善于站在讲政治的高度,重视人民群众对教育的渴求与期盼。习近平总书记提出以人民为中心的发展思想,是对全体中国共产党人在践行初心使命时提出的要求,毫无疑问,各个行业、各个领域都应该贯彻落实以人民为中心的发展思想。唯独在教育领域习近平总书记专门强调坚持以人民为中心发展教育,显示了他对教育领域工作的关注,也同时强调了教育领域这方面工作的极端重要性。教育从党和国家事业来说是“国之大者”,从老百姓关心的切身利益来说是民生之首。教育问题解决得好不好直接关系民心这个最大的政治。大学生毕业能不能找到工作关系社会的稳定;中小学生能不能接受同等质量的基础教育关系人人平等的原则是否落实落地;农民工的子女能不能在父母的随迁地就近入学关系到基本人权的真实享受;边远地区的高考学生能不能享受到优质的教育资源关系到社会主义资源分配的公平性；贫困家庭子女能否有通过接受教育打开畅通的阻断代际贫困的通道，关系社会主义本质的充分体现等，都表明了教育与政治的紧密关系。从这些年发生的一些群体性事件来看，教育问题处理得不好，就会影响社会政治稳定，就会影响党同人民群众的关系，严重的会损害党和国家的形象，削弱党的执政能力。教育战线的党的各级领导干部要善于从讲政治的高度，通过提高政治敏锐性深刻认识教育发展存在的各种问题，特别是人民群众急难愁盼的问题；要通过提高政治判断力深入剖析这些问题可能带来的政治影响；要通过提高政治领悟力，深刻理解党的现行教育方针政策的正确性和重要性。要通过提高政治执行力，以对党和人民高度负责的政治责任感去重视这些问题的及时解决，而千万不能把它们当成鸡毛蒜皮的小事淡然处之，也不能把它们当成见怪不怪的难事避之不及。

坚持以人民为中心的教育发展观一定要以问题为导向，聚焦人民群众对教育的期望发展教育。在当前需要从以下五个方面重视人民群众的重大关切。一是要坚持高质量的教育均衡发展。在基本解决“人人有学上”问题的前提下，努力解决“人人上好学”的问题。现在一些中心城市特别是一线城市里“学区房”“择校热”的问题依然比较突出，这是一些老百姓家庭的最大烦心事。教育在做到让每个学生都有人生出彩的机会方面还任重道远。二是要扎实推进立德树人的根本任务，促进学生的全面发展。在实际工作中要切实改变长期存在的“疏于德、重于智、弱于体美、缺于劳”的现状，进一步推进素质教育，真正把学生培养成有理想、有道德、有文化、守纪律的具有创新创业能力，社会放心、家长宽心、个人安心的人。三是要特别关注社会弱势群体家庭的教育问题。由于各种原因，弱势群体的意见和心声比较难成为社会的关注重点，但他们又是面临教育困难最多的群体。牢记初心使命决不能忽略和淡漠这些群体。要俯下身子主动关心和关注这些群体的意见和心声，对农民工子女、留守儿童、贫困家庭子女、身体残疾和智力障碍、边远地区学生、少数民族学生等要搞清需求，精准施策，实现“同在蓝天下，享受同等质量教育”的社会主义理想。四是要坚持内涵发展，不断提升教育质量和水平。教育质量和水平不仅是一个国家软实力的重要方面,也是人民群众家庭投资和消费的一个重点。教育质量和水平的高低关系老百姓的钱袋子往哪个方向投的问题。国内的教育质量和水平长期低于发达国家,老百姓有钱以后就用脚投票,把孩子送到国外学习。这不仅使中国的教育缺乏经济活力,更重要的是把人才流失到了国外,并且培养的人才不一定符合我国的要求。中国教育只有苦练内功,提高质量,增强吸引力,才能聚天下英才而学之,建设“人人皆学、处处能学、时时可学、学而能用”的学习型社会。五是要坚持需求导向。时刻关注人民群众在教育方面的急难愁盼问题,以敢于担当的责任态度,以攻坚克难的改革精神,以久久为功的踏实作风解决问题,不达目的决不罢休,不断提升人民群众的教育满意度。例如,我国现阶段3岁以下的婴儿大约有4000万名,超过三成的家庭有托育需求,而长期以来托育服务未纳入公共服务内容。人民群众的需要就是党和政府的工作依据,党的二十大以后,国家积极拓展普惠托幼体系,上海市在全国率先实现学前教育与托育服务合并立法。

坚持以人民为中心的教育发展观要坚持以教师为本、学生为本,紧紧依靠人民,充分发挥广大人民的积极性、主动性、创造性。人民群众是真正的英雄,历史证明,我们党在发展过程中遇到的难事和大事都是从人民群众在基层的创造开始破题,然后经过局部试验再推而广之。例如,改革开放以来的家庭联产承包责任制、基层群众自治制度、生态环境治理的河长制、科技创新的揭榜挂帅制度等都是人民群众在基层创造以后再总结经验、汇聚众智、全面铺开的。教育改革发展也是这样,要发挥人民群众的主体作用,尊重人民群众的首创精神。人民群众是教育改革发展的主体,又是教育改革成果的受体,同时还是教育改革政策成效的检验者,是推动教育改革创新的根本力量。要一切以教师为本、学生为本,关心教师和学生成长与生活,充分发挥他们的主人翁精神,把他们作为教育改革发展的根本动力;要善于调动人民群众教育改革发展的各方面的积极性,发动群众主动解决发展中问题;要善于总结群众在教育发展中的发明创造,加强提炼和规范,把这些经验上升到理性和规章的层面;要广开言路,发展全过程人民民主,就教育改革发展具体问题进行专门的民主协商，集中群众的智慧。只要我们认真践行全心全意为人民服务的根本宗旨，把党的群众路线贯彻到教育改革发展事业的进程中，就能够不断满足人民对美好生活、优质教育的向往。

二、坚持把办好人民满意的教育作为新时代教育改革发展的根本标准

坚持以人民为中心要在中国共产党执政过程中坚持以人民高不高兴、人民赞不赞成、人民答不答应、人民满不满意为衡量执政水平和能力的根本标准。同样，坚持以人民为中心发展教育必须办好人民满意的教育。这既是中国共产党执政为民的重要内容和具体体现，也是新时代满足人民对更好教育需要的根本导向，为新时代我国教育改革发展提供了衡量工作成效的根本评价标准。

办好人民满意的教育是新时代中国特色社会主义深入发展的内在要求。中国特色社会主义发展到今天，在完成了从站起来到富起来的历史性飞跃以后，正在开始向强起来的历史阶段迈进。人们物质生活的丰盈带来了对精神文化生活的追求和向往。教育已从简单的读书认字、学习生产劳动技能扩展为文化的传承、道德情操的涵养、精神世界的丰富、艺术技能的修炼、全民素质的提高等。教育的内涵越来越丰富。面对人民群众越来越丰富的教育需求、面对新时代人的全面发展的需要，教育发展必须与时俱进跟上时代的步伐、跟上人民群众的期盼。例如，随着老龄化时代的到来，产生了巨大的老年人学习的社会教育需求，如何开发利用老年人资源，让一部分有劳动能力的老年人再就业，克服人口出生率下降带来的人力资源紧缺的问题，以及如何让老年人学有所乐、颐养天年，成为教育发展迫切需要研究解决的新问题。总之，中国特色社会主义的深入发展，要注意社会发展的关注点从一心一意搞经济建设转移到既注重经济建设又注重人的建设，通过人的素质的全面提高反过来推动经济建设，把办好人民满意的教育提升到更加重要的层次。

办好人民满意的教育是新时代解决社会主要矛盾的重要内容。党的十

九大正式提出我国社会主要矛盾发生了根本性的转化，人民日益增长的美好生活需要和不充分不平衡的发展之间的矛盾成为社会的主要矛盾。社会主要矛盾是新时代中国社会发展许多复杂的矛盾体系中居于支配地位、起主导作用的矛盾，它的存在和发展规定和影响着其他矛盾的存在和发展，对新时代的社会发展起着决定性影响作用。推动社会主要矛盾的解决，促进社会主要矛盾的转化是新时代社会发展的中心任务。社会主要矛盾不能及时充分解决，中国特色社会主义就不能进入新的发展阶段，就会延缓和阻碍社会进步甚至造成倒退。深入分析新时代人民日益增长的对美好生活需要的内容，我们可以发现对高质量、公平的教育的追求占了相当大的比例。现在希望孩子能够上好学已经成为家庭对美好生活追求的刚需。同时，在人民对美好生活的向往中有希望收入水平提高的、有希望能够获得一个满意的就业岗位的、有希望有更加健全的社会保障的、有希望获得更多的资源可以休闲度假的、有希望能够获得更优质的医疗资源的等，从这些对美好生活向往的具体需要中，我们都可以看到教育在这里面的作用。受到了更好的教育就为创造美好生活的满足提供了前提条件，许多矛盾会迎刃而解。正因为习近平总书记看到了教育发展对解决新时代社会主要矛盾重要性和先导性，看到了教育对中国特色社会主义发展的基础性作用，才高瞻远瞩地专门提出："我们要建设的教育强国……最终是办好人民满意的教育。"①

办好人民满意的教育是新时代统筹发展和安全两个大局的关键性环节。党的十九届五中全会在《中共中央关于制定国民经济和社会发展第十四个五年规划和二〇三五年远景目标的建议》中第一次提出了统筹发展和安全两个大局的思想，把国家安全放到经济社会发展同等重要的位置。统筹发展和安全是新时代我们党面对百年未有之大变局加速演进、国际形势不确定因素日益增多、国内改革发展稳定任务艰巨复杂繁重而提出来的。在发展和安全的问题上，教育工作既涉及发展问题，教育的基础性、先导性

---

① 《加快建设教育强国　为中华民族伟大复兴提供有力支撑》，《人民日报》2023 年 5 月 30 日。

和全局性作用就直接关系社会的发展；教育又涉及安全问题，立德树人工作、意识形态阵地、学生就业形势、新型智库建设、科技创新能力等都直接关系国家安全。同时，教育发展还直接影响发展和安全关系的正确处理，教育事业顺利发展，发展和安全的关系就和谐，反之就会相互掣肘、互为阻力。例如，人才培养质量不高，就会影响大学生就业，学生毕业即失业，就会带来一系列影响政治稳定的社会问题。只要教育让人民满意了，发展和安全的大局就稳定了，我们就更有了实现社会主义现代化强国的底气和力量。

在新时代坚持办好人民满意的教育必须从实际出发，既不能唱高调，空口许诺，也不能降低要求，糊弄群众。在这个问题上必须坚决反对官僚主义、形式主义、理想主义和唯心主义。首先，人民满意不等于人人满意。人民是一个集合概念，个人是单独概念，人人不是简单相加就能组成的集合概念。在社会主义制度下人民的利益具有根本的一致性，"人民满意"指的是在实现人民根本利益上能够使绝大多数社会成员都感到满意，而不是人民中所有的愿望和要求都能够实现。这就要求我们通过广泛地征求群众意见，再通过去粗取精，去伪存真，由表及里，抓住本质，找到最大的公约数，从人民群众最急迫、最关心、最普遍的问题抓起。在这个问题上，必须始终立足于社会主义初级阶段这个最大的国情，不作不切实际的承诺。正如习近平总书记指出的："解决义务教育有保障，就是让贫困家庭的孩子接受九年义务教育，但不是把学前教育、高中、大学都包起来。"[①]办好人民满意的教育还必须注意，不是让某一个社会阶层满意，而是所有的社会阶层都满意。我国现在经济社会发展正处于社会大分化和大组合的时期，社会主义市场经济的深入发展、科学技术革命的发展、对外开放的不断扩大，使各种生产要素愈益活跃，社会分层日趋复杂，社会组合快速多变，中等收入家庭越来越多，社会日益呈橄榄形结构。社会结构的变化使有些阶层人数众多，社会地位较高，具有较强的社会话语权，而有的阶层人数较少，人微言轻，大众媒体很难听到他们的声音。中国共产党作为人民整体利益的代表者，既

① 《习近平扶贫论述摘编》，中央文献出版社 2018 年版，第 123—124 页。

没有自己的特殊利益，也不是某一个阶级、阶层的代表者，必须在坚持人的全面发展、社会的全面进步的政治原则的基础上办好人民满意的教育。这就要求我们仔细倾听各阶级、阶层的意见，在维护和发展人民群众根本利益的前提下，特别关注那些弱势群体、关注那些发声较少、权利意识薄弱群体的教育利益。要主动关心他们的困难，主动帮助他们教育脱贫、脱困，让他们享受社会主义制度的温暖。正如习近平总书记指出的："让亿万孩子同在蓝天下共享优质教育、通过知识改变命运。"①

三、以高质量教育公平与均衡发展促进社会公平正义

人民对美好生活的需求是多方面的，包括教育、收入、就业、医疗卫生、社会保障、生活环境、居住条件、空气质量、休闲娱乐等，所有需求中教育是基础性的、刚性的。是人民获得自身发展、奉献社会机会和能力的重要前提。人民能够享有好的教育，就意味着将会拥有满意的收入、称意的职业、荣耀的地位、可靠的医疗社会保障等。通过教育公平来促进和扩大社会的公平正义是党的十八大以来，以习近平同志为核心的党中央深入思考，念兹在兹的问题。2016 年 9 月教师节前夕，习近平总书记回母校北京八一学校考察时说："教育公平是社会公平的重要基础，要不断促进教育发展成果更多更公平惠及全体人民，以教育公平促进社会公平正义。要加强对基础教育的支持力度，办好学前教育，均衡发展九年义务教育，基本普及高中阶段教育。要优化教育资源配置，逐步缩小区域、城乡、校际差距，特别是要加大对革命老区、民族地区、边远地区、贫困地区基础教育的投入力度，保障贫困地区办学经费，健全家庭困难学生资助体系。要推进教育精准脱贫，重点帮助贫困人口子女接受教育，阻断贫困代际传递，让每一个孩子都对自己有信心、对未来有希望。"②习近平总书记这一段话深刻阐述了教育公平与社会公平的内在联系，揭示了教育公平对促进社会公平的重大意义，对新时代如

① 《习近平关于社会主义社会建设论述摘编》，中央文献出版社 2017 年版，第 53 页。

② 《全面贯彻落实党的教育方针　努力把我国基础教育越办越好》，《人民日报》2016 年 9 月 10 日。

何办好人民满意的教育，通过实现高质量教育公平和均衡发展促进和扩大社会公平正义提出了明确的要求。教育公平和教育均衡发展是人民对教育工作最关注的重点，推进教育公平和教育均衡发展是保证人民平等参与、平等发展权利，实现社会公平正义的重要途径和手段。党的十八届三中全会后，在习近平总书记主持的中央深改组和深改委会议上，涉及教育改革的文件和方案就有十多份，如《乡村教师支持计划（2015—2020年）》《关于深化教育体制机制改革的意见》《关于统筹推进城乡义务教育一体化改革发展的若干意见》《关于全面深化新时代教师队伍建设改革的意见》《关于深化教育教学改革全面提高义务教育质量的意见》《关于进一步支持大学生创新创业的指导意见》等。这些改革决策涉及城乡教育一体化、教师发展等一系列教育发展中的现实难题，回应了学生和家长的关切，为解决教育公平和教育均衡发展做了大量扎实细致的工作。

新时代办好人民满意的教育，我们要着力从以下几个方面发展更加公平的高质量教育，推进教育均衡发展，让人民群众在享受法律赋予的受教育权利上实现更加充分的平等和最大限度的满足。

一是要努力实现教育起点的公平，推进人的权利的无差别实现。教育起点公平即教育的机会公平，机会公平是人的权利无差别实现的重要保证。只有所有社会成员不受民族、性别、家庭出身、经济状况、社会地位等条件的影响而拥有同等的接受教育的机会，才会赢得人民群众对教育机会平等的满意。在我们这样一个发展不平衡的大国要实现教育机会平等实际上难度是相当大的。这要求我们在教育资源配置上推动各类社会教育资源与补偿性的政策措施向弱势群体倾斜，使他们能够平等地享有接受良好教育的条件。例如，完善农民工随迁子女及农村留守儿童就学保障体系、健全家庭经济困难学生资助体系，让每一个受教育者不因为家庭经济困难而没有学上、扩大残疾人受教育机会等，不断缩小由于先天不可抗力或外部障碍所造成的教育起点的不公平。实现教育机会公平尤其是学前教育和义务教育公平，是为全体人民提供高质量教育的起点，也是人民群众最关注的教育热点，在这方面我们还要不断加大扶持力度，坚持不懈推动均衡发展的广阔空间。在推进教育机会公平上，高等教育也在发挥越来越重要的作用。我国在高等教育领域采取的对口支援政策、实施的中西部高等教育振兴计划（2012—2020年）、中西部高校基础能力建设工程、中西部高校提升综合实力工程等，对提升中西部高等教育质量和水平，解决区域发展不平衡发挥了重要作用。从2015年起，教育部将新增招生计划主体投向中西部地区和人口大省，并在北大、清华等国家高水平高校专设农村贫困地区招生指标，已经形成保障农村和贫困地区学生上优质高校机会的长效机制。实现教育机会公平最重要的是建设全民教育、终身教育，建设学习型社会，努力让每个孩子享有受教育的机会，努力让14多亿人民享有更好更公平的教育，让学习成为一种生活追求，成为个人爱好和健康的生活方式，做到人人自觉学习、主动学习、终身学习。《中国教育现代化2035》明确提出，要构建服务全民的终身学习体系，注重全体社会成员的终身学习意识、学习习惯和终身学习能力的培养；大力发展全民教育，在更大程度上满足人民群众对优质多样化教育的需求；构建更加开放畅通的人才成长通道，搭建衔接各级各类教育、认可多种学习成果的终身学习的立交桥，建设“人人皆学、处处能学、时时可学，人人有机会成才”的学习型社会。

二是要通过保证教育过程的公平推进人的权利实现的均等化。教育过程公平，即所有受教育者在接受教育的全过程中能够尽可能享有同等的高质量的教育资源（包括硬件设施和软件设施，如师资力量、管理水平、学校风气等）。通过教育过程的公平降低外部经济社会条件和家庭条件对受教育者造成的事实上不公平的现象。这就要求我国教育发展要积极推动优质教育资源在全社会的公平配置和统筹分配，做到补短板，强弱项，固底板，尽力促进教育过程质量的均衡。面对发展不平衡的现实，我们要着力完善各层级教育体系基础设施，不断缩小城区之间、城乡之间、区域之间的教育设施差距；要运用先进科技手段、集中优秀教师力量，以教学资源的信息化推进优质教育资源全方位覆盖，使每个受教育者都享有高质量的教育；要进行中小学校长和教师轮岗制度的推广，让薄弱学校能够引进先进的管理理念和优质的教学资源而发生裂变；要合理分配教师队伍与提升教师队伍质量，提高教师专业技能，特别是重点加大对乡村教师的扶持和帮助力度，让他们安心扎根农村，逐步解决城乡、区域和不同教育层次师资力量的不平衡与不充分发展问题。

三是要通过推进教育结果的公平营造有利于人才成长发展的公平竞争社会环境。在劳动还是人类生存发展第一需要的情况下，学生接受教育的直接目的就是就业，找一份称心如意的工作。教育结果的公平即实现教育效益的公平，就是要使所有受教育者的才能有广阔的施展空间，通过素质竞争获得公正的就业职业与相应的收入，实现与个人实力相称的美好生活。实现教育结果的公平就意味着让所有受教育者都能充分发展个人的潜能与天赋，依靠个人努力获得高质量的生活。以习近平同志为核心的党中央十分关注就业问题，习近平总书记强调："就业是最大的民生工程、民心工程、根基工程，必须抓紧抓实抓好。"①解决就业问题，就是抓住了人民群众最关心、最直接、最现实的利益问题，关乎人民最根本的获得感。高校毕业生的就业关系个人价值实现、家庭幸福和社会的稳定发展，是就业工作的重中之重。推进教育结果的公平要加强与学生所学专业相应的社会实践能力的培养；要加强学生创新创业能力的训练；要建立与经济社会发展相适应的学科发展及过时学科的淘汰机制；要在全社会建立公平的无任何歧视性条件的人力资源招聘和人才引进制度；要建立有利于调动各方面各层次积极性的尊重劳动、尊重知识、尊重人才、尊重创造的薪酬制度等。教育结果公平是教育公平的落脚点，是以教育公平推动社会公平正义的关键，也是实现办人民满意的教育的"牛鼻子"。

在党的二十大报告中，习近平总书记又进一步指出："坚持以人民为中心发展教育，加快建设高质量教育体系，发展素质教育，促进教育公平。"②这为今后一个时期从公平与质量两个着力点，办好人民满意的教育指明了方向。

---

① 《习近平关于社会主义社会建设论述摘编》，中央文献出版社 2017 年版，第 67 页。
② 《中国共产党第二十次全国代表大会文件汇编》，人民出版社 2022 年版，第 28 页。

第四节　坚持把服务中华民族伟大复兴作为教育的重要使命

在习近平总书记关于教育的重要论述中,有相当多的内容是针对教育如何更好地为实现中华民族伟大复兴服务而阐发的。在 2018 年全国教育大会上,他明确提出“坚持把服务中华民族伟大复兴作为教育的重要使命”,这就把他对教育在实现中华民族伟大复兴中的具体要求,上升到整体的战略性高度。2021 年 4 月,他在考察清华大学时,把教育服务中华民族伟大复兴提到了“国之大者”的高度。他说:“我国高等教育要立足中华民族伟大复兴战略全局和世界百年未有之大变局,心怀‘国之大者’,把握大势,敢于担当,善于作为,为服务国家富强、民族复兴、人民幸福贡献力量。”[①]使命是指奉命出使或者领受命令的人所应完成的任务和应尽的责任。“坚持把服务中华民族伟大复兴作为教育的重要使命”的根本要求,就是以习近平同志为核心的党中央对教育系统的师生员工吹响的集结号和发出的动员令。

一、教育系统的师生员工要不断增强服务中华民族伟大复兴的使命感、责任感和紧迫感

实现中华民族伟大复兴教育必须先行,这决定了教育系统的师生员工应当有赶早的意识,超前的谋划,充分的准备,饱满的精神和必胜的意志去建设好这项基础性工程。

实现中华民族伟大复兴,教育的改革发展状况具有决定性影响,教育系统的师生员工必须心怀“国之大者”。进入新时代,习近平总书记一再强

① 《坚持中国特色世界一流大学建设目标方向　为服务国家富强民族复兴人民幸福贡献力量》,《人民日报》2021 年 4 月 20 日。

调:“实现中华民族伟大复兴,基础在教育。”[①]教育越来越成为中国特色社会主义事业发展的关键领域。实现中华民族伟大复兴是近代以来中华民族的伟大梦想,也是中华民族洗刷100多年蒙受屈辱,饱受欺凌历史的壮举。但由于我国长期经济文化比较落后,加上西方反华势力忌惮和害怕中国崛起对我们封锁打压,使我们民族复兴的道路充满崎岖,面临无数风险挑战。搞好中国的教育是破解实现中华民族伟大复兴前进障碍的关键一招,如果我们不打好这个基础就会影响实现中华民族伟大复兴的全局。面对西方敌对势力仇视社会主义,试图通过“颜色革命”加紧意识形态渗透,推进“和平演变”战略的企图,我们只有培养出薪火相传的社会主义事业的建设者接班人才能保证我们的现代化始终印有“中国红”。面对西方发达国家对我国先进科学技术的封锁和管控,我们只有加强新工科建设,培养适应现代化技术要求的高水平的工程技术人才,通过集约创新产生一大批领先世界的科技成果,才能不被“卡脖子”,制约现代化的发展;我们只有培养出一大批技术技能型人才,培养出相当多的技艺精湛、巧夺天工的“大国工匠”,才能把我国建设成制造业强国,为经济转型升级实现高质量发展,奠定强大的实体经济基础;我们只有加强基础研究建设,培养一大批基础研究人才,在各科学领域强化原始创新,创造走在世界前沿的基础研究成果,才能培养出大师级的顶尖人才,引领世界科技潮流,如此等等,不一而足。教育系统的师生员工必须清醒地认识到自己身上的责任,做一个胸怀“国之大者”的政治明白人。

以习近平同志为核心的党中央对教育发展寄予了殷切的希望,教育系统的师生员工应当不辱使命、奋发有为。党和国家对教育事业的发展寄予了极大的希望,作为教育系统的教职员工深感责任重大、使命光荣。要以对中华民族伟大复兴高度负责的主人翁精神,把自己的事情办好,不辜负党和人民对教育事业发展的期待。正如习近平总书记要求的:“教育部门和各

---

① 《解放思想改革创新再接再厉 谱写陕西高质量发展新篇章》,《人民日报》2021年9月16日。

级各类学校的党组织要增强‘四个意识’、坚定‘四个自信’，坚定不移维护党中央权威和集中统一领导，自觉在政治立场、政治方向、政治原则、政治道路上同党中央保持高度一致。”①作为教育系统的教职员工要深入学习习近平新时代中国特色社会主义思想，特别是习近平总书记关于教育的重要论述，深刻领会建设社会主义现代化教育强国的重大意义，提高积极主动推进教育改革发展的高度思想自觉和政治自觉。要在提高“两个确立”认识水平的基础上，坚决做到“两个维护”，认真贯彻执行党的教育方针，对党中央提出的教育改革发展要求，必须坚定不移地贯彻落实，不打折扣、不搞形式主义、不断增强政治执行力。要敢于攻坚克难。经过几十年的教育改革，能改的、好改的基本上都完成了，剩下的改革任务都是硬骨头，具有相当大的难度，教育改革进入了攻坚期。要发展就必须不害怕困难、不畏惧阻力，发扬我们党敢于斗争的精神闯关夺隘，勇往直前。要勇于自我革命。新时代的教育改革绝大部分是内涵式发展的改革，主要是利益格局的调整。利益格局的调整肯定会触及一部分人的个人利益，打乱原有生活方式、增加工作压力、改变工作内容，甚至降低个人收入等。例如，为推动区域教育均衡搞教师交流，会使一些教师增加生活压力；为适应人才培养新要求，教师要新开专业课，增加工作负担；要强化激励竞争机制，要打破干好干坏一个样局面等。面对改革，教育系统的教职员工只有不断增强“四个意识”，提高维护实现中华民族伟大复兴政治大局的自觉性，才能主动适应改革的要求，为党和国家分忧，勇于割肉舍痛，在改革的洪流中凤凰涅槃，浴火重生。

教育要密切关注中华民族伟大复兴的历史进程，不断增强服务的积极性、主动性和创造性。坚持把服务中华民族伟大复兴作为教育的重要使命，最关键的是增强服务意识。要主动服务。时刻关注中华民族伟大复兴的历史进程，对发展进程中出现的新情况、新问题、新需求要有政治敏锐性。要及时判断这些新情况、新问题、新需求与教育的关联度。如果发现这些问题

① 《坚持中国特色社会主义教育发展道路　培养德智体美劳全面发展的社会主义事业建设者和接班人》，《人民日报》2018 年 9 月 11 日。

的解决需要教育提供帮助和支持,就应该主动地直面问题,找到解决方案。例如,某一技术难题攻关缺乏某一方面的专门人才,那我们就要组织力量,设计最优培养路径,加快培养。要积极服务。对待实现中华民族伟大复兴进程中出现的新情况、新问题、新需求,要有为党分忧的思想境界,不能害怕困难、不能强调客观条件、不能害怕承担责任,更不能搪塞推诿。要以“有条件要上,没有条件也要上”的铁人精神,积极做好服务工作。例如,哈尔滨工业大学王永坦院士为实现我国对深海探测能力的跨越式发展主动承担科研项目,经过十几年的艰苦探索,使我国成为极少数掌握远距离实装雷达研制技术的国家。要创造性服务,针对国家发展需求,创造性地提出教育的解决办法,使民族复兴中遇到的拦路虎和绊脚石能够得到及时排除,充分发挥教育的先导性作用。例如,2017 年 2 月,综合性高校工程教育发展战略研讨会在复旦大学形成的“复旦共识”,创新性地拉开了新工科建设“三部曲”的序幕,为培养卓越工程科技人才,促进我国从工程教育大国走向工程教育强国起了关键性的作用。

二、适应中华民族伟大复兴的发展要求,不断提升教育服务经济社会发展的能力

习近平总书记在全国教育大会上指出,要提升教育服务经济社会发展能力。这是坚持把服务中华民族伟大复兴作为教育的重要使命的主要内容。教育系统的广大干部职工要在不断提升服务经济社会发展能力上下功夫。

一是要在提高人才培养能力上下功夫。立足于经济社会发展急需的各级各类人才,创新人才培养模式,构建新兴学科、交叉学科,优化培养路径,提高人才培养效率。当前,要高度重视抓青年人才的培养教育,为国家的未来准备大量优秀的接班人。要为进一步扩大对外开放(如金融业、服务业、医疗业等)培养合适的人才。高校要深化工程教育改革,加大理工科人才培养力度,为建设制造业强国奠定坚实的人才基础。习近平总书记多次强调,要把发展现代职业教育摆在更加突出的位置,为国家培养一大批紧缺的

技术技能型人才。文化认同是最深层次的认同,要通过教育为祖国实现和平统一、铸牢中华民族共同体意识培养具有高度文化认同的人才。总之,实现中华民族伟大复兴需要什么样的人,教育就要培养好这方面的人,做到学科跟着产业走,专业围着需求转,教学追着问题跑。

二是要提高知识和科技创新能力。要面向经济主战场,健全和完善科研体制,探索建立服务市场需求的成果转化机制,加快科技成果向现实生产力的转化。要面向世界科技前沿,促进基础研究和应用研究相互融合,聚焦"卡脖子"技术难题,提升原始创新能力。要面对国家重大需求,积极开展科研协同创新,提升服务国家重大战略任务需要的能力。要面向公共突发卫生事件,加大对生命健康领域基础问题与关键问题的科研攻关力度,让科技创新为人民生命健康保驾护航。

三是要为国家治理体系和治理能力现代化建设提供智力支持。要充分发挥教育学科门类齐全、学科交叉融合的优势,在战略研究、政策制定、决策建言、舆情引导、社会治理、国际关系等方面提供优质的参谋咨询服务。

四是要提高国际合作能力。要抓住和平与发展仍然是当代世界的主流的历史机遇,不断深化教育国际交流合作。在合作中利用好国外优质的教育资源,更好地为实现中华民族伟大复兴服务。要始终坚持对外开放,坚持支持留学、鼓励回国、来去自由、发挥作用的方针,把留学人员看成是人才队伍的重要组成部分,做好留学服务工作。要充分发挥高校是人才聚宝盆的作用,采取各种优惠政策和创造各种有吸引力的条件,大量吸收海外优秀人才。要加强国际教育合作,通过联合培养人才、联合建立实验室等研究机构,学习借鉴国外先进的教学、科研经验。

五是要提高服务"一带一路"建设的能力。"一带一路"建设是习近平总书记提出的宏伟战略构想。它的建设过程不仅涉及众多国家和地区,还涉及众多产业和巨量的要素调动,这期间产生的各种机遇不可估量,集中华民族伟大复兴与世界繁荣发展于一体。教育对加强"一带一路"建设具有不可或缺的作用,习近平总书记非常重视教育在"一带一路"建设中的作用,提出了很多服务"一带一路"建设的要求。教育要在推进技术转让和经验共享方面为“一带一路”沿线各国培训各类专门人才。要通过教育建立人文交流合作的纽带，增进各国之间的相互了解和文化融通，讲好“一带一路”故事，传播好“一带一路”声音，为“一带一路”建设营造良好的舆论环境。要为国际互联互通培养大量的既懂外语，又有专业知识，还熟悉国际规则，具有良好思想政治素质的复合型人才。

三、伴随中华民族伟大复兴的进程，为世界人类文明发展作出贡献

实现中华民族伟大复兴，坚持走中国式现代化的新道路，不仅为中国人民谋来了福祉，而且还创造了人类文明新形态。这种文明新形态展现了我们党始终胸怀远大理想、心系人民幸福和民族复兴、关怀人类前途命运，把党和国家事业同全人类的进步事业紧密相连的远大抱负。中国式的现代化拓展了发展中国家走向现代化的途径，给世界上那些既希望加快发展又希望保持自身独立性的国家和民族提供了全新选择。实现中华民族伟大复兴要为构建人类命运共同体，促进世界繁荣发展作出应有贡献。正如习近平总书记指出的：“今年是中国共产党百年华诞，中国已经开启全面建设社会主义现代化国家新征程。中方愿同各方一道努力，秉持真正的多边主义，讲信修睦，合作共赢，向着推动构建人类命运共同体的目标稳步迈进。”①世界文化的交流，人类文明的相互沟通，都要通过人去实现。教育作为培养人的社会活动，成为世界文明相互交流沟通的最便捷、最通用的桥梁。党的十八大以来，习近平总书记在走访五洲四洋过程中，在同各国人民友好交往中，一再强调教育要为人类文明发展进步做贡献。

教育要为世界文化交流、文明互鉴、传承文明做好服务。文化作为人类在社会实践过程中所获得的物质、精神的生产能力和创造的物质、精神财富的总和，是通过教育来一代一代传承和发扬光大的。世界各国人民在自己所处的特殊地域，经过长期的生活和劳动，创造了独特的文化。文化作为普遍性和特殊性结合的统一体，提供了各国人民既保持自身特殊文化，又不排

① 《习近平出席第六届东方经济论坛全会开幕式并致辞》，《人民日报》2021年9月4日。

斥加强文化相互借鉴,取长补短的理论逻辑和实践逻辑。为实现中华民族伟大复兴我们一定要坚守中国自己的传统文化和现代文化,同时也要注重学习外国一切先进的文化,为中华文化的发展进步提供营养补充。正如习近平总书记指出的:“中国人民在实现中国梦的进程中,将按照时代的新进步,推动中华文明创造性转化和创新性发展,激活其生命力,把跨越时空、超越国度、富有永恒魅力、具有当代价值的文化精神弘扬起来……让中华文明同世界各国人民创造的丰富多彩的文明一道,为人类提供正确的精神指引和强大的精神动力。”①为了加强世界各国文明的交流互鉴,习近平总书记高度重视教育的作用,他说:“我们要积极发展教育事业,通过普及教育,启迪心智,传承知识,陶冶情操,使人们在持续的格物致知中更好认识各种文明的价值,让教育为文明传承和创造服务。”②要通过互派留学生,加强文化交往,促进人类各种知识和文化的认知,加强各国学生的相互了解,树立世界眼光,激发创作灵感,共同为人类和平与发展作出贡献。要通过跨文明、跨国界、跨时空的教育、科技、文化交流,让和平理念的种子在世界人民心中发芽,促进文化融通、人心相通、政策贯通,共同维护世界和平。

教育要为中国履行国际责任做贡献。中国作为联合国安理会常任理事国要履行应尽的国际义务,同时,作为发展中的社会主义大国要为世界上关心和帮助过中国发展的国家提供必要的帮助。习近平总书记作为大国领袖,具有宽广的国际胸怀,坚持在参加联合国各国际组织的工作中忠实履行使命。党的十八大以来,我们国家积极参加国际合作和国际支援,在为发展中国家提供奖学金名额、为发展中国家义务培养研究生、为亚非发展中国家提供技术培训名额、对“一带一路”沿线国家进行技术转让和经验共享等方面做了大量工作,受到各国人民的高度称赞。在履行国际义务过程中,习近平总书记高度重视将中国经验、中国方案、中国标准等让世界分享,在参与全球治理中作出中国贡献。他指出:“要提高我国参与全球治理的能

① 习近平:《论坚持推动构建人类命运共同体》,中央文献出版社 2018 年版,第 82—83 页。
② 习近平:《在联合国教科文组织总部的演讲》,《人民日报》2014 年 3 月 28 日。

力，着力增强规则制定能力、议程设置能力、舆论宣传能力、统筹协调能力。”在提高参与全球治理能力中，教育发挥着关键性的作用，对教育提出了很高的要求。他说：“参与全球治理需要一大批熟悉党和国家方针政策、了解我国国情、具有全球视野、熟练运用外语、通晓国际规则、精通国际谈判的专业人才。要加强全球治理人才队伍建设，突破人才瓶颈，做好人才储备，为我国参与全球治理提供有力人才支撑。”①

教育要在增强文化软实力，提高国际话语权方面做好服务。文化是最深沉、最持久的力量。一个国家有了文化的认同，这个国家才有民族凝聚力和向心力。世界上的其他国家只有对中华文化认同了，才愿意同中国打交道，做到心心相印。中国文化具有数千年的文明史且从未间断，在古代中华文化传播到全世界，许多国家的文化都融入了中国文化的元素。近代以后，西方的文化入侵进来，出现了中华文化衰落的现象。建立社会主义制度以后，世界上的发达资本主义国家又视中国文化为洪水猛兽，极力妖魔化。中国文化主张没有任何侵略的基因，是促进人类和平发展的文化。实现中华民族伟大复兴就要提高国家文化软实力，“要以理服人、以文服人，以德服人，提高对外文化交流水平、完善人文交流机制、创新人文交流方式，综合运用大众传播、群体传播、人际传播等多种方式展示中华文化魅力。”②提高文化软实力的目标就需要教育在文化人才培养，文化交流机制、方式，文化传媒的技术和传播方式等方面下功夫，增强对外话语的创造力、感召力、公信力，讲好中国故事，传播好中国声音，阐释好中国特色。

① 习近平：《论坚持推动构建人类命运共同体》，中央文献出版社 2018 年版，第 385 页。
② 《建设社会主义文化强国，着力提高国家文化软实力》，《人民日报》2014 年 1 月 1 日。

第四章　把立德树人作为教育的根本任务，培养担当民族复兴大任的时代新人

中国特色社会主义进入新时代，正处于百年未有之大变局加速演变，实现中华民族伟大复兴爬坡迈坎的关键时期，用什么样的人建设社会主义现代化强国，关系未来社会发展的兴衰存亡。教育作为培养人的社会活动承担为党和国家的未来输送人才的重任，培养担当民族复兴大任的时代新人是教育的根本任务。正如习近平总书记2018年5月2日在北京大学师生座谈会上的讲话中指出的，“古今中外，关于教育和办学，思想流派繁多，理论观点各异，但在教育必须培养社会发展所需要的人这一点上是有共识的。培养社会发展所需要的人，说具体了，就是培养社会发展、知识积累、文化传承、国家存续、制度运行所要求的人。”①党的十八大以来，以习近平同志为核心的党中央围绕教育落实立德树人的根本任务做了大量的工作，取得了突出成效。

第一节　必须把培养立志为中国特色社会主义奋斗终生的有用人才作为教育的根本任务

新时代为什么要高度重视立德树人工作，这是一个思想认识问题，这个问题不解决，落实立德树人工作就无从谈起。习近平总书记在考察教育系

① 《抓住培养社会主义建设者和接班人根本任务　努力建设中国特色世界一流大学》，《人民日报》2018年5月3日。

统各单位、在各种相关会议和工作考察中都反复强调立德树人的重要性。在党的领袖中他是把立德树人的重要性论述得最深刻、最全面的一位。

一、青年的价值取向决定了未来整个社会的价值取向

党的十八大以来，以习近平同志为核心的党中央十分重视青年工作，从党的十八大的政治报告专段论述青年工作开始，在党中央事关全局的政治文件里都要论述和部署青年工作。习近平总书记始终高度重视、亲切关怀青年学生成长成才。他多次到高校考察调研，多次同青年学生座谈、给他们回信、倾听他们心声、指引他们成长。他指出："希望我国广大青年充分展现自己的抱负和激情，胸怀理想、锤炼品格，脚踏实地、艰苦奋斗，不断谱写奉献青春的时代篇章。"①习近平总书记站在"确保党的事业薪火相传，确保中华民族永续发展"的全局高度，旗帜鲜明提出党管青年原则，大力倡导青年优先发展理念，主持召开党的历史上第一次中央党的群团工作会议，指导出台新中国历史上第一个青年发展规划，指导发布新中国历史上第一部专门关于青年的白皮书，推动青年发展事业实现全方位进步、取得历史性成就。习近平总书记关于青年工作的重要论述，深刻回答了新时代培养什么样的青年、怎样培养青年等方向性、全局性、战略性课题，进一步丰富和发展了马克思主义青年观，把我们党对青年工作的规律性认识提升到了新的高度，为做好新时代党的青年工作提供了根本遵循。特别是在庆祝中国共产主义青年团成立100周年大会上提出"拿出极大精力抓青年工作"的要求。2023年6月，在接见团中央新一届领导班子成员集体谈话时，又殷切嘱咐："党和国家事业的希望寄托在青年身上。"这必将极大地推动青年工作的发展。

人类历史发展经验告诉我们：青年是社会中最活跃、最积极、最富创造力的先进力量，青年始终是时代前列的开拓者、奋进者和奉献者。在革命、

① 习近平：《在知识分子、劳动模范、青年代表座谈会上的讲话》，《人民日报》2016年4月30日。

建设、改革和新时代的各个历史时期，我们党重视青年、关怀青年、信任青年，始终代表广大青年、赢得广大青年、依靠广大青年。这是我们党不断从胜利走向胜利的重要保证，也是我们党的一大政治优势。我们党从来都把青年看作社会进步的依靠，共和国的未来、中华民族的希望，从来都把青年作为党和人民事业发展的生力军，从来都支持青年在人民的伟大奋斗中实现自己的人生理想。在为中国革命和建设英勇牺牲的先烈中绝大多数都是青年人，他们为党和国家事业的发展作出了无可取代的贡献。中国特色社会主义进入新时代，由于战略性人才的争夺和竞争日趋激烈、第四轮新科技革命对创新型人才的大量需求、高端制造业对技术技能型人才的大量需求、为了应对老龄社会带来的劳动力下降问题、为了维护国家政治安全和军事安全对青年群体的特殊要求等，青年人作用越来越突出。新时代社会发展的实践证明，青年群体的智力、体力、创造性和激情等对包括科技发明、产业经济、公益服务、文化传播等在内的诸多社会事业的发展发挥了不可或缺的重要推动作用，实现中华民族伟大复兴，青年是一支重要的依靠力量。习近平总书记深刻指出："实现中国梦是一场历史接力赛，当代青年要在实现民族复兴的赛道上奋勇争先。时代总是把历史责任赋予青年。新时代的中国青年，生逢其时、重任在肩，施展才干的舞台无比广阔，实现梦想的前景无比光明。"①

要使新时代的青年胜任时代的重任，承担实现中华民族伟大复兴生力军的作用必须让广大青年积极社会参与，勇于承担社会责任。正如习近平总书记指出的："在新的征程上，如何更好把青年团结起来、组织起来、动员起来，为实现第二个百年奋斗目标、实现中华民族伟大复兴的中国梦而奋斗，是新时代中国青年运动和青年工作必须回答的重大课题。"②社会参与是指社会成员对社会生活的某种期待与需要，并以某种方式参与国家和社

① 习近平：《在庆祝中国共产主义青年团成立100周年大会上的讲话》，《人民日报》2022年5月11日。

② 习近平：《在庆祝中国共产主义青年团成立100周年大会上的讲话》，《人民日报》2022年5月11日。

会事务的发展过程，具体表现为对社会现状与活动的关心、了解与行为投入。青年社会参与始终都是社会变革与进步的重要条件：一方面青年充满青春活力，是国家建设和社会发展的生力军和突击队；另一方面青年处于成长阶段，是社会变迁下追求群体身份与社会认同的独立性社会群体。新时代的中国青年因主体意识和中国精神的不断提升，具有更为强烈的社会参与意愿和行为。但是我们也要看到，新时代的青年由于面临就业压力大、生活成本和负担比较重、受互联网信息化的影响，网络虚拟空间的便利思想表达渠道给青年人思想观念的塑造带来了极大的挑战，也放大了个体的“个性化和情绪化”，容易对价值观还在塑造期的青年群体产生一定负面影响，从而产生“佛系青年”“躺平”“屌丝”的思想倾向。同时，在青年社会参与渠道方面也还存在参与面狭窄、参与渠道不畅、非理性行为时有发生等现象。青年正处于人生转折的关键时期，这一时期也是最容易被蒙蔽和蛊惑的敏感阶段。因此，要正确把握新时代青年的特征，从社会责任培养发轫，为新时代青年指引一条积极社会参与，正确通往成功的坦途。唯有如此，才能使新时代青年心无旁骛地筑梦追梦，成为能够担当民族复兴大任的有用人才，才能保证建设社会主义现代化强国目标的顺利实现。正如习近平总书记在北京大学师生座谈会上深刻指出的：“我为什么要对青年讲讲社会主义核心价值观这个问题？是因为青年的价值取向决定了未来整个社会的价值取向，而青年又处在价值观形成和确立的时期，抓好这一时期的价值观养成十分重要。这就像穿衣服扣扣子一样，如果第一粒扣子扣错了，剩余的扣子都会扣错。人生的扣子从一开始就要扣好。”①因此，抓好青年人的价值取向就是抓好中国发展的未来。

二、国无德不兴，人无德不立

抓好青年人的培养从何入手是我们党长期思考，不断深化认识的问题。

① 习近平：《青年要自觉践行社会主义核心价值观——在北京大学师生座谈会上的讲话》，《人民日报》2014 年 5 月 5 日。

新中国成立以来我们党逐步形成了“又红又专”“以德为先,全面发展”的人才培养思路。党的十八大更是旗帜鲜明地提出“把立德树人作为教育的根本任务”,这标志着我们党对德育认识的深化到了更高的层次。党的十八大以后,习近平总书记围绕立德树人的工作提出了一系列新思想、新理念、新举措。他在2013年11月26日考察山东孔府和孔子研究院时深刻指出:“国无德不兴,人无德不立”,把培养人的道德情操提高到关系国家生死存亡的高度。2014年5月4日在北京大学师生座谈会上,习近平总书记又再次论述了“国无德不兴,人无德不立”的重要论断。他说:“如果一个民族、一个国家没有共同的核心价值观,莫衷一是,行无依归,那这个民族、这个国家就无法前进。”①

“国无德不兴,人无德不立”是对道德情操方面的共同价值观在人类历史发展中作用的深刻认识。人类历史上曾经出现过的四大文明,唯有我中华文明延续几千年而长盛不衰,其中一个最重要的原因就是在文明发展的过程中逐步形成了共同的价值观,并随着社会发展的进步而不断继承创新。回首数千年的历史,我们可以看到,善良的道德观念、道德情感是人类共通的。在夏商周时代,甚至更早的尧舜时期,中华道德意识就已经逐渐确立了。《尚书》等早期典籍中就已经有了很多关于德行的论说。到了周代,尚德观念有了质的飞跃。到了春秋时代,敬德尚德思想得到了进一步的弘扬,形成了儒家伦理道德体系。随着儒家在中国古代社会主流地位的确立,儒家道德观念就逐渐成为中华伦理文化的重要部分,渗透到中华民族的血液之中,维系着中华民族的精神,在数千年的历史长河中繁衍兴盛。儒家强调“修身以德”“为政以德”逐渐成为中华文明的特质。在儒家的伦理道德体系中,比较重要的道德范畴核心有几十个,如仁、义、礼、智、信、和、勇、俭、孝、爱、诚、廉、忠、德等,这些范畴具有超越时空的永恒价值,对于中国人人性的养成和社会伦理秩序的确立,具有压舱石的作用。我国古代不仅形成

① 习近平:《青年要自觉践行社会主义核心价值观——在北京大学师生座谈会上的讲话》,《人民日报》2014年5月5日。

了以儒学为主流的中华伦理文化，而且还建立了系统的教化体系，通过设置教化之官、构建教育制度、倡导士大夫和文人重视个人道德修炼，做到率先垂范等措施，加强道德淳化。新中国成立以后，我们党把中华优秀传统文化与先进的革命和现代文化有机结合在一起，形成了社会主义文化，逐步凝练出社会主义的价值观念，在党的十八大把它总结概括为社会主义核心价值观。新中国成立以来，特别是改革开放以来，我国之所以能够创造经济社会快速发展和社会安定团结两大奇迹，一个重要的原因就是全体中华儿女有共同的理想信念和道德价值观。这与世界上建立在资本主义私有制基础上的一些国家，其民族和政治派别各自奉行自己的教义和政治主张，各自维护自己的核心利益，甚至为了获取更多的利益而不惜互相残杀、坑蒙拐骗、尔虞我诈、为所欲为的不齿行为；更与那些自诩为"国际道义的维护者"，以维护自身利益为目的肆意干涉别国内政，翻手为云覆手为雨，毫无道义廉耻的霸权主义和强权政治的国家形成了鲜明的对照。这些国家人心涣散、民族分裂、国运衰减、未来迷茫，国际地位和国际影响力日薄西山。道德的作用在个体的人身上也是这样。一个人在终身修炼中选择了正确的行为规范和价值标准就可以做一个高尚的人、纯粹的人、脱离了低级趣味的人和对人民和国家有益的人。即使处于腐朽糜烂男盗女娼的丑恶环境也能够出污泥而不染，常在河边站也能不湿鞋，始终成为万众敬仰、顶礼膜拜的道德楷模。反观那些好吃懒做，行尸走肉，贪生怕死，出卖灵魂，仗势欺人，横行霸道，以权谋私，贪赃枉法等丧失人类共同价值观念的缺德之人，不管在他的一生中曾经有过多么的荣华富贵和高官显势，也不管曾经做过对人民和国家有益的事，终究会钉在历史的耻辱柱上，遗臭万年。"国无德不兴，人无德不立"这个重要论断可以说言简意赅地把道德在国家和个人发展中的作用揭示得深刻见底。

进入新时代，实现中华民族伟大复兴的任务艰巨繁重，需要时不我待、只争朝夕的拼命精神去开拓进取。世界正经历百年未有之大变局加速演变期，国际形势复杂多变，各种难以预料的"黑天鹅""灰犀牛"不期而至，国内改革也进入攻坚克难的关键期，为了克服重大阻力、排除重大风险、应对重大挑战、解决重大矛盾，我们更需要有坚韧不拔的斗争精神和防范化解、处理复杂问题的政治判断力、政治领悟力、政治执行力。全面小康社会建成以后，西方反华势力对我们实现第二个百年奋斗目标充满了敌意，这更需要我们坚定理想信念，保持政治定力，把握好中国特色社会主义的发展方向。新时代主要社会矛盾的解决，需要我们更好地坚守以人民为中心的根本政治立场，用人民情怀、用敢于担当的精神，不断呼应人民群众的急难愁盼问题，让人民群众有充分的幸福感、获得感和安全感。只要全社会在实现中华民族伟大复兴的伟大事业上形成共同的意愿，就一定能够实现建设社会主义现代化强国的目标。正如习近平总书记指出的："必须加强全社会的思想道德建设，激发人们形成善良的道德意愿、道德情感，培育正确的道德判断和道德责任，提高道德实践能力尤其是自觉践行能力，引导人们向往和追求讲道德、尊道德、守道德的生活，形成向上的力量、向善的力量。只要中华民族一代接着一代追求美好崇高的道德境界，我们的民族就永远充满希望。"①

三、教育的立身之本在于立德树人

正因为道德对于一个国家、一个人的生存和发展具有决定性意义，特别是对青年人的成长成才具有奠基石的作用，因此，必须把立德树人当作头等大事来抓。习近平总书记在 2016 年 12 月全国高校思想政治工作会议上指出："高校立身之本在于立德树人"，这就深刻揭示了高校工作的本质。习近平总书记当时的讲话针对的是高校，但是，这个论断完全适用于对整个中国特色社会主义教育系统及其活动的本质规定，即教育的立身之本在于立德树人。

从学校来看，其立身之本在于立德树人。各级各类学校是人才培养的主阵地。在中国特色社会主义制度下举办的各级各类学校是社会主义大厦

---

① 《认真贯彻党的十八届三中全会精神　汇聚起全面深化改革的强大正能量》，《人民日报》2013 年 11 月 29 日。

的重要组成部分，担负培养社会主义建设者和接班人的职能。社会主义学校培养的人必须姓“社”，这是由学校办学性质决定的。如果学校培养的人是社会主义的旁观者，甚至是掘墓人，那这个学校就蜕化变质了，也就没有存在和发展的必要了。学校培养人才有德有才是优等品，有德无才是次品，无德无才是废品，有才无德是危险品。作为一所学校不能把学生培养成优等品甚至是残次品，这个学校也就根本没有存在的必要了。因此，立德树人是学校存在发展的生命线。学校的一切工作只有围绕立德树人来展开，才符合社会主义教育制度的本质规定，才具有存在发展的理由。各级各类学校要始终站在讲政治的高度，牢牢把握社会主义的办学方向，坚定不移地排除一切干扰，以对党和国家高度负责的责任感做好立德树人工作。当前，学校把立德树人作为立身之本还面临考核评价方式不科学、家长重智轻德的压力、市场经济资源配置导向的诱惑、用人单位招聘导向的偏差等因素的干扰和影响。一些学校仍然把立德树人当作口号，而实际教育工作仍然重智轻德。这是十分短视和不讲政治的行为，随着教育体制机制的健全和完善、随着全社会以德为先的社会环境的改善，这样的学校必然会遭到淘汰。

从所有具有教育功能的部门、单位和单元来看，只有把立德树人当作立身之本才能获得良性和健康的发展。所有具有教育功能的部门、单位和单元是指除学校之外的承担一定教育任务和责任的机构和群体，例如，图书馆、博物馆、少年宫、影剧院、文学艺术创作机构、出版社、新闻媒体、培训机构、文旅部门以及家庭等。这些机构分属不同性质，有的是公益性的、有的是经营性的、有的是差额拨款的、有的是混合型的等。家庭作为社会的细胞更是千差万别，存在文化水平、家庭收入、居住地域、家族背景、生活方式、职业属性等方面的巨大差异。在社会主义制度下不管是什么性质的机构和不同背景的家庭，有一点是共同的，即作为中华人民共和国的公民和国家批准成立的机构都要遵纪守法，都必须符合中国特色社会主义的行为规范，必须弘扬宪法倡导的社会主义核心价值观。任何机构在履行教育功能时违反立德树人的根本要求，不仅是违法行为，而且还不能允许这样的机构存在。相反，不管什么性质的机构只要围绕立德树人的目标开展业务工作，都会得到社会的肯定、党和政府的支持并不断地发展壮大。例如，研学旅行活动最初就是由民办教育机构组织开展起来的，后来党和政府看到了研学旅行在立德树人方面的社会实践和社会体验的重要作用，于是由教育部牵头联合各部委发文鼓励和支持有组织开展研学旅行活动，这就使这些培训机构获得了发展的生机。作为家庭来讲也是这样，中国古代就有"修身齐家治国平天下"的箴言，而且无数家庭兴旺衰败的案例都告诉了我们一个道理："家有好运靠德护。"

从立德和树人的关系来说，立德是树人的前提，树人是立德的结果。树人即作为一个受教育的人培育成长为人才的过程。一个人要成为自食其力的劳动者，成为担当民族复兴大任的人，要有一定的劳动技能和创新创业的本领，而一定的劳动技能和创新创业本领的获取，与做人的道德密切相关。我国在进入全面小康社会以后，所有的中国人都过上了衣食无忧的富裕生活，一些先富起来的发达地区家庭有了充裕的财富。相当多的青年学子不需要走通过十年寒窗跳龙门的路子，学习不再是谋生的唯一手段。如果仅仅以谋生来作为学生学习的动力，这远远难以激发学生的学习热情。只有让青年学生知道社会主义是人类社会发展的人间正道，共产主义理想的实现还任重道远，建设社会主义现代化强国还面临无数风险挑战，国家和社会发展还需要大量合格的建设者接班人才能激发学生的学习热情。中国革命和建设的历史上有无数的有功之臣就是在爱国主义和中国精神的感召下茁壮成长的。新时代，青年人没有崇高理想、良好品质和充沛精神，就难以掌握实现中华民族伟大复兴的真本领，或者知识掌握得再多也无法成为优秀人才，甚至会走上与人民为敌、与社会为敌的邪路。

1937 年 10 月毛泽东同志为陕北公学（中国人民大学前身）成立时作了如下题词："要造就一大批人，这些人是革命的先锋队。这些人具有政治远见。这些人充满着斗争精神和牺牲精神。这些人是胸怀坦白的，忠诚的，积极的，与正直的。这些人不谋私利，唯一的为着民族与社会的解放。这些人不怕困难，在困难面前总是坚定的，勇敢向前的。这些人不是狂妄分子，也不是风头主义者，而是脚踏实地富于实际精神的人们。中国要有一大群这样的先锋分子，中国革命的任务就能够顺利的解决。”[①]习近平总书记在庆祝中国共产主义青年团成立100周年大会上引用了这段题词，再次强调“今天，党和人民同样需要一大批这样的先进分子”。党和人民的呼唤就是教育工作的神圣职责和使命，必须义不容辞地践行好、完成好。

第二节　完整全面把握立德树人教育工作的基本内涵

立德树人既是中华传统文化的精华，又是我们党人才培养经验的科学总结。早在中国古代就有把“立德”放在“立功”“立言”之首的认识；有把“树人”作为治国“终身之计”的论断。新中国成立以后，我们在“培养什么人，怎样培养人”这个教育的根本问题上探索人才培养的基本规律、基本内涵和基本路径，从提出党的教育方针到党的教育方针的逐步完善、从党的十七大首次提出“育人为本，德育为先”到党的十八大提出“把立德树人作为教育的根本任务”，可以说“立德树人”是对我国思想道德建设和人才培养规律的系统总结和高度凝练。“立德树人”虽然只有四个字，却蕴含了丰富的教育理论和教育实践内容。

一、用理想信念指引人生方向

理想是在学习理解的基础上，对确信无疑的理论和价值观念自觉地、不懈地坚持实践并追求其目标实现的心理活动及相应行为过程。理想作为未来可能会变为现实的追求目标，是人类特有的心理活动和行为实践。人作为脱离了动物界的具有主观能动性的高级生物，能够在适应自然，改造社会中创造新的世界，而支撑人类不断提出新目标，实现新目标的精神支柱就是理想信念。

理想信念就像航标灯、指南针，如果一个党、一个国家、一个人没有理想

① 《毛泽东年谱（1893—1949）》中卷，中央文献出版社2013年版，第34页。

信念，就没有长远的战略眼光；没有人生的奋斗目标，就缺少推动人的进步和社会前进的动力，就会浑浑噩噩、懒懒散散、无所作为地虚度年华，浪费青春。如果一个党、一个国家、一个人的理想信念出了问题，就会迷失方向，丧失定力，随波逐流，消极颓废，走到违反历史发展潮流、与人民为敌的这面，就会被历史淘汰。中国共产党作为一个有百年建党历史的世界大党仍然保持青春活力，就因为我们党的发展始终坚持中国特色社会主义的共同理想和实现共产主义的远大理想，以永远在路上的奋斗姿态推进自我革命，进行社会革命。在我们党和国家建设的历史上之所以会出现像李大钊、何叔衡、陈潭秋、邓恩铭、方志敏、杨靖宇、江竹筠等革命先辈；出现像钱学森、邓稼先、蒋筑英、罗阳、袁隆平等为我国科技创新作出杰出贡献的科学家；出现像焦裕禄、孔繁森、谷文昌、杨善洲、廖俊波等一心为民的领导干部，都是因为有为实现民族复兴、人民幸福的坚定理想信念。反过来，在中国共产党的历史上之所以出现像向忠发、顾顺章、陈公博、周佛海等对中国革命造成重大损失的叛徒；党的领导高层出现像张国焘分裂主义分子、出现周永康、薄熙来、孙政才、令计划等政治问题与经济问题交织在一起的腐败案件；出现像胡长清、成克杰等贪污腐败分子，都是背弃了入党时的初心，丧失了社会主义的理想信念，放松自我约束，逃避和抵制民主监督，从人生的正面走到了反面。正确的理想信念建立在对人类社会发展规律科学把握和不懈追求的思想基础上，建立在对人生道路作出符合社会发展要求的选择上，建立在人生价值实现的高尚目标的定位上。因此，坚定理想信念是一个党、一个国家、一个人成长进步，发展壮大的灵魂和精神支柱，是思想之“钙”。习近平总书记十分重视在全党、全国，特别是青少年中加强理想信念教育，确立坚定的理想信念，做好“铸魂补钙”的工作。正如他在刚刚担任总书记不久给北京大学考古文博学院 2009 级本科团支部全体同学的回信中指出：“只有把人生理想融入国家和民族的事业中，才能最终成就一番事业”。[①] 2017 年

---

① 《习近平给北京大学学生回信勉励当代青年——勇做走在时代前面的奋进者开拓者奉献者》，《人民日报》2013 年 5 月 5 日。

5月在中国政法大学考察时更是把坚定理想信念看作为："是一个国家发展活力的重要体现，也是一个国家核心竞争力的重要因素"①。由此可见，坚定青少年学生的理想信念是立德树人中的基础性、全局性的工作。

用理想信念指引人生方向，要学习和信仰马克思主义。马克思主义是科学的理论，是经过历史和实践检验的真理。这一理论创造性地揭示了人类社会发展规律，为人类社会发展进步指明了方向，照亮了人类探索历史规律和寻求自身解放的道路。马克思主义是科学性和真理性的有机统一，在中国共产党人创造性地把马克思主义基本原理同中国具体实际相结合、同中华优秀传统文化相结合的过程中解决了中国革命和建设各个历史阶段发展遇到的重大难题，指引中国人民在党的领导下不断从胜利走向胜利。马克思主义是人民性和实践性的有机统一，马克思主义之所以具有跨越国度、跨越时代的影响力，就是因为它植根于人民之中，指明了依靠人民推动历史前进的人间正道。正因为如此，一百年来我们党紧紧围绕实现中华民族伟大复兴的主题，创建人民共和国，使人民共和国的国家竞争力越来越强大，中国人民的生活质量和水平越来越高。人的全面发展、社会的全面进步成为举世瞩目的中国模式。马克思主义是开放性和时代性的有机统一，一部马克思主义发展史就是马克思、恩格斯以及他们的后继者们不断根据时代、实践、认识发展而发展的历史，是不断吸收人类历史上一切优秀思想文化成果丰富自己的历史。中国共产党成立后，一代代中国共产党人依据时代发展要求和主要任务变化，不断推进马克思主义中国化和时代化，不断为马克思主义发展作出原创性贡献。毛泽东思想、邓小平理论、"三个代表"重要思想、科学发展观都是马克思主义开放性和时代性的重大成果和生动证明。中国特色社会主义进入新时代，习近平总书记围绕党和国家发展面临的一系列时代课题，提出了一系列原创性的治国理政新理念新思想新战略，创立了习近平新时代中国特色社会主义思想，实现了马克思主义中国化的新飞

① 《立德树人德法兼修抓好法治人才培养　励志勤学刻苦磨炼促进青年成长进步》，《人民日报》2017年5月4日。

跃,是二十一世纪马克思主义。习近平新时代中国特色社会主义思想指引当代中国发生了历史性变革,创造了历史性成就。正因为马克思主义具有强大的生命力、创造力和凝聚力就应该不懈地学习、坚定地信仰。只有这样才能打好“立德”的思想基础。只有信仰马克思主义的人才会志向远大,襟怀坦白,胸怀天下,大公无私,忠诚于党和人民。正如习近平总书记指出的:“把理想信念建立在对科学理论的理性认同上,建立在对历史规律的正确认识上,建立在对基本国情的准确把握上,永远紧跟党高高举起中国特色社会主义伟大旗帜”①。

用理想信念指引人生方向,就要培养为了实现理想坚韧不拔、开拓奋进、刚毅有为的意志品质。理想作为未来可能实现的现实,不仅要坚持正确的方向,而且需要具有按照正确方向前进,不达目的决不罢休的意志品质。在中国革命和建设过程中之所以会出现一些投机分子、叛党分子和脱党分子,就是他们在选择了马克思主义之后,又没有决心和勇气坚持走下去。因此,坚定青少年学生的理想信念,必须在培养意志品质方面下功夫。要通过对中共党史、中国近代史、中华人民共和国史、社会主义发展史等知识的学习,认识到幸福都是奋斗出来的。要通过对革命先烈、功勋人物、“时代楷模”的学习,在他们的先进事迹中吸取精神的力量。要通过广泛的社会实践,在实际生活中磨炼学生的意志品质。要通过对腐败分子、叛徒内奸典型案例的剖析,了解这些人人生堕落的轨迹,以人为鉴,增强慎独的意识和能力。习近平总书记在2018年5月北京大学师生座谈会上深刻指出:“要励志,立鸿鹄志,做奋斗者。苏轼说:‘古之立大事者,不惟有超世之才,亦必有坚忍不拔之志。’王守仁说:‘志不立,天下无可成之事。’可见,立志对一个人的一生具有多么重要的意义。广大青年要培养奋斗精神,做到理想坚定,信念执着,不怕困难,勇于开拓,顽强拼搏,永不气馁。幸福都是奋斗出来的,奋斗本身就是一种幸福。”②

① 《在实现中国梦的生动实践中放飞青春梦想　在为人民利益的不懈奋斗中书写人生华章》,《人民日报》2013年5月5日。

② 习近平:《在北京大学师生座谈会上的讲话》,《人民日报》2018年5月3日。

用理想信念指引人生方向，还要注重加强科学思维方法修炼。思维方法是人们依据一定的世界观和方法论看待事物的角度、方式和方法，它对人们的言行起决定性作用。思维方法是否正确直接影响对事物是非曲直和发展态势的判断能力。社会主义事业是前无古人的，社会主义发展面临的风险挑战又是十分严峻复杂的，如何用正确的思维方法分析形势，作出判断，规划行动，在重大问题上不迷失方向，是科学思维水平和能力的重要体现。坚定理想信念必须掌握科学的思维方法。习近平总书记高度重视青年学生加强科学思维方法训练的问题，他在考察中国政法大学时严肃指出："青年时期是培养和训练科学思维方法和思维能力的关键时期，无论在学校还是在社会，都要把学习同思考、观察同思考、实践同思考紧密结合起来，保持对新事物的敏锐，学会用正确的立场观点方法分析问题，善于把握历史和时代的发展方向，善于把握社会生活的主流和支流、现象和本质。要充分发挥青年的创造精神，勇于开拓实践，勇于探索真理。养成了历史思维、辩证思维、系统思维、创新思维的习惯，终身受用。"①

二、将社会主义核心价值观融入教育全过程

价值观是人认定事物、辨别是非的一种思维取向，它是基于人一定的思想基础而作出的认知、理解、判断或抉择，从而对人们自身行为起定向和调节的重要作用。价值观直接影响和决定一个人的理想、信念、生活目标和追求方向的性质。社会主义是人类社会新型的社会形态，在中国特色社会主义制度下长期生活的人们，必定在共同生活中形成相对稳定的人生和社会发展的价值取向并凝练成社会价值观。社会主义核心价值观是党的十八大认真总结新中国成立以来，特别是改革开放以来我国思想文化建设的基本经验，经过广泛征求意见，反复研究提炼出来的全体中国人民的共同价值追求。这是对中国特色社会主义理论的重大发展和重要贡献。社会主义核心

① 《立德树人德法兼修抓好法治人才培养　励志勤学刻苦磨炼促进青年成长进步》，《人民日报》2017年5月4日。

价值观的确立,标志着中华民族有了更深沉、更持久、更基本的精神依归。

社会主义核心价值观从国家层面、社会层面、公民层面的价值要求,回答了“要建设什么样的国家、建设什么样的社会、培养什么样的公民”的重大问题,把涉及国家、社会、公民的价值要求融为一体。这既体现了社会主义的本质要求,继承了中华优秀传统文化,同时也借鉴了世界政治文明的成果,是当代中国精神的集中体现。社会主义核心价值观的形成是为国家立心、为民族立魂的工作,它将为社会主义条件下的人际关系处理奠定认识统一的基石,为人民内部利益关系的处理形成互动和协调的核心,为人们正确认识社会发展和人的进步的问题提供科学的指导,必将促进社会的和谐稳定,巩固国家的长治久安。

社会主义核心价值观一旦确立,就应该把它宣传推广。党的十八大召开不久,习近平总书记在十八届中央政治局第十三次集体学习时要求:“要切实把社会主义核心价值观贯穿于社会生活方方面面。要通过教育引导、舆论宣传、文化熏陶、实践养成、制度保障等,使社会主义核心价值观内化为人们的精神追求,外化为人们的自觉行动。……要从娃娃抓起、从学校抓起,做到进教材、进课堂、进头脑。要润物细无声,运用各类文化形式,生动具体地表现社会主义核心价值观,用高质量高水平的作品形象地告诉人们什么是真善美,什么是假恶丑,什么是值得肯定和赞扬的,什么是必须反对和否定的。”①2014 年 5 月 4 日习近平总书记在北京大学考察时,又专门为学校和青年如何践行社会主义核心价值观作了详细论述。他提出:“青年要从现在做起、从自己做起,使社会主义核心价值观成为自己的基本遵循,并身体力行大力将其推广到全社会去。”②从此,社会主义核心价值观成为立德树人教育工作的重要内容。

关于如何开展社会主义核心价值观的教育,习近平总书记有过大量的论述,提出了系统全面的要求,全国教育系统也为贯彻习近平总书记的要求

---

① 《把培育和弘扬社会主义核心价值观 作为凝魂聚气强基固本的基础工程》,《人民日报》2014 年 2 月 26 日。

② 《青年要自觉践行社会主义核心价值观》,《人民日报》2014 年 5 月 5 日。

做了许多落实落细的工作。一是加强爱国主义教育。在思想政治工作和文化知识学习过程中突出爱国主义教育这个永恒的主题,把爱国作为立德之源、立功之本,通过引导学生树立正确的历史观、国家观、民族观、文化观,铸牢中华民族共同体意识,增强学生做中国人的骨气和底气。二是注重公民意识的培养和塑造。社会主义核心价值观既有对学生思想政治素质方面的要求,要做爱党、爱国、爱社会主义的建设者和接班人,同时还有许多符合现代化社会发展要求的人的行为规范,如社会主义核心价值观里的“民主”“平等”“自由”“法治”“公正”“诚信”等,都是现代社会公民素质的基本要求。现代社会人的政治社会化过程的规律告诉我们:没有良好的公民素质作为价值观的底色,是无法形成良好的思想政治素质的。因此,践行社会主义核心价值观必须从培养良好的公民意识做起。我们党深刻认识到了公民意识教育的重要性,党的十七大提出了加强公民意识教育的要求,《国家中长期教育改革和发展规划纲要(2010—2020 年)》作出了公民意识教育的部署。党的十八大以后,习近平总书记更是对如何实现核心价值观的养成,提出了许多明确而具体的要求,如要把核心价值观日常化、具体化、形象化、生活化,在落细、落小、落实上下功夫;要健全各行各业规章制度,完善市民公约、乡规民约、学生守则、教师行为准则等,让核心价值观成为人们日常生活的基本遵循;要把法治教育、公共安全教育、生态文明教育等纳入国民教育体系和精神文明创建内容等。三是加强道德修炼和优良道德养成。习近平总书记指出:“自觉树立和践行社会主义核心价值观……要加强思想道德修养,自觉弘扬爱国主义、集体主义、社会主义思想,积极倡导社会公德、职业道德、家庭美德。要牢记‘从善如登,从恶如崩’的道理”。① 围绕如何加强思想道德修炼,习近平总书记提出了许多要求。例如,要主动承担社会责任,多做关爱他人的实事好事,以实际行动促进社会进步;要正确对待一时的成败得失,经得起挫折和逆境的考验,时常用真善美来磨琢自己;要建立和规范礼仪制度,把礼仪作为宣示价值观、教化人民的有效方式;要抓良好

① 《在同各界优秀青年代表座谈时的讲话》,《人民日报》2013 年 5 月 5 日。

生活和学习的行为习惯的训练，把节约粮食、学会做人、学习立志等内化为自觉的行动；要牢记“空谈误国，实干兴邦”，矢志艰苦奋斗，把艰苦环境作为磨炼自己的机遇等。四是要立足于认真吸取中华优秀传统文化的思想精华和道德精髓。中华优秀传统文化凝聚着中华民族自强不息的精神追求和历久弥新的精神财富，是发展社会主义先进文化的宝贵基因，是社会主义核心价值观的基础和源头。习近平总书记多次强调，要“使中华优秀传统文化成为涵养社会主义核心价值观的重要源泉”①。为此，习近平总书记提出了培养中华优秀传统文化继承者和弘扬者的一系列要求，例如，要加强对中华优秀传统文化的学习教育，努力用中华民族创造的一切精神财富来以文化人、以文育人，把文化认同作为最深层次的认同，形成坚定的文化自信，把它作为国家、民族发展中最基本、最深沉、最持久的力量；要深入挖掘和阐发中华优秀传统文化讲仁爱、重民本、守诚信、崇正义、尚和合、求大同等的时代价值，让社会主义核心价值观产生强大的凝聚力和向心力；要正确处理中华文化和本民族文化的关系，为铸牢中华民族共同体意识夯实共同的思想文化基础；要弘扬中华民族传统美德，把爱家和爱国统一起来，把实现个人梦、家庭梦融入国家梦、民族梦之中等。

三、以德为先，坚持学生的全面发展

在 2018 年 9 月新时代召开的第一次全国教育大会上，习近平总书记创新性地发展了党的教育方针，提出了“培养德智体美劳全面发展的社会主义建设者和接班人”的要求。培养“社会主义建设者和接班人”是对人才培养总体规格和政治属性的表述，这规定了人才培养的根本价值方向，体现了我们党在人才观上一贯坚持的德才兼备、又红又专的基本要求。“德智体美劳全面发展”则是对教育所要培养人才素质结构的定位和普遍性要求，规定了人才培养的具体目标领域。两者密不可分、内在统一，体现了育人价

① 《把培育和弘扬社会主义核心价值观　作为凝魂聚气强基固本的基础工程》，《人民日报》2014 年 2 月 26 日。

值与社会价值、人才的思想品德和专业能力要求以及德、智、体、美、劳各个领域素质发展的辩证统一。人的全面发展是从社会主义到共产主义对人类实现自身解放的总体要求，但人的全面发展的内涵却是需要根据社会发展的进步逐步深化的。马克思和恩格斯首次提出了“智育”“体育”与生产劳动相结合的问题。毛泽东同志在新中国成立以后把“德育”放在首位，提出了“德育、智育、体育”人的全面发展的主要内容。在1999年第三次全国教育工作会议上，江泽民同志提出“努力造就有理想、有道德、有文化、有纪律的，德育、智育、体育、美育等全面发展的社会主义事业建设者和接班人。”① 自此，“美育”正式纳入全面发展教育的组成部分。进入新时代，习近平总书记明确把“劳动教育”纳入人的全面发展范畴，不仅发展了马克思主义的人的全面发展教育理论，丰富了人的全面发展的理论和实践内涵，同时，在新的历史条件下继承和发展了唯物史观关于劳动创造人类、创造人类社会、劳动创造价值以及教劳结合等一系列观点，充分肯定了创造性劳动的地位和作用，对劳动价值和劳动教育赋予了新的时代内涵。

人类追求自由和争取解放的过程，也就是人本身得到发展的过程，这是同一过程的两个方面。人的发展在个性化和社会化的辩证关系中，逐步向全面而自由的方面发展。社会主义社会为人的全面发展开辟了顺畅的通道，而培养造就全面发展的共产主义新人，是向共产主义过渡的必要精神条件。培养全面发展的社会主义建设者和接班人的要求必然会随着社会发展条件的变化不断充实和完善。“德智体美劳”的全面发展要求是新时代对立德树人的最新诠释和最高标准。

关于以德为先的全面发展，除了“德”在前面已经有了比较详细的叙述之外，习近平总书记对其他“四育”如何界定、如何进行都有崭新和全面的论述。“智”包含知识和技能。“智育”的根本在启迪智慧，促进人的智力发展，使受教育者掌握系统的科学知识与专业技能。在智育方面，习近平总书记勉励青少年要把学习作为立身做人的永恒主题，报国为民的重要基础。

① 《江泽民文选》第二卷，人民出版社2006年版，第332页。

要珍惜韶华，惜时如金，刻苦学习，勤于思考，在增长知识见识上下功夫，沿着求真理、悟道理、明事理的方向前进。要注重学思结合，于实处用力，从知行合一上下功夫，锤炼真本领，不断提高与新时代发展和事业要求相适应的素质和能力。要勇于创新创造，用探索真知，求真务实的态度，为创新创造而百折不挠，勇往直前，不断积累经验取得成果，走在时代前列。“体”是身体的综合素质。“体育”包含对健康的体魄培育和竞技精神的培养，体育要促进人的身心健康发展，重视通过体育锻炼增强人的体质与意志力，通过心理健康机制建设化解学生心理危机，为培养时代新人奠定物质基础。习近平总书记特别关心青少年的身体健康和身心素质的培养，明确提出要树立“健康第一”的教育理念，把身体作为人生一切奋斗成功的本钱，要求开齐开足体育课，帮助学生在体育锻炼中享受乐趣、增强体质、健全人格、锤炼意志。要把体育锻炼作为倡导和推广文明生活方式的重要途径和青少年身心健康成长的重要方式，加大体育设施和场地的投入，不断满足人民对美好生活的新期待。要加强健康养生教育，倡导每个人是自己健康的第一责任人，提升全民健康素养。关于竞技，习近平总书记强调要引入竞技精神，加强心理素质培养，引导学生在遵守规则的前提下正确看待输赢，养成健康、向上、乐观的品格，培养敢于面对各种困难和挫折、不畏艰难、顽强奋进的意志品质。2023 年六一儿童节前夕，习近平总书记在北京育英学校考察时又强调：“提高人的健康素质，青少年是黄金期。”①他要求中小学校更加重视少年的体育锻炼。“美”是审美情趣和人文素养。“美育”是审美教学与美感教学的结合。通过美育提升人们认识美、理解美、欣赏美、创作美的能力，扩大和加深他们对客观世界的认识，促进学生良好道德品质的形成，具有健身怡情的作用，是人们具有美的理想、美的情操、美的品格和美的素养等的行为美和心灵美的表现。在美育方面，习近平总书记提出要全面加强和改进学校美育，坚持以美育人、以文化人，提高学生审美和人文素养，引导广大青少年热爱自然、欣赏艺术、热爱文学，努力做心灵纯洁、情趣高雅的

① 《争当德智体美劳全面发展的新时代好儿童》，《人民日报》2023 年 6 月 1 日。

人。要培养学生正确的审美观和审美情趣,正确看待真假、善恶、美丑,培养崇真、向善的爱美情趣,努力做心灵纯洁、人格健全、品德高尚的人。“劳”就是劳动行为和劳动价值。劳动教育就是要引导学生深刻认识劳动价值,强化劳动意识与能力,引导受教育者尊重劳动、热爱劳动、创造性劳动,在劳动实践中获得全面发展,在劳动中创造社会财富。进入新时代,科学技术的进步,使人类进入了以人工智能为标志的第四次科技革命阶段,劳动形态发生了根本性的变化,但劳动教育并没有过时,反而更加凸显其在立德树人方面的重要性。习近平总书记在马克思主义的人的全面发展理论中,创造性地增加了劳动教育内容,表现了对人类社会发展规律和人的解放理论的深刻把握。在劳动教育方面,习近平总书记提出要充分认识劳动的价值和意义,劳动是人类的本质活动,劳动光荣、创造伟大是对人类文明进步规律的重要诠释。正是因为劳动创造,中华民族才拥有了历史的辉煌和今天的成就。要在全社会大力弘扬劳模精神、劳动精神、工匠精神,大力宣传劳动模范的先进事迹,引导广大人民群众树立辛勤劳动、诚实劳动、创造性劳动的意识和理念。要教育孩子们从小热爱劳动、热爱创造,形成“一屋不扫,何以扫天下”的劳动自觉,通过劳动和创造播种希望、收获果实,也通过劳动和创造磨炼意志、提高自己。同时,通过劳动更好地学习知识和懂得为人处世的道理。要把劳动教育纳入人才培养全过程,贯通大中小学各学段和家庭、学校、社会各方面,教育引导青少年树立以辛勤劳动为荣、以好逸恶劳为耻的劳动观,培养一代又一代热爱劳动、勤于劳动、善于劳动的高素质劳动者。

第三节　建立国民教育各领域各环节各方面有效衔接的“三全”育人体系

习近平总书记在如何实现立德树人的问题上作出了全方位、全领域、全过程育人的顶层设计。他说:“要从党和国家事业发展全局的高度,坚守为党育人、为国育才,把立德树人融入思想道德教育、文化知识教育、社会实践教育各环节，贯穿基础教育、职业教育、高等教育各领域，体现到学科体系、教学体系、教材体系、管理体系建设各方面，培根铸魂、启智润心。”①习近平总书记强调：“要坚持把立德树人作为中心环节，把思想政治工作贯穿教育教学全过程，实现全程育人、全方位育人，努力开创我国高等教育事业发展新局面。”②习近平总书记强调立德树人的“各环节”“各领域”“各方面”“全过程”“全方位”，可以说把能够用的时空概念几乎都用上了，这说明他把立德树人工作看作全党全国各族人民齐抓共管，必须同心协力做好的一件大事。

一、重视扣好人生的第一粒扣子

立德树人从何入手，这既是一个理论问题，也是一个实践问题。长期以来在贯彻落实党的教育方针工作中，一直把主体责任压在学校和教育行政部门，缺乏全社会的统一认识和统一行动。习近平同志担任总书记以后，在从个人成长经历的深刻体验和对立德树人规律的深刻把握中，认识到立德树人工作从小抓起的极端重要性。在党的十八大召开以后的第一个儿童节就提出了少年儿童从小要立志爱学习、爱劳动、爱祖国，立志成为全面发展人才的希望。此后，在很多场合提出践行社会主义核心价值观必须从少年儿童抓起的要求。2014 年 5 月在北京大学师生座谈会上，习近平总书记又提出了“人生的扣子从一开始就要扣好”的要求。青少年特别是少年儿童正处在人生成长的发育时期，知识体系搭建尚未完成，情感心理尚未成熟，价值观塑造尚未成型，需要加以正确引导，帮助青少年学生扣好人生的第一粒扣子，事关党和国家未来事业的成败。

在由谁来扣好人生的第一粒扣子的问题上，习近平总书记经过深入思考提出了家庭教育的问题。他在北京市海淀区民族小学主持召开座谈会时

① 《把保障人民健康放在优先发展的战略位置　着力构建优质均衡的基本公共教育服务体系》，《人民日报》2021 年 3 月 7 日。

② 《把思想政治工作贯穿教学全过程　开创我国高等教育事业发展新局面》，《人民日报》2016 年 12 月 9 日。

明确指出："家庭是孩子的第一个课堂，父母是孩子的第一个老师。家长要时时处处给孩子做榜样，用正确行动、正确思想、正确方法教育引导孩子。要善于从点滴小事中教会孩子欣赏真善美、远离假丑恶。要注意观察孩子的思想动态和行为变化，随时做好教育引导工作。同时，他提出少年儿童要从小做起，就是要从自己做起、从身边做起、从小事做起，一点一滴积累，养成好思想、好品德"①。在 2015 年春节团拜会上习近平总书记首次提出了家教家风的问题，明确要求要"使千千万万个家庭成为国家发展、民族进步、社会和谐的重要基点"②。习近平总书记关于注重家庭、注重家教、注重家风，紧密结合培育和弘扬社会主义核心价值观光大家庭美德，促进下一代健康成长的思想，在人民领袖人的全面发展理论中是独创性的建树。它从根本上改变了立德树人的育人格局，建立了从家庭到学校再到全社会的完整育人链条。

就人接受教育的全过程来看，家庭作为孩子成长的摇篮，是最先接受教育的地方。家庭德育始终是德育教育的起点和基础，是一个孩子成长的背景和底色。在思想品德培养中，青少年的成长就像栽种一棵树苗，现实社会就是树苗生存的土壤，家庭德育就是树苗扎在土壤里的根。学校德育是土壤里的各种养分，必须通过根来吸收。而社会教育是供养树苗成长的环境，也必须通过根来固定，产生光合作用。立德树人的根只有牢牢扎在家庭，通过健康的家庭德育才能使青少年如十年树木，根深叶茂，茁壮成长。父母是子女德育的第一任老师和终身导师。孩子一出生，父母不仅承担养育的责任，还承担教育的责任。大量教育学心理学的研究证明，婴儿期、儿童期是青少年发展最迅速的时期。在 7 岁之前 60%左右的心理和智力都基本得到发育。特别是行为方式、生活习惯、心理素质等方面有了雏形，所以民间一直有"三岁看大、七岁看老"的谚语。家长作为孩子的第一任老师，对孩子的公民意识形成和道德行为起着教导的作用，当孩子开始好奇地睁眼看世

① 《从小积极培育和践行社会主义核心价值观》，《人民日报》2014 年 5 月 31 日。
② 习近平：《在 2015 年春节团拜会上的讲话》，《人民日报》2015 年 2 月 18 日。

界的时候,就初步形成真善美、假恶丑的价值判断。家长对孩子的成长起道德示范的作用。父母在与孩子一起生活时,不仅仅是孩子的教导者,而且是孩子的仿效对象,通过言行举止、观念态度去影响他们。特别是当父母教导孩子的“言”与父母自己的“行”不一致时,会使孩子的价值判断产生混乱,无所适从,甚至影响他的健康成长。父母还是子女人格健全发展的奠基者,是健康情绪的传播者,是科学思维方式形成的指导者。无数事实证明:许多犯罪青少年的人格缺陷是由父母定制的,畸形心理是家庭传染的,偏执思维是家庭环境造成的。所以,家长必须清醒地认识到,孩子一出生就应承担好“初为人师”的神圣责任。家庭德育是学校德育和社会公德教育的增效剂。

立德树人是学生德育教育的主渠道。同时,还需要良好的社会环境。但是,学校教育是否有效,社会环境的影响是否有利,仍有赖于健康的家庭教育发挥催化的作用。青少年思想品德成长过程中的最大特点是有可塑性,这就是人们常说的“近朱者赤,近墨者黑”。孩子们白天在学校听老师讲课,晚上和节假日在家里与父母交流,在潜移默化中叠加接受教育。由于父母对孩子具有家庭特有的血缘亲情传递力和影响力,因而在思想品德教育方面,具有学校德育无可比拟的增效作用,对社会环境的影响也有不可替代的扬弃作用。如果父母对学校德育内容积极肯定,家庭德育与学校德育形成一致性,就会增加学校德育工作的正能量。反之,会使学生对学校德育产生怀疑、动摇、彷徨、否定的心理阴影,使学校德育功亏一篑。健康的家庭教育还是学校德育的有益补充。学校德育重在教化,家庭德育重在教养。学校德育的思想理念,需要在家庭生活中不断接受感悟式、体验式、沉浸式的实践。在家长的示范、引导和矫正下养成好的品德、情操和作风。孩子在独立生活之前,有很长一段时间与父母生活在一起,没有家长支持和帮助,没有家庭德育的配合,学校德育再努力,孩子也是不可能健康成长的。健康的家庭教育是青少年德智体美劳全面发展的关键。立德树人作为素质教育之首,是青少年全面素质形成的核心和灵魂。在学生的全面发展过程中,如何处理德育与其他教育的关系,健康的家庭教育至关重要。

家长成才观的科学性,决定孩子能否健康成才。“什么是人才,怎样成为人才”，这两个问题在孩子一出生时，每一个家长就有了心中的答案，并在家庭教育中努力付诸实施。无数家庭教育失败的案例证明：如果家长不是首先把孩子培养成心理健康、人格健全、公民意识比较高、适应社会能力比较强的人，而是把人才标准定格为成名成家、升官发财、超越父母，用拔苗助长、望子成龙、耀祖光宗的心态倾注于孩子的智力素质提高，抵触和排斥学校德育工作，其子女成才的效果往往是事倍功半，甚至南辕北辙，适得其反。同时，家长关注孩子德育情况的态度，决定孩子能否立德的成效。在孩子的成长过程中，家长的注意力和兴奋点都集中在孩子的学习成绩上，而对其思想品德的变化反应迟钝，不闻不问，对孩子思想品德方面已经发现的问题，宽谅纵容，包庇遮掩，闪烁其词，就会一次次错过思想品德矫正的最好时机。相反，如果家长始终注意把孩子的德育教育放在首位，通过良好的道德素养，激发其内在的精神动力，促进其他素质全面发展，就能使孩子的潜能充分发挥出来，将来在社会上找到适得其所的生存发展平台。健康的家庭教育是社会和谐的细胞。我国正处于日益开放的国际环境与多元文化并存的时代背景，处在经济社会快速发展，各项改革不断深化，社会急剧变化的环境中。社会发展不平衡，人口流动速度快，收入分配差距大，生活质量悬殊，婚姻家庭裂变，社会丑恶现象在全媒体时代被放大凸显等情况，对青少年德育带来十分严峻的挑战。尽管传统家庭生活方式发生了很大的变化，但仍然不可轻视它的作用。到目前为止，家庭仍然是社会成员生活的基本单元，家长是孩子成长的第一责任人。家庭是家庭成员信息交换、观念碰撞、情感交流、理论教育最充分、最自由、最平等的场所。健康的家庭教育可以疏导家庭成员的思想，更新不正确的观念，缓解不健康的情绪，阻止犯罪的行为，扑灭仇视的邪火，调解紧张的关系。健康的家庭教育能够按照社会主义核心价值观用积极的、正确的方法，化解各种社会冲突和矛盾，正确对待当前存在的社会现象和问题，维护社会的和谐和稳定。

正因为家教、家风、家庭建设极为重要，党的十八大以来，以习近平同志为核心的党中央高度重视，从顶层设计形成了立德树人的“大教育观”，改变了长期以来家庭教育虚化、边缘化的状态。党的十九届四中全会提出

“注重发挥家庭家教家风在基层社会治理中的重要作用”，党的十九届五中全会和党的二十大提出“健全学校家庭社会协同育人机制”。“十四五”规划纲要首次设立“加强家庭建设”专节。现在家庭教育纳入了现代教育体系，出现了相关部门齐抓共管家教、家风建设的新格局。《新时代公民道德建设实施纲要》《民法典》对家庭教育的职责做了法律和制度规定。中小学普遍建立了学校和家长固定联系制度和家校共建制度、各地健全了学校家庭社会协同育人机制，相关部委制定了《家长家庭教育基本行为规范》，家庭教育研究、咨询和普及工作成为新的工作领域。2021 年出台的《家庭教育促进法》明确提出“家庭教育以立德树人为根本任务”。这标志着立德树人工作在从小、从细、从实中产生了更好的效果。我国的目标是，到 2035 年要形成定位清晰、机制健全、联动紧密、科学高效的学校、家庭、社会协同育人机制。

二、切实抓好思想政治理论课主渠道建设及“课程思政”的协同创新

思想政治理论课（以下简称“思政课”），是落实立德树人根本任务的关键课程。思政课的有效性，在于能否用马克思主义理论讲清中国国情、解释社会困惑、科学认识现实问题，形成正确的人生观、成才观和价值观。加强探索、矢志创新，努力让每一堂思政课都成为有温度的精彩一课，就一定能为立德树人奠定坚实的思想之基。必须牢牢掌握这个培养社会主义事业建设者和接班人的总阀门。党的十八大以后，习近平总书记多次组织召开学校思想政治工作座谈会，强调：“要用好课堂教学这个主渠道，思想政治理论课要坚持在改进中加强，提升思想政治教育亲和力和针对性，满足学生成长发展需求和期待。”①在习近平总书记的亲自倡导和指导下，思想政治教育的改革如火如荼，气势旺盛，创造了新中国成立以来前所未有的发展态势。

组织落实是讲好思政课的前提。讲好思政课必须有一支“懂马、信马、

① 《把思想政治工作贯穿教育教学全过程　开创我国高等教育事业发展新局面》，《人民日报》2016 年 12 月 9 日。

言马、用马、兴马、护马”相对稳定的过硬教师队伍。马克思主义学院（以下简称“马院”）就是讲好思政课的组织载体，在这个知识、学习、学术、德育和发展共同体中，开展经常性的教学和学术交流，能够推进理论在由“进”到“深”上不断创新。党的十八大以后，全国高校普遍建立了马克思主义学院。党中央高度重视马院建设，专门颁布《关于加强新时代马克思主义学院建设的意见》，思政课的本质是讲道理，为了把道理讲深讲透，提高吸引力与感染力，广大思政课教师进行讲课模式创新。在课程中引进虚拟漫游、模拟讲解等环节；充分运用新媒体平台，打造“小、精、微、快”思想教育；加强师生互动，开展辩论讨论；旗帜鲜明用“主流声音”批判错误观点；通过案例剖析，提炼科学理论；把思政小课堂和社会大课堂结合起来等，改革取得较明显的效果。高校马院在教育教学、研究宣传、队伍建设、人才培养、学科建设、内涵式发展、建设政策支撑机制等方面都取得了十分长足的进步，成为新时代学习、宣传、研究习近平新时代中国特色社会主义思想的坚强阵地。教材建设是育人铸魂的重要依托。教材是国家事权，具有鲜明的导向性。这些年，依托“马克思主义理论研究和建设工程”（简称马工程），党中央总体规划了上百种左右的高校哲学、人文社会科学重点教材。这些重点教材充分反映了马克思主义中国化的最新成果，反映了国内同类教材的一流水平，对于提高高校哲学社会科学理论研究水平和教学水平，提高人才培养质量和教学水平，培养社会主义建设建设者和接班人具有重要意义。特别是党的十九大以来，教材建设吸收了习近平新时代中国特色社会主义思想这个二十一世纪马克思主义中国化的最新成果；教育部专门成立教材局加强对教材建设的宏观布局和把关定向，使思政课教学有了科学的理论遵循。抓好思政课教师教学能力提升是关键。思政课要做到让学生入脑、入心、入魂，必须要有吸引力、感染力和震撼力，在这里教师发挥着核心作用。党的十八大以来，各类学校党组织强调思政课要突出教学导向，鼓励教师以讲好用好教材为基础，认真做好教材转化工作，切实推动教材体系向教学体系转化。同时，通过健全教学团队集体备课、集体观摩评教制、思政课名师工作室、教师挂职锻炼制、青年教师导师制等机制，不断营造集体研教的良好教学生态，推进教学方式方法等方面持续创新、优化思政课程内容、提升教师教育教学水平。现在思政课教学的“抬头率”不断提升，“解渴”显个性的“金课”座无虚席，“网红思政课”引发“追剧”效应，“线上+线下”交互配合的教学新路径提高学生的主动性。健全立体教学体系开拓了育人铸魂的环境。党的十八大以来，思想政治教育除了用好课堂教学这个主渠道，还十分重视丰富思想政治教育资源，调动一切有利于加强思想政治教育的积极因素开展立体式的思想政治教育。党中央要求各地党政“一把手”要履行给学生进行形势政策教育的义务；各纪念馆、博物馆要免费向未成年人开放；各革命历史纪念馆要承担革命历史传统教育的责任；功勋荣誉奖章获得者要深入学校宣讲典型事迹；在改革开放中取得重大成就的企事业单位要向学生开放，有重大科技发明创造的科学家要向学生进行励志教育等。这一系列措施，将思政小课堂同社会大课堂结合起来，不断完善理论教学、实践教学、历史教学、智慧课堂的立体教学体系。实践证明，无论是故事教学法、社会微调研、情景模拟体验、游学旅行、参观考察、音频党课等，思政课都能做到有情、有景、更走心，多以学生喜闻乐见的方式深入推进思想政治教育手段创新，提升学生的思想政治素质。

针对思想政治教育长期存在思政教育与专业教学“两张皮”的“孤岛”困境，习近平总书记提出：“其他各门课都要守好一段渠、种好责任田，使各类课程与思想政治理论课同向同行，形成协同效应”的要求。① “课程思政”的概念由此产生。“课程思政”不是单独的一门课或一项活动，而是围绕“知识传授与价值引领相结合”的课程目标，将思想政治教育融入各类学科课程教学和改革的各环节、各方面，实现“思政课程”与“课程思政”的同向同行，构建立德树人全课程育人新格局。要做到“思政课程”和“课程思政”同向同行，就要合力建设好思想政治教育显性课程和隐性课程。显性课程即思想政治理论课，隐性课程包含综合素养课程（通识教育课、公共基础课

① 《把思想政治工作贯穿教育教学全过程　开创我国高等教育事业发展新局面》，《人民日报》2016年12月9日。

等)和专业教育课程(包含哲学社会科学课程和自然科学课程)。显性课程在思想政治教育中发挥思想理论浸润作用,为人的健康成长提供科学的精神指引。隐性课程发挥思想认识的丰富和拓展作用,在知识传授中强调主流价值引领。通过推动显性育人与隐性育人相结合,真正实现在课堂教学主渠道中全方位、全过程、全员立体化育人。党的十八大以来,“课程思政”改革出现了热火朝天的局面。各专业课老师强化政治意识,开始注重思想政治教育的“铸魂补钙”工作,人文社科类专业课教师在教学中适当地结合爱国主义与民族精神的传承、中国优秀传统价值观的继承与创造性转换等内容,帮助学生树立正确的“历史观”“文化观”“国家观”和“发展观”。理工科的教师在讲好专业课的同时,穿插一些科学家在探索、发现科学真理的过程中那种百折不挠、勇于创新精神的故事,为学生塑造追求极致的工匠精神、科学家精神、奋斗精神和劳动精神。体育艺术类的教师在传授体育艺术知识与技能的同时,启发学生对美的向往与追求,培养服从规则、敢于竞争、永不言败的意志品质。“课程思政”的要求也促进了教育教学方式方法的改革。好的“课程思政”,不是简单地在专业课中把思政课的部分内容叠加进去的物理反应,而是因势利导、顺势而为地自然融入的化学反应。专业课里“思政内容”的渗透,不能让学生感到唐突,没有被“说教”的感觉,而是引起学生的情感共鸣,从而达到润物无声、潜移默化的效果。这就要求专业课老师充分利用课程中蕴含的思想政治教育资源,将其作为专业课教学的兴奋点,既创新载体、积极融入,又如盐入味、咸淡相宜,使课程门门有思政、教师人人讲育人,必将使教学质量和教学效果有极大的提升。特别是许多老专家、老教授、老院士带头讲思政课程,成了学校一道亮丽的风景线。

三、把立德树人作为系统工程,加强全面统筹

立德树人工作事关中国特色社会主义事业后继有人的千年大计,在培养接班人的问题上会遇到各种各样的难题和阻力,不可能一帆风顺。但是,培养接班人的工作是一场不能输、也输不起的斗争,必须通过加强党的全面领导,发挥统揽全局协调各方的组织领导优势务求全胜。正如习近平总书

记指出的,“办好中国的事情,关键在党。各级党委要把思想政治理论课建设摆上重要议程,抓住制约思政课建设的突出问题,在工作格局、队伍建设、支持保障等方面采取有效措施。要建立党委统一领导、党政齐抓共管、有关部门各负其责、全社会协同配合的工作格局,推动形成全党全社会努力办好思政课、教师认真讲好思政课、学生积极学好思政课的良好氛围。”[①]在各级党委和政府的统筹协调下,一个覆盖组织空间、学科空间、社会空间与网络空间并相互协调联动的大中小学思想政治教育一体化育人保障体系基本形成。

扎实推进思政课一体化建设。各地认真贯彻落实习近平总书记关于在大中小学循序渐进、螺旋上升地开设思政课的重要指示精神,着力推进大中小学思政课一体化建设,统筹不同学段的学科知识体系,按照青年学生身心素质发育的规律,按照思想理论教育的递进性,统筹教科书设计和编写。以防止过去曾经存在的思政课教材内容重复交叉、不符合青少年思想认识发展规律的问题。在规范教材使用的基础上,鼓励各学段的学校依据教材创造性地研究课程,改进教学方式,丰富教育内涵。在立德树人教育中有的内容是各学段的教学都需要共同包含、必须不断深化教育的。例如,爱国主义、马克思主义基本原理、中国特色社会主义和中国梦、社会主义核心价值观、社会主义法治、中华优秀传统文化教育等,有的地方党委还专门组织研究,制定了共同教学内容不同学段的教学大纲、教学指南和教法学法,为思政课教师提供教学建议,推进上下游学段思政课教学的有机衔接。通过思政课教育一体化的建设机制,做到大中小学自觉守好一段渠、主动跑好接力赛,帮助青少年学生扣好人生的一粒粒扣子,切实把思政课这个立德树人的关键课程越办越好。

组织开展教师专业发展一体化培养。为了提高各学段思政课教师专业素质,各地纷纷建立了大中小学一体化教师研修基地,将中小学思政课教师

① 《用新时代中国特色社会主义思想铸魂育人　贯彻党的教育方针落实立德树人根本任务》,《人民日报》2019年3月19日。

集中到高校进修访学，组织大中小学思政课教师一起开展实践研修。有的地方组织高校至少与一组小学、初中、高中结成共建对子，常态化开展听课评课、教学研讨等活动，促进了各学段思政课教师互为导师、共同成长。明确大中小学思政课一体化集体备课要求，有的地方组织全省各类学校集体备课，有的大型备课活动都进行网上直播，收到了一次集体备课全省共享的效果。为解决各学段思政课教师不足问题，有的地方制定高校和中小学思政课教师队伍建设实施细则和实施办法，对各学段思政课教师配备作出明确规定。同时积极采取优惠政策，吸引高素质教师投身思想政治教育工作。通过一年多次招聘、强化动态补充、加强专项督导等办法，不断优化教师队伍，基本满足各学段思政课教学需要。

协调推进教学环节的一体化。为了避免思政课教育理论与实践、学习与成绩、教学与效果相互脱节，不能真实反映学生学习水平的问题，特别是针对过去一些大学存在的思政课“上课做样子，考前对笔记，考试背笔记”的情况，各学校加强对课标、教材、教师、教学和考试五个教学环节的统筹，力争做到在知识体系、理论认识、价值观形成方面学与思、教与行、知与德的有机统一。以科学思维方法训练、思想认识水平提高和行为实践能力提升为基本依归，许多高校对考试方法进行了改革，创造了社会调查、知识竞赛、形势分析、政策诠释、社会服务、日常表现加考试成绩等考察、考评的探索，取得了一定的成效。在中小学政治理论考试方面避免了过去死记硬背，考试知识点缺乏理论性、思辨性的问题，而更加注重启发性、思考性和理论性。

实现互联网教育与管理的一体化。随着互联网、云计算、大数据等信息技术加速融入教育和教育管理工作，以信息网络为基础架构形成的交互空间已成为人才培养的重要载体。在依托互联网链接脉络的教育体系中，教育管理不断孕育出以平台性、跨界性和数据性为主要特征的互联网教育思维。这是一种适应新时代高校办学治校要求的思维方式和方法体系。尤其是在强调“三全育人”的教育理念下，互联网思维能够有效助推思政教育创新发展，推动科学技术与立德树人工作深度融合，为构建大思政工作格局提供了强有力的思想支撑、方法遵循和实践指导。现在有的学校各职能部门通力协作，打破数据壁垒，实现数据融合。通过对学生在校期间的日常管理系统、教务系统、后勤服务系统、安全保卫系统、校园活动系统等数据，对学生基本情况、综合能力及在校表现作出更加全面、精准的针对性分析，全方位了解学生的规律性特点和个性化需求；借助学生反馈的数据客观评价思政教育实际质量和成效，实现差异化分类教育和个性化教育引导，在思想引领、评奖评优、助学助困、生涯规划、就业创业、素质拓展等方面为学生提供更加个性化、科学化的指导和更加温暖、精准的服务，真正帮助学生成长成才、筑梦圆梦。有的高校建立大数据管理预警平台，利用大数据优势，全面实时掌握学生个体的思想动态、学业状况、生活信息等，分析预测思想、心理、学业、家庭等方面的潜在危机或问题，采取有效措施介入干预，实现全方位的学业、贫困、健康、安全、心理等问题的预警机制，提高思政工作的信息化、智能化水平。全国高校组织联盟体，借助互联网技术共建大学生思政教育内容生产与分享平台，广泛集纳、实时更新全国范围内的思政教育最新成果。一方面，面向高校，实现对各级各类优秀理论、实践成果的共享共用，在广泛研讨普遍性、规律性问题的过程中，推动思政教育改革创新；另一方面，面向学生群体，从学生需求出发，兼顾思想性和趣味性，筛选并供给囊括丰富思政教育内容的多媒体网络资源，搭建可供自由交流的互动平台，提升思政教育的针对性和实效性。在新的科学技术条件下，多元主体互联互通，充分整合多方育人资源和优势，打造区域性、全国性思政教育平台或基地，综合利用外部资源合力开发适应当前思政教育工作需要的网络平台、手机应用、数据库等，强化校际、校地、家校等多元主体间的交流互动，提高多元主体间的交互质量和效率，在交互学习中使大学生思政教育焕发新的生机活力。

2023 年 5 月，中央政治局就建设教育强国进行第五次集体学习时，习近平总书记又强调："坚持改革创新，推进大中小学思想政治教育一体化建设，提高思政课的针对性和吸引力。"①各级各类学校和教育行政部门正

① 《加快建设教育强国　为中华民族伟大复兴提供有力支撑》，《人民日报》2023 年 5 月 30 日。

严格按照习近平总书记的要求，继续深化大中小学思想政治教育一体化改革创新。

四、围绕学生思想政治素质的提高下更大的功夫

我国尽管在立德树人方面已经做了大量的工作，取得了积极的成效，但是要真正做好立德树人工作其实是非常不容易的。我们千万不能够对已经取得的成绩沾沾自喜，就此止步。从学生自身的主观原因来说，孩子处在思想认知的发育期，对一些比较抽象的理念、概念不容易理解或者是机械式的理解难以入心入脑。有一些思想政治素质是需要通过社会实际生活体验才能够确立基本观念的，例如，正确的消费观念、权利与义务观念、民主与法治观念等，恰恰学生特别是中小学生又完全没有这方面的实际体验，难以形成固化的理念。再加上中小学升学压力比较大，课程内容比较多，学业负担比较重，关心和了解社会的兴趣不大，也影响了情感体验。从学生成长的客观原因来说，尽管这些年立德树人的重要性被社会普遍接受，但在实际生活中，家长重智轻德的思想依然比较严重，普遍存在不够注重孩子们思想政治素质训练的倾向，甚至有的家长本身价值观就有问题直接产生误导。特别是，这些年家庭婚姻关系处于动荡变化的高发时期，离婚率的提高，家庭不和谐情况的增多，单亲家庭比例的上升，使孩子的育人环境变差。问题青年、心理不健康孩子、留守儿童、隔代教养、单亲教养的情况不在少数。社会生活方式的多样化对学生的心理也有很大的影响，有的学生家庭挥金如土、炫富显阔；有的家庭生活拮据、节衣缩食，都给孩子的心理带来了很大的冲击，容易产生追求享受、一日暴富、不劳而获的思想倾向。社会上一些不良的行为，如坑蒙拐骗花样百出、智能犯罪居高不下、电子游戏引人入胜、负面新闻时有发生、自媒体乱象丛生等，孩子们在听到或者看到这些情况时都会对要求他们确立的价值观念提出疑问。在大学阶段，西方敌对势力采取各种手段争取青年学生的图谋一直没有停歇，而且随着中国的崛起显得更加疯狂，争夺接班人的斗争更加激烈。因此，我们丝毫不能放松和轻视立德树人工作的重要性和紧迫性，要以更大的力度和更强的合力做好这项工作。

正如习近平总书记在北京大学师生座谈会上指出的:“核心价值观的养成绝非一日之功,要坚持由易到难、由近及远,努力把核心价值观的要求变成日常的行为准则,进而形成自觉奉行的信念理念。”①

要做到学生把核心价值观的要求变成日常行为准则和自觉奉行的信念理念,关键要提高学生的思想政治素质。所谓素质是经过后天长期的学习、实践与锻炼而形成的在社会生活中相对稳定的具体思想与行为表现。对待社会现象和问题采取不同的认识与行为表现,体现个人不同的素质。思想政治素质就是在处理思想政治现象和问题中所表现的思想和行为。思想政治素质的高低具体体现在理想信念、科学思维、政治认同、公民意识、法治精神和社会责任等方面的思想水平和行为能力。思想政治素质的形成有三个关键词:一是“后天”。思想政治素质不是先天就有、与生俱来的,素质不靠天赋而靠人为。二是“长期的学习、实践和锻炼”。素质的形成非一日之功,一蹴而就,必须经过长期、反复的学习、实践与锻炼。在素质修炼问题上没有任何捷径可以走,必须久久为功。三是“相对稳定的思想与行为表现”。素质一旦形成就有习惯性、固化性和稳定性,难以轻易改变,矫正起来非常困难。这就需要高度重视从小注重正确的思想政治素质培养的重要性,防止小树没有注意扶直,长大变成歪脖子树那样的问题。国民的核心素养决定一个国家的核心竞争力与国际地位,是推进我国社会现代化和人的现代化的需要,也是贯彻党的教育方针、落实立德树人根本任务的具体体现。因此,必须高度重视青少年学生思想政治素质的培养和修炼。

我们国家高度重视学生素质的提高,20 世纪 90 年代末就开始推进基础教育从“应试教育”向“素质教育”转换的改革。进入 21 世纪,发达国家纷纷提出“为了终身学习的核心素养”,强调核心素养是个人发展和社会发展的关键。这实际上与我们素质教育的理念不谋而合。提高青少年学生立德树人的实效性,必须在立德树人方面形成更大的合力聚焦素养修炼、素质提高。正如习近平总书记指出的,“素质教育是教育的核心,教育要注重以

① 《青年要自觉践行社会主义核心价值观》,《人民日报》2014 年 5 月 5 日。

人为本、因材施教，注重学用相长、知行合一，着力培养学生的创新精神和实践能力，促进学生德智体美全面发展。”①要加强对学生思想政治素质提高基本规律的研究，探索新时代历史条件下人的全面发展的培养路径。要加强思想政治专业课学科核心素养培养。习近平总书记指出：“思想政治理论课是落实立德树人根本任务的关键课程”②，要在课程标准里面凝练学科核心素养范畴，明确学业质量要求。核心素养的培养是党的教育方针在学科方面的具体化和细化。经过长期研究和反复论证，我国把学生核心素养确定为以培养全面发展的人为核心，分为文化基础、自主发展、社会参与三个方面，综合表现为人文底蕴、科学精神、学会学习、健康生活、责任担当、实践创新六大素养，具体细化为国家认同等十八个基本要点，既有中国特色，又有世界的可比性，按照这个标准培养出的学生，一定是高质量的学生。要推进课堂教学改革，把课程改革作为落实立德树人的具体机制。要重视学生思想政治课作业和考试的改革深化，把提高学生的思维能力、综合分析能力、政治判断力和政治认同水平作为课程改革的突破口，探索更契合学生思想认知实际的核心素养培养模式。要重视学生的个性化教育，及时观察和了解学生思想情绪变化的状况，及时进行思想疏导和心理干预，不断提高学生注重修炼的个人自觉。要在全社会创造条件让学生有更多的思想认知体验的机会，建设学生素质修炼的顺畅通道，通过实际体验，提高思想政治的核心素养。要形成学校教育与家庭教育同向同行的教育机制，实现对家庭教育不科学、不全面的学生比较有效的教育干预。要衔接大中小学学生素质修炼的各个环节，建立较长时间的螺旋式上升的素养修炼路径。

总之，做好立德树人工作，提高学生的思想政治素质是关键，培养学生良好的思想政治素质具有巨大的挑战性，改革发展还任重道远，必须坚持不懈，勇于创新。

---

① 《全面贯彻落实党的教育方针　努力把我国基础教育越办越好》，《人民日报》2016 年 9 月 10 日。

② 《用新时代中国特色社会主义思想铸魂育人　贯彻党的教育方针落实立德树人根本任务》，《人民日报》2019 年 3 月 19 日。

第四节 创造有利于立德树人的学校管理和社会环境

辩证唯物主义原理告诉我们:提高青少年学生的思想政治素质,学生本人的思想认识和修炼努力程度是内因,教材和教师教学水平、家庭影响、学校管理、社会环境等是外因。外因要通过内因发挥作用,但在一定的条件下外因能够起到重要的转化作用。把立德树人作为教育的根本任务,还必须高度重视创造有利的外因条件。习近平总书记在全国教育大会上要求:"全社会要担负起青少年成长成才的责任。"之后,教育部等十个部门联合发文全面推进"大思政课"建设工作,要求充分调动全社会力量和资源,建设"大课堂"、搭建"大平台"、建好"大师资"、用好"大资源"。

一、学校创建"三全育人"的环境

学校是培养人才的专门场所,又是一个相对封闭的小社会。特别是在高校和实行寄宿制的中小学,社会上的主要功能学校一应俱全,是学生走向社会的,适应社会生活的过渡性环境。然而,学校最主要是一个育人的场地,不是外部社会的缩小版和复制版,不能够把社会上通行的所有规则都照搬到学校里来。例如,市场机制的逐利行为、刺激消费的商业行为、开放自由的生活方式、个性张扬的伦理关系等。过去有一段时间,特别是在学校推进后勤社会化改革的阶段,把学校办成了缩小版和复制版的社会,出现了一些不利于学生健康成长的问题。后来引起了党和政府的高度重视,及时纠正了存在的问题。党的十八大以后,习近平总书记提出了学校"三全育人"的要求,对净化学校育人管理环境提出了严格的标准。

"全员育人""全程育人""全方位育人"(以下简称"三全育人"),从广义上讲是指调动所有社会资源共建育人机制,在社会主义核心价值观的引领下,为人的泛在学习、即时学习、终身学习提供支持和帮助;从狭义上讲是指学校所有成员(包括教师、教育管理者、后勤人员等)、所有活动(教学、研究、评价、管理、服务等）、所有成长过程（从入校到毕业）为学生提供持续发展、成才成人的有效服务。“三全育人”之所以重要，就在于学生成长成才是一个循序渐进的过程，每一个过程都需要在立德树人工作方面起到逐步递增的作用，才能把学生从思想品德不成熟、不健全推进到成熟和健全；每一个教职员工都把育人作为最高职责，才会让学生时时感受到正能量的烘托和熏陶；每一项活动都磨砺学生的思想政治核心素养，才能够有助于形成良好的、稳定的思想认识和行为表现，做到“人人都是育人导师，处处都是育人环境，时时感受育人情怀”。避免过去存在的在学习教育中价值观相互排斥和否定，教学和行政管理一冷一热、时左时右，导向不鲜明，甚至相互矛盾的情况；学生成长过程某些环节存在断档、缺失丧失良好教育时机的情况。“三全育人”的要求正是深刻总结了我国思想政治教育的经验教训而提出的正确解决思路。

学校创建“三全育人”的环境，一是要通过加强学校党组织的领导，凝聚全体教职员工以德育人的共识。实现“三全育人”，教职员工是主体，只有所有教职员工都重视以德育人，形成立德树人的共识，才能够调动教职员工的积极性和主动性，形成以教师队伍育人为主体、思想政治工作队伍育人为支撑、管理服务队伍育人为保障的全员育人结构。要加强学校党组织领导，落实抓立德树人工作的主体责任，提高基层党组织组织力，充分发挥教职员工党员的先锋模范作用，通过发挥党组织的政治领导力和社会号召力，动员非党教职员工参加思想政治教育工作。特别是不能忽视后勤管理人员和教育管理人员的思想教育。他们的日常管理行为对学生的影响很大。例如，某大学的后勤管理人员把学生浪费的粮食吃了下去，在学生中产生了很大的震动，促进了学生勤俭节约习惯的养成。二是清理规章制度，对凡是不利于立德树人，或者是在立德树人工作问题上相互矛盾的制度都要梳理，形成导向鲜明、目标一致的规章制度。过去学校制定规章制度往往存在部门化的倾向，即各部门从专项管理的目标出发制定规章制度，没有考虑整体的关系和统一的导向。例如，有的学校用行政化的手段教学管理，把教育管理部门办得像衙门一样，没有考虑对学生的良好服务，不利于学生对宗旨意识的理解和培养；再如，有的学校规定贫困生资助采取公开竞评的方式，竞评大会变成了“比惨”大会。这是不尊重学生人格权的表现，不利于培养学生的平等意识、人权意识等。此类情况还很多，有的是显性的，还有许多是隐性的，对学生思想政治教育同样影响很大。例如，有的学校搞家庭背景摸底，为学校谋取利益拉关系；有的学校搞领导干部子女红名单，在入学、升学方面给予特殊关照，这都助长了特权思想和特权行为，破坏了社会主义的法治环境。三是贯通衔接人才培养过程，形成全程育人系统合力。“全程育人”的本质是把思想政治工作贯穿于教育教学全链条和学生成长全流程。坚持过程导向，优化培养过程，从时间序列上规划不同的育人主题、育人制度和育人活动，实现过程控制与质量控制相统一。把思想政治工作贯穿招生录取、入学教育、生活习惯养成、婚恋观念形成、团队精神、教育教学、就业创业等大学生涯各环节各方面，努力做到“因事而化、因时而进、因势而新”。要以培根铸魂为核心点，组织好各种活动，通过主题党日、微党课、校园竞赛、社团活动、第二课堂、学术讲座、红色电影等形式，强化价值观引领。四是根据各个学校的学科特点和行业特色鼓励创新多种“三全育人”模式。党的十九大以后，教育部启动“三全育人”综合改革试点，在 8 个省区市、25 所高校、92 个院系开展“三全育人”综合改革，大力推动理论创新和实践探索。目前，全国各地根据地域资源、学校环境等形成了“三全育人”的多种方案。例如，上海教育系统的“三圈三全十育人”模式就融合了广义与狭义的“三全育人”要求。有的学校根据其学科特点，打造具有学科特色的“三全育人”环境。例如，航空航天类大学充分运用载人航天精神的继承和弘扬，努力培养继往开来的接班人。有的学校根据行业特色，完善具有行业特色的“三全育人”环境。例如，地质勘探、金属冶炼行业院校结合行业职业特色，构建纪律严明，吃苦耐劳、团结协作、勇于创新的“三全育人”环境。

二、在宣传思想方面坚持高唱主旋律，打好主动仗

宣传思想工作是运用各种新闻传播工具，通过宣传鼓动、说服教育、传输信息等方式，传播马克思主义、党的路线方针政策，对广大受众进行思想

政治教育，以实现党在现阶段目标和任务的工作。思想宣传工作是党的一项极端重要的工作。党的十八大以来，以习近平同志为核心的党中央把宣传思想工作摆在全局工作的重要位置，使马克思主义新闻观的发展达到新境界，中国特色社会主义的新闻舆论理论体系更加完整、更加科学系统。这是当前做好舆论工作，进行舆论斗争的强有力思想理论保证。在信息化时代，宣传思想工作对人的思想行为具有很强的导向作用，学生在课堂上学到的理论知识，需要通过每天发生的现实，特别是国内外大事来印证、消化、诠释他头脑中的思想理念。思想宣传就好比是学生思想政治素质提高的营养添加剂，只有在思想宣传工作方面与思想政治教育同向同行，才能有助于学生的健康成长。2019 年 8 月中共中央颁布的《中国共产党宣传思想工作条例》明确规定党的宣传思想工作的根本任务是：高举中国特色社会主义伟大旗帜，巩固马克思主义在意识形态领域的指导地位，巩固全党全国各族人民团结奋斗的共同思想基础，建设具有强大凝聚力和引领力的社会主义意识形态，建设具有强大生命力和创造力的社会主义精神文明，建设具有强大感召力和影响力的中华文化软实力。习近平总书记一再强调，宣传思想工作要把握大势，"我们要因势而谋、应势而动、顺势而为。加快推动媒体融合发展，使主流媒体具有强大传播力、引导力、影响力、公信力，形成网上网下同心圆，使全体人民在理想信念、价值理念、道德观念上紧紧团结在一起，让正能量更强劲、主旋律更高昂。"①

新时代我国的宣传思想工作发生了深刻的变化，取得了突破性进展，为青少年学生的健康成长提供了源源不断的精神营养。一是旗帜鲜明地坚持政治属性，毫不动摇坚持党性原则，营造了风清气正的文化生态。党管宣传、党管意识形态是宣传思想工作的首要原则。党的十八大以来，宣传思想工作突出政治，在宣传、解读、传播马克思主义、习近平新时代中国特色社会主义思想方面做了大量卓有成效、深入人心的工作。特别是在增强"四个

---

① 《推动媒体融合向纵深发展　巩固全党全国人民共同思想基础》，《人民日报》2019 年 1 月 26 日。

意识”、坚定“四个自信”、做到“两个维护”方面，用大量鲜活的新闻材料，生动的典型案例给学生不断的思想冲击，强化了学生的政治认同。二是加强正面宣传，牢牢掌握舆论主导权。在“谁拥有信息，谁就拥有世界”的时代里，失去了话语权，就失去了“第一定义权”。在“人人都有麦克风”“人人都是评论员”的全媒体时代，各种声音在互联网流传，舆论场成为思想引导的“主战场”，舆论导向正确，就能凝聚人心、汇聚力量，推动事业发展；舆论导向错误，就会动摇人心、瓦解斗志，危害党和人民事业。因此，思想舆论阵地决不允许有杂音、噪音和反对声音随意扩散的空间。这些年，各主流媒体通过强化守土有责的主体责任，健全激励机制，加强人才培养，加大高科技投入，不断强化舆论导向，用好权威平台，多层次、高密度、及时准确地发布权威信息，引导人民群众看本质、看主流、看趋势。在舆论场出现杂音、噪音的时候，第一时间组织发布辟谣信息，让真相“跑赢”谣言，充分发挥主流舆论在舆论场上的中流砥柱、定海神针作用。广大青少年学生就是在扑面而来的信息中，通过主流媒体的强有力引导，不断增强辨别是非能力、提高审美情趣、增强政治定力、站稳政治立场的。三是加强融媒体建设，扩大思想宣传工作覆盖面。在信息化高度发展的年代，各种媒体终端产品和传播形式层出不穷，任何人都可以随时随地接收到信息，如果不在传播手段方面做到与时俱进，就抢占不了舆论主导的制高点。习近平总书记要求党报、党刊、党台、党网等主流媒体必须紧跟时代，大胆运用新技术、新机制、新模式，加快融合发展步伐，实现宣传效果的最大化和最优化。这些年，我们党在推动媒体融合发展方面做了大量工作，打通了“报、网、端、微、屏”各种资源，实现全媒体传播；电子阅报栏成为媒体传播的重要创新；网站、微博、微信、电子阅报栏、手机报、网络电视、微信公众号、客户端等各类新媒体积极发展各种互动式、服务式、体验式新闻信息服务，实现新闻传播的全方位覆盖、全天候延伸、多领域拓展。这推动了党的声音直接进入各类用户终端，努力占领新的舆论场。广大青少年学生不论通过什么样的媒体形式都可以接收到正面宣传的信息，在鲜活的理论表达、丰富的知识含量、便捷的功能服务面前，学生的思想观念在润物无声中发生变化。四是打好舆论阻击战，增强舆论斗争的本领，牢牢掌握斗争的主动权。当前，国际环境日趋复杂，不稳定性不确定性明显增加，新冠疫情影响深远，经济全球化遭遇逆流，单边主义、贸易保护主义、霸权主义对世界和平与发展依旧构成严重威胁，以两条道路、两种制度为重点的国家竞争更加激烈。国家竞争的深层是意识形态竞争。这些年，面对以美国为首的西方国家蓄意挑起的经贸摩擦、对“疫情源头”的恶意污名化，在涉港、涉台、涉南海、涉疆、涉藏等问题上对中国内政的粗暴干涉，宣传思想战线寸土不让，针锋相对批驳揭露境内外敌对势力的攻击抹黑、“甩锅”推责。一部部事实清楚、论据充分、立场鲜明、文字犀利的白皮书的相继发表；一篇篇有理有据的民主、人权、国际责任、人类命运共同体等方面研究文章的相继推出；一段段触目惊心、动人心魄音频视频的反复播放，在舆论斗争中拨开了人们的思想迷雾，让中国负责任的世界大国形象更加清晰，全球发展的贡献者身份更加彰显，也让那些所谓的“民主灯塔”“人权卫士”“国际秩序维护者”形象崩塌，西方国家经过几十年输出的“公平”“正义”“博爱”“平等”的普世价值观原形毕露，广大青少年更加认清了剥削阶级、剥削制度的本质，更加坚信了社会主义制度的优越性。五是大力宣传先进典型，为青少年学生提供各方面成长成才的典型样板。党的十八大以来，以习近平同志为核心的党中央确立了以“五章一簿”为主干的统一、规范、权威的功勋荣誉表彰制度体系。习近平总书记强调“一个有希望的民族不能没有英雄，一个有前途的国家不能没有先锋”①。思想宣传战线加强了对民族英雄、革命先烈、道德楷模、时代先锋的正面宣传。大力宣扬中国共产党的精神谱系；持续发布“最美人物”“时代楷模”“中国好人”“新时代好少年”等的专项报道；大力赞美劳模精神、劳动精神、工匠精神、科学家精神、教育家精神；连篇累牍刊登“为了民族复兴·英雄烈士谱”……宣传思想战线运用基层巡讲、新闻报道、公益广告、文艺作品、颁奖晚会等形式，宣传模范先进事迹，让榜样的力量带动更多人奋力前行。广大青少年学生

① 习近平：《在颁发“中国人民抗日战争胜利70周年”纪念章仪式上的讲话》，《人民日报》2015年9月3日。

对发生在身边的榜样力量无不震撼，对人生的多彩道路有了笃定前行的选择。

三、加强互联网管理，净化网络空间

作为人类社会发展"第三次浪潮"的信息革命，带来了生产力质的飞跃和生产关系的深刻调整。目前互联网已经广泛渗透到经济、政治、文化、社会、生态、军事等各领域，一个国家在网络空间的竞争力、掌控力已成为判断其综合国力和国际竞争力的重要标准。1994 年当我们国家决定连通国际互联网的时候，西方发达国家弹冠相庆，认为"有了互联网，对付中国就有了办法"。西方发达国家依靠在全球互联网思想舆论领域的话语权优势对外进行价值观输出，所谓"网络中立""网络自由""多利益攸关方"等符合西方利益要求的互联网理论走向全球并产生重要影响。习近平总书记深刻认识到这一问题的严重性和巨大的挑战性，指出："网络意识形态安全风险问题值得高度重视。网络已是当前意识形态斗争的最前沿。掌控网络意识形态主导权，就是守护国家的主权和政权。"①随着"网络原住民"——"00后"大学生群体进入校园，高校思想政治教育工作面临着新的严重挑战。由于互联网具有不受时空限制的信息传输、信息交换互动性的多样化，信息交换的个性化和隐秘性以及信息资源整合能力的异常强大等特征，受到越来越多的国民的热爱，特别是成为青年学生学习和生活的标配。互联网是我们这个时代最具发展活力的领域，也是我们面临的最大变量。这既给学生的学习和社会交往带来了极大的便利，也对学生思想政治素质的形成、对涉世未深青少年抗拒诱惑和毒害、对未成年人审美情趣的培养产生了不利影响。一些青少年就是在一些不良网站、有害网络信息的腐蚀毒害下上当受骗或走上犯罪道路的。2014 年 2 月 27 日，习近平总书记主持召开中央网络安全和信息化领导小组第一次会议，亲自担任中央网络安全和信息化领导小组组长。提出过不了互联网这一关，就过不了长期执政这一关。下

① 《习近平关于社会主义文化建设论述摘编》，中央文献出版社 2017 年版，第 36 页。

决心加强互联网管理，净化网络环境。同时提出，建设社会主义现代化强国，我们必须把建设网络强国作为重要内容。

经过十多年的建设，我国取得网络安全建设的重大进步。一是提高网络综合治理能力。形成了党委领导、政府管理、企业履责、社会监督、网民自律等多元主体参与，经济、法律、技术等多种手段相结合的综合治网格局。《网络安全法》《数据安全法》《个人信息保护法》《网络信息内容生态治理规定》《党委（党组）网络意识形态工作责任制实施细则》等法律法规陆续出台，到2021年10月我国已组织制定网络安全国家标准340余项，发布多项我国主导和参与的国际标准，确保互联网在法治轨道上健康运行。同时，我国加大对互联网核心技术的攻关力度、对网络信息资源占有量的扩容、对数字经济能力的提升并深化人类文明进步的融合，努力抢占互联网发展的制高点。二是构建网上网下同心圆，共同为实现中华民族伟大复兴的中国梦而奋斗。习近平总书记提出“同心圆”思想，就是要加强网上正面宣传，旗帜鲜明用正确政治方向、舆论导向、价值取向凝聚亿万网民。不断推进网上宣传理念、内容、形式、方法、手段等创新，把握好时机、尺度、效果，以有温度、有分析、有数据、有吸引力的方式抓住网民眼球，产生感染力、动员力和辨别力，更好凝聚社会共识，巩固全党全国各族人民团结奋斗的共同思想基础。三是开辟网上群众路线。群众路线是我们党的政治优势，也是我们党生存发展的阶级基础。在绝大多数人都在使用互联网的时候，我们必须高度重视这个新时代党联系群众的重要媒介。通过网上群众路线，开展全过程人民民主，充分调动广大人民群众建设社会主义现代化强国的积极性，提高广大青少年社会参与的责任感和主动精神。习近平总书记要求领导干部经常上网看看，潜潜水、聊聊天、发发声，了解群众所思所愿，收集好想法好建议，积极回应网民关切、解疑释惑。要让互联网成为我们同群众交流沟通的新平台，成为了解群众、贴近群众、为群众排忧解难的新途径，成为发扬人民民主、接受人民监督的新渠道。学校在开辟网上群众路线的工作中，创造了“校长信箱”“书记热线”“热点问题讨论区”、部门工作热线等方式，及时解决了学生的问题、密切了同学生的关系，使学生受到了党的群众路线的生动教育。四是依法严厉打击网络乱象,尽力减少对青少年的危害。曾经有一段时间网络是一个充斥着虚假、诈骗、攻击、谩骂、恐怖、色情、暴力的空间,敌对势力利用网络鼓吹推翻国家政权,煽动宗教极端主义,宣扬民族分裂思想,教唆暴力恐怖活动。一些地方出现的暴力恐怖活动和高智能犯罪居高不下的问题,都源于此。近年来,国家相关部门持续开展"晴朗""净网""剑网""清源""护苗"等系列专项治理行动,建立中国互联网联合辟谣平台,大力整治"饭圈"文化等乱象,网络谣言、网络色情、网络犯罪、网络逐利等行为得到有效整治,网络生态治理取得显著成效。五是积极开展有利于弘扬社会主义核心价值观的网络互动。在主流媒体的组织和发动下,通过开展有吸引力的互动活动,激发广大网民的关注度和参与度,在互动活动中弘扬社会主义核心价值观。这些年,"中国好人"网上评议和发布活动形成良好示范带动效应;中国网络诚信大会连续举办,积极营造守信互信、共践共行的良好社会氛围;自2018年英雄烈士保护法施行以来,各地深入开展"网上祭英烈"活动,引导广大网民崇尚英雄、捍卫英雄;组织开展"青年网络文明志愿行动",打造《中国好青年》《青年网络公开课》等系列品牌产品,在广大青年网民中产生良好反响。连续举办"五个一百"网络正能量精品评选活动等,在网络空间掀起唱响新时代主旋律的浪潮;启动"把青春华章写在祖国大地上"网络主题宣传和互动引导活动,推动更多优质思政资源触达年青一代,激昂青春梦想;抗疫斗争中,推出"阳光跟帖 · 阳光主播"优秀视频作品征集展示活动,汇聚抗疫正能量;策划"牵妈妈的手"等网络主题宣传活动,在全社会弘扬真善美等。这些互动活动的开展使广大网民,特别是青少年网民的心灵得到了很好的净化,也增强了社会责任感。

四、在社会实践中感悟真知

如前所述,思想政治素质需要长期的实践与锻炼才能养成,而学校是学习场所,缺乏实践锻炼的空间,因此,创建有利于学生健康成长的环境,必须努力创造能够让学生有更多的实践和锻炼的机会。习近平总书记指出:"要重视和加强第二课堂建设,重视实践育人,坚持教育同生产劳动和社会实践相结合,广泛开展各类社会实践,让学生在亲身参与中认识国情、了解社会,受教育、长才干。要创新方式,拓展途径,为学生参与社会实践创造更多机会和舞台。既要不断拓展学生社会实践的平台和路径,也要办好学生社团、抓好学生创新实践。"①通过社会实践活动提高人的道德修养,是人类长期教育实践总结的经验。中国古代就有"读万卷书,行万里路"的说法。我国新民主主义革命时期许许多多青年学生走上信仰马克思主义的道路就是在救亡图存的实践中感悟了真理。西方发达国家提高国民的公民素质也非常重视通过社会实践来培养。他们把社会实践作为公民教育的重要方式,中小学不同学科的教师往往都喜欢把社会调查作为一种教育方法,通过社会实践使学生成为教育的主体,进行自我教育。事实表明,学生在完成社会调查论文后,不仅可以得到相应的成绩,而且在责任感、技能等方面也有很大提高。西方发达国家中小学的很多学生经常利用课后或者假期组成小组,到社区进行社会调查,写出调查报告,对社区或社会上存在着的某些问题发表自己的看法,有的还将调查报告作为议案,提交给州议会甚至国会并为政府所采纳。同时,他们还非常重视通过学生的社区活动,来对学生进行公民意识教育。社区活动(包括服务和调研)一般是以小组为单位进行的,学生们自愿组成小组,对某个共同感兴趣的问题进行调研。教师则对小组提交的报告进行评价。这样一种类似于体育教育中团队取胜机制的公民教育方式,有利于培养学生的团队精神。很多学生利用课后或者假期参加社区服务活动,运用所学知识服务社会。这既巩固了他们在课堂上所学的知识,发挥他们对社会的作用和贡献;同时,还培养了他们的社会责任感和参与社会、服务社会的技能。社区服务活动记录,是学校特别是一些著名大学录取学生的主要指标。我国开展第二课堂建设的工作还在起步阶段,还有许多体制机制以及思维方式、工作习惯等不适应的方面,还必须加大改革力度,形成比较成熟的第二课堂教育机制。

现在,我们国家在开辟第二课堂方面有了一些积极的进展,取得了良好

① 《习近平关于青少年和共青团工作论述摘编》,中央文献出版社 2017 年版,第 77 页。

的成效。例如,在高校学生支教、参加“青年红色筑梦之旅”、相关专业学生送知识下乡或开展专业知识咨询服务、参加各种类型的志愿者行动、大学生参军入伍等。中小学在开展研学旅行、参观考察、参加学生军事训练营等方面也有很大的进展。凡是参与社会大课堂实践的学生,都在生动直观的亲身体验教育中,爱国情、强国志油然升起,每一次活动都感觉经受了一次灵魂的洗礼,更加自觉地融入实现中华民族伟大复兴新征程之中。

但是,我国第二课堂的创建还存在一些问题和不足。一是参与度、覆盖面还比较小。前面提到的高校的一些社会实践活动,参加者都非常受益,但这样的机会不是所有的大学生都有,只是少数大学生有了锻炼的机会。既然是第二课堂就应当对所有的学生都开放。这样才有普及性和公平性。相当一部分学生参加社会实践处于放任自流状态。二是中小学生普遍缺乏第二课堂的有效机制。按照公民意识和思想政治素质形成的身心发展规律,最好的时间是18岁之前。到18岁了,已经成年了,思想政治素质基本上定型了,矫正起来比较困难。所以,发达国家公民意识的培养重点时间是在中小学。他们安排了大量的时间开展第二课堂。而我们的重点时间是学习,高考的指挥棒还引导学校、孩子家长以高考成绩为决赛成绩,因此,第二课堂的问题还没有破题。三是第二课堂的内容和形式还不够丰富。在让学生广泛接触社会、深入了解社会,在接触社会中反刍思想理论,培养科学思维方法和识别辨别能力方面还有很多工作要做。我们还要深入贯彻落实习近平总书记的要求,切实把第二课堂的工作搞得更好。要加强顶层设计,统筹擘画第二课堂。四是没有形成全社会关心、支持学生第二课堂的协同机制。学生搞社会实践要靠个人找关系,一些部门和单位对学生社会实践不关心、不配合,甚至为了应付出假证明。五是缺乏严格的考核评价机制。没有把学生社会实践纳入学生综合素质考核,也没有作为学生成绩、升学、评优等依据,学生参加社会实践的动力不足。第二课堂之所以称“课堂”就应该给予课堂应有的地位和条件。这不是一所学校,甚至是一个地区能够做到的,必须统筹到教学计划、教学时间、教学标准、成绩考核、成绩使用等诸环节,是牵一发而动全身的系统工程。应该从全局的高度进行规划和设计，纳入国民教育体系的安排中。要丰富第二课堂的内涵。要本着对全体学生负责的原则，拓展适合所有学生都能够参加的第二课堂活动内容，而不是仅仅把第二课堂当作一个点缀或者是少数优秀学生得到的机会。要有意识、有目的地为广大青少年学生开辟一些能够通过社会实践感悟真知的第二课堂项目。社会上的所有部门都应当承担开展第二课堂的责任，联手各行各业树立全员、全程、全方位育人的大思政理念，打通思政课与社会实践的接触面，开辟思想政治教育“新场域”。要完善第二课堂的运行机制。既然第二课堂非常重要，就应当把它变成一种工作和活动机制，而不是一个机会。要让第二课堂在整个学生的学习过程中形成时间、内容、要求、成绩、成绩运用等一系列保障机制，真正让第二课堂落实、落地、出成效。

五、建立科学的育人为本的教育政绩观和评价观

习近平总书记在2018年考察北京大学时提出：“要把立德树人的成效作为检验学校一切工作的根本标准，真正做到以文化人、以德育人，不断提高学生思想水平、政治觉悟、道德品质、文化素养，做到明大德、守公德、严私德。要把立德树人内化到大学建设和管理各领域、各方面、各环节，做到以树人为核心，以立德为根本。”①实际上这一要求是对全国所有学校提出来的。把立德树人的成效作为检验学校一切工作的根本标准，就是以能否培养出合格的全面发展的社会主义事业建设者接班人作为学校是否坚决贯彻党的教育方针、是否正确把握学校的办学方向的基本依据。这就为推动建立科学的育人为本的教育政绩观和评价观改革吹响了冲锋号。

建立科学的育人为本的教育政绩观和评价观实际上是一场教育思想、教育评价、教育改革的深层次革命。可以说习近平总书记是抓住了立德树人工作的“牛鼻子”。长期以来我们强调全面发展，以德为先，但不能落实落地，就是在事实上我们的教育政绩观、评价观产生了偏差。把德育的成效虚化，最终还是以“应试教育”“考试成绩”“高考录取率”“名校录取率”等

① 习近平：《在北京大学师生座谈会上的讲话》，《人民日报》2018年5月3日。

作为教师奖励、干部提拔、学校投入的硬指标。对这个问题,党和政府有比较清醒的认识,社会上也饱受诟病。改革开放 40 多年来,我国的教育评价制度经历了重建、调适,到多元发展阶段。《国家中长期教育改革和发展规划纲要(2010—2020 年)》明确提出:“开展由政府、学校、家长及社会各方面参与的教育质量评价活动。做好学生成长记录,完善综合素质评价。探索促进学生发展的多种评价方式,激励学生乐观向上、自主自立、努力成才”的改革要求。由此可见,21 世纪以来我国政府一直致力于打破以考试成绩取才的单一标准,努力建构多主体、多方式参与的综合教育评价机制,以提升教育评价的育人价值。

建立科学的育人为本的教育政绩观和评价观为什么这么难?不是所有的学校领导不愿意改,而是这个问题涉及教育评价理念、评价方法手段、评价主体客体、体制机制的方方面面太多,难度非常大。一是立德树人的成效如何衡量的问题。一个人的成长发展在学校(从小学算起)至少有 9 年到 15 年,甚至更多一些,每一个学段对学生的成长都有特殊作用,每一个学段的问题,都会影响下一个学段学生的健康成长。如何判断每一个学段人才培养是起到正效应还是负效应?如果一个学生出了问题,这笔账应该算到哪个学校头上?这都非常有难度。二是如何及时科学评价立德树人的成效的问题。学校是学习场地,缺乏直观发现立德树人成效的检验平台和检验手段。立德树人的效果主要是学生走上社会以后,在社会这个大舞台上他的现实表现和社会对他的主观评价。这有一定的滞后性,甚至有较长的滞后性。这就给学校工作的现实评价带来了问题,只能虚化处理。三是如何设定立德树人成效的具体指标。学生是否成为全面发展的人才存在如何评价德与其他方面素质关系的问题、存在是以课堂教学效果为核心指标还是以综合指标为主要依据的问题等。四是谁是评价主体的问题。在立德树人成效方面是谁说了算?这个问题也非常重要。是学生?是老师?是辅导员?是用人单位?还是综合主体?等等。如果是综合评价主体,那么又如何确定每一个评价个体的权重?这都涉及评价的客观性和公正性。因此,建立科学的教育政绩观和评价观是深化教育综合改革的一个非常重大的课题，解决了这个导向性问题，立德树人工作才能取得突破性成就。

2020 年中共中央、国务院正式印发了《深化新时代教育评价改革总体方案》，明确提出“各级各类学校立德树人落实机制更加完善”“坚持把立德树人成效作为根本标准”等教育评价改革要求。《方案》根据教育改革与发展的新形势新要求，对教育评价改革进行了新的顶层设计，做了进一步的整体部署，并对党委和政府、学校、教师、学生、社会五类主体提出了具体的要求，这将促使评价机制有利于教师潜心育人，学生全面发展，社会科学选人用人。习近平总书记在党的二十大以后又进一步强调，要在全社会树立科学的人才观、成才观、教育观，加快扭转教育功利化倾向，形成健康的教育环境和生态。[①] 这一要求更加凸显了教育评价改革的紧迫性。

现代教育评价理论的建构与发展强调以教育目标为核心，进行教育工具测量、教育绩效评估、教育价值判断、教育质量改进等改革。目前一些地区教育部门和学校正在积极探索科学的育人为本的教育政绩观和评价观，并取得了阶段性成果，从这些案例中我们可以看到，一些地方的改革取得了一定的成绩，但离真正确立科学的育人为本的教育改革观和评价观还有很长的路要走。

---

① 《加快建设教育强国　为中华民族伟大复兴提供有力支撑》，《人民日报》2023 年 5 月 30 日。

第五章　坚持不懈深化教育领域综合改革

深化教育领域综合改革是党的十八大提出的教育改革新要求。党的十八大以来,在以习近平同志为核心的党中央坚强领导下教育领域综合改革不断深化。党的十八届三中全会围绕党的十八大报告提出的"深化教育领域综合改革"总体要求,明确了教育改革的攻坚方向和重点举措,吹响了促进教育事业科学发展、努力办好人民满意教育的冲锋号。教育综合改革不断取得新进步、新成效。党的十九届五中全会提出了"建设高质量教育体系"的新目标,《中华人民共和国国民经济和社会发展第十四个五年规划和2035年远景目标纲要》进一步明确了建设高质量教育体系的改革发展任务,教育综合改革进入了全面推进的阶段。2020年印发的《关于进一步激发中小学办学活力的若干意见》,进一步释放政策效力,激发学校办学活力。2021年,教育系统不断推进教育评价改革,并推进教育整体性系统性改革。中央深改委审议通过《关于建立中小学校党组织领导的校长负责制的意见(试行)》,强调在中小学校建立和完善党组织领导的校长负责制。党中央发布《关于进一步减轻义务教育阶段学生作业负担和校外培训负担的意见》,掀起了一股"双减"的改革风暴。新修订民办教育促进法实施条例,进一步焕发了办学体制的活力。《关于设立教育部基础教育综合改革实验区的通知》印发,聚焦落实中央关于基础教育重大决策部署等深化改革。《家庭教育促进法》颁布,通过凝聚"合力效应",进一步落实立德树人育人目标。2022年新修订的职业教育法推动职业教育发生根本性变革。2023年7月《关于高等学校、科研院所薪酬制度改革试点意见》的通过,逐步建立起激发创新活力、知识价值导向、管理规范有效、保障激励兼顾的薪酬制度,如此等等。一件件改革政策的密集出台,一项项改革举措剑指深层次问题,使教育综合改革波澜壮阔。正如习近平总书记指出的,“要以深化改革激发新发展活力。随着我国迈入新发展阶段,改革也面临新的任务,必须拿出更大的勇气、更多的举措破除深层次体制机制障碍,坚持和完善中国特色社会主义制度,推进国家治理体系和治理能力现代化。”①

第一节　实现教育大发展大繁荣,关键在全面深化教育领域综合改革

教育事业发展需要科学的、协调的、健全的体制机制作为保证其健康发展的四梁八柱。教育体制机制是由国家的经济政治文化体制机制决定并成为其中的一部分。党的十一届三中全会以来,我们在进行经济政治文化体制改革过程中,也在不断推进教育体制机制改革,并取得了很大的成绩。然而,我国传统的体制机制既有经济文化落后带来的制约,也有过去长期因循守旧带来的老化、僵化;既有计划经济时代留下的惯性力量,又有新时期发展太快带来的不相适应;既有改革的精神动力不足,更有利益固化的阻力。所以,深化体制机制改革是推动中国特色社会主义事业发展的根本动力,也是打通事业发展难点、堵点和痛点的基本路径。教育事业也是这样,教育改革创新是推进教育事业健康发展的重要切入点和突破口。正如习近平总书记指出的:“党的十八大以来,我国教育体制机制改革取得显著成效,但教育改革点多面广线长,需要做的事情很多。”②当前教育事业发展面临办学体制、管理体制、经费投入体制、考试体制、招生体制、就业体制、评价导向体制、产学研融合体制、学校内部治理体系、人事薪酬制度、教学管理制度、民主管理和监督制度、人才培养模式、教学内容方式方法等一系列艰巨繁重的改革任务。只有以敢于担当的改革创新精神,不断深化教育领域的综合改

① 《着眼长远把握大势开门问策集思广益　研究新情况作出新规划》,《人民日报》2020 年 8 月 25 日。

② 习近平:《论全面深化改革》,中央文献出版社 2018 年版,第 471 页。

革，打破旧的体制机制对人才教育培养工作的种种束缚和制约，以更加开放的姿态，做到扬长避短，兴利除弊，才能使中国教育在参与全球教育治理的过程中，创造中国贡献，提供中国方案。可以说，没有不断深化的教育改革创新，就不会有教育事业的大发展和大繁荣。

一、改革是教育事业发展繁荣的关键一招

1978 年党的十一届三中全会作出了改革开放的伟大决定，在实现党和国家工作重点战略转移的过程中，全社会越来越重视教育在国民经济发展中的作用。党的十二大首次把教育工作作为国家发展的战略重点之一，在全社会对教育地位和作用认识发生历史性转变的形势下，教育事业迎来了改革发展的春天。

1983 年 9 月 10 日，邓小平同志为景山学校题词："教育要面向现代化、面向世界、面向未来"，后被概括为"三个面向"，极大地推动了教育工作者的思想解放，为实行教育改革奠定了方向性的思想基础。1985 年出台的《中共中央关于教育体制改革的决定》（以下简称《决定》）从教育管理体制改革入手，为中国教育发展吹响了改革探索的进军号。《决定》明确提出基础教育实行地方负责、分级管理的体制，该体制明确了基础教育的权力和责任是在地方，把中央和地方在基础教育上的权力和责任作了明确划分。在当时情况下，这应该是一个巨大变革，极大推动了义务教育的普及。同时，对职业技术教育的发展，对高等教育发展目标、办学体制、招生制度、办学体制等改革提出了要求。在《决定》精神的指引下九年制义务教育和扫除青壮年文盲的工作取得了重大进展，各类教育格局的雏形开始显现，全社会办教育的积极性空前提高。

到了 20 世纪 90 年代，我国社会主义现代化建设进入了关键时期，社会主义市场经济体制的建立，我国经济政治文化体制改革的深化，使教育与经济社会发展不相适应的问题更加凸显出来，在分税制改革、减轻农民负担的同时，农村义务教育经费捉襟见肘，以至于全国各地出现大面积拖欠教师工资、农村教育大量负债无力偿还等情况。90 年代一幅"我要上学"的照片牵

动了无数中国人的心。随着城市化、工业化的发展,流动人口家庭子女教育问题、职业教育发展问题、劳动力素质问题、高等教育办学活力问题等又十分严峻地提到了党和国家的议事日程上。1993 年,党中央、国务院印发《中国教育和改革发展纲要》(简称《纲要》)以实现“两基”即基本普及九年义务教育、基本扫除青壮年文盲;“两全”即全面贯彻党的教育方针、全面提高教育质量;“两重”即重点建设 100 所左右高等院校和一批重点学科为主要目标深入推进教育改革。《纲要》的实施推动我国教育事业的改革发展进入了快车道,到 20 世纪末,《纲要》确定的改革发展目标基本实现,为新世纪教育事业取得更快发展奠定了坚实的基础。

尽管 20 世纪末我国教育取得了很大的进步,但与世界发达国家教育相比,整体水平仍然偏低,特别是人才培养模式、教育理念和观念、教育结构和体制机制不能适应现代化建设的需要,在新世纪即将到来之际,国务院正式批转了《面向 21 世纪教育振兴行动计划》。《行动计划》对 21 世纪教育改革发展做了总体规划,确定了从 20 世纪末到 2010 年要建设完成的六大工程和若干重点工作,同时对人才培养模式、教育投入体制、办学体制、管理体制进行改革。到 2010 年,我国义务教育全面普及、职业教育发展迅速、高等教育实现跨越式发展、继续教育呈现多样化发展态势,与此同时考试招生制度、人才培养模式、教育投入体制、办学体制、教育管理体制得到了逐步更新和完善。

进入 21 世纪以后的第一个十年,国际形势发生了重大的变化,国际金融危机的蔓延给我国经济带来了巨大的冲击。粗放式的经济增长方式使人口、资源、环境的压力日益增大,长期制约我国经济发展的体制性、结构性矛盾更加突出,我国发展呈现一系列新的阶段性特征。党的十七大提出要“科学分析我国全面参与经济全球化的新机遇新挑战,全面认识工业化、信息化、城镇化、市场化、国际化深入发展的新形势、新任务,深刻把握我国发展面临的新课题新矛盾,更加自觉地走科学发展道路,奋力开拓中国特色社会主义更为广阔的发展前景”。在这个历史背景下,我国出台了新中国成立以来第一个《国家中长期教育改革和发展规划纲要(2010—2020 年)》

（简称《纲要》）。《纲要》一个突出的特点就是强调体制机制改革，提出教育管理体制改革的目标是形成政事分开、权责明确、统筹协调、规范有序的教育管理体制。《纲要》发布以后，国务院立即成立了国家教育体制改革领导小组，发布了教育体制改革试点总体方案，确定了国家层面试点地区和学校 425 个，还有许多试点项目以省、自治区、直辖市为单位进行。正式把教育体制改革作为教育事业发展的重要抓手整体推进，形成了国家统一实施、地方承担试点和基层自主改革三个层面共同进行教育体制改革的格局。教育体制机制改革的大幕由此全面开启。

综上所述，我国教育事业的发展得益于坚持不懈的深化改革，改革越是深入必然触及体制机制这个基础性、根本性问题。党的十八大以后，教育改革发展进入了攻坚克难的关键时期。

二、新时代的教育改革面临的都是深层次问题

到党的十八大召开之前，教育事业经过 30 多年的渐进式改革，都是按照从易到难、由简到繁的顺序推进。那种普惠性的、专项类的、基层首创式的改革，解决了诸如“普九”、扫除青壮年文盲、基础教育“人人有学上”、高等教育大众化、办学体制多样化等一系列问题。但是随着我国面临经济增长方式的转变，社会主要矛盾开始发生转化，新型城镇化的快速发展，全面建成小康社会进入攻坚阶段，以人工智能、信息技术为引领的新科技革命的到来，以及百年未有之大变局的加速演变等一系列新机遇、新挑战，迫切需要教育部门发挥历史的主动精神适应新形势、新发展和新要求，继续深化改革。然而，改革碰到的问题不是靠过去主要依靠的普惠式、单兵独进式、基层首创式的方法能够解决的。新时代教育改革需要解决的问题更有深层次性，需要进一步解放思想、更新观念、开拓进取；需要进一步解放和发展教育生产力，切实增强教育活力；需要更加充分体现社会主义的公平性、均衡性，促进共同富裕道路的实质性推进。一要实现从人人有学上到人人都能成才的转化。新时代要全面贯彻党的教育方针、有效实施素质教育，必须以考试评价和招生制度改革引领人才培养模式创新，地方政府以领导教育绩效评

估考核体系和问责机制改革引领学校发展方向。通过改革做到能够针对每一个学生的个性化实际，搭建人人成才的立交桥，促进学生德智体美劳全面发展，让学生学会学习、学会自立、学会合作、学会创造，成为堪当民族复兴大任的有用之才。二要把教育从游离于经济社会发展之外到主动融入经济社会发展洪流之中。教育曾经在一段时间里是相对封闭的“象牙塔”，与经济社会发展若即若离，甚至在个别地方存在“两耳不闻窗外事，一心只读圣贤书”的情况。深化教育改革就要主动适应两个一百年奋斗目标的要求，把促公平、调结构、提质量、转职能作为主攻方向，形成结构合理、功能互补、协调发展、动态平衡的现代教育体系，促进实现教育治理体系和教育治理能力现代化。三要继续扎实推进义务教育高质量均衡发展，不断满足人民对新时代教育的新期待。改革开放以来我们在推进教育公平方面持续做了不少的工作，但公平是相对的、与时俱进的。旧的公平问题解决了，新的公平问题又出来了。我们费了很大的劲解决了人人有学上的问题，现在大家又都期盼人人能够上好学。解决这个问题的难度更大。这不仅存在发达地区与不发达地区之间、城乡之间、地域之间的不平衡，就是在一个城市里面还存在城区之间和城区内部的不平衡。解决问题的难度不在于硬件、经费等方面的投入，更重要的是与区域经济发展水平、历史文化发展、居住家庭文化素质、传统生活习俗和观念、社会治理水平、各学校师资水平等密切相关。这不是像过去改革用简单的加法就能够解决的。四要把教育改革从内部“自拉自唱”转变为全社会关心教育、支持教育改革发展。现代学校是一个复杂的开放系统，学校的结构和行为受环境因素影响十分重大，因此，必须将教育教学改革置于社会变革的总体框架的设计之中。在宏观的社会体制和结构没有根本改变的情况下，微观层面的教育教学改革难以取得应有成效，必须跳出教育改教育。要树立大的教育改革观，正如习近平总书记强调的，办好教育事业，家庭、学校、政府、社会都有责任。五是新时代的教育改革是触及人的思想灵魂和切身利益的深刻革命。新时代的教育改革要促公平、调结构、改评价、破体制、转方式、创新制等，都涉及人的思想观念的转变和利益格局的调整。有的人会是改革的受益者，有的人会成为既得利益受损者;传统的看问题的思维方式和思想观念都要发生根本性的转变,所以,改革会存在巨大的思想阻力和工作阻力,只有始终坚持自我革命的精神才能使改革顺利开展。

正因为新时代的教育改革面临的都是深层次的问题,这预示着改革必然是一场攻坚克难的硬仗,必须勇于担当,不负使命。正如习近平总书记指出的:"经过三十五年不断改革,很多容易改的问题已经得到有效解决,留下来的大都是比较难啃的硬骨头,甚至是牵动全局的敏感问题和重大问题。不断解决好前进道路上面临的问题,是我们这一代人的责任。"①

三、必须坚定不移推进教育领域综合改革

党的十八大政治报告在"社会建设"部分中阐述"努力办好人民满意的教育"的问题时,提出了"深化教育领域综合改革"的具体目标,这说明我们党对教育事业改革发展与社会改革发展关系的认识有了进一步的深化。"教育领域综合改革"这八个字,最新鲜、最独特的是"综合"二字,党的十八大以来,教育领域的改革发展突出表现在综合性上。

教育领域综合改革的综合性体现在以下方面:一是要更加注重顶层设计,从战略上、全局上为改革发展谋篇布局。一些教育的问题虽然出在自身,但无论教育怎么改革发展是不能依靠自己从根本上解决问题的。例如,职业教育发展问题,20 世纪 80 年代,教育部门就认识到职业教育发展的重要性,设置了比较齐全的职业教育体系,到 2011 年全国中等职业教育在校生达 2205. 3 万人,高等职业教育在校生达 680. 97 万人,规模已经不小了。但是,职业教育仍然不能适应我国现代化建设的要求,人才培养质量、适应经济社会发展需求的能力、技术技能型人才成长的动力等都有相当大的差距。产生问题的原因不是学校教育不努力,而是社会环境不利于职业教育的发展,这就需要从顶层设计上对用人政策、薪酬待遇、思想观念、激励机制、培养模式、成长通道等进行革命性的调整,这样才能从根本上解决问题。

① 《习近平关于全面深化改革论述摘编》,中央文献出版社 2014 年版,第 141 页。

强化顶层设计就特别需要通过维护党中央的领导权威来定于一尊,做到事在中央,要在四方。二是要更加注重改革的协同性和系统性。教育改革与其他改革相比,有一个最大的特点就是人既是改革的主体,同时又是改革的受体,教育改革始终是围绕人进行的。人的本质作为一切社会关系的总和,人的发展离不开各种各样的社会关系和社会环境,因此,只有改革在人的发展上具有一致的方向性,能够把各种社会因素凝聚成成长成才的合力,才有利于人的全面发展。这就要在改革过程中加强协调、协同和合作,突出新时代的新发展理念。例如,教育评价制度的改革就是这样。唯才是举、唯才是用的理念可以说在改革开放初期我们就形成了,但是在现实社会中为什么又做不到了呢?这就是我们的评价机制、用人机制长期是政出多门,各行其是,铁路警察各管一段,而且铁轨轮距都不一样,无法衔接连通。问题大家都看得清清楚楚,就是做不到。只有加强党的集中统一领导,发挥"统揽全局协调各方"组织领导优势,才能破解这个老大难问题。三是体现在管理职能进行科学划分,管理功能实现能位互补上。随着教育事业的发展,我们对计划经济体制下国家大包大揽,教育行政化色彩浓厚,学校办学自主权不够,活力不足的问题一直在改革,但是效果不明显。其根本的原因就是管理职责不明确,管理责任不落实,"九龙治水不下雨"。党的十八大提出了"必须加快社会体制改革"的目标,作出了四个"加快形成"的体制机制要求,这就为调动全社会参与教育的积极性,形成以政府办学为主体、全社会积极参与、公办教育和民办教育共同发展的格局明确了改革方向。同时,要转变政府公共服务的提供方式,改变政府包揽、政事不分,既当"运动员"又当"裁判员"的弊端,实行管办评分离,通过政府购买服务、委托管理、培育社会中介组织、发展第三方独立评价等多种手段,提高公共服务的方式和质量。在改革人才培养模式的过程中,扩大和落实学校的办学自主权,恢复学校的自主性和学术的独立性,建立"教育家办学"的现代学校制度。建立政府宏观调控,学校自主管理,社会广泛参与的新的治理机制,即由政府、市场、教育实施者和参与者共同治理的复合模式,重塑政府—学校—社会的关系。四是体现在教育决策和政策方针的科学化、协商性和凝聚最大公约数上。改革攻坚所面临的一些重大政策调整和变革，如高考制度改革、中小学学区划分、异地高考、流动人口子女的教育等，都具有复杂性和很强的、综合性，涉及不同群体的利益冲突和平衡，处理得不好就会激化社会矛盾，产生社会不安定因素。所以，新时代的教育改革必须充分发挥协商民主的政治优势，通过畅通协商民主渠道，广泛听取各利益群体意见，在最大限度凝聚改革共识的前提下推进教育改革，做到蹄疾步稳。

第二节　全面深化教育领域综合改革必须充分体现新时代的改革创新新理念、新思想

教育领域综合改革是继改革开放40多年取得重大成就基础上触及更深层次、更加具有基础性和根本性的改革。这场综合改革与实现中华民族伟大复兴的中国梦、坚持教育优先发展战略和人才强国战略、按照“五位一体”总体布局和“四个全面”战略布局建设中国特色社会主义密切相关。全面深化教育领域综合改革必须充分体现新时代改革创新的新理念和新思想。

一、必须牢固坚持立德树人的基本改革导向

坚持立德树人的基本改革导向，就是所有的综合改革在本质上要充分体现育人为本、德育为先、能力为重、全面发展，尽力为每个学生提供适合的教育，让每个孩子都能成为有用之才，成为德智体美劳全面发展的社会主义建设者和接班人。准确把握好这个基本改革的导向，决定教育领域综合改革的成效。要把握好这个基本改革的导向，必须注意以下几点。

一是要努力搭建人人成才的通道，而不是仅仅把改革重点集中在培养少数社会精英上。推进教育改革的基本目标就是要切实提高人才培养的质量，新时代所指的人才培养质量是所有受教育者的质量，而不是少数精英分子的质量。这是社会主义制度与其他社会制度的根本区别。过去我们的改革在有的地区和学校出现过一种偏向，就是把人才培养模式的创新聚焦到

培养少数拔尖学生，而忽视大多数学生教育质量的提高和培养。有的地方和学校把师资力量、经费投入、硬件设施等都集中起来，搞什么人才试验班，搞什么人才创新培养计划，而大多数学生还是处在粗放式的教育方式中。学校根据学生的人才规格和基本素质，采取一些超常的方法进行培养，使这些学生成为后备的拔尖人才、领军人才是无可厚非的。但是，如果把人力、物力、精力全部集中于这些学生的培养，期待这些学生为学校增光添彩，这就有一个方向性的问题了。特别是在基础教育领域，学校以学生为本，是以全体学生为本，不是以少数学生为本。立德树人这个“人”，是所有受教育者，不是少数优秀学生，这样才能在社会主义制度下实现真正的“有教无类”。人才培养模式的创新，首先是指对全体学生培养模式的创新，要在所有学生都享受到培养模式创新成果的基础上，对那些有特殊潜质、特殊的才能的学生加强培养。要做水涨船高的事，而不是两极分化的事。

二是要在改革中强化德育为先的基本导向，始终把思想政治教育成效放在第一位。教育改革不管是对哪一种类型的教育进行改革，也不管是改体制机制还是改方式方法，都必须注意思想政治的导向。也就是说，改革的最终效果必须有利于立德树人。改革绝不能做主观上想立德树人，而实质上偏离方向的事。例如，在学生评价标准改革的问题上，过去我们也注重以德为先，全面发展的标准，但在对“德”的评价标准问题上，缺乏实招、硬招，没有将德育评价标准硬化，而在实际应用中软化、弱化、虚化，最后的结果还是智育标准过硬，产生“智育为先”的结果。牢固树立立德树人的基本改革导向，就一定要在改革中把以德为先具体落实到体制机制的运行中。

三是要把全面发展的要求落实到改革的具体环节，坚决防止人才培养实际成效的畸形状况。坚持立德树人，全面发展的要求，必须在改革过程中将德智体美劳全面发展的要求，落实到政策法规和体制机制中，实现德智体美劳全面发展的思想理念与人才培养效果的高度吻合。要实现高度吻合，其改革难度是非常大的。这不仅反映在培养方案、培养过程中，更重要的是真实评价的可靠性。因为人的成长是一个相当长的过程，影响人的成长因素又具有多样化和复杂性，因此，要做到适时准确评价难度很大。特别是德育、美育的培养和评价如何量化，把定性和定量有机地统一起来等还有很多改革需要深化。在改革设计的过程中必须注意全面发展的要求，防止畸形发展的现象发生。

四是教育改革必须针对人才培养的具体实际，防止拔苗助长，不宜一哄而上追求高大全。教育改革创新必须结合学生基本素质的实际，以改变现实的人为出发点。换句话说，能把现实的人改变成全面发展的人才就是好的改革。现在人才培养模式创新是一个时髦的字眼，每个学校都想推动人才培养模式的改革创新。但是，有的学校不注意人才培养模式创新的目的是要探索促进人才又好又快成长的科学途径，看到别的学校培养拔尖学生，就办拔尖学生班；看到别的学校培养通识人才，就设立通识人才班；看到别的学校培养创新型人才，就办创新人才班。总之，是用模仿、复制的方式来建立人才培养模式，这是一个误区。因为每个学校情况不同，特别是学生的生源情况不同、学校教育文化不同，不能随意地模仿和复制别的学校的人才培养模式。例如，对于一些自主意识还比较差、学习能力比较弱，生活自理能力不强的学生以研究型人才的培养模式去教育，肯定会失败；相反对于那些学习高度自觉、知识吸收能力很强的学生采用教师主导型的培养模式，肯定会阻碍他们的迅速成长。所以，按照学生的实际情况，尊重学生成长的规律，采取适合学生全面、健康的培养模式是人才培养模式创新能否成功的前提。

五是正确处理优秀拔尖人才成长与普通劳动者培养的关系，建立各级各类人才和谐共生的教育生态。以立德树人为改革的基本导向，并不是要把人的培养变成一个规格、一个标准。好的改革必定是能够遵循人才成长规律，根据每个人成长的素质和条件做到因人而异，不拘一格，竞相成长。因此，教育改革必须形成弹性的结构，具有根据不同人才培养要求适时调整的灵活性，同时具有人才培养的保底标准和要求，保证不出社会主义的旁观者和反对者，又能够让那些有潜质的优秀人才有畅通无阻的成长通道，而不会压抑和埋没人才。

把握好立德树人的基本改革导向是一个根本的政治问题，在这个问题上绝不能有丝毫的含糊和马虎。正如习近平总书记指出的:“培养什么人,是教育的首要问题。……这是教育工作的根本任务,也是教育现代化的方向目标。”①

二、紧紧围绕建设现代化强国的战略需要深化改革

新时代的教育改革必须强化问题意识,以促进我国社会主义现代化强国建设为目的。习近平总书记提出“坚持把服务中华民族伟大复兴作为教育的重要使命”,其中也包含了对教育改革的要求。只有紧紧围绕建设现代化强国的战略需求深化改革,才会释放教育发展的生机和活力,使改革的道路越走越宽广。

一是要有实招和硬招补齐人才结构缺陷的短板。由于我国教育长期受计划经济影响,游离于经济社会发展之外,人才培养供给侧链条存在供需脱节、缺乏调节机制、反馈不灵敏等问题,不时出现供大于求、供不应求,或者是供求分离的现象。这既造成了教育经费、人力资源和人才资源的浪费,也产生了人才需求的短板问题。一些关键岗位、关键部门需要的人十分缺乏,这就严重影响了现代化建设的进程。深化教育改革必须针对经济社会发展中出现的人才短板问题,运用政策激励、行政诱导、法律规范、组织协调、自主创新等方式,尽快解决人才短板的问题,以消除人才缺失的发展隐患。例如,2022 年山西省文物局等五部门印发办法,计划用 5 年时间,通过定向招生、免费培养、定向分配,为县以下基层文博单位输送 600 名文物保护全科人才,入职后直接入事业编制,此举在全国文物系统尚属首例。这为破解基层人才短缺,专业队伍薄弱,行业冷清,无法常规培养的难题,提供了一个改革的先例。

二是要创建适时开展新型职业人才培养的快速反应机制。随着经济社会的快速发展、新科技革命浪潮的到来、人的生活质量的迅速提高和需求的

① 《坚持中国特色社会主义教育发展道路　培养德智体美劳全面发展的社会主义建设者和接班人》,《人民日报》2018 年 9 月 11 日。

多样化,一些旧的职业形态被淘汰出局,一些新型业态如雨后春笋般成长起来。从2004年到2019年人社部就分13批发布了135个新职业。新冠疫情发生以后,随着人们生活方式的变化和经济社会发展进入高质量发展阶段,仅2020年就出现了9种新职业,2021年和2022年人社部就分两批公布了36个新职业。新职业的产生提出了人才培养的新需求,如何及时培养社会急需的人才,这对教育体制是一个严峻的挑战。因为人才培养周期长、涉及面广、调整专业、教育资源重新排列组合都需要较长时间和充分的准备。只有不断深化改革,才能适应职业变化的需求,做到人事相宜。

三是要积极探索战略科学家、基础研究拔尖人才、科技创新领军人才、各类学科大师级人才的培养模式。战略科学家、基础研究拔尖人才、科技创新领军人才和各类学科的大师级人才的培养是我国的教育之痛,曾经被称为“钱学森之问”。深化教育改革必须从最痛处改起并改出成效,否则改革就没有重大意义。社会主义制度的优越性为我们培养顶尖创新人才提供了基础性的制度保证,但在具体的组织方式方法上、在人才培养体制机制上还有许多不相适应的方面。一方面要树立信心,坚信在中国特色社会主义制度下,一定能够培养出顶级拔尖人才。另一方面要探索和创新顶尖人才培养模式,创建具有中国特色的人才培养体制机制。

四是要围绕维护国家安全的战略需要和西方对我国的“卡脖子”技术进行科技创新体制改革。建设社会主义现代化强国必须具备不受制于人的能力。近代中国的历史给了我们“落后就要挨打”的深刻教训。两种社会制度的竞争,最终要落实到综合国力的竞争、科技实力和人才实力的竞争上。自2018年以来,中国的和平发展遇到了以美国为首的西方霸权主义、强权政治、单边主义和贸易保护主义的极力打压,由此暴露了在经济全球化时代我国科技创新、装备制造、科学研究多方面的受制于人的薄弱环节,延宕和阻碍了民族复兴的进程。深化教育改革必须针对我国科技创新、装备制造和科学研究方面在人才培养、体制机制、管理理念、组织方法等维度存在的问题,极大地释放改革创新活力,尽快摆脱“卡脖子”的困境。

五是要健全和完善为实现我国国家治理体系和治理能力现代化的新型智库建设和决策咨询参谋体制机制。实现国家治理体系和治理能力现代化是我国现代化强国建设的一个重要目标，是搭建日益成熟和定型的中国特色社会主义制度的关键之举。推进国家治理体系和治理能力现代化建设就是要坚持和完善支撑中国特色社会主义制度的根本制度、基本制度和重要制度，着力固根基、扬优势、补短板、强弱项，构建系统完备、科学规范、运行有效的制度体系，加强系统治理、依法治理、综合治理和源头治理，把我国的制度优势转化为国家治理效能。由此可见，实现国家治理体系和治理能力现代化是一个涉及面广、综合性强、需要综合施治的系统工程。在这里需要哲学社会科学面向实际，直面问题，加强研究，为党和国家的各类决策、实现依法治国、深化改革提供高质量的参谋咨询服务。深化教育改革就要为繁荣哲学社会科学发展、创建具有中国特色世界水平的新型智库作出巨大努力。

三、坚持以人民为中心，以人民满意为改革目标

进入新时代，我国教育事业已经开始由数量型增长、规模型扩张进入以提高质量为核心的内涵式发展阶段，处于新的历史方位上，正在向更高层次、更高水平的发展方向迈进。社会主要矛盾的转化也使教育事业发展从满足人民群众对教育的基本需求转变为不断满足人民群众对高质量教育的期盼和需要。深化教育改革，需要在加强党的全面领导基础上，站稳以人民为中心的根本政治立场，依靠人民推进教育体制改革创新，建成适应人民群众需要，遵循教育规律、人才成长规律、富有效率、开放和有利于高质量发展的教育体系。

首先，要直面解决人民关心的教育热点问题和痛点问题，让人民群众享受到全面深化改革的具体成效。人民群众关注的教育热点问题和痛点问题既构成了新时代教育改革的出发点，也是持续深化教育改革的动力所在。正如习近平总书记指出的，“改革要从群众最期盼的领域改起，从制约经济社会发展最突出的问题改起，让全社会感受到改革带来的实实在在的成果，

最大限度凝聚改革正能量。”①人民群众关心的教育热点问题和痛点问题就是关乎教育改革发展全局的“牛鼻子”。随着我国进入全面建设社会主义现代化强国的新发展阶段,教育改革面临更多人民关心的热点问题和痛点问题。这就要紧紧围绕促进教育公平和提升教育质量,妥善解决人民最为关注的“择校”“大班额”“高考招生”“大学生就业”“学生学业负担过重”“学生身体素质下降”等一系列突出问题。同时,人民群众对教育事业发展的新期待和新要求是不断变化的,教育改革必须始终聚焦人民群众的期盼,才能保持改革的正确方向,充分体现社会主义制度的优越性。

其次,教育改革要始终坚持人权的发展和公平正义的扩大。社会主义制度赋予了每一个公民平等权利。然而,在现实社会中由于历史文化、居住条件、经济水平、家庭收入等方面的制约性因素,在社会主义初级阶段的历史条件下,还不能做到完全事实上的平等。社会主义的理想就是要追求人人平等和人的全面发展,这就为教育改革开辟了无限广阔的空间。无论教育发展到什么样的水平,坚持人权的发展、扩大公平正义的范围和质量永远都是改革的基本要求,这是维护社会主义性质的前提。如果教育改革偏离了这个前提,就会走到邪路上去。正如习近平总书记指出的:“实现社会公平正义是我们党的一贯主张,公平正义是中国特色社会主义的内在要求。”“我国现阶段存在的有违公平正义的现象,许多是发展中的问题,是能够通过不断发展,通过制度安排、法律规范、政策支持加以解决的。”②

最后,要依靠人民群众推动教育改革,形成人民广泛参与教育改革的新局面。进入新时代以来,我国在党的领导下依托人民力量全面深化教育改革,教育事业取得了历史性的成就而进入新发展阶段。历史与现实充分表明,坚持依靠人民推动教育改革创新,是马克思主义群众观在教育领域的具体体现,这表明了人民是我国教育事业发展的参与者、实践者与推动者,决定了我国教育改革的成败。新时代教育改革要坚持人民群众的主体地位,

① 《中共中央召开党外人士座谈会》,《人民日报》2013 年 12 月 4 日。

② 《习近平关于社会主义社会建设论述摘编》,中央文献出版社 2017 年版,第 30、28 页。

尊重并激发人民的首创精神，将党和国家关于教育改革的战略思考与人民丰富的教育实践探索有机结合起来，协同推进教育现代化进程。一方面，人民是教育改革的推动者，党和国家在进行教育改革顶层设计时，要善于向人民群众学习，在广泛征求民意、汇聚民智的基础上，科学谋划教育综合改革。另一方面，人民群众又是教育改革创新的承担者，要充分调动人民参与教育事业的主动性与积极性，形成全过程参与的新格局。只有构建多方协调的共同育人机制，动员人民积极参与教育改革才能形成教育合力，实现学校教育、社会教育和家庭教育的有机融合，才能在全面深化改革中不断提高教育的质量和总体效益。

四、以勇于自我革命的斗争精神不畏艰险，攻坚克难

自我革命是习近平总书记在探索回答中国共产党在长期执政的情况下始终保持先进性和纯洁性，跳出治乱兴衰历史周期率问题而回应的“第二个答案”。作为政治学术语的“自我革命”意味着马克思主义政党能够自觉认识自身存在的问题和弊端，勇于凭借自己的力量战胜附着在党的躯体内的各种错误思想行为和危害党的事业发展的各种隐患，从而达到始终保持先进性和纯洁性的目标。自我革命的方式有很多，改革就是其中一个非常重要的手段。教育领域综合改革是我国新时代全面深化改革的一个重要方面，同样需要发扬勇于自我革命的精神来推进。

一要切实增强“四个意识”，以对党和人民高度负责的精神认识和解决教育改革发展的问题。深化教育领域综合改革，提高思想和政治站位是首要、是前提。只有站在实现中华民族伟大复兴的战略高度，才能认清改革的重大意义和问题的本质。过去我们一些地方和局部教育改革出现的“教育产业化”“以考试论英雄”“五唯”现象和“扶强不扶弱”等改革偏向，就是不讲政治的表现。党的十八大以来，以习近平同志为核心的党中央坚持全面从严治党，加强党的政治建设，极大地提高了广大党员干部的思想政治素养。认识新时代的教育改革发展问题必须切实增强政治意识、大局意识、核心意识、看齐意识，始终把民族复兴、人民立场、党的先进性、党的集中统一

领导和党中央的权威、发挥社会主义制度的显著优势等放在心中最重要的位置，从对党对人民高度负责的政治站位来认识教育改革发展的问题。只有这样才能够做到“不畏浮云遮望眼，自缘身在最高层”。

二要凝聚党组织的战斗力和向心力，敢于打破利益固化的阻力。在我们国家诸多的改革领域中，教育领域的利益固化现象是比较严重的，解决起来也是很难的。原因是教育领域是人员流动性相对比较少的地方，教育生态中人际关系错综复杂。在一所学校里面长期以来的同学关系、同事关系、师生关系、亲戚关系形成了一张沾亲带故的关系网和人情网。特别是一所学校里的老专家、老学术带头人有自己不少的门生，他们在学生面前讲话往往一言九鼎。学校是学科的丛林，学科、专业的繁多，容易形成门派之见和狭隘眼界，全局思维比较淡薄。深化改革最重要的是形成共识。要加强思想政治工作，注重思想引导，在解放思想中统一思想，特别是做好学术带头人、意见领袖、网络大咖的工作。对认准了的改革举措要强化党组织的凝聚力和战斗力开拓进取。对遇到的利益固化阻力，要运用各种方式有效化解，保持发展和稳定，绝不能因为遇到阻力就浅尝辄止、止步不前。

三要敢于刀刃向内，从自己改起，做深化改革的表率。教育行政部门是代表党和政府从事教育管理的专门机构。在深化“放管服”改革的过程中，教育行政部门的改革任务很重。从 2010 年开始，我们就开始探索教育领域的“放管服”改革，这项改革至今仍在持续，而且涉及的内容还在不断扩大。如何做到放权彻底，管理有效，服务到位，还有很多工作要做。特别是在放权问题上，正确认识手中的权力，把该放的权力、管不好的权力下放给办学主体，是要有自我革命勇气的。党的十八大之前，之所以下放权力的改革雷声大雨点小，就因为一些职能机关抓住权力不放，害怕转换职能以后，没有了权力带来的利益，造成职业影响力的下降，这实际上还是权力观出现了偏差。只有端正好马克思主义的权力观，真正不想从改革中维护和扩展个人利益，而是一心谋划教育事业发展，才能真正深化“放管服”改革。

四要保持斗争精神，抓住问题不放，持续发力，久久为功。如前所述，教育领域综合改革涉及的都是深层次问题，其问题的产生有一个日积月累的过程，其问题的解决也不可能一蹴而就。必须对教育改革的长期性、复杂性和艰巨性有充分的思想准备。例如"双减"工作，绝不是仅仅把校外培训机构撤销掉那么简单。"不能输在起跑线上"的思想观念、"以成绩论英雄"的招生制度、"以高考录取率"考核学校的评价方法、以薪酬为基本标准的就业导向等，都不是不搞校外培训了就能解决的。必须要做深入持久改革的准备，抓住问题不放，以饱满的斗争精神，持续发力，久久为功，不达目的决不罢休。

五、更加注重改革的系统性、整体性和协同性

教育事业发展不仅涉及的教育类型很多，从家庭教育到继续教育一共有十种；而且办学体制不同，涉及公办、民办、外资、合资不同性质。由于发展水平、教育质量、学科性质不一样，每一个教育类型之间、不同区域之间、同一种教育类型内部之间又形成很大的差别。所以，教育领域里的多样化、差异性、不平衡性和关联性是其最鲜明的特点。特别是教育体系长期存在条块分割、层次壁垒、各自为阵、互不统属等结构性问题，导致各类教育之间相互隔阻，缺少开放、交流与互通，严重制约了教育系统作为整体在国家人力资源开发与配置中的价值实现。教育改革必须深刻认识到这些特点和问题，增强改革的自觉性，提高改革效率。正如习近平总书记深刻指出的："要全面深化教育领域综合改革，增强教育改革的系统性、整体性、协同性。"①

增强教育综合改革的系统性要做好调结构工作。促进各级各类教育协调发展，不断调整优化教育结构，是适应经济社会发展、推动经济转型升级的要求，也是政府加强教育宏观调控的重要内容。当前，要针对教育存在的结构不合理现象加强对职业教育、学前教育、民办教育等的调整，加快适应经济社会发展需求和人民群众对教育的期盼。增强教育综合改革的系统性

① 《全面推进教育文化卫生体育事业发展　不断增强人民群众获得感幸福感安全感》，《人民日报》2020年9月23日。

要注意调布局。要从扩大社会公平正义、促进经济社会高质量发展、推进共同富裕取得实质性进展的高度调整教育事业发展布局,特别是在义务教育高质量均衡发展方面、高等教育发展方面要促进均衡发展。例如,现在有的地方推进高校县域办学的区域布局改革,就是改变高校集中在大城市的改革探索。增强教育改革的系统性还要做好补短板的工作。教育系统的整体功能是以短板部分为基准线的。教育事业其他方面发展得再好,只要存在短板,教育的水平和效果也只有短板那么高。增强教育改革的系统性还要重视动态补齐教育的短板。为什么要动态补齐?这是因为教育事业是快速发展的事业,短板会在不同类型的教育里,在不同的教育管理环节出现。当前,特殊教育就是教育系统里的一块短板。根据最新人口普查统计,我国残疾人总数超过 8500 万人,相当一部分是残疾青少年。改革开放以来,我国的特殊教育取得了很大的进步,但是相对庞大残疾教育人口的需要还是杯水车薪。发展特殊教育有相当大的难度,需要巨大的投入,补这块短板不能操之过急。但是不把这块短板补上,就难以体现较彻底的教育公平。

增强教育综合改革的整体性要注重教育改革的顶层设计。要从源头上、治本之策上、纲举目张上进行总体设计,力争改革效果体现综合改革功能。现在教育的许多深层次问题,不是局部改革、个别根本性变革能够解决的,例如职业教育的发展就是这样,只有从源头上解决体制机制问题,才可能取得迎刃而解的效果。增强教育改革的整体性要加强各改革部分的联动。深化改革必须处理好整体与部分的关系,不从整体上解决问题,部分就是各自盲动;不实施相互配合的联合行动,整体功能就会效率低下。例如,评价制度的改革就是这样,评价制度涉及学校评价、学科评价、科研评价、职称评价、成果评价、人才评价、考核评价等方方面面,仅一个方面改革或者一个单位改革不可能破解“五唯”,只有加强整体改革的联动才能取得突破性进展。增强教育改革的整体性还需要从总体上来分析和评估教育发展成效。教育综合改革是否成功,不能简单地用增加了多少教育投入、增设了多少专业、培养了多少人才、取得了多少科研成果等去评估。而是要运用习近平总书记关于教育的重要论述的基本要求去评估,着重看在立德树人根本任务的完成上、在教育发挥基础性、先导性、全局性作用上、在落实党对教育工作的根本要求上评价教育改革效果,从而在整体上认识教育改革的成效。

增强教育综合改革的协同性要加强组织协同。组织协同是马克思主义政党坚持民主集中制领导体制的组织优势,是我们党能够战胜一切困难和敌人的政治法宝。推进教育综合改革特别需要加强组织协同,即在党的领导统揽全局的状态下,各个机构、各个部门按照整体目标同心同向推进改革。我国改革开放的经验一再证明,加强了组织协同,什么困难都能够克服;反之,如果党中央没有权威,各个地方搞保护主义和分散主义,那就什么事情也办不成。增强教育综合改革的协同性要加强区域之间的协同,提高区域教育发展的效率和水平。我国是一个地域辽阔,发展具有多样性的大国,每一个区域都有自己的特色和独特优势。加强区域之间的协同有利于从总体上提升区域的发展水平,产生聚合效应。进入新时代,经济社会发展的区域协同产生了很好的效果,深化教育综合改革也要做好区域协同这篇大文章。2022 年重庆市教育委员会、四川省教育厅共同印发《成渝地区双城经济圈教育协同发展行动计划》(以下简称《行动计划》),全面贯彻落实党中央关于推动成渝地区双城经济圈建设的重大战略,全面加强成渝地区教育协同发展。《行动计划》分为“优化提升教育功能布局”“促进基础教育优质发展”“加快职业教育融合发展”“推动高等教育内涵发展”“推动社会教育规范发展”五大板块、十项行动计划,突出双城引领,强化双圈互动,促进两翼协同。这就是区域协同开始破题的一个典型案例。增强教育综合改革的协同性还要注重各教育类型的协同发展。进入新时代,每一个教育类型都有其独特的教育功能,也都有其发展的重要性和紧迫性。要根据现有的实际能力、根据人民群众的迫切需要综合平衡各类教育协同发展的进程和改革力度,分清轻重缓急的顺序,逐步解决教育改革发展的问题。例如,继续教育中的老年人教育的问题,过去很长时间都是冷门,很少有人问津。然而,随着老龄化社会的到来,老年大学变成一票难求的刚需。对这样的问题就要加强协同性,及时采取措施予以解决,避免成为一个热点问题。

第三节　当前教育全面综合改革的几个重点领域

进入新时代，教育领域综合改革全面推进，涉及方方面面，改革的潮流席卷整个教育系统，可谓如火如荼。教育领域的综合改革是我国新时代全面深化改革的一大亮点，引起了全社会乃至全世界的高度关注，改革成效正促进教育事业发生格局性变化。教育改革的内容很多，仅选择性介绍几个重点领域的改革，以飨读者。

一、大力推进教育公平，实现高质量的教育均衡发展

公平正义是社会主义的本质要求，教育公平是社会公平的重要基础，不断扩大和促进教育公平是坚持社会主义制度下教育公益性、普惠性的必然趋势，是我们党执政为民所必须坚守的基本理念。在社会主义初级阶段基本国情条件下，我国城乡、区域教育发展还不平衡，促进教育公平我们党付出了长期艰巨的努力。从扫盲、普九到实现义务教育有保障，我国一代代教育人为实现人民群众“有学上”赓续奋斗。进入新时代，在“有学上”的基础上，人民群众又期盼能让自己的孩子“上好学”，新的教育发展不均衡的问题又摆在了新一代的教育人面前。习近平总书记要求：“要推进城乡义务教育一体化发展，缩小城乡教育资源差距，促进教育公平，切断贫困代际传递。”①党的十八大以来，我国在扩大教育公平，推进高质量的均衡发展，完善教育公共服务体系等方面不断深化改革。

一是充分运用政策工具不断促进和扩大教育公平。通过运用政策工具提出许多解决义务教育发展不平衡不充分问题的措施。例如，依据常住人口规模配置教育资源，保障适龄儿童就近入学；切实降低农村学生辍学率，抓紧消除城镇“大班额”；加快改善乡村学校办学条件，教育投入继续向困

① 《扎实做好“六稳”工作落实“六保”任务　奋力谱写陕西新时代追赶超越新篇章》，《人民日报》2020 年 4 月 24 日。

难地区和薄弱环节倾斜，促进优质资源共享；保障进城务工人员随迁子女教育，完善随迁子女义务教育入学政策；完善普惠性学前教育，补齐农村学前教育发展短板；不断扩大普通高中资源供给，补上高中教育资源稀缺的不足；禁止发达地区到中西部地区、东北地区挖优秀校长和教师等。“择校”问题是义务教育阶段一个让老百姓十分纠结的热点问题。党的十八大以来，针对以权择校、以钱择校、以分择校的问题锐意改革，采取“公民同招”、学区房“多校划片”、取消各种以分取人的竞赛考试、摇号派位、就近入学、严肃纪律等多种方式，刹住上“关系学”，交“赞助费”等歪风，坚定不移维护教育机会公平。近年来，“县中塌陷”现象引起社会普遍关注。2021 年政府工作报告提出“加强县域高中建设”。同年教育部等九部门联合印发《“十四五”县域普通高中发展提升行动计划》，统筹谋划市域内县中和城区普通高中发展，进一步健全县中发展提升保障机制，规范普通高中招生秩序，深化学校教育教学改革，着力解决县中优质生源和优秀教师过度流失问题，积极改善县中办学条件，推动全面提高县中教育质量。

二是通过科学布局，努力实现教育资源的均衡分布。顺应城镇化发展趋势，优化城乡教育资源布局。新建、改扩建一批城镇义务教育学校和普通高中学校，通过集团化办学等手段，加大对薄弱学校的扶持力度，加快乡村小规模学校和乡村寄宿制学校建设，努力实现学校布局合理化、规模适度化、办学标准化，着力缩小城乡教育差距。

三是运用先进科学技术扩大教育公平。加强对教育信息化体系的建设，将“国家中小学网络云平台”改版升级为“国家中小学智慧教育平台”，以国家平台为载体，指导各地各校深度运用各类教育资源开展课程教学、课后服务、教师研修，家校贯通，帮助学生充分利用平台资源开展泛在学习，构建线上线下混合式学习、课内课外各学科互相融通的学习新生态。新平台的建设与应用为各地高质量发展基础教育、高水平落实“双减”政策、高品质推进教育现代化提供了丰富资源，不仅有效缓解了优质教育资源供给的燃眉之急，而且为实现更大范围的教育优质均衡发展注入新动力。同时努力打通信息技术到学校教育的“最后一公里”，即如何在校园内把信息技术融入教材、教师、教法改革上下功夫。

四是运用教育评价手段促进教育均衡发展。2021 年 3 月，教育部等六部门联合印发《义务教育质量评价指南》（简称《指南》）。《指南》阐明了评什么、怎么评、谁来评三个关键问题，明确了扭转不科学评价导向、推进教育质量评价改革的具体行动路径。义务教育质量评价包括县域、学校、学生三个层面，构成完整的义务教育质量评价体系，对于整体提升我国义务教育质量具有重要意义。2021 年 9 月，教育部印发《国家义务教育质量监测方案（2021 年修订版）》，确定监测学科领域包括德育等 9 个，新增了劳动、心理健康、英语，体现了“五育并举”的要求。

五是通过加强制度建设扩大教育公平。教师是教育中的第一资源，择校主要是择师。均衡发展的核心要求是均衡配置教育资源，特别是教师资源。党的十八届三中全会提出“实行公办学校标准化建设和校长教师交流轮岗”，为在国家层面建立区域内校长教师交流轮岗制度提出了明确要求。全国许多地方已经出台有关义务教育教师交流轮岗的文件并有多年实践经验，为建立既有明确导向要求又能够做到因地制宜的校长、教师交流轮岗制度化打下了良好的基础。特别是近期北京市、深圳市建立的教师轮岗制度力度超前。“县（区）聘校用”教师管理制度的改革，将“学校人”变为“区域人”“系统人”。根据《未成年人保护法》制定《未成年人学校保护规定》，全面构建了学校保护制度体系，并针对学生欺凌、校园性侵害等社会关注的热点问题构建了专项保护制度，同时为禁止教职工与学生谈恋爱等行为划上“红线”，保证了青少年的合法权益。有的地方还建立了义务教育大班额省级预警制度。

六是建立帮扶机制，通过发达地区、高等院校帮教、支教、扶校推动均衡发展。《“十四五”县域普通高中发展提升行动计划》提出要“实施县中托管帮扶工程”，涉及各级政府、高校与优质中学，要求通过托管、帮扶、协作等方式传递发达地区优质中学先进成熟的管理经验、育人理念和教育教学方法，在扶持的基础上内化成县中自身发展的软实力。推动城市优质高中的教育资源向县域延伸，优秀教师向县中流动，先进管理模式向周边覆盖，带动城区普通高中和县中共同发展。推动优质中学与薄弱县中结对子，通过开展联合办学、部属高校县中托管帮扶、对口支援、优质课程共享等形式有效提升县中的教育教学水平。通过“请进来”开展名校长挂职、名师送教、在线双师教学、大学生支教等支持；通过“走出去”薄弱学校骨干管理者、教师到优质中学挂职、跟班培训，将发达地区的先进经验同县中自身发展的基础和文化相结合，用好的教育理念引领本地教师，继而引领县中学生的成长发展。

党的二十大以后，我们党更加注重教育公平的扩大和发展，提出构建优质均衡的基本公共教育服务体系的意见。根据中央的部署到 2027 年初步建成，到 2035 年全国绝大多数县市区实现优质均衡。这必将对推进实质性的共同富裕、促进育人格局的变化，乃至经济社会的发展产生极其深远的影响。

二、不断创新人才培养模式，促进学生全面发展

教育现代化的核心是人的现代化，教育现代化的起点和归宿也是人的现代化，这既是历史发展经验得出的结论，也是现实生活对我们的提示。教育对人的现代化水平提高的作用，不仅在于适应现代社会生活能力的提高，更取决于教育的价值取向、教育内容、教育目的是否符合并促进现代观念、现代精神的发展，推进人类社会的不断进步。习近平总书记提出：“必须牢牢抓住全面提高人才培养能力这个核心点。”①党的十八大以来，教育系统围绕人才培养模式的创新锐意改革，取得了积极有益的效果。

围绕人的全面发展强化顶层设计，总体规划和统筹协调部署人才全面发展培养模式的总体战。人才全面发展是一个从家庭教育、学前教育到继续教育的完整链条和全过程，必须做到各个环节、各个层次、各种类型的教育总体发力、相互配合、相得益彰。人才培养模式创新这个理念我们早就形

① 《把思想政治工作贯穿教育教学全过程　开创我国高等教育事业发展新局面》，《人民日报》2016 年 12 月 9 日。

成了，之所以人才培养质量不尽如人意就在于我们把这个改革的责任全部放到各个学校，而学校各自为政，互不统属，甚至存在相互排斥和矛盾的状况。党的十八大以后，通过加强党的集中统一领导、维护党中央权威，从党中央到各个省市自治区都建立了具有权威性的教育改革发展领导小组，加强了对教育工作的集中统一领导，使人才培养模式的改革有了统揽全局的指挥部。通过集中统一的领导对大中小学人才培养进行一体化设计、规划和实施。许多省都出台了一体化培养方案、开展了一体化人才培养的实验、统筹研究解决人才一体化培养过程中存在和发现的各种问题。2020 年我国首次系统规划教材建设，这是新中国成立以来首次对各学段、各学科领域教材建设作的系统设计。国家教材委员会针对教材建设整体规划不够、顶层设计不足等问题，提出了推进大中小学教材建设的指导思想、基本原则、建设目标、重点任务和保障举措等。力争形成教材管理体制基本健全、体系基本完备、质量显著提升，更加适应中国特色社会主义发展要求，更具中国特色和国际视野，育人功能显著增强。

加强法治建设，为人的全面发展提供法治保障。针对过去人才培养思想理念明确，但保障措施不到位，思想理念处于空转状态的问题，加强法制供给的改革。针对学生身体素质提高的体制机制障碍，十三届全国人大常委会第三十五次会议表决通过的新修订的体育法，将“学校体育”的章名修改为“青少年和学校体育”。按照新修订的体育法，国家优先发展青少年和学校体育，坚持体育和教育相融合，文化学习和体育锻炼协调，体魄与人格并重，促进青少年全面发展。对于占用体育课、不履行体育健康职责、不提供体育条件保障的违法行为作出了明确的追责要求，同时引导青少年参加体育活动，预防和控制青少年近视、肥胖等不良健康状况。2022 年教育部发布《义务教育课程方案和课程标准（2022 年版）》，将劳动从原来的综合实践活动课程中完全独立出来。这也意味着自 2022 年 9 月秋季学期起，劳动课正式成为中小学的一门独立课程。以劳动项目为载体，以孩子经历体验劳动过程为基本要求，培养学生的核心素养，即劳动素养。这充分彰显了党中央着力补齐劳动教育短板，构建德智体美劳全面培养的教育体系，形成更高水平人才培养体系的坚定决心与系统谋划。2020 年 10 月 15 日，中共中央办公厅、国务院办公厅印发《关于全面加强和改进新时代美育工作的意见》推进美育教学改革，通过欣赏、观赏逐渐增强艺术体验，产生美的体验和共鸣，掌握识别真善美假恶丑的基本的思想政治和艺术修养，还要教会学生基本技能和专项艺术特长等。

积极探索各个学段、各类教育的人才培养模式。以省市区为改革单位，在省级统筹管理的体制下，各省市区的教育改革领导小组统一部署各个学段、各类教育的人才培养模式改革。一般都以一个学段、一类教育作为改革联合体研究和推进改革。例如，小学学段、初中学段、高中学段等；职业教育、高等教育、继续教育等各种教育类型探索自己这个学段、类型教育的特殊性和规律性，形成各个学段、各类教育针对学生不同年龄阶段、不同身心素质、不同学习内容的人才培养方式方法。为培养拔尖创新人才，把培养方式延伸到中学教育，一些地方探索"大中联动育人模式，实现一体化培养。由高水平研究型大学与优质中学，特别是高中联手举办"特色班""实验班"，选拔培养在基础能力、创新能力、个人兴趣特长上有特别潜质的学生。在义务教育学位普及的基础上，许多省市积极探索高中学段（包括中等职业学校）的多样化发展，丰富人才培养模式，满足社会中各类人才的需求。

打破学校所有制障碍，贯通教育育新才。在教育统筹协调领导机制下，原来互不统属的学校所有制体制被打破，实现教师、教学、培养、培训的互利共赢的双向合作，通过深度融合办学，形成完整教育生态链。例如，2018 年 7 月，成都市印发《关于推进校地共建高校附属学校的指导意见》，明确提出推动地方政府与在蓉高校共建高水平附属学校，着力构建环高校基础教育发展生态圈。此举不仅给基础教育学校发展提供了强大助力，更重要的是为打造从幼儿园到大学的完整教育生态链创造了契机，探索基础教育通过与高校合作，创建一种全学段、贯通式的创新人才培养模式。通过这种合作高校找到了学生参加社会实践的平台，特别是缩短了教师培养的过程。

以教育智能化促进人才培养现代化的改革。随着科学技术的进步，党的十八大以来，在加强人才培养手段现代化方面取得了巨大的进步。信息技术赋能教育教学改革带来的变化不是散点般的，而是爆发式的。2020年初爆发的新冠疫情倒逼学校在线教学从“新鲜感”转变为“新常态”，掀起了一场对教学与管理均产生巨大影响的“学习革命”。通过建设智慧教室、智慧教学课程平台、虚拟教研室、线上线下混合式等教学方式，学生参加完社会实践以后，能够打开笔记本电脑，登录学校智慧教学课程平台，通过直播回放学习当天的专业课程，对没理解的部分，还可以借助学校搭建的朋辈辅导平台，进行课程录播回看和问题答疑。借助虚拟教研室开展教学研讨会、名师示范课、专题报告会、教学案例赛、学生学科赛等“互联网+”与“智能+”的虚拟教研活动，实现虚拟教研室成员间的实时对话和深入探讨。通过建设在线阅卷系统，不仅提高阅卷效率，更好地体现考试公平公正，也为试卷和成绩分析、学生精准帮扶提供了依据。通过建立一体化全过程评教系统，科学设置评价方法，严格设计评价程序，简化优化评价方式，达到“以学评教”、提高课堂教学质量的目的。搭建智慧教学一体化系统。学校所有课程任课教师和督导可远程实时观看和回看，统计学生抬头率，精准反馈学习效果，拓宽教学质量监督渠道，实现教学评价全流程信息化。

三、破除“五唯”现象，突出价值创造、能力贡献的评价导向

长期以来，不科学的教育评价导向，给教育发展带来很大的负面影响，成为深化教育改革的绊脚石、培养核心素养的拦路虎、教师和学校的紧箍咒。不科学的教育评价导向，扭曲了教育目标，破坏了良好教育生态，影响立德树人根本任务的全面落实，是必须解决的老大难问题。唯分数、唯升学，催生应试教育怪圈，在“五唯”中危害最盛，使全面发展人才要求变为一句口号。唯文凭、唯论文，扭曲人才评价标准，形成重学历轻能力、重知识轻素质、重科研轻教学的不良风气，催生论文买卖市场，甚至带来科学研究的泡沫化。“唯帽子”加剧教育功利倾向，造成有限资源过分集中，教师关系人为激化，校园学术生态人为恶化。教育评价是教育教学工作的指挥棒，是教育体制改革的牛鼻子，是教育事业发展的定盘星。习近平总书记在全国

教育大会讲话中指出:“要健全立德树人落实机制,扭转不科学的教育评价导向……要坚决克服唯分数、唯升学、唯文凭、唯论文、唯帽子的顽瘴痼疾,从根本上解决教育评价指挥棒问题,扭转教育功利化倾向。”①经过反复调研,2020 年 10 月,中共中央、国务院印发《深化新时代教育评价改革总体方案》(以下简称《总体方案》),作为新中国第一个关于教育评价系统性改革的文件。《总体方案》的出台实施,对于全面贯彻党的教育方针,完善立德树人体制机制,推进教育治理现代化、建设教育强国,具有重大而深远的历史意义。截至 2022 年,围绕《总体方案》的要求,《幼儿园保育教育质量评估指南》《义务教育质量评价指南》《普通高中学校办学质量评价指南》《关于规范高等学校 SCI 论文相关指标使用　树立正确评价导向的若干意见》《关于破除高校哲学社会科学研究评价中“唯论文”不良导向的若干意见》《关于深化新时代教育督导体制机制改革的意见》《关于分类推进人才评价机制改革的指导意见》《关于深化项目评审、人才评价、机构评估改革的意见》《关于开展科技人才评价改革试点的工作方案》等系列配套文件相继出台,在教育评价领域掀起了一场影响深远的改革风暴。

以规范“帽子”为突破口,用全面人才观指导建立现代人事管理制度。2021 年随着《关于深化实验技术人才职称制度改革的指导意见》的印发,27 个职称系列的改革指导意见全部出台,这是现行职称制度实施 30 多年来首次进行的全面系统改革,涉及约 8000 万专业技术人才。职称改革评价变化的第一个亮点是,将新兴职业不断纳入职称评价范围,建立职称动态扩大机制保证新型专业人才不受压抑。截至目前,共在相应职称系列中新增艺术创意设计、动漫游戏、运动防护师、快递工程等 13 个评审专业,各地增设特色评审专业 113 个。第二个亮点是消除了人才职称上升的“天花板”,所有职称都有评正教授的上升空间。2021 年的改革,新增工程、经济、会计等 11 个系列正高级职称,有效增加了我国高层次人才供给。第三个亮点是职称评价标准回归岗位需求和实际贡献,打破了过去唯学历、唯资历、唯论文、唯

① 习近平:《论全面深化改革》,中央文献出版社 2018 年版,第 472—473 页。

奖项等倾向性问题，形成以品德、能力、业绩为基本要求的评价导向，做到“英雄不问出处”，有实际才能的人再也不要为学历不高、资历不够、没有论文、没拿奖项而发愁。第四个亮点是打破户籍、地域、身份、档案限制，畅通申报渠道，搭建人才立交桥让更多高技能人才参评职称。同时，建立职称评审“绿色通道”或“直通车”，民营企业高层次专业技术人才、急需紧缺人才、优秀青年人才可直接申报相应级别职称。

运用政策力量，扭转不科学的评价导向。2020 年，教育部在《关于做好 2021 届全国普通高校毕业生创业工作的通知》中明确指出，“各省级教育部门要协调和配合有关部门，推动党政机关、事业单位、国有企业带头扭转‘唯名校’‘唯学历’的用人导向，在招聘公告和实际操作中不得将毕业院校、国（境）外学习经历、学习方式（全日制和非全日制）作为限制性条件”。政策的出台起到了很好的导向和示范作用，但具体落实还需要相关部门进一步严格把关、落地，防止“潜规则”的软抵制。要通过进一步建立健全人才市场监管和反馈机制、加大对人才选拔方式的监督力度，真正做到为人才松绑。在破除“唯第一学历”怪圈方面，组织人事部门制定相关政策，推动用人观念的转变，坚持以人才实际表现作为识别人才的基本依据。形成学历稍有欠缺的毕业生不应妄自菲薄，而要将注意力放在提升自己的能力上。“第一学历”较好的学生也不应“躺在成绩簿上睡大觉”，而应戒骄戒躁，不断提升能力素养，促进自身全面发展，承担起光环背后的责任，在工作中做到“百尺竿头更进一步”。在全社会形成人才发展长效性的激励竞争机制。

以教育督导改革为抓手，实现以督促改。通过建立科学评价标准，不断深化教育督导改革，完善教育督导体制，形成教育督导的权威性。吸收政府有关部门负责人、知名学者、教师校长和社会各界知名人士成立新型教育督导机构，统筹面向学校的监督、指导、检查、评估、评比、评价活动。对学校进行持续性、科学性评价，不再单纯以升学率等考试成绩作为评价学校办学水平的唯一标准。同时，以第三方评价为着力点，推动评价主体多元化。为了解决“家丑不可外扬”现象，针对政府作为利益相关者缺乏从严监管的动力和压力，教育监管的渠道相对狭窄的问题，党的十八届三中全会提出，深入推进管办评分离，委托社会组织开展教育评估监测。现在第三方评估机制已经建立，正在逐步健全和完善，教育评价第三方评估正在成为一种常态，成为教育评价领域的一支生力军。

积极发挥社会评价作用，动员全社会参与支持监督。扭转“五唯”现象，仅仅依靠建章立制，完善政策、强化督导还不能完全解决这个顽瘴痼疾。需要全社会动员起来，彻底扭转不正确观念，形成人人破“五唯”的环境，才能产生良好的效果。评价是反馈环节，是对结果（效果）的主观评价，具有重要的导向作用。客观、科学、公开、公正的评价，是增强教育工作针对性、有效性的前提，在社会主义现代化的治理模式下，要形成“社会评教育”的治理方式。只有把评价权和监督权更多地交给社会、交给受教育者、交给每个受教育者的家庭，教育所提供的课程专业、培养的人才、创造的科研成果，才能更好地接受市场和社会的检验。近年来，江西、山东、宁夏等地设立教育评价“十个不得、一个严禁”举报投诉电话、邮箱、网络平台等，接受群众监督举报，督促及时整改。各地各校坚持“五育并举”，完善多元评价机制，建立社会、家庭、学校、教师和学生评价相结合的评价模式，探索过程性评价，加强德智体美劳教育评价的改革路径更加清晰。有的地方在探索吸收行业企业参加教育质量评估，把行业企业的评价作为衡量办学质量的一项重要指标。同时，以研发教育评价核心技术为重点，大力运用教学技术，采用大数据分析方法，完善精准评价，促进教育评价方式多样化。逐步改变教育评价专业人才匮乏、评价理论与监督技术相对落后、评价方式方法单一的局面。

经过三年的努力，教育评价改革取得了重要的阶段性成果。确立了学校、学生、教师、社会和政府五大评价主体，推进了改进结果评价、探索增值评价、强化过程评价、健全综合评价，大维度改革，初步构建了一个系统性、科学性的教育评价体系框架。出现了高校教师由发达地区向不发达地区、由优质高校向一般院校、由国外高校向国内高校“逆向流动”的新格局；出现了追求创新价值、能力提升、实际贡献为工作动力的新气象；形成了以能力开发为导向的培养模式；等等。然而，教育评价改革是一项前沿性、世界性、历史性难题。这绝不是一次性改革、突击性改革能够彻底解决问题的，还需要坚持不懈，全面发力。我们有信心、有能力创建独具中国特色世界一流水平的教育评价体系。关于“唯分数”“唯升学”的评价改革涉及招生考试体制改革的问题，将在第四部分专论。

四、强化学校教育主阵地作用，切实攻克“双减”难题

在基础教育领域，学生学业负担过重、校外培训负担过重的问题由来已久。新中国成立以来国家教育行政管理部门出台的涉及减负的文件有上百个，但学生负担之重却未有明显改观，在个别地方负担越减越重。产生这种现象的原因是多方面的，而且错综复杂地交织在一起，成为一种社会顽疾。以习近平同志为核心的党中央本着对国家对人民高度负责的精神，下决心消除这个顽瘴痼疾，在2018年全国教育大会上提出解决这一问题的战略思考，经过反复研究和周密部署，2021年7月，中共中央办公厅、国务院办公厅印发《关于进一步减轻义务教育阶段学生作业负担和校外培训负担的意见》(简称《意见》)，正式拉开“双减”改革序幕。短短两年多时间，“双减”取得巨大成效，办成了过去长期想办而没有办成的难事。

突出治理导向，强化政府管理职责。解决“双减”问题，不能依靠自发的改革和自下而上的改革，必须突出国家意志，强化政府管理职责。由中共中央办公厅、国务院办公厅联合印发的《意见》体现了党和国家治理“双减”的决心和意志。在党和政府的统一领导下，截至2021年12月，19个部门组成“双减”工作专门协调机制，出台20余个配套文件，基本建立起“1+N”政策制度体系。教育部将“双减”作为部党组的“一号工程”和教育督导的“一号工程”，全力推动，以“钉钉子”的精神推动“双减”工作落地见效。特别是通过相继出台文件，对加强中小学生作业、睡眠、手机、读物、体质管理(简称“五项管理”)作出部署。“五项管理”以小切口推动大改革，是解决广大家长急难愁盼问题、全面呵护青少年身心健康具体而有力的举措。经过努力为今后持续深入推进“双减”奠定了良好基础。

强化学校教育主阵地作用，以提高教学质量促进“双减”。学生两个负

担过重的最主要原因是期待学生不能“输在起跑线上”，实质上是家长对学生学习质量的忧虑。只有学校把教育质量提高了，才能减轻家长的焦虑。所以，在运用制度规范性要求减轻学生负担的同时，要强化学校教育的主阵地作用，做到“三提高一规范”，即提高作业管理水平、提高课后服务水平、提高课堂教学水平、规范校外教育秩序，促进学生学习回归校园，实现减负提质增效。《意见》下达后，全国中小学雷厉风行，因地制宜、因校而异立行立改。监测显示，全国绝大多数义务教育学校课后服务基本实现全覆盖，作业总量和时长得到有效控制，课堂教学质量不断提高。在做“减法”的同时，更要做“加法”。许多地区和学校进行了有益的探索。例如，山西长治市推行“菜单式双选”制度，中小学校列出课后服务“菜单”，由学生自主选教师、选内容。全市课后服务学校覆盖率达到 100%，开设课后服务课程 200 余种，学生参与率达到 98%。西安市高新区开放 30 所学校运动场，与企业、镇街共同打造劳动、科技、心理、安全等教育基地 55 个，组织学生走进华为、比亚迪、航天研究所等进行实践体验。浙江金华市鼓励学校因校制宜探索“1+X”托管服务模式。“1”是指开展学生基础性托管服务，开设自主课程（自主作业和自主阅读），“X”是指开展学生拓展性托管服务，开设个性化课程（体育艺术科技等），学生可根据自身需求跨班级、跨年级自主申请。课后服务增加了教师的负担，为了调动教师的积极性，保证教师的权益，2021 年 30 个省份相继出台中小学课后服务政策，31 个省会城市和计划单列市制定了具体实施办法，广大教师和校外专业人员积极投入课后服务工作。同时，纪检监察和监管部门敢于“亮剑”，对违反教师职业道德的有偿补课行为坚决说“不”，处理了极个别顶风违纪有偿补课的教师，起到了良好的警示作用。

果决运用行政手段，初步实现校外培训规范化。“校外培训广告满天飞，‘制造焦虑、贩卖焦虑’”曾经是学校外第二教育的常态。在资本的逻辑下，教育俨然变成了一种“产品”，它裹挟着家长和学生在焦虑中身不由己，使公办学校教育体系受到猛烈冲击，严重影响教育公平。凸显学校教书育人主体功能，决不能放任国民教育体系之外再造一个教育体系，已逐步成为全社会的共识。党中央和国务院顺应民意,以《意见》为总纲领,举雷霆万钧之力,大力整治校外培训机构,带来强烈震荡,教育生态发生剧烈变化。经中央编委批准,教育部成立校外教育培训监管司。教育部陆续出台学科类培训范围界定、“备改审”、“营改非”、培训材料管理、培训人员管理、查处变相违规培训、加强收费监管、上市公司清理整治、建立监测机制、培训机构登记等10余个文件。对校外培训机构鱼龙混杂、机构从业人员良莠不齐、培训质量难以保障、违法违纪行为时有发生等难题,开出了管用的“药方”,关紧了制度的“笼子”。2021年11月13日,继新东方之后,学而思也宣布在2021年底前停止学科类培训。有评论认为两大教培巨头转型,宣告一个时代的结束。曾经体量巨大、风光无限的课外培训机构几遭“团灭”。治理校外培训机构的工作机制不断健全,政策体系持续完善,违规培训受到严肃查处,群众利益得到有效保护。深化校外培训机构治理,构建教育良好生态,有效缓解了家长的焦虑情绪。如今,校外培训机构常态运营监管力度,达到前所未有的强度并且持续保持高压态势,不断加强学科类隐形变异培训治理,加强排查整治,严肃纪律,发现一起查处一起。各地还创新了不少规范校外培训机构的举措。例如,上海在全国率先出台规范校外培训机构的“一标准两办法”;宜昌市完善“黑白名单”制度,制定“八条高压线”,创新网格化管理经验,实现全天候、全覆盖、无死角实时监控。在严格规范校外培训机构管理的同时,政府也积极为培训机构的转型发展提供帮助,为分流人员提供就业帮助,为培训机构开辟学生课后服务渠道,很好地维护了社会的和谐和稳定。

以提高教学质量为目的,继续深化“双减”改革。经过“双减”改革,校外学科类培训大幅压减,校内服务有效提升,课后服务全面铺开,家长接送之“难”、学生看护之“忧”得到有效解决。可以说,取得了阶段性的胜利。然而,减负只是手段,不是目的。推进“双减”,必须坚持目标导向,与教育的高质量发展同向同行,“双减”政策的逻辑起点绝不仅仅是减轻课业负担,而是与社会主义现代化强国建设、人的全面发展直接相关。深入推进“双减”改革,必须牢牢把握提高教学质量这个根本要求,不断深化教学改革，努力创造科学的教育教学方式方法，真正把学生从沉重的课业负担、机械作业、题海战术、纸上功夫、“唯分数”、“唯升学”中解放出来，实现全面发展与个性发展相统一。

五、大力推进职业技术教育改革，为建设制造业强国提供雄厚的技术技能型人才支撑

职业教育是以职业和岗位为目标、以工学结合为主要模式培养的应用型人才，与普通教育通过系统学科知识学习培养出来的学术型人才相比，在目标、模式、路径上都差异巨大、相互独立。长期以来，在“重学历、轻技术”观念的影响下，大量不适合学术型教育的学生涌入普通高等教育，加剧了我国高等教育人才培养的结构性困境。在“观念歧视”“体制偏好”的强化下，制造业领域受过高等教育的人员比例严重偏低，引发了我国“大学生就业难”“学历贬值”和技术岗位“职工荒”并存的就业难题。发展现代职业教育对改善教育结构、为我国成为制造业强国提供高质量人才资源支撑、拓宽毕业生就业渠道、提升教育与经济社会发展的契合度具有极为重要的意义。改革开放以来，我国一直致力于发展职业教育，但是，职业教育长期存在的“低人一等”的思想观念、人才成长道路狭窄且不通畅、收入待遇偏低、社会地位不平等等问题没有得到较好解决，职业教育发展处于床下打拳施展不开的窘境。党的十八大以后，习近平总书记站在建设社会主义现代化强国的政治高度，深刻认识发展职业教育的重要意义，多次为职业教育发展发表重要讲话，擘画职业教育综合改革蓝图。“实体经济是我国经济的重要支撑，做强实体经济需要大量技能型人才，需要大力弘扬工匠精神，发展职业教育前景广阔、大有可为。”①在以习近平同志为核心的党中央坚强领导下，职业教育改革大刀阔斧，通过中高衔接、普职融通、职成转化、产教融合、科教融汇、平等对待等一系列重大改革举措，踢开了曾经阻碍职业教育发展的

① 《坚定信心开拓创新真抓实干　团结一心开创富民兴陇新局面》，《人民日报》2019 年 8 月 23 日。

拦路虎和绊脚石，呈现一派蓬勃兴旺的发展生机。

运用法治手段突破体制机制障碍。2021年召开全国职业教育大会后，进行职业教育改革的总动员。以党和国家名义出台的配套文件《关于推动现代职业教育高质量发展的意见》，对职业教育改革发展进行了总体设计和全面部署。2022年职业教育法时隔26年首次修订，用法律的形式把破解之道固定下来，为进一步深化改革提供了法律支持和制度保障。新法明确，国务院建立职业教育工作协调机制，统筹协调全国职业教育工作，啃下了职业教育管理体制这块硬骨头。过去教育行政部门管职业学校、人力资源和社会保障部门管职业培训，加之要协调地方政府以及企业，许多工作很难推动落实的组织协调问题迎刃而解。

强化政策引导，疏通人才发展通道。针对职业教育人才发展通道不畅的弊端，需要解决职业教育、普通教育、专业教育的横向贯通；还要打通中职、高职、职业本科一体化的“断头路”，畅通职业的升学渠道，实现纵向畅通。现代职业教育体系建设，需要中等职业教育发挥基础性作用。教育行政部门通过对中职教育定位调整，在保障学生技术技能培养质量的基础上，加强文化基础教育，扩大贯通培养规模，打开中职学生的成长空间。同时在提升中等职业教育质量上下功夫，通过优化中职教育的布局结构，实施中职学校办学条件达标工程，实施“优质中职学校和专业建设计划”，示范带动中职教育质量总体提升。这样中职教育从单纯以就业为导向转变为就业与升学并重，成为高中阶段教育的重要组成部分，实现中等职业教育和普通高中教育协调发展。普职分流既可以满足不同潜能学生的学习需要，又能够提供多样化的成长成才空间和通道。在人才纵向发展方面，职业本科教育成为全社会关注的热点。从2014年首次提出“探索发展本科层次职业教育”，到职业教育法赋予职业本科教育合法权利与地位，为发展本科层次职业教育提供法律依据，不过短短几年时间。教育部2022年推进现代职业教育高质量发展的突破性举措之一，就是“支持符合条件的国家‘双高计划’建设单位独立升格为职业本科学校，支持符合产教深度融合、办学特色鲜明、培养质量较高的专科层次高等职业学校，升级部分专科专业，试办职业本科教育。”《关于推动现代职业教育高质量发展的意见》明确提出，到2025年，职业本科教育的规模将不低于10%。高职学生也能读本科成为希望能够得到继续深造机会学生的现实。同时正在积极探索优质高中、高水平职业院校和本科高校人才贯通培养模式，通过七年贯通培养，造就高端技术技能型人才。

运用政策杠杆提高职业教育的地位，实现职业教育与普通学校毕业生的同等待遇。地位平等、待遇平等是扭转对职业教育偏见的认知、激发职教生奋发有为的健康心态的前提。近年来，教育行政部门和各地方政府为此做了大量工作，地位平等、待遇平等等方面的问题在逐一破解。国务院学位委员会办公室印发了《关于做好本科层次职业学校学士学位授权与授予工作的意见》，坚持职业本科与普通本科两种类型、不同特色、同等质量的要求。将职业本科纳入现有学士学位工作体系，按学科门类授予学士学位，学士学位证书格式一致，但在学士学位授权、学位授予标准等方面强化职业教育育人特点，突出职业能力和素养，完善职业本科授予学士学位的质量保障体系，促进职业本科高质量发展。2022年6月北京市发布《关于推动职业教育高质量发展的实施方案》，强调要把北京市高等职业学校毕业生纳入公务员招考范围，并在公务员招考和企事业单位招聘中因岗设职，鼓励公平竞争。人社部正在为技术技能型人才探索建立“新八级”职业技能等级制度，即由低到高，在学徒工、初级工、中级工、高级工、技师、高级技师、特级技师的基础上，再增设首席技师，捅破职级、待遇向上发展的“天花板”。2021年12月北京市人力资源和社会保障局出台了《关于做好技能人才薪酬激励相关工作的意见（试行）》。其中，明确了8个方面的薪酬激励，大幅度提高技术技能型人才的待遇。此外，国家还为技术技能型人才设置“大国工匠”等功勋荣誉表彰制度，为作出特殊贡献的人才予以崇高的荣誉地位。党的二十大报告提出“优化职业教育类型定位”，这是党代会的文件里第一次对教育明确提出定位要求，更加具有把职业教育与普通教育平等对待的决心和意志。

提供职业教育发展的法律保障，为职业教育顺利发展保驾护航。经费投入问题是困扰职业教育发展的难题。根据联合国教科文组织的统计，职业教育办学成本是普通教育的3倍左右，而在我国高职的招生数占整个高等教育一半的情况下，所获得的直接财政投入只占20%左右。新修订的职业教育法明确了重点支持、地方为主的投入机制，职业教育的办学条件将大大改善。长期以来，产教融而不合、校企合作不深不实是个痛点，也是个堵点。产教融合、校企合作是职业教育办学的基本模式，也是办好职业教育的关键所在。新修订的职业教育法和2022年12月中办、国办印发的《关于深化现代职业教育体系建设改革的意见》，提出了“一体、两翼、五重点”的重大举措，支持建设产教融合共同体。鼓励企业举办职业教育，还要求对深度参与产教融合、校企合作的企业给予奖励、税费优惠等政策激励。2023年8月，国家轨道交通装备行业产教融合共同体在江苏常州市成立，成为首个国家级行业产教融合共同体。2025年国家产教融合试点城市要达50个左右，并建立培育一万家以上产教融合型企业。此外，新法还明确了工会、中华职业教育社等群团组织在发展职业教育中的义务与责任。这些法规有效凸显了职业教育的多元跨界特征，将更好地推动政府和各方面资源整合、同向发力，共创新局。

深化人才培养模式创新，培养高素质职业技术人才。职业技术人才的培养具有特殊性，必须按照工学一体的要求创建独特的培养模式，从普通教育中脱颖而出。《关于推动现代职业教育高质量发展的意见》以“岗课赛证”为育人理念，提出了全面改进教学内容的要求。通过按照生产实际和岗位需求设计开发课程、实施技能等级证书制度，并将证书所体现的先进标准融入院校人才培养方案、根据生产实际和岗位要求，及时更新专业教学标准与课程标准等教育教学改革，培养更适合工作岗位能力需求的人才。通过建立校企命运共同体，实现责任共担，利益共赢。拓展除了常见的产业学院、企业学院等形式外的技术技能创新平台、专业化技术转移机构、大师工作室等，延伸职业教育办学空间。除此之外在“双师型”教师培养、职教生参加社会实践等方面都有不少创新。特别是各地围绕职业教育发展出台不少改革举措，推动了教学质量的提高。例如，2021年江西省教育厅和人社厅一道出台了职校教师绩效工资总量申报核定专项文件，允许职业院校将校企合作、技术服务、社会培训、自办企业等净收入的60%追加到绩效工资总量，分配给教师。政策出台以后，老师们更有干劲了；广东省出台省产教融合建设试点方案，培育878家省产教融合型企业；南京工业职业技术大学落实校外企业兼职教师队伍建设，华为等合作企业长期派驻学校的工程师全程参与人才培养方案制订与实施。

六、不断扩大教育对外开放格局，努力提升我国教育世界影响力

中国作为一个发展中国家，长期以来文化教育处于相对落后的水平。党的十一届三中全会以后，改革开放率先在教育领域取得突破，从1978年开始，教育的对外改革开放以启动出国留学为先手打开了对外封闭的国门。截至党的十八大之前，教育对外改革开放形成了出国留学、来华留学、国际汉语教育、中外合作办学、政府间教育交流与合作等多种形式，促进了我国教育水平的极大提高。教育是人类可持续发展的重要基础，在当今世界百年未有之大变局正在加速演变的趋势下，教育必须更加积极主动地变革。全面推进联合国2030年可持续发展议程，要站在全球视野和人类福祉的高度，更加重视教育可持续发展，承担教育在可持续发展方面的社会责任。近年来，习近平总书记在“一带一路”国际合作高峰论坛、中国国际进口博览会、博鳌亚洲论坛等重大场合，多次向世界宣示中国将深化改革，扩大教育开放。建设社会主义现代化教育强国，在教育国际交流与合作中，能否提供优质的教育国际公共产品，是判断一个国家教育发展水平强盛与否的重要标志。我们应该在继续加快和扩大教育对外开放的同时，注重向世界提供一些教育的国际公共产品，为国际教育提供中国方案、中国经验，还要更加积极主动地参与教育全球治理。正如习近平总书记在全国教育大会上要求的：“扩大教育开放，提升我国教育世界影响力。”①

通过深化教育改革，不断加快从“引进来”到“走出去”的步伐。随着改革开放维度的不断延伸，以多种培养模式为代表的中外合作办学、引进国外

① 习近平：《论坚持全面深化改革》，中央文献出版社2018年版，第475页。

高校优质课程等“引进来”方式向“走出去”转化。“走出去”,不仅是我国国际教育产业的发展,更是教育方法、教育理念、教育模式、教材体系得到越来越多的国际认可。近年来我国海外建校办学、招生规模不断扩大、依托中国元素开设特色课程、中国教育标准逐渐成为一些国家认可的标准等,都标志着扩大教育改革开放的成功。例如,2017 年北京大学汇丰商学院与英国开放大学签约,购买其位于牛津郡的校舍,着手创办北大汇丰商学院英国校区,2018 年 3 月迎来首批学生。这是中国的高等学府第一次以独资、独立经营、独立管理的形式在欧洲办学。在海外办大学受到许多条件的限制,与国内的管理体制也完全不一样,有一个需要“摸着石头过河”的漫长改革过程。然而,中国欣欣向荣的经济社会发展态势是构成海外办学的最大优势,随着全球文化教育交流的日益丰富和中国高校的不断努力,未来中国高校在海外办学会更加成熟,拥有更大的影响力。浙江大学在同步引进哈佛大学“吉萨金字塔:技术、考古与历史”考古数字化课程时,将文物数字化课程的视野从中国考古扩展到世界考古,又为创立自己的 VR 课程积累经验,在这个基础上,开发出自己的数字化课程,努力实现让浙江大学优秀教研成果“走出去”的目标。厦门大学马来西亚分校开设了许多带有中国特色的课程。学生能够在英文教学环境里了解马来西亚、中国与世界。分校还将国内优秀的教学方法和理念带到当地。在能源与化工学院,可以见到从国内引进的虚拟仿真培训系统,采用人工智能等技术,有效解决了学生的实习安全瓶颈。通过推广“翻转课堂”和慕课等教学理念,鼓励学生参与到教学中去。这些教学方式方法在马来西亚都尚属首创。从“引进来”到“走出去”,再到“引进来”,即打造更具国际竞争力的留学教育,将我国建成全球主要留学中心和世界杰出青年向往的留学目的地,吸引海外顶尖人才来华留学,培养未来全球精英。

为参与全球治理,创建国际化人才培养体系。积极参与全球治理,不仅是中国做一个负责任大国应尽的国际义务,也是社会主义强国在国际上应有的声音和能力。随着“一带一路”互利共赢联合体的扩大、人类命运共同体联系的紧密,中国参与国际事务的日益增多,我国国际化人才培养的短板也越来越明显。很多国际组织,我们的人进不去、很多国际事务我们缺乏相应的人才。国际化人才是复合型人才,不仅需要有很高的外语水平,而且要有精湛的专业知识,还要懂国际规则和外事外交政策等。国际化人才是人才体系中的重要组成部分,是高等教育发展的基础,过去这个方面我们非常薄弱。建设国际化人才培养体系要打造国际教学联合体,为国际化人才培养搭建创新平台,提升高等教育合作质量。近年来,我国高校通过支持联合国教科文组织《全球高等教育学历学位互认公约》,促进各国高校资源的流动与融合,建立全球化课程建设、评估、共享机制,打造一批高水平的国际合作研究中心、联合实验室或研发基地,推动国际课程由认证向共建共享转化。通过实施国际化人才培养计划,推动跨国教育机制有效衔接,实现由联合培养向联合学位、由学历学位认证转为学历学位互认、由学分银行向学籍互认的转化。深化质量保障改革,探索广泛认可的国际高等教育质量保证和认证模式,坚持制度化和规范化,不断提升全球教育合作的质量。

深度参与教育全球治理,为构建人类命运共同体作出中国贡献。人类是休戚与共的命运共同体,面对各种难以预料的风险挑战,教育国际交流合作是攻克人类面临的共同难题、推动社会经济发展的重要力量。开创教育对外交流合作新格局,深度参与教育全球治理是建设社会主义现代化强国的必然要求。在实现全球优势科研资源汇聚中提高科研创新能力。一是通过开展国际联合攻关项目,围绕全球科研热点和重点计划,共同推动世界尖端技术创新。例如,实现碳达峰、碳中和是国际社会的共同使命,也是构建人类命运共同体的具体内容,深化能源领域国际交流与合作是全球“双碳”背景下的必然选择。我国高校和科研院所正在积极参与全球能源治理,主动融入全球能源互联网建设,为全球能源结构调整贡献中国智慧,提升我国在全球能源治理领域的影响力和话语权。再如,通过向不发达国家免费开通在线教育账号、介绍教育经验、提供经费资助、培养留学生等,推动全球教育均衡发展。二是建设国际联合实验室,集聚国际创新资源和一流人才,攻克关键技术难题。许多重大科研课题是凭一国的力量无法解决的,必须依靠国际合作联合攻关来解决。例如,肆虐全球的新冠疫情导致国际公共卫生危机，任何一个国家都不能独善其身，只有打破体制机制障碍、破除各种意识形态方面的偏见，加强国际合作，才能打赢这场关系人类命运共同体的持久战和攻坚战。我国坚持开放共赢的国际合作态度，积极配合世界卫生组织开展合作，组织国际联合攻关，获得了相当多国家的信任。三是打造国际高端人才中心，采取有效的破壁政策，构建关键领域国际高端人才中心，促进全球高端人才资源的循环与共享。

深化公共外语教学和对外汉语教学改革，培养更多能够讲好中国故事、传播好中国声音，扩大国际话语权的人才。中国日益走近世界的中央，帮助世界各国正确认知、了解、亲善中国文化和中国人是一个很重大的问题。只有让世界各国人民正确认识中国、了解中国、尊重中国、尊重中国人民的社会制度选择才有利于加强国际团结合作，扩大"一带一路"建设，构建人类命运共同体。近年来，我们在深化公共外语教学和对外汉语教学方面做了很多工作。一是加强国别研究，深入理解世界各国的历史文化、政治经济、法律法规等，在尊重他国、了解他国的前提下，有针对性地进行文化交流。二是改进公共外语和对外汉语的教学内容。以掌握语言转换能力为基础，加强综合知识和综合能力的培养，使之成为复合型的外语人才，特别是加强对中国历史文化、中国特色社会主义理论和制度、国际媒体传播能力提升等方面专业知识的学习。三是改进人才培养方式。改变过去注重强化语言学习和训练的教学方式，更加注重在开放式的环境中培养语言表达和转化能力。例如，通过参加社会实践、开展各种文化传播活动、组织各种竞赛、与留学生结对子等方式，强化语言训练和表达能力。让全球几千万汉语学习者、几十万来华留学生成为中国的好朋友，让全世界的人民更加深入了解中国、关心中国、支持中国。

第四节　着力推进教育治理体系与治理能力现代化建设

党的十八届三中全会《关于全面深化改革若干重大问题的决定》（简称

《决定》)首次提出了"全面深化改革的总目标是完善和发展中国特色社会主义制度,推进国家治理体系和治理能力现代化"。《决定》首次对党的十八大提出的"深化教育领域综合改革"的总体部署作出了具体的改革规划和任务安排。可见,深化教育领域的综合改革最终的目标是与国家全面深化改革目标相呼应,实现教育治理体系与治理能力现代化。这对我国实现教育现代化,建设具有中国特色的社会主义现代化教育强国作用重大,十分关键。正如习近平总书记指出的:"我国有着全世界最大的教育体系,同时情况也非常复杂,城乡区域发展不平衡,人民群众教育需求也存在很大差异。要运行好、发展好这样庞大而复杂的教育事业,必须针对学校自我约束和自我发展机制不健全、政府管理越位缺位错位不到位、社会参与不足等问题,深化办学体制和教育管理改革,推进教育领域治理能力和水平现代化。"①

一、推进教育治理体系与治理能力现代化是实现教育现代化的必然要求

所谓教育治理体系,就是在党的领导下,教育管理制度体系的总称,它包括党的领导、政府管理、学校党的建设、教学、科研、学生管理、教师队伍建设、文化传承、服务社会、国际交流等,以及社会对教育的参与度与关联度等各方面的体制、机制和法律制度安排。它是国家治理体系的重要组成部分。教育治理体系包括建立在中国特色社会主义教育制度基础上的教育管理体制、学校治理结构体系、社会参与体制机制等。教育治理体系与治理运行机制的基础是政府、学校与社会之间和内部的各种利益关系、权力关系、权利关系、社会责任和社会义务。教育治理能力则是指运用制度管理和管理运行机制在实现教育目标方面体现出的各方面工作的能力。治理体系现代化体现在制度设计和建设的科学性以及体制机制运行的协同性等方面;治理能力则体现在制度执行的准确性和实现目标的能动性等方面,二者密切联

① 习近平:《论坚持全面深化改革》,中央文献出版社 2018 年版,第 473—474 页。

系,相辅相成。推进教育治理体系与治理能力现代化对实现教育现代化起着基础性和关键性的作用。

科学理顺权力关系有利于调动各方面的积极性,汇聚合力促进教育事业大发展。在我国的经济制度从单纯的以社会所有制为主向以公有制为主体和社会主义市场经济的基本经济制度转变的过程中,教育的权力关系也开始由国家大包大揽向权力主体多样化转变,形成了政府、学校和社会三大类型的权力关系,而且每一类权力关系中还存在不同的管理权限分配或者不同的权力关系性质。例如,政府的权力就存在各级政府的不同权力分工和职责;学校也由于存在不同的教育类型和办学性质而存在多种多样的权力关系。进入新时代,面对日益庞杂的教育管理事务和各种各样的教育类型,办学需要通过深化教育综合改革,理顺教育管理体制的各种权力关系,解决政府该管什么、学校要干什么、社会如何参与等一系列问题。特别是通过深化改革,把各级政府、各类学校、各种社会资源参与的具体关系理顺,形成权责明确、统筹协调、规范有序、各尽其能的科学化的教育管理体制,改变过去存在的该管的没人管,不该管的都想管的混乱状态,汇聚合力促进教育事业大发展。

通过深化改革推动办学主体形成合理的治理结构,有利于把握社会主义的办学方向,沿着中国特色社会主义教育发展道路行稳致远。在教育治理体系中,学校的治理结构现代化建设是大头,这不仅体现在学校是教育治理体系中的主要部分,也同时因为学校的治理水平直接关系教育改革的成败。学校内部治理结构是学校作为一个教学单元为完成一定的教育目标而建立的组织机构、运行机制和管理模式的总称。学校的内部治理结构是否健全和科学,本质上是对各种权力和权利、各方面利益的协调、配置和平衡,从而保证教育教学理念和教学发展目标的实现。健全学校内部治理结构要从两个有利于来思考改革路径:一是加强党对学校的全面领导,保证社会主义的办学方向;二是在党的领导下带领学校师生员工有效地治理学校,充分调动各方面的积极性和创造性,形成奋发有为和风清气正的工作氛围。学校内部治理结构改革的目标是要“建设依法办学、自主管理、民主监督、社会参与”的现代学校制度。健全学校内部治理结构要以坚持高校党委领导下的校长负责制和中小学党组织领导的校长负责制根本制度为核心构建制度体系，按照学校发展规律准确界定和全面规范办学性质、宗旨、目标、内部管理体制和运行机制、决策程序等体制机制，运用“废、改、立”改革举措，理顺学校外部和内部各种权力、权利和利益的关系，形成决策权规范运行、执行权阳光公开、监督权有效保障的治理路径。解决学校管理中存在的一些制度空、疲、软和设计不科学、不完善等缺陷，以及政出多门、职能交叉、民主不够、监督无力、效率不高，团结统一不充分等问题。只有学校内部治理结构主动适应社会主义现代化强国的建设要求，才能胜任学校的责任和使命。

通过强化制度的执行力，规范教育人的各种管理行为和教学行为，促进高质量全面发展人才水平的提高。教育治理能力是坚持和运用各种教育制度组织管理教育事业改革发展所体现出的能力，也就是教育制度的执行力。教育制度的执行力体现在站在讲政治的高度同党中央、党的方针政策保持高度一致；执行制度不打折扣、不搞变通、原原本本地完成贯彻落实，能够理论联系实际，实事求是，以敢于担当的精神开创性地完成党和国家交给的教育目标和任务等方面。没有教育治理能力的现代化，教育治理体系再科学、教育内部治理结构再健全、教育制度体系再完善也会成为空中楼阁。制度的生命力在于有效地执行，加强教育治理能力现代化建设就是要用制度实现“管人”“管权”“管事”，设置制度的高压线，规范所有教育人的管理行为，坚决杜绝“越位”“踩线”“懒政”现象。通过制度导向和激励机制，充分调动各方面的积极性，在各自的岗位上为教育事业作出贡献。实现教育治理能力现代化的关键是提高所有教育工作者的素质，特别是领导者“关键少数”的素质。通过坚持和运用一系列教育管理制度，坚定广大教育工作者的理想信念，增强办好人民满意教育的意识，以饱满的精神状态倾心培养社会主义事业的建设者接班人。

通过优化教育结构，理顺各类教育的关系，创建各级各类人才独具特色的培养模式，形成有利于实现中华民族伟大复兴的全面人才体系。实现教育治理体系的现代化除了正确处理政府、学校与社会的关系和实现学校内部治理结构现代化、提高教育治理能力现代化水平等方面以外,还要理顺各类教育关系,优化教育结构布局,构建服务全民终身学习的教育体系。要根据建设社会主义现代化强国人才全面发展的需要,针对我国教育供给与需求之间还存在的结构性矛盾,就业难和人才短缺并存的问题,推动学前教育公益普惠发展,深化义务教育城乡一体化高质量均衡发展,进一步普及特殊教育和高中阶段教育,建设现代职业教育体系,加快发展继续教育、成人教育和老年教育,解决好教育供给能力问题,打造面向每个人的教育。要朝着建设一个更加多样化的教育体系努力,促进各级各类教育高质量协调发展。要完善职业技术教育、高等教育、继续教育统筹协调发展机制,搭建沟通各级各类教育、衔接多种学习成果,实现学分转换的全民终身学习立交桥。支持和规范民办教育、中外合作办学。发挥网络教育和人工智能优势,创新教育和学习方式,打造适合每个人的教育。要朝着建设一个更加公平的教育体系而努力,做到合理配置教育资源,重点缩小城乡、区域、校际、群体教育发展差距,加快补齐教育发展短板,继续巩固教育脱贫攻坚成果,构建惠及每个人的教育,努力打造人人能学,人人成才的教育环境。实现习近平总书记提出的“要加快建成更加开放灵活的教育,努力使教育选择更多样、成长道路更宽广,使学业提升通道、职业晋升通道、社会上升通道更加畅通”①的目标。

二、推进教育治理体系与治理能力现代化的关键是理顺政府、学校和社会的关系,形成充满活力,富有效率的结构体系

在教育治理中如何处理好政府、学校与社会的关系,是推进教育治理体系与治理能力现代化建设的关键。政府作为教育的组织管理者如何管教育,学校作为办学主体如何办教育,社会作为教育受体如何评教育、如何关心和参与教育,涉及教育的动机与效果、理论与实践、原则与实践的有机统一。习近平总书记有关教育的重要论述能不能落实、落地,就要看教育治理

① 习近平:《论坚持全面深化改革》,中央文献出版社 2018 年版,第 472 页。

中能不能正确处理好三者关系,做到守土有责,各负其责,充分调动各方面的积极性。过去教育管理中长期存在的问题是:政府部门扮演比较明显的管制型角色,教育行政化色彩浓重,管办重合、政校不分,既当运动员又做裁判员;学校办学活力不足,缺乏办学自主权,教育发展约束性因素太多,教育领域多样化主体之间缺乏互动、合作乃至制衡的机制与制度;社会参与缺乏积极性、利益关联机制不紧密、社会评价和监督机制不畅通等。推进教育治理体系和治理能力现代化,就是要适应国家治理体系和治理能力现代化建设要求,根据教育发展的自身规律和教育现代化的基本要求,以构建政府、学校、社会新型关系为核心,以推进管办评分离为基本要求,以转变政府职能为突破口,建立系统完备、科学规范、运行有效的制度体系。通过改革形成政府宏观管理、学校自主办学、社会广泛参与的格局,更好地调动中央和地方两个积极性,更好地激发每个学校的活力,更好地发挥全社会的作用。党的十八届三中全会对深入推进管办评分离做了部署,在 2018 年全国教育大会上,习近平总书记又对深化“管办评”改革提出了具体要求。通过深入持久的改革,取得了突破性进展。

在政府如何把该管的管好,做到不缺位、不越位、不错位的改革上。一是实现了更好地调动中央和地方两个积极性的工作。中央教育行政部门强化了政府宏观管理和政策引导,做好顶层设计,制定教育法规和标准,加强政策指导,深入调查研究以及提供信息服务等方面的工作。同时,健全省级政府教育统筹管理机制,扩大省级教育行政部门的教育管理和资源分配权限,提高教育管理效率和效益。健全县级为主的基础教育管理体制,充分调动各级地方政府管理教育的积极性。地方政府教育统筹权的扩大,有利于统一推进各级各类教育协调发展,城乡、区域教育一体化发展,统筹建立以政府投入为主、多渠道筹集教育经费、保障教育投入的体制机制等。二是强化教育督导建设。推进教育治理体系和治理能力现代化,既要简政放权,还要加强监督监管。教育督导是政府加强宏观管理的基本手段,也是决策、执行、监督三者相互协调中不可或缺的重要环节。近年来在完善督学、督政、监测三位一体的教育督导体系,推进国家、省、市、县四级人民政府教育督导机构和队伍建设,提高督导工作规范化专业化水平,积极开展教育督导工作等方面做了大量工作。在规范学校办学行为、监测全国义务教育质量、挂牌督导教育问题的解决、维护教育公平等方面发挥了巨大的作用。三是完善政府部门之间的跨部门合作机制。在加强党的全面领导的时代背景下,各级党委和政府建立了跨部门的合作机制。很多过去单凭教育行政部门难以解决的问题得以解决,极大地提高了管理的效率和权威。四是推进管理公开,自觉接受社会监督。社会监督是教育治理体系和治理能力现代化的重要组成部分。阳光是最好的防腐剂,在全面从严治党的大环境下,教育行政部门建立权力清单、责任清单、负面清单制度,坚持信息公开。特别在推进职能公开、依据公开、程序公开、结果公开、监督公开等方面做了大量工作,提高了政府的公信力,努力营造风清气正的良好政治生态。同时,充分发扬民主,凡是重要改革方案、重大政策措施、重点工程项目在决策前都要公开征求意见,并以适当方式公布意见采纳情况,促进决策的民主化和科学化。

在落实学校办学主体地位,明确权利责任,实现自我管理、自我约束、自我发展的改革上,努力激发办学主体的活力。教育有没有活力,关键要看学校有没有活力。推进教育治理体系和治理能力现代化,必须把学校作为基本立足点,建立以学校持续健康发展为导向的工作机制,最大限度地激发学校作为教育"细胞"的活力。一是完善内部治理结构,形成自我约束、自我规范的内部管理体制和监督制约机制。这也是政府放权的制度前提。对于民办学校,要加强党的基层组织建设,充分发挥党组织在学校中的政治核心作用。完善理事会(董事会)结构,规范决策程序。落实教职工代表大会的民主参与机制、理事会(董事会)的社会联系和合作机制。二是落实和扩大学校办学自主权。学校作为培养人的场所,要把培养人的责任和权利交给学校。近年来,教育行政部门大力推进减少不必要的行政审批和干预;大幅度减少各类检查、评估、评价;转变政府职能,做好宏观指导政策制定、协调服务和监督检查等"放管服"改革;把更多的精力用于谋全局、议长远、办大事、抓落实等方面,持续推进"简政放权"工作。学校在有了更多的办学自主权以后,权力(利)更大,责任也更大,这也倒逼学校建立更加完善的内部治理结构,成为充满活力又健康有序运行的办学主体。三是坚持主动面向社会服务社会。学校要实现自我发展必须不断提高服务意识、服务能力、服务水平,才能实现持续健康发展。这些年在教育行政部门的引导和协调下,高水平研究型大学面对新科技革命、实体经济和区域发展战略的重大需求主动提供智力支持和科技服务。一批地方本科高校在办学思路、模式、方法上向应用技术大学转变,通过机制创新,推进产学研结合、校企合作,提高人才培养、科学研究水平和社会服务能力。高校加大对本地区基础教育学校的支持和帮扶力度,通过师资培训、学生参加社会实践、开放大学教育资源、支教帮教等方式,帮助地方基础教育提高质量。学校在服务社会中也得到相应回报,在科研经费、科研方向、学生就业、地方共建、青年教师住房等问题的解决上,地方政府给予大力支持和帮助,增强了学校的办学活力和凝聚力。

在教育成果自觉接受社会检验、评价、监督,最大限度调动社会参与的积极性的改革上。一是深化办学体制改革。充分发挥市场经济对民办教育资源配置的作用,把民办教育作为教育事业的重要增长点和教育改革的重要力量,鼓励多元主体多种形式办学,充分调动全社会参与教育的积极性,满足人民群众多层次多样化的教育需求。这些年,民办教育、中外合作办学、企事业单位办学、集团化办学等办学新形式不断出现。通过修订民办教育促进法,清理并纠正对民办教育的各种歧视性政策、探索分类管理办法、改革民办教育内部管理体制、完善支持民办教育的政策措施。社会力量兴办教育的积极性空前高涨。二是建立社会主导的教育评价机制。通过改革树立了教育治理"一切为了人民、一切依靠人民、为了人民的一切、一切接受人民检验"的理念,建立了保障多样化主体参与教育治理的制度与机制、非行政权力有效参与教育治理的具体制度安排。充分发挥专业性和非营利性教育评价机构的作用,保证社会专业机构的独立性和公正性。现在许多教育评价工作都不由政府和学校自己说了算,而是让社会、学生、家庭以及教育受体来参与评价。同时以购买服务的方式,将专业性、事务性工作交给具备资格的社会专业机构,充分发挥第三方社会评价优势和在教育治理体系中的重要作用。建立权责清晰、高效联动、上下贯通、运转灵活的多样化主体之间的互动、合作及监督机制。三是不断增强社会参与教育治理的动力。针对过去社会参与教育治理动力不足的问题，这些年，通过教育改革发展问计于民的协商民主制度的发展，通过学校与企事业单位建立互利共赢共同体，通过教育决策机制推进科学化、民主化、法治化，通过形成以人民满意不满意作为教育成效评价唯一依据机制的落实落地等，社会参与教育治理的积极性日益提高，新型的政府、学校和社会的关系逐步定型，一个充满活力、富有效率的治理结构体系正展现在众人面前。

三、以深化考试招生改革作为推进教育治理体系与治理能力现代化的突破口

考试招生制度是国家基本教育制度，是人才培养的关键环节，关系国家发展大计，关系亿万青少年学生的前途命运和每一个家庭的切身利益。深化考试招生制度改革有利于净化教育系统的政治生态，有利于为国家科学选拔人才，有利于维护社会的和谐稳定，有利于扩大社会的公平正义，有利于把党的人才全面发展的要求落到实处，对推进教育治理体系与治理能力现代化建设具有“牵一发而动全身”的作用。党的十八届三中全会作出的《决定》用专段论述了考试招生制度改革的要求和远景目标。由此，有实施高中学业水平考试、加强和改进综合素质评价、实施“强基计划”、加强和改进综合素质评价、推进高职分类考试、规范高考加分、改革艺术体育类考试等一系列政策举措出台。自新中国成立以来这个最全面、最系统、最持久的改革一直延续至今，还在不断深化。

搭建学生成长发展“立交桥”，从根本上解决一考定终身的问题。过去的考试招生制度之所以让无数学生和家庭焦虑，就在于人才成长通道过于狭窄，存在“千军万马过独木桥”“一考定终身”的情况。缺乏学生“人人能够成才、时时能够成才、处处能够成才”的宽松、自由成长环境。考试招生制度改革说白了，就是要按照社会主义制度对人的发展的要求，尊重人才成长发展规律使人的成长有多种渠道、人的发展有多种选择、人的发展机会有

多次供应。考试招生制度改革以来,我国在探索普通高校、高职院校、成人高校之间学分转换方面做了很多有益的工作。例如,在高职院校学生到普通高校学习、成人高校的毕业生考普通高校的研究生、普通高校学生转学高职院校专业等方面都打开了一定的通道。总的改革精神是要让人人都能通过各种渠道获得接受教育的机会,只要努力人人都能获得成功。搭建人才成长立交桥,说起来容易,改起来其实非常艰难。因为这涉及如何维护普通高校、高职院校和成人高校学生的起点公平和如何经过个人的努力科学实现等级赋分的问题。这既不能不分差异地“来去自由”,又不能画地为牢禁止通行。因此,搭建人才成长立交桥的探索具有长期性和复杂性,必须逐步摸索、逐步总结经验,逐步扩大范围,绝不能急于求成。

探索科学招生方法,严格规范招生制度,反对以权谋私、特权行为,营造公平公正、风清气正的招生环境。相当长一段时期,招生录取是教育领域的腐败重灾区,存在以钱录取、以权录取、以关系录取的问题。特别是招生制度存在的自由裁量权过大、权力过于集中、名目繁多的竞赛、得奖、考级等为违规招生打开了方便之门。改革招生方法既是全面从严治党的必然要求,也是以学生全面发展为基本导向,改变单纯以考试成绩评价学生的必然选择。综合评价是考试招生制度改革重点和基础,是破解“唯分数”的必然选择。在小学、初中生录取制度的改革上,坚持义务教育免费就近入学,试行学区制和九年一贯对口招生制。通过电脑派位、阳光录取、群众监督、教育局统一管理招生等方法,保证就近入学制度的严肃性。对于存在中小学校发展不均衡的区域,通过禁止考试录取、多校划片、发展优质民办教育等方法抑制学区房炒作,为学生家长提供多种选择。在中招制度的改革上,各地探索建立学生综合素质评价体系,强化过程评价,探索增值评价,将学生综合素质评价结果纳入中考成绩,初步形成基于初中学业水平考试、结合学生综合素质评价的高中阶段学校考试招生录取模式。上海市明确,2022 年中招录取方式由原来的 5 种(自荐、推荐、零志愿、名额分配和统一招生)调整为 3 种,包括自主招生录取、名额分配综合评价录取和统一招生录取 3 个批次。特别是首次实施市实验性示范性高中名额分配综合评价录取引人注目。实施名额分配综合评价改革后，招考机构将考生计分科目总成绩和学校综合考查成绩作为录取的基本依据。这意味着每一所学校的学生都有进优质高中的机会。高考录取制度的改革这些年力度最大，最主要的是两项改革举措：一是简化或取消录取批次，有的省份则一步到位取消了本科和专科院校、专业在录取批次上的区别。二是实行多种模式的平行志愿，在原来平行到院校的基础上，增加了平行到专业（或专业类）、平行到专业组两种形态，形成三种平行志愿形态并存的格局。在运用信息技术录取的条件下，最大限度地体现了录取的公开公平公正。同时，通过进一步清理规范和逐步减少各类加分政策、规范自主招生、严肃艺体自主招生考试纪律等堵死可能发生腐败的漏洞，健全学校自我约束和自我发展机制。2020 年国家启动实施“强基计划”，作为对基础学科拔尖创新人才选拔机制的新探索，试行 4 年来取得较明显的效果。各地积极探索综合评价招生试点，例如，山东省以浙江大学、山东大学等 11 所高校作为试点，综合考生的高考成绩和高校考核成绩择优录取。

稳步推进考试制度改革，不断强化全面发展的教育导向。过去的中考制度是各区市自主命题，存在一个省区市评价标准混乱、难以科学准确评价学生；考试成本巨大，考题科学化水平参差不齐；对各地市教育评价难以科学监管，教育统筹权威性不够等问题。2019 年 6 月 23 日，中共中央、国务院印发了《关于深化教育教学改革全面提高义务教育质量的意见》，明确指出“稳步推进初中学业水平考试省级统一命题”。此后，教育部出台的多份文件，均提出要加快推进省级中考统一命题改革，并明确提出了“时间表”和“路线图”。目的就是做到义务教育教学质量的把关提前，有利于引导学校落实课程标准和德智体美劳“五育”并举的育人理念。同时做到巩固“双减”成果，纠正题海战术、死记硬背、偏题怪题等不利于学生成长的导向。2022 年教育部发布《关于做好 2022 年中考命题工作的通知》要求各地积极推进省级统一命题，要力争 2022 年实现省级统一命题。确不具备条件的省份，要研究提出加快推进省级统一命题的工作方案，到 2024 年实现中考省级统一命题。初中学业水平考试省级统一命题制度的全面推行，将极大地促进以省区市为单位的基础教育高质量均衡发展。高考制度的改革比中考制度的改革起步更早。2014 年 9 月，国务院颁布《关于深化考试招生制度改革的实施意见》，新一轮高考改革拉开序幕。这是第一次以国务院名义出台关于考试招生制度改革的专门文件。截至目前，先后有 5 个批次共计 29 个省市实施新高考综合改革，首批试点省市已有 4 届新高考学生进入高校。改革的内容主要是：考试科目设置和计分方式上的改革；评价标准和评价方式上的改革等。

5 个批次的改革不断总结和积累经验，选考模式从第一批改革的上海、浙江试点提出的“3+3”模式调整为“3+1+2”模式。2022 年各省陆续公布高考改革方案，展现了深化改革的新成果。例如，四川“新高考”取消文理分科，启动“3+1+2”模式：“3”为语文、数学、外语 3 门全国统一考试科目；“1”为首选科目，考生从物理、历史 2 门科目中自主选择 1 门；“2”为再选科目，考生从思想政治、地理、化学、生物 4 门科目中自主选择 2 门。四川将从 2022 年秋季入学的普通高中一年级学生开始，全面实施普通高中学业水平考试。普通高中学业水平考试分为合格性考试（以下简称“合格考”）和选择性考试（简称选择考）。合格考成绩是学生毕业、普通高中同等学力认定和普通高考报考资格审查的主要依据；选择考成绩作为普通高等学校招生录取的依据之一。内蒙古从 2022 年秋季入学的高中一年级学生启动实施高考综合改革。主要包括四个方面内容：一是完善普通高中学业水平考试制度；二是规范普通高中学生综合素质评价制度；三是深化统一高考考试招生改革；四是推动高等职业院校分类考试招生改革。到 2025 年，基本形成分类考试、综合评价、多元录取的高校考试招生制度，健全促进公平、科学选才、监督有力的体制机制。高考制度的改革充分考虑了各地区原来基础教育发展水平、高等教育和学科专业布局，考生可以根据个人志向、兴趣爱好、自身优势，做好生涯规划、选择考试科目，尊重学生的个性差异，扩大学生的学习自主选择权，体现了以学生发展为中心的改革导向。5 个批次的改革逐步形成了分类考试、综合评价、多元录取的考试模式。

坚决破除“唯分数论英雄”“唯名校论英雄”的政绩观，保证教育治理体系改革的正确方向。在加强党对教育工作全面领导的情况下，通过教育治理坚决纠正片面追求升学率和“名校”录取率倾向，不得下达升学指标或以中高考升学率考核下一级党委和政府、教育部门、学校和教师，不得将升学率与学校工程项目、经费分配、评优评先等挂钩，不得通过任何形式以中高考成绩为标准奖励教师和学生。2022 年 1 月教育部发布《普通高中学校办学质量评价指南》，普通高中学校办学质量评价包括办学方向、课程教学、教师发展、学校管理、学生发展 5 方面重点内容，18 个关键指标，48 个考查要点，为促进普通高中教育内涵发展和质量提升提供重要依据。这有利于扭转不科学的教育评价导向，引领全社会树立科学教育理念，为中小学全面实施素质教育营造良好环境，促进学生全面发展、健康成长。

四、以全面推进依法治教巩固教育治理体系与治理能力现代化成果

党的十八大以来，以习近平同志为核心的党中央从坚持和发展中国特色社会主义全局出发，实施“四个全面”战略布局，在全面深化改革过程中，推进全面依法治国。教育综合改革事关全局，不仅要破除阻碍教育事业科学发展的体制机制障碍，还要与五大建设等改革发展相互配合，协同推进，必须于法有据，有法可依，执法有力。依法治教与综合改革如车之两轮、鸟之两翼，必须并驾齐驱，比翼双飞。正如习近平总书记指出的：“要着眼于‘管好’，坚持依法治教、依法办学、依法治校，完善办学制度，强化从严治校机制，不断健全教育管理制度体系。”①

通过提高党内制度和法规的执行力，确保党在教育系统的全面领导和全面从严治党战略布局的稳步实现。按照加强党的全面领导和全面从严治党走深走实的要求，教育系统全面贯彻落实《中国共产党章程》《中华人民共和国教育法》《中华人民共和国高等教育法》和党的十八大以后新修订的党内制度法规的各项要求，坚持“两个维护”，做到“两个确立”，努力建设风

① 习近平：《论坚持全面深化改革》，中央文献出版社 2018 年版，第 475 页。

清气正的政治生态。一些长期困扰教育领域的治理问题,例如,招生录取腐败、意识形态领域管理薄弱、教师队伍建设管理松弛等问题得到了有效的遏制。以高校党委领导下的校长负责制、中小学校党组织领导的校长负责制、学校党的根本领导制度统领和贯穿学校其他方面的制度,已经形成把党的领导贯穿教育工作的各方面各环节,使教育领域成为坚持党的领导坚强阵地的治理格局。高校院系、民办学校、中外合作办学和中小学党建工作得到加强,实现"纵到底、横到边"的全覆盖。意识形态工作管理机制和责任制不断健全,社会主义核心价值观牢固占领教育阵地。巡视巡察督查全覆盖机制不断完善,教育秩序更加健康。

加大教育立法力度,为教育改革发展提供科学有力的法制供给。各级人大,特别是全国人大高度重视落实教育优先发展战略,在立法工作中把教育立法修法放在最突出的位置。完成教育法、高等教育法、教师法、民办教育促进法、职业教育法和残疾人教育条例等法律法规一揽子修订工作,不断健全教育法律制度体系。

加强重点领域、新兴领域、涉外领域相关立法调研和协同推进。积极推动学位法、学前教育法、科普法等专门性法律立法修法工作,促进形成更为系统完备的教育领域法律制度体系。坚持问题导向,提高立法针对性和实效性。立法工作与监督工作紧密结合,在监督中发现问题,通过监督推动立法、解决问题。全国人大常委会听取和审议国务院关于学前教育、教师队伍建设、科技创新等方面情况的专项报告后,有针对性地促进相关法律的立法修法进程。尤其是2021年以来,针对中小学校治理中出现的一系列问题,改革完善了以未成年人保护为中心的中小学校依法治理制度体系。促成了《未成年人保护法》《预防未成年人犯罪法》《中小学教育惩戒规则(试行)》《未成年人学校保护规定》等重要法律和规章的实施。人民代表大会在制定法律法规的过程中深入学习贯彻习近平总书记关于发展全过程人民民主的重要论述,以民之所呼为立法所向,努力让教科文卫领域立法的各个环节都能倾听民声、汇聚民智、体现民意。坚持开门立法,提高社会参与立法的深度和广度,把尊重人民主体地位、发挥代表作用作为立法工作的重要基础。

牢固树立依法治校理念，以制度建设为主线，贯穿学校治理全过程，不断提高制度的执行力和严肃性。依法治校，建立健全相关管理制度，是办好一所学校的必然基础条件。管理学校内部各项事务，需要一整套完善的工作制度作为基本保障，才能促进学校健康有序发展。各学校在坚持党的领导制度前提下，开展了以《学校章程》为主要管理制度的制度体系建设。实现党组织集体领导、校长负责执行、专家教授潜心治学、职工代表大会民主监督的治理结构，不断完善政治权力、行政权力、学术权力与民主管理和监督的组织框架。党的十八大以后，教育部根据《全面推进依法治校实施纲要》，研究制定了依法治校指标体系，形成依法办学的考核标准、考核办法，为政府、社会、家长监督评价学校办学行为和管理活动提供了科学依据，为学校建立既自立又自律的工作机制提供保障。教育行政部门转变职能，把更多精力放在对学校办学活动合法性的监管上，提高学校管理的法治化水平，坚决杜绝任何学校出现有悖于法治原则的管理手段和规定。通过严格依法治校让每一个受教育者和教育工作者在学校管理中都能直接感受到法治的力量。

强化法治的贯彻落实，努力创建依法治校的环境。20 世纪 90 年代，一些地方开始探索由司法人员担任中小学校法治副校长的做法。2003 年中央社会治安综合治理委员会等五部门联合发布了《关于规范兼职法制副校长职责和选聘管理工作的意见》，从国家层面确认了中小学校的法治副校长制度。2022 年教育部颁布《中小学法治副校长聘任与管理办法》（以下简称《办法》），要求每所中小学校至少配备 1 名法治副校长，该办法于 5 月 1 日起正式实施。经过反复摸索，具有鲜明中国特色的法治副校长制度为加强中小学校依法治理工作，特别是在开展未成年人保护及预防未成年人犯罪工作方面，发挥了重要作用。特别是《办法》为破解法治副校长制度实践过程中面临的突出问题提供了政策依据。例如，《办法》明确规定，法治副校长是指由人民法院、人民检察院、公安机关、司法行政部门推荐或者委派，经教育行政部门或者学校聘任，在学校兼任副校长职务，协助开展法治教育、学生保护、安全管理、预防犯罪、依法治理等工作的人员。这就解决了过去法治副校长界定难、产生难、职责不清的问题。高校普遍建立了法律顾问制度,为高校依法治校、法律咨询、决策合法性审查、对外合作交流(如合同、协议、招投标文件等)法律依据把关等提供全方位服务,提高依法治校水平。

以问题为导向,加强对教育质量中存在的突出问题的依法治理,逐步理顺各种治理关系。在教育事业发展中,对出现的突出问题,强化问题意识,坚持运用法治手段达到标本兼治的效果。例如,对民办教育的治理。民办教育由于发展历史较短、速度迅猛,特别是在资本的强力介入之下,存在一定问题和潜在风险。由此带来区域义务教育布局不够科学、教育公益性缺失、社会资本进入教育领域带来的失控失序、部分民办学校办学行为失范、党的领导缺失等一系列问题。对这些问题不能简单地一刀切,必须充分认识民办教育作为社会主义教育的重要组成部分的作用,通过法治手段促进民办教育健康发展。《民办教育促进法》自 2002 年制定以来,全国人大和教育行政部门紧密配合,针对民办教育不断出现的新情况、新问题,加强依法治理。党的十八大以来,《民办教育促进法》就在 2013 年、2016 年、2018 年连续修订了三次。为了更好地贯彻落实《民办教育促进法》,2021 年国务院又出台了《民办教育促进法实施条例》,民办教育的治理越来越规范有序,促进了民办教育事业的健康发展。

第六章　教育大计，教师为本，努力为建设教育强国培养高素质专业化创新型教师队伍

尊师重教是中华民族的传统美德。“国将兴，必贵师而重傅；贵师而重傅，则法度存”，历史上我国留下了诸多敬师爱师的美谈。尊重知识、尊师敬师也是我们党的优良传统。党的十八大以后，习近平总书记站在实现中华民族伟大复兴的战略高度，更加重视教师工作。2013年在教师节首次提出“教师是立教之本、兴教之源”，将教师置于教育的“本”“源”之高位。在2014年教师节前夕，习近平总书记在同北京师范大学师生代表座谈时又强调，“百年大计，教育为本。教育大计，教师为本”。① 此后，习近平总书记在不同场合反复强调教师队伍建设的重要性，提出了建设一支高素质专业化教师队伍的战略目标，并亲自研究部署教师队伍建设的大政方针。2018年中共中央、国务院发布的《关于全面深化新时代教师队伍建设改革的意见》指出要“造就党和人民满意的高素质专业化创新型教师队伍”；2019年中共中央、国务院印发的《中国教育现代化2035》又提出要“建设高素质专业化创新型教师队伍”。可以说，“高素质专业化创新型”是对改革开放以来我国教师队伍建设总体目标的继承与发展，是新时代教育事业发展的重要任务和光荣使命。

---

① 习近平：《做党和人民满意的好老师》，《人民日报》2014年9月10日。

第一节　建设高素质专业化创新型的教师队伍是新时代教育事业发展的最重要基础工作

当今世界综合国力的竞争，归根结底是人才的竞争，而教师教育就是造就人才的"工作母机"。培养能够担当民族复兴大任的德智体美劳全面发展的社会主义建设者和接班人，是广大教师的重要使命。教师主导教育教学工作，是实现和完成教育任务的主体。教师的肩膀一边挑着学生的未来，一边挑着民族的未来，是联结学生个人理想实现和国家发展愿景的桥梁和纽带。习近平总书记充分肯定教师在新时代的作用，他指出："今天的学生就是未来实现中华民族伟大复兴中国梦的主力军，广大教师就是打造这支中华民族'梦之队'的筑梦人。""各级党委和政府要从战略高度来认识教师工作的极端重要性，把加强教师队伍建设作为基础工作来抓。"①

一、教师是新时代教育事业发展的第一资源

新时代迫切需要一大批高素质人才，高素质人才依赖于高水平教育，而高水平教育必须建立在一流教师队伍的基础上。没有一流的教师队伍，一切都成为空谈。从这个意义上说，建设高素质专业化创新型的教师队伍是新时代教育事业发展的第一资源。

高素质教师队伍是青少年树立和践行社会主义核心价值观的引路人。培养什么人，是新时代教育的根本问题。在百年未有之大变局加速演变，在国际国内形势发生重大而深刻变化的时代条件下，各种思想文化的交流传播呈现前所未有的开放状态和交融交锋的激烈斗争。马克思主义指导地位面临多样化社会思潮的干扰和挑战。新时代我们需要的人才，首先是坚定理想信念，热爱社会主义，拥护中国共产党，忠诚于伟大祖国和人民的人才。这样的人才要培养好，必须从幼儿到大学生阶段全过程都能够得到正确的

① 习近平：《做党和人民满意的好老师》，《人民日报》2014 年 9 月 10 日。

思想引导，从扣好人生的第一颗扣子开始，一直得到社会主义核心价值观的引导。这里面教师就发挥着不可替代的作用。当前，学生的传统教育引导方式面临全媒体信息传播的挑战；社会主义核心价值观的弘扬面临市场逐利性的挑战；培养社会主义建设者和接班人面临敌对势力渗透争夺的挑战；学生道德品质的养成面临多样化复杂环境的挑战等。在这种情况下，部分青少年出现了一些不容忽视的思想政治问题。实现中华民族伟大复兴必须旗帜鲜明地把培养一代又一代与祖国同呼吸共命运、与人民心连心齐奋斗、与时代同步伐立潮头的社会主义建设者和接班人作为教育的根本任务。只有高素质的教师才能肩负起和完成好这一历史使命，在学生成长过程中帮助青少年扣好人生的一粒粒扣子。习近平总书记指出："一个人遇到好老师是人生的幸运，一个学校拥有好老师是学校的光荣，一个民族源源不断涌现出一批又一批好老师则是民族的希望。"①

高素质教师队伍是解决好新时代教育发展不充分不平衡问题的重要抓手。在新时代，我们完成了全面建成小康社会的历史性任务，社会主要矛盾发生了重大转变，人们对美好生活的向往更加强烈。在新时代，发展不充分不平衡仍然是社会发展的主要问题。特别是人们期盼有更好的教育，这是当前民生发展最大的问题。在一个有着十几亿人口的发展中大国，办好世界上最大规模的教育，促进公平而优质的教育发展，使之成为国家发展的重要基石，始终是我们面临的重大压力和挑战。更好的教育既是创造美好生活的目标追求，也是实现美好生活的重要保障。目前，教育发展的突出短板主要体现在西部地区、农村地区、老少边穷岛地区。一些不发达地区的教育发展仍然还有许多困难，不少收入水平较低的家庭子女受教育程度同中产阶层家庭仍然存在较大差距。不发达地区教育事业在乡村振兴战略中具有关键作用，是阻断贫困代际传递的治本之策。在新时代，要更好地体现社会主义本质，扎实推进共同富裕，就一定要解决好教育发展不充分不平衡的不

① 《全面贯彻落实党的教育方针　努力把我国基础教育越办越好》，《人民日报》2016 年 9 月 10 日。

足。而只有建设一支素质优良、甘于奉献、扎根乡村的教师队伍，才可以推进不发达地区教育事业加快发展，才可以让不发达地区每一个孩子充分享受到良好的教育，实现德智体美劳全面发展，带着梦想飞得更高更远，成为社会有用之才。把教师队伍建设作为新时代解决社会发展不充分、不平衡的重要抓手，这不仅是中国扎实推进共同富裕的新模式和对全球扶贫开发事业的新贡献，更是对教育事业的发展新要求和对教师崇高价值的新判断。

高素质教师队伍是满足新时代人才渴求急需的重要支撑。要实现中华民族伟大复兴我们对高精尖人才的渴求比以往任何时候都更加强烈。高精尖人才不会从天上掉下来，不可能从国外引进来，也不会自然而然地长出来，而是要靠高素质专业化创新型的教师队伍培养出来。信息化是新时代鲜明的时代特征之一。新一代信息技术推动后工业社会各方面不断发生革命性变革。以规模化教学、讲授式教学为主要形式的传统教学方法、标准化人才培养模式的同质化，在信息化时代已越来越不适应人才培养需求。随着学生获取知识和能力渠道的拓展、方式的简便，教和学的关系发生了革命性变化，提升了对教师知识和视野的要求。在新时代，传统的教育教学模式已经落后，而人工智能时代的到来，并没有降低教师工作的重要性。不管未来科技发展使教育空间、教育资源的形态发生什么样的变化，主要承担教学系统中“识别”“实施”关系的教师的作用不会发生改变，而且会越来越重要，更加凸显其高素质专业化特色。对于技术技能型人才的培养来说，技能教学与实训是职业教育教学的一个重要环节。专业教师是开展技能教学的重要力量，而各类技能竞赛、创新创业大赛、职业资格认定、顶岗实习实训等是推进技能教学的主要抓手。因此，专业教师的理论水平、专业技能、职业素养及社会适应性等，在很大程度上影响着学生的专业成长与职业发展；影响着校企合作、产教融合、工学结合的质量和层次；影响着教学资源的全方位利用和教学方法的深层次改革。建设一支数量足、素质高的“双师型”教师队伍是我国成为制造业强国的重要保证。

高素质教师队伍是推动教育改革创新的基本力量。在新时代，教育改革进入深水区，任务艰巨繁重，牵一发而动全身。教师身处教育第一线，深入了解学生成长发展的期盼,深刻了解教育发展存在的不足和问题,感同身受教育改革发展的效果。因此,教师是教育改革的主力军和基本力量。只有教师有较高的改革意识,才能主动配合学校党组织深化改革,只有教师积极参与,改革才能够落实到每个具体环节和部位,只有教师有无私奉献精神才能够最大限度地消除利益固化的阻力,只有教师敢于不断创新才能够不断促进教育治理体系与治理能力现代化的发展。教师是发展教育事业的第一资源,是加快推进教育现代化、建设教育强国的第一关键性因素。只有把教师队伍建设作为最重要的基础性工作,才能为办好人民满意的教育打下坚实牢靠的基础。

二、加强教师队伍建设是新时代一项重大而紧迫的工作

实现教育现代化,建设教育强国,首先需要以高质量的教师队伍为发展前提。我国拥有世界上最为庞大的教师队伍,一旦教师队伍建设整体素养实现大幅度提升,其释放的教育生产力将是惊人的,能够直接推动人口素质的极大提高,助力人力资源和人才强国建设。习近平总书记在党的十八大召开不久就深刻指出:"努力培养造就一大批一流教师,不断提高教师队伍整体素质,是当前和今后一段时间我国教育事业发展的紧迫任务"①。

改革开放以来,党和政府高度重视教师队伍建设,1985 年确定建立教师节,在全社会推动尊师重教;奖励优秀教师,提高教师地位;评选特级教师,加强骨干教师培养;制定《教师法》,提高教师待遇;实行教师职务制度,强化教师激励机制;采取多种培训措施,提高教师素质;建立开放的教师教育体系,完善人才培养机制;建立教师管理体制,稳定教育教学质量等。教师队伍建设取得了巨大的成绩,助力我国从人口大国迈进了人力资源大国的行列。但是,还要深刻认识到,我国是世界上最大的发展中国家,长期经济文化比较落后带来的发展不平衡、不充分的现象比较突出;社会财富和资源配置的紧缺性、教师劳动特点和价值的难以量化性、社会对教师"第一资

① 习近平:《做党和人民满意的好老师》,《人民日报》2014 年 9 月 10 日。

源”地位认识的片面性、教师职业吸引力对人才聚集功能的弱化等原因，造成了建设高素质教师队伍的许多困难和问题。在新时代，建设高素质专业化创新型教师队伍必须从破解这些问题入手。

从教师队伍整体而言，存在的带有普遍性的问题主要有：一是教师队伍的整体素质还有待提高。相对于新时代对教师队伍的要求，仍然存在整体素质不能适应新时代要求的问题。表现在知识更新能力不足，教学内容难以适应信息时代知识爆炸的要求；教学方式比较陈旧，难以调动学生学习的主动性和积极性；教学管理比较机械，不能满足学生个性化和多样化的发展需求等。二是教师的社会地位、职业地位还有待提高。由于教师的劳动价值具有明显的滞后性和隐含性等特点，社会难以给予及时的、准确的评价，加上社会上对教师工作的一些偏见和收入分配资源的紧缺性，教师的实际社会地位和职业地位还没有达到“崇高”的境界。看不起教师、不尊重教师的行为时有发生。三是教师的职业吸引力还有待提高。由于教师的待遇以及社会地位、职业地位不够高，加入教师队伍成为报考师范专业的无奈选择。师范院校的高考录取分数往往偏低于同等发展水平的综合性大学和理工科院校，学生的来源大多数是处于偏远地区，急于“跳农门”的农村学生。一段时间里，城市学生报考师范专业的比较少。四是教师的管理体制和管理制度还缺乏生机活力和科学性。由于存在“五唯”现象和教师职业发展的“天花板”“断头路”，导致教师出现重科研、轻教学，重数量、轻质量，重实绩、轻师德，重约束、轻发展，重过程、轻细节等工作倾向。教师自我发展的动力不足，导致教学质量徘徊不前。五是教师队伍结构存在不合理现象。由于受到编制、人事管理体制和教育管理体制的约束，教师队伍结构不合理现象比较突出。表现在老中青教师合理搭配、双师双能型教师的配备、教师与教辅人员的合理配置、科研人员与一线教师的合理配置、思政课教师与专业课教师的合理配置、幼儿教师与中小学教师的合理配置等方面都存在不少结构性问题，导致教育教学出现畸轻畸重的现象，甚至导致由于教师队伍结构的不合理带来的校园安全隐患。

教师队伍建设存在的特殊性问题主要有：一是不平衡的现象比较突出。

这种不平衡现象首先表现在城乡教师队伍发展的不平衡。由于城市特别是大、中城市经济发达、文化繁荣、交通便利、生活方便,人才集聚力比较强,优质的师资力量大都聚集在城市。而农村和偏远地区由于条件艰苦、经济欠发达,政府资金统筹能力比较弱,待遇比较低,难以吸引和留住人才,因而师资力量比较薄弱,教学质量比较差。城市教师资源的相对溢出与农村、偏远地区师资资源短缺并存的现象,导致农村和偏远地区师资力量的薄弱成为同在蓝天下,实现教育公平、教育扶贫、扎实推进共同富裕的突出短板。其次表现在思政课教师力量的不足。由于一些学校对思政课地位和作用的认识不足,存在思政课教师发展空间受限制、职业荣誉感和尊严感不强、职业吸引力比专业课教师更弱等问题,导致师资力量明显不足,教师疲于应付教学任务,教学效果差,思想政治教育功能弱化等情况。最后表现在应用型本科院校、职业学校专业课教师与双师双能型教师发展的不平衡。由于职业教育发展长期存在重理论、轻实践,重动脑、轻动手,重考试、轻实操的问题,加上校企合作、为经济社会发展服务、学生创新创业能力培养等工作的不到位,存在双师双能型教师严重短缺的问题。双师双能型人才转换角色困难、角色评价标准不统一、思想理念与育人方向的不一致成为制约发展的短板。二是少数教师存在职业怠倦现象。除了客观原因以外,一些教师对教师的地位和作用认识不充分,仅仅把教师工作当作谋生的手段,满足于完成基本任务,缺乏开拓进取精神。在发展市场经济的利益驱动下,一些教师不安心于本职工作,在外兼职创收,对教学马虎应付。还有一些教师觉得教师工作辛苦、做"孩子王"没有出息,不甘心做一辈子教师工作,一心想跳出教师行业,积极准备公务员考试、研究生考试,在教师岗位上得过且过。教师职业怠倦的主观原因是制约教师队伍发展的最根本原因,需要通过提高自身思想政治素养、加强有效的思想政治教育和科学的管理来解决问题。三是极少数教师存在师德师风问题。这些问题表现在:极少数教师受西方意识形态的影响,在课堂上公开宣传违背四项基本原则的错误观点;极少数教师不择手段追名逐利存在学术不端的问题;极少数教师道德品质败坏,侵害学生的人身基本权利;极少数教师职业精神缺失,造成重大失职渎职事故;等等。

以习近平同志为核心的党中央深刻认识到教师队伍建设存在的不足和问题,提出了"找准教师教育中存在的主要问题,寻求深化教师教育改革的突破口和着力点"①的要求,表达了突出问题意识,下最大的功夫加强高素质专业化创新型教师队伍建设的决心和勇气。

三、从战略高度提高认识,使教师成为最受社会尊重的职业

习近平总书记在2014年教师节前夕同北京师范大学师生代表座谈时,用"极端重要性"来表述教师工作的地位和作用。这是一个很不同寻常的表达。在习近平总书记的治国理政思想中,把某方面工作定位为"极端重要"的并不多见。他在多个场合阐述过"宣传工作是党的一项极端重要的工作""意识形态工作是党的一项极端重要的工作",而另一项具有"极端重要性"的工作就是教师工作。由此可见,教师工作在习近平总书记心目中的位置特别重要。为什么教师工作具有如此高的战略地位呢?

要从教师劳动具有强烈示范性的特点,深刻认识教师的引路人作用。教育是培养人的活动,教育活动的这一本质特点,决定了教师的劳动必然带有强烈的示范性。教师劳动与其他劳动相比、最大的区别就在于教师是用自己的思想、学问和才华,用示范性的言行去直接影响劳动对象,让劳动对象从模仿开始,经过反复修炼,直至塑造和养成良好的思维品质、思维方式、知识结构、道德风貌和文明习惯等。教师的示范性几乎体现在教育教学活动的方方面面,对学生的成长产生难以估量的影响。老师在学生的心目中具有重要的位置,老师无意间的一句话,可能造就一个天才,也可能毁灭一个天才。教师劳动具有强烈示范性的特点决定了"广大教师要做学生锤炼品格的引路人,做学生学习知识的引路人,做学生创新思维的引路人,做学生奉献祖国的引路人"。② 从这个意义上说,教师的劳动是崇高的,至关重要的。

---

① 习近平:《做党和人民满意的好老师》,《人民日报》2014年9月10日。

② 《全面贯彻落实党的教育方针　努力把我国基础教育越办越好》,《人民日报》2016年9月10日。

要从教师劳动具有独特创造性的特点，深刻认识教师素养修炼的长期性和艰难性。任何劳动都有创造性，教师的劳动之所以具有独特的创造性是因为它比其他劳动的创造性更加具有灵活性。这种灵活性在于教师的劳动对象是具有各种独特品质的活生生的人，需要根据每个学生的禀赋、能力、性格、气质、兴趣、爱好、情感等素质状况，从知识水平、生理因素和心理因素等方面来进行有针对性的教育，做到因材施教、与时俱进。教师劳动所具有的独特创造性体现在对教育教学原则、方法、内容等方面的选择、运用和处理；体现在对不同学生管理的教育机制上；体现在对教学内容深入钻研和把握学生基础上的教学法再加工上等。在教育教学中需要实现集体和个体、共性与个性、一般与特殊的有机统一。由此可见，教师劳动的独特创造性不是临阵磨枪能够体现出的，也不是一年半载就能够熟练的。它需要教师用全部的心血，毕生的精力去反复修炼。在无数次挫折和失败中总结经验，积沙成塔，直至浑然天成，达到信手拈来、随机应变、应用自如的境界。一个好教师的成长是非常不容易的，是长期的高智力复杂劳动的结晶体，具有很高的含金量。全社会应当充分肯定教师的劳动价值，摒弃那种把教师看成是照本宣科，拾人牙慧教书匠的错误观念。

要从教师劳动具有空间的广延性和时间的连续性的特点充分肯定教师劳动的辛勤和付出。学生的成长要受到外界各个方面的影响，有社会、有家庭、有社区、有各个方面的人际交往等，所以，仅仅依靠学校教育的时间和空间，无法充分发挥教育的作用。这就决定了教师的劳动必然会有空间的广延性和时间的连续性。教师要对自己管理的每一个学生负责，就需要走出学校组织校外活动、开展家访、进行街访，甚至帮扶困难家庭和学生等；教师在对每一个学生负责的时候，就没有上下班、节假日的时间限制，而是“全天候”负责。批改学生的作业也不可能像流水线工作那样到点开停。教师劳动的这个特点决定了教师是一个比较辛苦的职业，需要有点亮别人、燃烧自己的“蜡烛”精神。对于教师的辛勤劳动和无私奉献必须得到充分的尊重。

要从对教师劳动价值的充分认定，使教师成为最受社会尊重的职业。

从以上对教师劳动特点的概述，就能够得出教师是崇高的、含金量高的、甘为人梯的职业，应该得到全社会的尊重。但是，教师劳动的社会价值具有明显的滞后性和隐含性，“十年树木，百年树人”的成长规律，带来了认识和评价教师作用直观性和直接性的困难，也使社会存在不少轻视教师劳动作用的误解，导致教师政治地位、社会地位、职业地位比较低的管理理念、管理制度、管理方式长期得不到纠正。习近平总书记站在实现中华民族伟大复兴的战略高度对教师地位和作用的崭新认识，在全社会起到了秉要执本、正本清源的作用。按照习近平总书记的要求做到：“各级党委和政府要满腔热情关心教师，让广大教师安心从教、热心从教、舒心从教、静心从教，让广大教师在岗位上有幸福感、事业上有成就感、社会上有荣誉感，让教师成为让人羡慕的职业。”[①]在二十届中央政治局第五次集体学习时，习近平总书记进一步强调，“要把加强教师队伍建设作为建设教育强国最重要的基础工作来抓，健全中国特色教师教育体系，大力培养造就一支师德高尚、业务精湛、结构合理、充满活力的高素质专业化教师队伍。弘扬尊师重教社会风尚，提高教师政治地位、社会地位、职业地位，使教师成为最受社会尊重的职业之一。”[②]成为最受社会尊重的职业之一，体现了以习近平同志为核心的党中央对教师作用的高度肯定和充分尊重。

第二节　教师要做学生健康成长的指导者和引路人必先学高为师，德高为范

在新时代，教师作为教育发展的第一资源，国家富强、民族振兴、人民幸福的重要基石，必须是堪当大任的好教师。为此，习近平总书记对教师的素养和要求进行了全面系统的阐释，涵盖了政治立场、道德情操、学识水平、精

---

① 《全面贯彻落实党的教育方针　努力把我国基础教育越办越好》，《人民日报》2016 年 9 月 10 日。

② 《加快建设教育强国　为中华民族伟大复兴提供有力支撑》，《人民日报》2023 年 5 月 30 日。

神风貌、发展能力等方面，擘画了新时代教师发展的方向。习近平总书记先后提出了“三个牢固树立”“四有好老师”“四个相统一”“六个要”“大先生”“经师和人师的统一者”等要求，形成了好教师的系统全面的标准。2013年9月，习近平总书记在致全国教师的慰问信中提出，广大教师要牢固树立中国特色社会主义理想信念，带头践行社会主义核心价值观；要牢固树立终身学习理念，加强学习，拓宽视野，更新知识，不断提高业务能力和教育教学质量；要牢固树立改革创新意识，踊跃投身教育创新实践，为发展具有中国特色、世界水平的现代教育作出贡献。“三个牢固树立”指明了教师的发展方向。2014年9月，习近平总书记在同北京师范大学师生代表座谈时提出，做好老师，要有理想信念，要有道德情操，要有扎实学识，要有仁爱之心。“四有好老师”为好教师确立了标准。2016年12月，他在全国高校思想政治工作会议上强调，教师要“坚持教书和育人相统一，坚持言传和身教相统一，坚持潜心问道和关注社会相统一，坚持学术自由和学术规范相统一。”①“四个相统一”为教师指出了素养修炼的基本路径。习近平总书记格外重视思想政治教育，对思想政治理论课教师提出了更高要求。2019年3月19日，他在学校思想政治课教师座谈会上提出了“六个要”，即政治要强，情怀要深，思维要新，视野要广，自律要严，人格要正。2022年4月，习近平总书记在考察中国人民大学时提出：“培养社会主义建设者和接班人，迫切需要我们的教师既精通专业知识、做好‘经师’，又涵养德行、成为‘人师’，努力做精于‘传道授业解惑’的‘经师’和‘人师’的统一者……老师应该有言为士则、行为世范的自觉，不断提高自身道德修养，以模范行为影响和带动学生，做学生为学、为事、为人的大先生，成为被社会尊重的楷模，成为世人效法的榜样。”②做“经师”和“人师”统一者以及做“大先生”的要求为教师队伍建设确立了典范的标杆。

---

① 《把思想政治工作贯穿教育教学全过程　开创我国高等教育事业发展新局面》，《人民日报》2016年12月9日。

② 《坚持党的领导传承红色基因扎根中国大地　走出一条建设中国特色世界一流大学新路》，《人民日报》2022年4月26日。

一、教师工作的本质是塑造灵魂塑造生命塑造人

习近平总书记深刻认识教师的作用，他指出："教师重要，就在于教师的工作是塑造灵魂、塑造生命、塑造人的工作。"①深刻指出了教师工作的本质。

教师从事的是用生命感动生命，用灵魂唤醒灵魂的崇高事业，要特别注重对学生的道德示范与人格感化。灵魂存在于宗教思想中，它是人类超自然及非物质的组成部分。宗教都认为灵魂居于人或其他物质躯体之内并对之起主宰作用，后来灵魂比喻为能对某人或某个群体起关键和主导作用的精神方面的核心因素，表现为人的品德和品质。优秀的道德品质是学生立身做人的根本，是系好学生人生第一粒扣子的关键，是塑造学生理想品格的基石。苏霍姆林斯基曾经说："我们所培养的儿童是一块大理石，要把它塑造成一座雕像，使它具有灵性，体现出人类的理想。"每一个学生都是未经雕琢的大理石，是一块块璞玉，需要巧夺天工的雕塑家精心雕刻，让灵魂焕发神采。教师应该争做新时代的雕塑家，加强德育建设，培养学生端正的品德、健康的思想和高尚的德魂，帮助学生在青年时期打好影响一生的道德底子。教师要为学生做好确立德育目标，树立德育榜样，制定德育规划的工作。教学的本质就是培养思维，思维可以改变世界，思维可以改变人的一生。那么，思维主要在哪里培养？答案是在课堂上。课堂教学确确实实是集体学习最好的场所。课堂教学离不开老师的指导。不管现在的信息技术多么先进，物质怎样丰富多变，塑造人灵魂的地方是不会变化的，学校恰恰就是塑造人的灵魂的地方。信息技术必然会改变我们的教育方式，扩大人们的教育领域、改变教育生态等，但是立德树人的本质不会变，教师的责任不会变，教师自身的思想和知识对学生的感染力和引导力不会变。教师要想塑造出具有灵性和体现人类理想的"雕像"，就不能仅仅关注学生的学习和成绩，而是要努力塑造学生的思想品德、文化品格和精神品质，真正成为

① 习近平：《做党和人民满意的好老师》，《人民日报》2014年9月10日。

能塑造学生灵魂的雕塑家。我们的每一堂课不仅仅是把现成的知识教给学生,还要把学生从已知引导到未知的地方,让学生在不知道的地方去思考。“苟日新,日日新,又日新”,时代犹如骏马驰骋向前,新事物、新现象、新观念层出不穷,教师就是在勇立时代潮头,传播新鲜理念,引领学生与时俱进,铸就思想先进,培育时代新人中发挥不可替代的作用。教师还要鼓励学生在实践中敢于创新、大胆求新、勇于出新,在时代的风浪里搏击,在广阔的天地里驰骋,展现新一代青年的新思路、新行动、新实践,真正走出属于他们自己的崭新道路,成为有胆识、有魄力、有情怀、有斗志的新时代青年。“芳林新叶催陈叶,流水前波让后波”,青年是社会的新生力量,要及时修剪陈叶枯枝,摒弃旧思想,善于生长新叶绿枝,学习新思想。“千里之行,始于足下”,青春期的学生容易好高骛远,求新求变,却忘了应走好脚下的每一步,教师应引导学生脚踏实地,把高远的志向化为实实在在的行动,在青年时期打牢文化基底,锤炼扎实本领,锻造坚毅品格,增强奋斗意识。教师应该争做新时代的雕塑家,不忘教育初心,培养学生高尚德魂;弘扬传统文化,锻造学生丰盈文魂;践行时代精神,铸就学生时代新魂,成为塑造学生德魂、文魂、新魂的灵魂雕塑家。

教师是马克思主义生命观的教育者。马克思主义生命观以“现实的人”为理论前提。马克思认为人是社会性的,人与社会生存发展并存,在满足个人基本生存需要的基础上会产生追求外部事物发展的兴趣与渴望。现实的人一直处在人与自己、人与社会、人与自然的三维关系之中,这三者之间是共生的,必须协调好它们之间的关系,才能确保生命的意义和价值。正是由于人处在现实世界中,能够对周围的事物产生能动的反应,通过自由自觉的实践体现生命的本质,感知人性的真谛,明白人生的意义,为个人和社会创造更多的价值。生命观教育就是遵从每个生命个体的独特性,帮助个体更好地认识自己,看到其价值,从而发挥生命里潜在的更好的特性。为此,生命观教育是一个科学的、人性化的教育过程,它以人的自由全面发展为中心,对所有的生命都充满善意,充满关爱,关注所有生命的价值,尊重个体的差异,以教育的形式来实现生命的意义。马克思主义的生命观不能自发形成，即使形成也会缺乏系统性和完善性。学生是具有独特个性和差异的生命体，生命观教育就是教育主体对教育客体进行有目的、有计划、有组织的教化培育和引导活动。同时，生命观教育是一个持续发展的过程，从人的出生到人的死亡都离不开教育的陪伴。只有加强生命观教育，对生命发展过程进行科学有效的引导，增强人们的生命观意识，帮助他们积极面对人生，在社会活动中找到自己的价值，学会协调与他人的关系，学会管理情绪，完善人格，才能实现自我超越。生命观教育就是要尽可能地激发青少年的潜能，挖掘他们的禀赋，唤醒他们的生命意识，启迪他们的生命觉醒，帮助他们认识生命、悦纳生命、追逐生命、绽放生命，扩展生命的宽度，让生命迸发出五彩斑斓的光芒，以此追求自身的全面发展。有学者说，生命观教育就是对可能健全的生命的成全。教师塑造生命的作用：一是培养青少年学生对生命的敏感、珍视和敬畏生命，让生命不被碌碌无为、虚度年华而浪费，使有限的生命发挥无限地为人民服务的作用。二是帮助青少年学生树立有尊严的生活意识。通过生命教育培养好生命观的基本元素，诸如关爱、同情、尊重、自信、自强、自爱、自省、宽容、竞争、合作、欣赏、英勇、勤奋、追求、平和、文明、创造等，有了这种意识就拥有了人的尊严感，懂得做人的底线，增强做人的骨气，不为卑躬屈膝、苟且偷生而活着，使人的生命绽放高贵的节气。三是引导学生对未来充满期待，拥抱未来，创造未来。未来是从现在往后的时间，相对于过去和现在任何事物都有未来，对未来的思考和创造会赋予生命非凡的意义。教师教育青少年拥抱未来就是使青少年树立人生的远大志向和抱负，以永不抛弃、永不放弃的精神敢于创造、敢于胜利，善于抓住机遇，迎接挑战，创造辉煌。总之，教师教育的神圣职责就是创造良好的生态环境，启发每个生命体的发展能量，创新激情和独特才智，为其终身发展奠定坚实的基础。①

教育的根本任务是育人，修炼人的品行，塑造健全的人格，对学生一生的发展，推动社会进步具有重大意义，是国家兴旺发达的最重要基础性工

① 参见孙先亮：《做唤醒生命绽放天赋的教育》，《中国教育报》2023年3月22日。

作。陶行知先生曾说过,千教万教首先要教会学生做人。这里的“人”不仅仅是具有良好知识素养的人,而且是具有健全人格、完美人品的人。人格是指个体在对人、对事、对己等方面的社会适应中行为上的内部倾向性和心理特征。表现为能力、气质、性格、需要、动机、兴趣、理想、价值观和体质等方面的整合,是具有动力一致性和连续性的自我,是个体在社会化过程中形成的人的性格、气质、能力等特征的总和。人品意指人的品性道德,是指个体依据一定的社会道德准则和规范行动时,对社会、对他人、对周围事物所表现出来的稳定的心理特征或行为倾向。人品是人生中最重要的东西,人生可以没有学位、学问,但决不可以没有人品和人格。无论金钱、地位、权力、学历、学位、才学、才干等都无法弥补一个人的人品缺陷。所以,人品是人的最高学位,德与才的统一才是真正的智慧和人才。人格与人品既有联系又有区别,其联系表现在,人格和人品都是做人的基本要求,是一个人的基本品格,为人处世的基本行为范式。其区别表现在,人格是人对自身价值的充分认识,是人作为人的一种尊严,是人之所以成其为人最起码的一种感知与评价。而人品是人在处理人与人、人与社会关系时的外在表现,是人的社会属性和良好素质的体现。良好的人品一般具有孝顺、善良、诚实、守信、宽容、廉洁、谦虚、忠诚等基本特征。因此,在青年学生健康成长的过程中,应该将“人格塑造”“人品修炼”放在首要位置,以此来凸显教育的效力。学校是一个塑造人的地方,塑造学生的健康人格是教育的重要使命,教师在青少年“人格塑造”和“人品修炼”中发挥不可替代的作用。一是通过教师循序渐进的训练,强化青年学生主体意识,激发人格塑造的内在动力。学生的人格塑造和人品修炼是一个循序渐进的有规律的教育过程。学生在每一个成长阶段都显现出一定的生理特征和心理特征,这些特征并不能自然而然地转化为良好的人格人品。必须通过教师按照素质教育规律加强引导,进一步激发学生的主体意识,逐渐提升学生对良好人格人品的理性认知水平,激发自我塑造、自我修炼的内在驱动力,从内心深处激发出追求良好人格人品的美好愿景,促进自我健康成长与发展。二是通过教师培养实践能力,让青少年在各种实践活动中塑造人格人品。古话云:“勿以恶小而为之,勿以善小而不为。”一个小小的、微乎其微的实践行为在一定程度上会影响学生的人格人品。在具体的教学中，教师就是通过指导学生实践，比如在早期教育中通过感官功能、动作、语言发声训练等，开展有助于身体、情感、智力、人格、精神等多方面的综合发展与健康成长的互动式活动。在中小学课堂学习、作业、学校活动和劳动等实践中，正确引导学生消除比如懒惰、倦怠、悲观、失信等一些不良的行为，形成正确的诚实、友爱、守信、尊重等价值观和人生观。在大学学习期间通过教育实习实训、志愿者活动、学生社团活动等，使学生在教师和学校营造的环境下，促进良好的人格人品定型。三是教师发挥为人师表的引领作用。教师对青年学生的影响是深刻且巨大的，教师通过自身人格力量及人格魅力的塑造与提升，充分发挥出教师在立德树人中的重要“主导作用”，以优良的品质去影响并感染学生，以扎实的业务水平和专业知识功底赢得学生的尊敬和爱戴，在学生中产生巨大的影响力和引导力，为学生塑造健全人格、加强人格修炼提供成功教育的重要保证。

二、新时代的教师必须坚持“四有好老师”标准

“四有好老师”，是新时代教师队伍素质的总标准和总要求，习近平总书记在许多不同的场合都反复强调“四有好老师”要求，而且每一条标准习近平总书记都做了非常充分、极其精彩的论述，为人民教师成为新时代的好老师提供了根本遵循。

（一）有理想信念

理想信念始终是共产党人安身立命的根本，也始终是教师教书育人、立德树人的压舱石和播种未来的指路明灯。

习近平总书记深刻指出：“希望全国广大教师牢固树立中国特色社会主义理想信念，带头践行社会主义核心价值观，自觉增强立德树人、教书育人的荣誉感和责任感，学为人师，行为世范，做学生健康成长的指导者和引路人。”①教师有了理想信念，才能自觉增强“四个自信”，自觉做中国特色社

① 《习近平致广大教师的慰问信》，《人民日报》2013 年 9 月 10 日。

会主义的坚定信仰者和忠实实践者,自觉忠诚于党和人民的教育事业,自觉把党的教育方针贯彻到教学管理工作全过程,才能始终不忘初心、教书育人、立德树人。可以说,理想信念是教师思想和行动的“总开关”,也是衡量一个教师是否合格的最起码的政治标准。在教师队伍中,每个教师都承担着立德树人的使命,而与培育学生理想信念、道德情操最直接关联的群体就是思政课教师。思想政治教育肩负着坚持马克思主义,传承社会主义文化和核心价值观念的责任和使命,是落实立德树人根本任务的关键课程,思政课教师坚定理想信念尤为重要。办好思想政治理论课的关键在教师,关键在发挥教师的积极性、主动性、创造性。习近平总书记高度重视抓住教师队伍中的这个关键群体,2019 年 3 月 19 日,在党的历史上第一次由党中央总书记来主持召开思政课教师代表座谈会,专门强调加强思想政治理论课教师队伍建设问题。习近平总书记指出:讲信仰者自己要有信仰,思政课教师需有“六要”,即政治要强、情怀要深、思维要新、视野要广、自律要严、人格要正,这为加强思政课教师队伍建设指明了方向,使全党、全社会的目光聚焦于思政课教师群体,聚力推动这一教师群体的健康发展。

(二)有道德情操

教师的职业特性决定了道德素养是对教师的基本要求,习近平总书记多次强调师德是“重中之重”。所谓“经师易求,人师难得”,难就难在教师以德施教,用自己的品行带动学生崇德向善。教师之所以要重视道德情操建设是因为相对于国家而言,教育要履行主流意识形态推广普及的工作;相对于社会而言,教育要实现价值理念和文化思想的代际传递;相对于学生而言,教育要进行品格培育和知识传授。因此,教师是教育实施教化功能的执行者,扮演着“社会代言人”和“教化者”的角色。教师这个特殊职业,承载着高标准的德性诉求,古今中外的教师都被视为道德的化身、爱心的标尺、行为的榜样,其言行举止承载着丰富的教育意蕴。“为人师表”“以身作则”“诲人不倦”被认为是教师应该具备的职业特质和行为准则。相反,教师如果有违反师德的行为,也会造成极大的负面影响,不但直接破坏了教师在社会公众和学生心目中的形象,而且也背离了对教师职业的功能定位,并最终造成对教师专业权威的质疑。教师要增强行为世范、言为士则的意识，努力通过自己的言传身教影响和带动学生明大德、守公德、严私德。要坚决拥护中国共产党的领导，全面贯彻党的教育方针，模范遵守宪法法律，矢志报效国家人民，为学生树立坚定信念、爱国守法的表率。要带头弘扬社会主义道德和中华传统美德，带头践行社会主义核心价值观，勤勉履行职业责任，认真承担社会义务，自觉维护公序良俗，为学生树立爱岗敬业、奉献社会的标杆。要严格约束自己的操守和行为，从小事小节上不断磨砺自己，做到举止文明、作风正派、治学严谨、从教清廉，才能自觉带头弘扬社会主义核心价值观和中华传统美德，自觉坚守精神家园、坚守人格底线，自觉在金钱、物欲、名利人格的较量中把握住自己，成为学生做人的镜子。坚决抵制各种违背教师职业道德的不端行为，自觉维护师道尊严，为学生树立严于律己、自重自爱的典范，成为社会的"楷模"和学生的"榜样"。

（三）有扎实学识

教师的学识和本领直接影响人才培养的质量，具备扎实的知识是教师的基本素质要求。教师应该是学问之师、启迪之师。习近平总书记反复强调，教师要时刻铭记教书育人的使命，甘当人梯，甘当铺路石，以学术造诣开启学生的智慧之门。如果说人格魅力是人师之魂，那么学识魅力就是人师之骨，二者缺一不可。教师要始终站在知识发展前沿，努力扩大知识半径，刻苦钻研、严谨笃学，既扎实打牢基础又及时更新知识，既刻苦钻研学术理论又积极掌握教育教学技能，既学而思学而信又学而用学而行，才能以深厚的学识修养在教书育人中成就自我、实现价值，培养出一大批德智体美劳全面发展的社会主义建设者和接班人。在信息和知识爆炸式增长的大数据时代，随着人工智能的迅速发展，人们获取知识的途径越来越多样化和便利化，这一方面对教师提出了不断更新知识的更高要求，要引导、教育好学生必须始终走在学生的前面，掌握最先进、最前沿的知识；另一方面对教师的教育教学方法提出了更为严峻的挑战，如何在知识爆炸、信息膨胀的时代加强对学生的引导和启发，让他们善于处理信息、辨别信息，形成正确的思维方式，培养科学、有效的知识吸收能力和应用能力都非常重要。例如，思政课教师,就要善于找准师生情感交流的共鸣点和思想认识的共同点,围绕热点问题、现实问题展开教学。思政课教学要放弃居高临下的说教和单向灌输的方式,努力营造出民主、平等、和谐的思想沟通场域。思政课课堂要多使用学生熟悉的、充满正能量的网络热词和流行语,多采用翻转课堂、情景模拟、研讨辩论等体验性、互动性、启发性强的方法,充分发挥学生的主体作用。习近平总书记对教师的专业素养提出了明确的要求:"扎实的知识功底、过硬的教学能力、勤勉的教学态度、科学的教学方法是老师的基本素质,其中知识是根本基础。"①2019年,中共中央、国务院印发《中国教育现代化2035》,提出要"构建服务全面终身学习的现代教育体系,加快建设学习型社会"。作为"梦之队的筑梦人",教师的可持续专业发展更需要终身学习、实践反思和自我完善。新时代教师终身学习的意识与能力不仅是为了不断提高自身素质以适应教育工作的要求,也是作为学习榜样对学生以及社会公众发挥示范引领作用,对中国特色社会主义建设和中华民族伟大复兴具有深远意义。

(四)有仁爱之心

教育不单是知识的传授,还是心灵与心灵、情感与情感的相互融通和交流。从这个意义上说,教育是一门"仁而爱人"的事业。"仁爱"从字面上理解是指人与人之间相互亲爱达到一个很深的程度,可以为爱付出情感。在中国的传统文化中,仁爱一般是指上对下的爱,可以是母亲对孩子的爱,教师对学生的爱等。仁爱是教育的灵魂,是滋润学生心灵之花的雨露,是启迪学生心智的钥匙,没有爱的教育如同训诫惩罚,没有仁爱的教育,育人就会变得苍白无力。爱学生是教师教育学生的情感基石。教师有了仁爱之心就能够尽到立德树人、教书育人的责任,并把这种责任体现到平凡、细微、普通的教学管理之中,真正做到因材施教、有教无类、诲人不倦。教师有了仁爱之心就会把自己的情感倾注到学生身上,为孩子的茁壮成长默默奉献,像蜡烛一样燃烧自己照亮他人。教师有了仁爱之心,才会用爱激发爱、培育爱、

① 习近平:《做党和人民满意的好老师》,《人民日报》2014年9月10日。

传播爱，做到尊重学生、理解学生、宽容学生，用欣赏和期待增强学生的信心，用信任树立学生的自尊，让每一个学生都健康成长，让每一个孩子都有人生出彩的机会，享受成功的喜悦。教师有仁爱之心，才能勇于担当，敢为人师，严于律己，宽以待人，严爱相济，坚持以人格魅力呵护学生心灵，以学术造诣开启学生智慧，用榜样的力量感染和熏陶学生，让每一个学生都走人间正道。“人师”要有大爱精神。苏联文学家高尔基曾说过：只有爱孩子的人才能教育孩子。张桂梅出于爱，在贫困山区扎下了根，为了改善学生的生活、学习状况，她节衣缩食，省下的每一分钱都用在学生身上。她即使身患重病，依然爱生如子，陪伴呵护学生，像慈母一般给予学生关怀。在她身上，我们看到了心有大我的家国情怀、立德树人的责任担当、攻坚克难的坚定意志。广大教师要在遵循教育规律、尊重学生的前提下，以关爱的初心分析把握学生的心理，用行动感化学生，用理解帮助学生，用榜样激励学生。

2022 年 4 月 25 日习近平总书记在中国人民大学考察时强调，培养社会主义建设者和接班人迫切需要我们的教师既精通专业知识、做好“经师”，又涵养德行、成为“人师”，努力做精于“传道授业解惑”的“经师”和“人师”的统一者。这一重要论述，为进一步加强教师队伍建设特别是教师队伍素质能力建设指明了前进方向，提供了根本遵循，是教师在其职业生涯中应努力达到的境界。广大教师要按照“四有好老师”的要求，不断加强素养修炼和能力提升，为培养造就千百万堪当民族复兴大任的时代新人，做“经师”和“人师”的统一者。

三、好老师是锻炼成长起来的

辩证唯物主义告诉我们，任何事物的发展外因是条件，内因是根据。教师的健康成长与发展固然需要有利的外部环境（包括但不限于制度、政策、管理、主流舆论、社会风气等），但最终需要通过内在因素才能实现（包括但不限于理想、信念、意志、品德、情操、能力、思维方式等）。习近平总书记特别强调要激发教师发展的内在动力，并提出自我反思、自我修养、自我锤炼、自我教育是教师实现自我发展的重要方式，自我成长才是必由之路。他深刻指出："好老师不是天生的，而是在教学管理实践中、在教育改革发展中锻炼成长起来的。"①

教师坚定的理想信念和良好的道德情操是在长期的社会实践中磨砺形成的。教师坚定的理想信念和良好的道德情操不是具备教师资格就自然而然带来的，也不是靠照本宣科，背诵原则要求就形成的。教师的思想政治素质需要在中国特色社会主义建设的实践中磨砺形成。无数好教师成长的实践证明，只有始终心系当代中国的改革发展，并积极投身改革发展的洪流，与党和国家的事业心心相印，亲力亲为，时刻亲自感受中国特色社会主义建设的发展变化，深刻理解当代中国改革开放事业的宏伟蓝图，亲身体会改革发展的艰难历程，才会有坚定的理想信念。特别是只有在中国特色社会主义建设中深刻领会先进文化的指导作用，社会主义核心价值观的引领作用，良好道德情操对健康社会风气和激发人的正能量的促进作用，才会形成树立良好道德情操的高度自觉性和加强自我修炼的能动性。教师良好思想政治素质的涵养不仅需要教师对外在规范和制度的遵从，更需要教师发自内心的思想认同和自觉对标。教师良好思想政治素质的形成过程是由一个天然自我向德性自我转换的过程，也是一个化行为规范为内在品格的过程。

教师的满腹经纶是通过长期刻苦学习得来的。学生最佩服老师的知识渊博。当教师对学生提出的问题能做到有问必答，甚至引经据典，旁征博引，一下子打开学生的心扉，点亮求知的道路时，学生就对老师肃然起敬，产生敬佩之情。并不是担任教师这个职业就能够自然让学生信服和尊重。要教学生一滴水的知识，自己必须准备好一桶水。当代社会知识更新速度明显加快，教师要做学生知识的传授者，必须坚持终身学习的理念，具有活到老学到老的意志和毅力，始终怀有学习热情和求知欲望，不断开阔视野和吸收新知，善于将外界知识、他人经验和自身实践进行重构，不断优化自己的学识和能力。只有教师不断加强知识重构，才可能建设高素质专业化创新型的教师队伍，为实现教育现代化提供强大支撑。许多好老师成长的典型

① 习近平：《做党和人民满意的好老师》，《人民日报》2014年9月10日。

案例证明，只有发奋学习，永不懈怠，走在知识前沿的教师才会成为学生崇拜的偶像。

名师的教学风格是在长期教学实践中凝练出来的。在教学评价中，人们常常注意观察、总结、谈论名师的教学风格。青年教师也把形成自己的教学风格作为专业发展的终极目标。好教师都有自己独特的教学风格。所谓教学风格就是教师在教学活动中表现出来的特点和特色，这包括教师的教育思想、方法、教学特点和技巧等。教学风格的形成是一名教师走向成熟乃至成为名师的标志。

教学风格的形成不是一蹴而就的，而是在长期的教学过程中反复磨砺练就的。它一般要经过形成规范性、稳定性、独特性三个阶段。规范性是教师成长的基础。教师承担着教书育人的重任，其身份的特殊性和基本职责决定了教师的教学活动不是纯粹的个人行为，不能随心所欲，更不能宣传错误思想观点，必须建立在规范性基础之上。教师的基本职能包括“道”与“术”两个层面。从“道”的角度看教学的规范性，就是要彰显教育的政治性。教师必须贯彻落实党的教育方针，牢牢把握所教学科的课程标准，着力坚持学生发展核心素养的要求，始终端正科学的价值导向。从“术”的角度看教学的规范性，就是要遵循基本的教育规律和教学范式，熟练运用教师应该掌握的基本功，比如，流利的语言表达、标准美观的板书、恰到好处的形体语言、与时俱进的应用技术、精辟扼要的作业批改等。

教学的规范性是教师站稳讲台的基础，教师要达到规范性的要求，需要有对理论与实际、原则与实践、理想与现实、共性与个性关系不断深化认识，不断实现有机统一的摸索过程。稳定性是教师教学走向成熟的表现。所谓稳定性是指教师的教学风格基本成熟定型，表现在教学思想基本成熟、教学方法得心应手、教学个性基本稳定等方面。教学风格的稳定性建立在反复磨炼的基础上。教师只有在实践中不断改进、丰富和完善教学经验，在与外界进行信息交流，学习借鉴各种先进的教育思想和教学模式时，才能在自我发展中促进教学风格的发展。教师只有经过较长时间的探索才能找到与自己个性、特质、能力相匹配的教学方式，逐步形成自己的教学风格。

独特性是教师教学风格形成的标志,是教学风格的灵魂。所谓教学风格的独特性是指教师在长期教学实践中凝练出自己的,区别于其他名师的教学主张。教学主张是教育理论、教育思想、教育方针、教育原则在某一个学科、学段、环节的具体化和程序化,具有很强的操作性和实效性。例如,斯霞小学语文教学法、魏书生的六步教学法等。教学风格的独特性既避免了照搬照抄别人教学模式的老路,又没有走标新立异、哗众取宠的邪路,而是具有很强实践价值的教育创新。教学风格的独特性不是教师个人自封和标榜的,是需要得到社会各界,特别是自己的同行承认的。一些名师形成自己独特的教学风格几乎耗费了毕生的精力和心血。总之,教师的教学风格无论养成规范性、达到稳定性还是凝练独特性,都离不开长期的实践和艰辛的探索,是一个实践、认识、再实践循环往复、螺旋式上升的漫长过程。要想成为好教师必须做好长期实践、不怕挫折、勇于创新、敢为人先的思想和心理准备。

第三节　建立健全有利于教师健康成长的良好环境和体制机制

习近平总书记站在教育是新时代全面建设社会主义现代化国家基础性、战略性重要支撑的政治高度,十分重视教师队伍的健康成长,在 2013 年教师节给广大教师的慰问信中就明确提出:“全社会要大力弘扬尊师重教的良好风尚,使教师成为最受社会尊重的职业。”①在 2016 年教师节考察北京市八一学校时进一步提出“让教师成为让人羡慕的职业”。随着开启第二个百年奋斗目标的新征程,习近平总书记又明确提出:“建设社会主义现代化强国,对教师队伍建设提出新的更高要求,也对全党全社会尊师重教提出新的更高要求。”②党的十八大以来,在以习近平同志为核心的党中央坚

---

① 《习近平向全国广大教师致慰问信》,《人民日报》2013 年 9 月 10 日。

② 《坚持中国特色社会主义教育发展道路　培养德智体美劳全面发展的社会主义建设者和接班人》,《人民日报》2018 年 9 月 11 日。

强领导下,各级党委和政府、社会各界以满腔热情支持和关心教育事业,切实把尊师重教的理念落到实处,形成了有史以来最有利于教师健康成长的良好环境和体制机制。

一、让尊师重教蔚然成风,教师享有应有的社会声望

在提高教师的政治地位上。教师的政治地位是对教师政治身份和政治影响力的认定,这是践行"科教兴国战略"和"教育优先发展战略"的直接体现,也是落实"将教师队伍建设放在首位"工作部署的认识基础。教师政治地位的提高不仅体现在党和国家领导人用"人类文明的传承者""人生的幸运""学校的光荣""民族的希望""人类灵魂的工程师""中华民族'梦之队'的筑梦人"等表述,从不同层面、不同角度对教师职业的重要性给予充分肯定,突出教师职业的高度荣耀感和崇高性。更重要的是,我们党从国家立法、司法和行政规章制度等方面对教师政治地位予以法律制度保障,明确教师职业具有典型的公务性特征,将教师的培养、聘用和管理等纳入行政体系。2018 年党中央、国务院发布的《关于全面深化新时代教师队伍建设改革的意见》中提出:"要确立公办中小学教师作为国家公职人员特殊的法律地位,要突显教师职业的公共属性,强化教师承担的国家使命和公共教育服务的职责。"2021 年《中华人民共和国教师法(修订草案)》也明确,"公办中小学教师是国家公职人员,依据规范公职人员的相关法律规定,享有相应权利,履行相应义务";"教师承担着为党育人、为国育才,立德树人,培养德智体美劳全面发展的社会主义建设者和接班人、提高民族素质的崇高使命"。这些定义赋予了教师"国家公职人员"的特别身份,确认了教师代表国家承担对年青一代进行教育的公共责任,教师的工作具有典型的公务性与服务性。教师作为国家意志代言人的定位,使教师具有了崇高的政治地位,也同时承担着代表国家贯彻落实教育权的重大政治责任和光荣使命。

在提高教师的社会地位和职业地位上。习近平总书记要求各级政府从工资、待遇等各个方面落实尊师重教的理念。薪酬待遇既是提高教师职业吸引力的一种手段,也是国家和社会尊师重教的一种表现。党的十九大以

来,党和国家在提高教师待遇、改善教师工作条件上采取了很多措施,也取得了一定的成效。中共中央、国务院《关于全面深化新时代教师队伍建设改革的意见》提出了完善中小学教师待遇保障机制、大力提升乡村教师待遇等具体举措。值得关注的是,党和国家特别重视提高乡村教师待遇,并推动全国各地形成了"学校越边远、条件越艰苦、从教时间越长、教师待遇越高"的格局。总体来说,全国教师待遇稳步提高,基本实现义务教育教师平均工资收入水平不低于当地公务员平均工资收入水平,乡村教师"下得去、留得住、教得好"局面已基本形成。能否吸引到最优秀的学生报考师范专业是判断尊师重教社会氛围的重要标志。这些年国家采取多项改进师范生生源质量举措,例如,师范专业就业渠道稳定、教师社会地位和待遇得到较大提升、师范生培养质量不断提升、国家对师范生支持力度加大等,师范专业成为热门专业,越来越多的优秀高中毕业生选择报考师范专业,形成"师范热"现象。随着新时代的发展对教师技能的要求越来越高,这些年国家不断提高教师准入门槛,严把教师入口关,对教师准入的师德、学历、教学技能、实践能力等提出较严格、规范的要求,全面推开中小学教师资格考试和定期注册制度改革,这说明国家和社会对教师职业的认同度在增强,教师教育的复杂性、专业化和社会价值得到社会的普遍公认。2023 年 7 月,中央全面深化改革委员会第二次会议审议通过了《关于高等学校、科研院所薪酬制度改革试点的意见》,这标志着高校、科研院所薪酬制度的改革将进一步深化,更加突出以人才为本,坚持向扎根一线、埋头苦干、作出突出贡献的人才倾斜。

在尊师重教的发展保障体制机制建设上。习近平总书记多次强调要从社会氛围、物质保障、制度建设、精神激励等多方面、全方位构建教师队伍建设的保障体系。保障体系建设的关键是健全和完善制度,用法律和制度保证广大教师安心从教、热心从教、舒心从教、静心从教;提供支持性的物质资源和持续性的政策举措,让教师享有的法定权益得到落实;努力营造尊师重教社会风气,大力弘扬中华民族尊师重教、崇尚学问的优良传统。在全社会的共同努力下,教师公寓解决了生活的难题、青年教师通过公租房解决了住房困难问题、高校教师薪酬制度以增加知识价值为导向分配政策的一系列改革措施让教师得到实打实的好处、很多行业企业和公共文化设施在向社会公众提供服务时做到“教师优先”、很多社会团体企业民间组织对教师出资奖励。党的十九大以来，我国建立了以人民教育家、全国模范教师、全国优秀教师为代表的教师荣誉表彰体系和以“时代楷模”、全国教书育人楷模、最美教师为代表的教师选树宣传体系。党和国家持续加大教师奖励力度，在薪酬、聘任、职业发展等方面对优秀教师实施了激励措施。对黄大年、李保国、张桂梅、于漪、陈立群等一批事迹感人、在全社会引发强烈反响的优秀教师典型，大力宣传与示范引领，尊师重教蔚然成风。

二、健全和完善中国特色教师教育体系，不断加强教师素养修炼和能力提升

高质量的教育需要高质量的教师，高质量的教师离不开高质量教师教育体系的支撑。习近平总书记围绕“坚持把教师队伍建设作为基础工作”作了系列重要论述，为教师工作指明了方向，构成了新时代教师队伍建设的完整战略部署，为健全和完善中国特色教师教育体系提供了坚实的理论支撑。2021 年第十三届全国人民代表大会第四次会议通过的《中华人民共和国国民经济和社会发展第十四个五年规划和 2035 年远景目标纲要》，明确提出要“建立高水平现代教师教育体系”。

教师教育体系是由教师教育机构（师范院校、综合院校、专职院校、地方教师教育机构等）及其培养培训制度（职前培养、岗前培训、职中学习、职后培训、教育治理、教学研究等）所构成的系统。高质量教师教育体系建设是由高质量教师教育机构及高质量运行机制凝聚成的有机体，需要深度优化教师教育的制度供给、院校供给、学历供给、标准供给、继续教育供给等，并使其实现最优配置。党的十八大以来，在以习近平同志为核心的党中央坚强领导下，根据中国的国情和建设社会主义现代化教育强国的需要，大力构建中国特色教师教育体系。

中国特色世界一流师范教育体系基本形成。师范院校是开展教师教育

的基本力量，在教师教育体系中有着独特的地位和价值。我国教师教育的一个鲜明特色就是拥有一套系统完整且相对独立的师范教育体系，有着长期丰富的师资培养培训经验，为基础教育输送了大量的优秀师资。新时代对高质量师资的渴求，使深化教师培养供给侧结构性改革，重振师范教育显得更加重大紧迫。中共中央、国务院于2020年发布的《深化新时代教育评价改革总体方案》明确规定："推进高校分类评价，引导不同类型高校科学定位，办出特色和水平"；"改进师范院校评价，把办好师范教育作为第一职责，将培养合格教师作为主要考核指标"。这样师范院校"聚焦主责、主业、主题"的方向更加坚定，更加具有权威性。高水平师范院校是教师教育的领头雁。在"强师计划"中，政府高度重视高水平师范院校建设，加大投入力度，每校支持1亿元，实现21世纪以来国家高等教育重大专项中专门面向师范院校建设的最大规模投入，努力打造师范教育高质量发展的排头兵。以高水平师范院校为核心，建设一批国家师范教育基地，大力加强教师教育学科建设，不断提升师范专业课程、能力发展、信息化应用、一体化培养模式、教育硕士与博士招生改革等方面的内涵提升、标准建设与领航示范。在建设一流师范大学的同时，我国同时重视师范院校整体水平的提升。2022年教育部提出在"'十四五'期间，重点支持一批中西部欠发达地区薄弱师范院校，加强学校人才队伍、学科专业等建设，整体提高师范教育办学水平，为欠发达地区培养高质量基础教育教师，为乡村教育发展和乡村振兴提供坚强人才支撑"。在聚焦主业、主责、主题的指导思想下，"十三五"期间我国181所师范院校一律不更名、不脱帽，强化了"身份自信"，回归到"师范本性"，落实"第一职责"，师范教育体系质量建设得到了很大的提高。

构建现代教师教育体系。经过长期的改革发展，我国的教师培养体系实现了从封闭到开放，从固化到灵活，从单一到协同，从满足数量到追求质量的演变过程。2018年中央《关于全面深化新时代教师队伍建设改革的意见》明确了新时代教师教育体系的"体制性方向"。2022年，教育部等八部门印发了《新时代基础教育强师计划》，再次明确"构建以师范院校为主体、高水平综合大学参与为引领、教师发展机构为纽带、优质中小学为实践基地的开放、协同、联动的现代教师教育体系”。高水平综合性大学在学科建设、科学研究、人才资源、师资队伍等方面有较大优势，将这些优势与教师教育有效衔接、有机融合，能够有效提升师资的学科知识专业水平，提升教师教育学历层次。2020 年，我国师范类院校为 207 所，参与教师教育的综合类院校为 489 所，从在校生规模来看，师范院校和非师范院校的培养规模接近 1∶1。从 2023 年起，国家实施优秀中小学教师培养计划。国家支持以“双一流”建设为代表的高水平高校选拔专业优秀，且乐教适教的学生作为“国优计划”研究生，在强化专业学习的同时，接受教育理论学习和实践训练。学成后为中小学输送高素质优秀教师。以师范院校为主体，高水平综合性大学参与为引领，以高校、中小学与地方教育部门共同参与为特征，一个开放、协同、联动的中国特色师范教育体系业已建立。

建立多元招生模式，切实提高师范生质量。师范生的素质关系师范教育的质量。为了保证师范生有吸引力，招得来、留得住、下得去，中国特色师范教育体系坚持多元招生、定向就业的策略。2018 年中共中央、国务院《关于全面深化新时代教师队伍建设改革的意见》提出了“切实提高生源质量”，“完善教育部直属师范大学师范生公费教育政策”，“改革招生制度”等措施。针对特定类别的师范生，国家采取了免除学费、免缴住宿费，并补助生活费等资助政策，形成了师范教育的“免（低）收费、高资助”模式，由此我国形成了普通师范生、公费师范生、国家优师、地方优师的多元招生模式，适应了不同层次、不同地区的教师需求，师范生的吸引力不断增强。从 2021 年起，教育部直属师范大学与地方师范院校采取定向方式，每年为 832 个脱贫县（原集中连片特困地区县、国家扶贫开发工作重点县）和中西部陆地边境县（以下统称“定向县”）中小学校培养 1 万名左右师范生，从源头上提高中西部欠发达地区中小学教师队伍质量，培养造就大批优秀教师。2022 年 4 月教育部等八部门印发《新时代基础教育强师计划》，提出要“支持部属师范大学和高水平地方师范院校，根据各地需求，每年为中西部欠发达地区定向培养一批高素质教师，发挥示范带动作用，推进各地进一步加大县域普通高中和乡村学校教师补充力度”。

推进教师职业能力的认证的规范化和标准化，健全中国特色教师教育标准体系。专业认证是指通过使用一套由同行制定的标准来评估专业在多大程度上被认可，并以评价过程和评价结果为依据促进专业建设，确保和提高人才培养质量的一种手段。长期以来，教师的职业能力是由各个学校或地方政府自行认定，存在能力标准差异性大、办学水平参差不齐、师范生职业能力培养动力不足、单位用人随心所欲等问题，严重影响了教学质量，一些地方家长和学生的意见很大。开展师范专业认证和确定师范生教师职业能力统一标准有利于加强师范类专业建设，规范高校办学，提高师范生培养质量，确保用人的公平公正。2019 年 10 月，我国三级五类师范专业认证标准体系正式建立，为确保师范生成为合格教师做好全面准备，推动高校持续提升师范专业人才培养质量。2019—2021 年，我国已有 471 个专业通过二级认证，12 个专业通过三级认证，认证结果已经向社会公布。这种公开的认证机制已经成为学生、家庭和社会了解高校教师教育资质的主要方式，也在不断推动教师培养机构和教师教育者持续改进，为社会培养出优秀的教师。2021 年，教育部发布《中学教育专业师范生教师职业能力标准（试行）》等 5 个文件，明确了中学教育、小学教育、学前教育、中等职业教育和特殊教育专业师范生教师职业基本能力，即师德践行能力、教学实践能力、综合育人能力和自主发展能力。该能力标准与师范专业认证标准形成了一套指导师范类人才培养的重要指南，以助益从源头上提升教师的能力水平。2020 年国家启动教育类研究生和公费师范生免国家中小学教师资格考试认定取得中小学教师资格的改革，将教师队伍质量关口前移到培养院校，压实培养院校师范生教育教学能力考核制度的责任，切实提高师范类专业人才培养质量。

强化教师在职培训。教师的职业能力发展仅仅靠学历教育是远远不够的，在知识更新速度加快，信息技术日新月异的时代必须不断学习，成为学习型教师。因此，教师教育培训成为中国特色教师教育体系中不可或缺的重要环节。党的十九大以来，国家通过制定教师培训标准和地方教师专业发展类机构建设标准，持续推动教师专业成长。一是开展适应教育高质量发展的精准培训。培训标准化是实现精准培训的重要路径，《新时代基础教育强师计划》提出了教师培训专业化和标准化的发展目标。二是分学科、分领域构建起一个完整的中小学、幼儿园教师培训课程指导标准体系。教师培训课程标准采取分批研制、逐步健全、形成体系的思路逐步建成，以提高教师培训的针对性和实效性。三是建立健全地方教师发展机构和专业培训者队伍。地方教师专业发展类机构与教师联系最为密切，是解决教师培训即时性需要的重要平台。教育部把"制定县级教师发展中心建设标准"纳入《教师教育振兴行动计划（2018—2022年）》，作为重点工作任务之一予以推进。四是充分运用信息技术开展教师培训。扎实推进国家智慧教育平台建设，运用这个平台集中优秀教师对全国同类型教师开展集中教育培训，例如，2022年7月20日至8月31日，教育部在国家智慧教育平台首次设立"2022年暑期教师研修"专题，同时，组织院士、科普工作者、教育专家等开展"全国科学教育暑期学校"中小学教师培训，提升教师的科学素养。全国1313万余名教师参加专题研修，极大地促进了教研能力的提高。2023年教育部实施新时代职业学校名师（名匠）名校长培养计划，每年遴选一批中职校长和教师，经过三年集中培养，提升校长和教师的整体素质。

三、加大教师管理改革力度，形成有利于自由全面发展的管理生态

影响教师发展方向的主要因素是教师管理，其涉及教师准入、教师编制、教师工资待遇、职称评定、人事管理权限等方方面面。教师管理的理念、原则、政策、办法直接关系到教师成长发展的质量和教师成长发展的生态。教师管理制度是20世纪90年代我国才开始逐步走向法治化和规范化的。党的十八大以来，以习近平同志为核心的党中央着眼于教师的大力发展和健康成长，在已经建立的教师准入制度、编制制度、职称制度、质量监控制度等基础上，立足新情况、新形势着重加大教师管理改革力度，努力营造有利于教师自由全面发展的管理生态，形成了尊师重教、以质评教、人事相宜、优胜劣汰的管理导向。

教师资格国家考试和定期注册制度的改革提高了教师准入门槛，完善

了教师职业能力管理。我国自2002年起便建立了分省统考与县区认定的教师资格准入制度,教育部则于2011年在湖北与浙江两地做了教师资格全国统一考试试点。2016年正式启动教师资格国家统一考试和定期注册试点,建立"国标、省考、县聘、校用"的教师准入和管理制度。这项制度是新时代加强教师队伍建设的重要举措,做到严把教师入口关。到目前为止,教师资格全国统考省(自治区、直辖市)达28个,可谓教师资格证国考。只有参加国家考试并合格,才允许从事教师职业。教师资格定期注册是在此基础之上对教师入职后从教资格的定期核查。按照规定,中小学教师资格实行5年一周期的定期注册,若定期注册不合格或逾期不注册,则不得从事教育教学工作。这样的规定解决了一考定终身、教师资格一劳永逸的问题,形成了教师动态管理机制。这对教师坚持继续教育,聚焦教师主业,不断提高教师职业能力提出了更为严格的要求,有利于建设高素质专业化教师队伍。

推进"县管校聘"管理改革,激活教师用人机制。传统的教师人事管理体制的特点是"县管、校用、局看"。教师流动非常困难,资源均衡配置理念难以落实,教师对待交流态度消极,对流动功利性较强,学校本位思想严重,存在师资闲置浪费、管理效能不高等现象。2018年,以"县统、局调、校聘"为基本模式的"县管校聘"改革启动。"县管校聘"管理改革实现了县级教育行政部门建立人权、事权、财权相统一的教师人事管理体制,能够做到全局把控与微观调节的有机统一,补齐了教育行政管理功能缺失的"短板"。"县管校聘"改革实现教师身份由"学校人"向"系统人"的转变,为教师科学有序流动创造了条件。教师管理由"编岗和人并重"向侧重"人"转变,学校能够摆脱繁杂行政事务,集中精力用好人、办好事。管理方式由"行政管理"向"合同管理"转变,通过契约式管理,以法规形式明确教师职责任务及应有的权利待遇,有效激发内生动力。管理办法由"以人设岗"向"按岗聘人"转变,可以克服"一岗定终身""单位身份固化"的弊端,在县域内教师流动渠道顺畅,实现师资力量的优化配置。

优化中小学教师岗位设置,促进教师合理、有序、科学发展。长期以来中小学教师岗位设置管理严格按照编制管理办法按比例固定设岗,不允许调整。目的在于保证岗位设置的规范性和满足基本的教学质量要求。随着新时代学校发展、教育内涵扩大、教师队伍壮大以及人口流动加速带来的学生分布复杂化等，按照学科、学段、学校人员数量按固定比例设置教师岗位的做法越来越不适应经济社会的发展，产生诸多岗位设置不合理现象，用人学校明知不合理也只能干着急。为了从实际情况出发，结合教师发展需求与教育改革需要，尊重中小学教师资源配置的历史与现实，及时动态调整中小学岗位结构比例设置，必须深化改革。2022 年人社部、教育部印发了《关于进一步完善中小学岗位设置管理的指导意见》，明确不再在国家层面对高、中、初级岗位结构比例作统一规定，而是在明确合理配置要求的基础上，授权省级人社部门会同教育行政部门分学段、分类型科学设置教师岗位结构，适当优化调整中小学岗位结构比例。通过科学有效的岗位设置方案，提升中小学教师岗位配置管理的效率和效益，将中小学岗位结构与中小学教师评聘实际紧密联系、科学规划，体现了人事结合、财事结合、评聘结合的科学化教育治理思路。这些规定，有利于区域内中小学建立灵活、高效的教师聘用管理机制。同时，各级教育主管部门可以充分协调各级各类教师的岗位资源，针对乡村偏远学校、城乡接合部学校以及乡镇学校等适当设置专门教师补充岗位，按需设岗、因校制宜地从制度设计上推进乡村教师“下得去”“留得住”“教得好”，从根本上促进教师的合理流动，有序、健康、协调发展，实现区域内中小学教师队伍高质量建设的目标，促进基础教育优质均衡发展。同时，推进中小学教师岗位设置改革，各级各类学校能够在教师聘用上发挥主体性作用，建立健全中小学教师考核制度，加强教师聘后全面管理制度建设，做到评聘结合，实现一体化管理，有利于引入竞争机制，激励教师的业务发展，提升业务水平，夯实业务能力，提升教育教学质量。

进行中小学教师编制单列管理改革试验。近年来，随着城市化进程的加快，中小学编制城乡间、学校间、学段间配置不均衡等矛盾越来越突出。同时，受国家生育政策影响，中小学生源波动幅度起伏较大，常规的编制管理办法越来越不适应生源波动的要求。在编制总量从严控制的前提下，一些地方正在积极探索各种编制管理办法，更好地解决教育发展中的不充分、不平衡的问题。例如,2022年山东省就进行了教师编制单列管理改革试验,将现有中小学教职工编制从事业编制总量中单列出来,实行单列管理,保持存量、单独记账,由设区的市统筹各县(市、区)中小学教职工编制余缺情况,在市域内调配使用,化解县市区间中小学编制资源配置不均衡的矛盾。实行定期核编与年度调整相结合,以县(市、区)为单位,中小学教职工编制原则上每三年核定一次,对生源、师资结构变化较大的,设区的市可结合实际每年调整一次,确保中小学教职工编制及时核定保障到位。针对个别地方挤占、挪用中小学教职工编制的问题,进一步强化编制和人员管理纪律,明确各级教育管理机构及其他非教学单位不得与中小学混岗,不得占用教职工编制,未经县级以上党委批准严禁抽调借用中小学教职工,确保中小学教职工编制专编专用。建立省、市、县三级协同管理机制,有效应对中小学入学高峰,确保中小学教职工编制全面达标。以县(市、区)为单位,未达到国家基本编制标准的,首先在本县(市、区)事业编制总量内调剂解决;县域内没有调剂余地的,由设区的市负责调配补充;市域内空编不足的,使用省级统筹的周转编制予以保障。这项改革试验正在进行,如果试验成功将是编制管理改革的重大突破。

四、从严治教,把师德师风作为评价教师队伍素质的第一标准

"才者,德之资也;德者,才之帅也。"德才兼备是我国对人才的总体要求,高素质的教师首先应当是具备高尚师德的教师。我们党历来重视教师思想品德建设,进入新时代,习近平总书记更加具体系统地对师德师风建设提出了一系列新观点新思想新论断,为培养造就一支高素质专业化教师队伍提供了科学指导和实践遵循。他深刻指出:"教师的职业特性决定了教师必须是道德高尚的人群。合格的老师首先应该是道德上的合格者,好老师首先应该是以德施教、以德立身的楷模。"①师德包括政治品德和职业道德两大方面。在政治品德方面,必须把为党育人、为国育才作为教师的职责

① 习近平:《做党和人民满意的好老师》,《人民日报》2014年9月10日。

使命，将坚持党的全面领导、坚定中国特色社会主义共同理想和共产主义远大理想作为基本政治原则，将不断提高思想政治素质和个人修养作为教师的基本义务。同时，对教师公开发表违反宪法言论、损害党和国家声誉的情形作出了法律责任规定，为教师言行划定了底线和红线。教师的职业道德是教师作为教书育人角色应该坚守的基本行为规范和准则，涵盖爱国守法、爱岗敬业、关爱学生、教书育人、为人师表、终身学习六大方面。良好的师德师风是一个人民教师的基本底色，为了更好地完成科教兴国的战略任务，以习近平同志为核心的党中央以更大的决心、更有力的措施狠抓师德师风建设。

把师德师风的要求落实到教师的日常管理中。在较长的一段时间里，我国对师德师风建设的工作主要停留在思想理念上，缺乏操作性的抓手。这种以号召性、动员性为主导的师德政策并不能有效约束教师的不当行为，而且随着社会多元发展和生活方式的复杂化，原先的师德约束机制不能有效防范师德师风方面出现的新情况、新问题。党的十八大以来，随着抓铁有痕、踏石留印的新的政治生态的形成，师德师风建设开始走深走实，纵深发展。2013 年 9 月教育部在《关于建立健全中小学师德建设长效机制的意见》中要求严格师德考核，各级教育行政部门开始制定师德考核办法，一些学校也出台了具体的实施细则。与此同时，教育部对师德规范明确了具体的底线规定，连续发布 10 条红线和 6 条禁令，加大了师德师风的治理力度。2018 年 11 月在全国教育大会闭幕不久，教育部立即印发《新时代高校教师职业行为十项准则》《新时代中小学教师职业行为十项准则》《新时代幼儿园教师职业行为十项准则》（以下简称《准则》），标志着师德师风建设迈上新台阶。《准则》体现了“正面倡导、高线追求”与“负面禁止、底线要求”相结合的治理导向，并在“坚定政治方向、自觉爱国守法、传播优秀文化”等共性要求基础上体现出不同学段的问题与特点，在“爱岗敬业、关爱学生、诚实守信、廉洁自律”等方面提出不同的要求。各级各类学校根据《准则》的规范性要求，结合本学校、本地的实际制定实施细则和更为具体的要求，把一般性要求的师德师风原则变为可以直观判断和评价行为标准，教师在遵守师德师风过程中也有了具体的标尺和参照系。师德师风建设渗透到教师教学行为的方方面面，成为有具体性、操作性和约束性的管理机制。从2023年起，教育部开始推行教职员工准入查询制度，依法对拟进入大中小学的教职员工查询其违法违纪信息，对不适合录用的拒之门外，把好用人的第一道关口。

改进评价方法，形成师德师风是教师第一标准的管理导向。习近平总书记提出："评价教师队伍素质的第一标准应该是师德师风。"①评价是指挥棒，把什么作为评价的首要标准是重要的战略选择。长期以来教师评价存在师德与教师的知识、能力、业务等孰先孰后的比较与权重问题，也存在师德师风评价的客观性和准确度问题。在解决了师德师风要求的具体化和直观性的问题以后，各级教育行政部门和学校进一步推进教育评价的改革，做到健全立德树人落实机制，扭转不科学的教育评价导向，从根本上解决教育评价指挥棒问题。"破五唯"与以师德师风为"第一标准"，形成了习近平总书记关于教育评价改革正与反、破与立的鲜明写照。为了在教育评价体系中切实树立师德师风第一标准的首要地位，全国高校思想政治工作会议提出有条件的高校要成立教师工作部，其主要职责就是统筹和加强师德师风建设。师德师风是教师素质的核心，各级各类学校坚持充分发挥教育评价指挥棒作用，牢牢把握师德师风第一标准，切实加强了党组织对教师工作的领导，健全了工作体制机制，强化了制度建设，推进了内部师德师风建设的协同，积极开展工作创新。由于各级各类学校切实把师德师风建设贯穿在教师队伍建设的各方面各环节，把师德师风的第一标准贯穿落实在教师引进、考核、评优、评价各个环节，强化考核评价结果运用，加强师德档案管理，师德师风第一标准已经成为教师队伍建设的现实。广大教师进一步坚定为党育人、为国育才的初心使命，教师队伍的精神面貌焕然一新。

强化舆论监督，坚持师德师风督导查处常态化。教师作为为人师表的特殊群体，师德师风问题具有高度的敏感性，其问题影响力大，涉及面广，传

① 习近平：《在北京大学师生座谈会上的讲话》，《人民日报》2018年5月3日。

播速度快。在信息化时代,近年来的师德失范案例,不论大小都在社会上产生了比较大的影响,有的甚至产生了严重的负面影响,对教师形象产生了严重损害。习近平总书记深刻指出:“要看到教师队伍中存在的一些问题。对出现的问题,我们要高度重视,认真解决。对极少数道德败坏、贪赃枉法的害群之马,要清除出教师队伍,并依法进行惩处,对侵害学生的行为必须零容忍。”[①]“师德师风建设应该是每一所学校常抓不懈的工作,既要有严格制度规定,也要有日常教育督导。”[②]这就要求每一所学校都必须把师德师风建设作为一项常抓不懈的工作抓细抓常。在有严格制度规定的前提下,加强日常教育督导,健全对师德失范行为的调查处理机制,严格落实师德失范“一票否决”制,及时对师德失范行为依法依纪进行惩处,对侵害学生的行为始终保持高压态势,坚持零容忍。同时,充分发挥舆论监督的作用,特别是网络监督的作用。各级各类学校加强了信息的管理和反馈,对于学生、家长和社会举报的师德师风问题能够做到快速反应,即刻查核,准确定性,迅速处理,体现出对师德师风问题零容忍的态度,受到人民群众的好评。

坚持思想铸魂为本,努力营造良好氛围,切实提高教师的慎独功力。师德师风建设说到底还是广大教师个体要具有高度的自律性,只有教师身体力行地弘扬师德师风才会真正有健康的校园风气。因此,推进师德师风建设,不能仅仅依靠抽象的说教和严格的管控,更需要教师的主动和自觉,不断提高慎独的功力。这些年各级各类学校重视加强和改进教师思想政治工作,遵循教师成长规律、教师思想发展规律和教师工作规律。在坚持用习近平新时代中国特色社会主义思想武装教师头脑,铸魂补钙;切实提高教工党组织组织力,发挥党支部师德师风建设的领导作用;健全教师荣誉表彰体系,加大教师典型选树和表彰力度,通过举办形式多样的活动激励教师的荣誉感和崇高精神;构建文明校风,打造和谐向上的校园文化;加强师德违规通报和警示教育,切实发挥师德惩戒的震慑作用等方面,加强理论学习、

① 习近平:《做党和人民满意的好老师》,《人民日报》2014 年 9 月 10 日。

② 习近平:《在北京大学师生座谈会上的讲话》,《人民日报》2018 年 5 月 3 日。

政治建设、以史为鉴、榜样引领、实践锻炼。这样引导教师把教书育人和自我修养结合起来,激励教师的赤诚之心、奉献之心、仁爱之心,做到既坚守人格底线,更弘扬高尚师德。在良好的思想政治和社会氛围下,无数教书育人的楷模像雨后春笋一般涌现出来。

第七章　建设高等教育强国，办出中国特色世界一流大学

高等教育位于教育事业的高端，是先进生产力和现代社会发展的重要推手，是高素质人才、科学技术知识、创新思想、文化知识的重要输出渠道，对经济社会发展具有决定性影响作用。党的十八大以来，习近平总书记高度重视高等教育发展，截至 2022 年，先后十几次到高校考察调研，就建设中国特色、世界一流大学高等教育强国发表了一系列重要论述，为开创我国高等教育事业发展的新局面指明了前进方向。党的二十大提出"加快建设中国特色、世界一流的大学和优势学科"的要求，凸显了在开启全面建设社会主义现代化国家新征程上，建设高等教育强国的重大性和紧迫性。这标志着高等教育高质量发展进入了快车道。

第一节　党和国家对高等教育的需求比任何时候都更为迫切

中国特色社会主义进入新时代，百年未有之大变局加速演进，实现中华民族伟大复兴战略全局快速推进，科技、人才、国家软实力的竞争对高等教育发展提出了叠加要求。高等教育的质量和水平关系中华民族伟大复兴的进程能否顺利实现。习近平总书记深刻指出："办好高等教育，事关国家发展，事关民族未来。"[①]在全国高校思想政治工作会议上又进一步强调："我

① 《习近平致信祝贺清华大学建校 105 周年》，《人民日报》2016 年 4 月 23 日。

们对高等教育的需要比以往任何时候都更加迫切，对科学知识和卓越人才的渴求比以往任何时候都更加强烈。党中央作出加快建设世界一流大学和一流学科的战略决策，就是要提高我国高等教育发展水平，增强国家核心竞争力。”[①]党和国家对高等教育发展的强烈期待，极大地鼓舞了高教战线的广大师生员工，他们正以斗志昂扬的饱满精神状态，加快建设高等教育强国。

一、全面建设社会主义现代化国家亟须强化人才引领驱动

现代化的核心是人的现代化，中国式现代化的一个显著特色就是人口规模巨大的现代化，因而人的现代化水平决定着中国式现代化的质量。现代化建设离不开创新人才，国力之争，显性表现为经济、军事、科技之争，深层次则反映教育、科技、人才和社会基本制度的竞争。高等教育作为教育的龙头板块，处于科技第一生产力、人才第一资源、创新第一动力的结合点，在中国特色社会主义制度体系里，是一个教育、科技、人才发展的集合体，全面支撑着中国式现代化的建设伟业，其发展水平是一个国家综合实力的体现。高等教育在全面建设社会主义现代化国家中是“基础中的基础”“关键中的关键”，亟须强化人才引领驱动作用。

国家对高等教育的重视源自对创新发展人才的渴求。创新作为国家发展的第一动力，在第四次工业革命到来之际，在科技霸权主义肆意妄为之际更显得重大和紧迫。创新是迈向中国式现代化的力量之源。高校作为创新发展的先导力量，其人才聚集、科学源头和重大创新突破的地位越来越重要。高等教育的影响力在不断超越大学校园本身，围绕大学将不断涌现新的科技创新链、社会产业链和经济价值链。一流大学将真正进入社会中心，成为经济发展的发动机和社会进步的助力器，构成“国之重器”。创新的关键在人、核心在人，任何创新活动都是由人来实现的，人才水平决定着创新

---

① 《把思想政治工作贯穿教育教学全过程　开创我国高等教育发展新局面》，《人民日报》2016年12月9日。

的高度。创新驱动的核心是人才引领驱动。较之于其他层次类型的教育，高等教育与经济社会发展的关系最为直接，人才培养和使用必须要以创新为牵引开展。在高校，创新思维贯穿人才培养始终，各类人才都要有相应的创新能力，拔尖创新人才需要具有突出的创新思维能力，应用型人才也要具备创造性开展工作的能力。创新人才培养离不开高等教育。

国家对高等教育的重视源自对高素质劳动者的需求。中国式的现代化是经济、政治、文化、社会、生态等方面全面发展和进步的现代化。同时，中国式现代化的本质是人的现代化，必须实现人的全面发展。中国式现代化目标实现体现的“全面性”决定了高等教育必须实现全面的高质量发展。一是要满足现代化发展对公民素质的高标准要求。现代化发展必然使人与人、人与社会、人与自然、科技与人、规则制度与人、文化与人等的关系越来越紧密。适应现代生活，在现代社会正确处理各方面的关系，在复杂的社会环境中立好足，做好人，非常重要。青少年学生从小学到高中基本上以家庭生活为主，接触社会很少，只有到大学阶段才全方位开始正确处理各种外部关系的训练。可以说高等教育阶段是学生公民素质培养的关键环节，特别是在高等教育实现了普及化的时期，大量的就业人口都要经过高等教育这个通道走向社会，培养符合现代社会发展要求的合格公民就显得非常重要，这是维护社会安全和稳定的基本素质保证。二是要满足现代化建设对各方面各种类型人才的发展要求。现代化目标的全面实现需要各方面的专业化建设人才。学生从小学到高中阶段主要是掌握基本文化科学知识和学习技能，这些专业化人才只有在高等教育阶段才能够按学科和专业进行培养。现代化建设对人才的专业化要求和各类人才的需求愈益强烈，迫切需要高等教育的高质量发展。三是要满足对实现中国式现代化目标的人才培养需求。中国式的现代化与西方国家现代化目标体现的“单一性”“畸形性”“两极化”有根本区别，体现出“全面性”“均衡性”“共享性”的基本特征。这是社会主义本质在现代化发展方面的表现。青少年作为现代化建设的生力军，必须是中国特色社会主义伟大旗帜的高举者和接班人，必须在高等教育阶段加强当代马克思主义的学习教育，加强思想政治工作，掌握习近平新时代中国特色社会主义思想的基本立场、观点和方法，成为中国式现代化的建设者和接班人，牢牢把握中国式现代化目标实现的正确方向。

国家对高等教育的重视还来自对实现国家治理体系与治理能力现代化和参与全球治理的需求。建设中国式现代化必须实现国家治理体系和治理能力的现代化，为国家和社会科学有效运转搭好“四梁八柱”。党的十八大以来，围绕国家治理体系和治理能力现代化建设，党中央以提高党的执政能力为牵引，以深化国家治理为中枢，以参与全球治理为载体，不断深化改革。在新时代，面对各种风险和挑战，面对各种新情况新问题，我们的本领有“不适应”的一面，迫切需要提高党的执政能力和领导水平。同时，随着我国发展领域不断拓宽、分工日趋复杂、形态更加高级、国际国内联动更加紧密，参与全球治理的领域越来越宽，都需要极大提高国家治理者的政治能力、专业思维、专业素养、专业方法和国际视野。进入新时代，国家治理人才全部来自高等院校，国家治理水平的高低直接与高等教育的哲学社会科学的发展、专业化的培养、社会实践能力的提高、学生思想政治素质的高低密切相关。高等教育的发展直接关系到能否实现国家治理体系和治理能力的现代化，直接关系到我国参与全球治理的能力与水平。

新时代十年，高校累计培养各类高素质专业人才 7700 余万名，其中全国 800 多个研究生培养单位向经济社会发展主战场输送了 60 多万名博士和 650 多万名硕士，为国家重大战略实施和经济社会发展提供了强大的人才和智力支撑。

二、建设高等教育强国是实现高质量发展的必然要求

习近平总书记在党的二十大报告中深刻指出：“高质量发展是全面建设社会主义现代化国家的首要任务。发展是党执政兴国的第一要务。”①目前世界发达水平人口全部加起来不过 10 亿人左右，如果我国 14 亿多人全

① 习近平：《高举中国特色社会主义伟大旗帜　为全面建设社会主义现代化国家而团结奋斗——在中国共产党第二十次全国代表大会上的报告》，人民出版社 2022 年版，第 8 页。

部进入现代化，就意味着世界发达水平人口要翻一番多。要是以现有发达国家水平人口消耗资源的方式来生产生活，全球现有的资源全部给我们也不够用。在这样的形势下，中国式现代化建设发展，必须完整、准确、全面贯彻新发展理念，加快构建新发展格局，着力推动高质量发展。

全面建设社会主义现代化国家，教育是高质量发展的基础，科技是高质量发展的动力，人才是高质量发展的引擎。习近平总书记在二十届中央政治局第五次集体学习时指出："要把服务高质量发展作为建设教育强国的重要任务。建设教育强国、科技强国、人才强国具有内在一致性和相互支撑性，要把三者有机结合起来、一体统筹推进，形成推动高质量发展的倍增效应"。[①] 要形成推动高质量发展的倍增效应，必须加快高等教育强国的建设步伐。

实现高质量发展必须着力提高全要素生产率，这就迫切需要加强高等教育强国建设。我国经济实现高质量发展再也不能走依靠要素投入驱动增长的老路，而要更多地注重全要素生产率的提升。只有提高全要素生产率，才能稳定投资边际产出，对冲劳动力成本的上升，缓解资源环境压力，消化过去积累的风险，提高企业盈利水平。我国全要素生产率与发达国家相比仍有较大差距，要赶上发达国家的水平，就要以比发达国家更快的速度提高全要素生产率。着力提高全要素生产率必须深化要素市场化改革、建设现代化工业体系、强化原始创新能力。这与建设高等教育强国密切相关。只有高等教育不断为深化要素市场化改革提供科学有效的智力支持，源源不断培养高水平的国家治理人才；为建设现代化的工业体系不断提供新技术、高水平的技术人才、推动技术创新和产业化应用；特别是着力造就拔尖创新人才，加强基础研究，健全原始创新的体制机制，以基础研究带动引领性、原创性技术供给，努力在更多领域跻身世界领先行列，才能够尽快缩小与发达国家之间的差距。

① 《加快建设教育强国　为中华民族伟大复兴提供有力支撑》，《人民日报》2023 年 5 月 30 日。

实现高质量发展必须着力提升产业链供应链韧性和安全水平，这就迫切需要加强高等教育强国建设。产业链供应链是经济循环畅通的关键，提升产业链供应链现代化水平是推动实体经济高质量发展的重要途径。我国虽然已经形成规模庞大、配套齐全的完备产业体系，但产业链供应链还存在诸多“卡点”“堵点”“漏点”，部分核心环节和关键技术仍受制于人，产业基础能力不强。当前，全球产业链供应链加快重塑和调整，新一轮科技革命重塑全球产业链分工形态，智能化数字化技术使得传统制造环节的劳动力低，成本优势降低，技术、数据等要素的权重提高。发达国家依托智能制造技术优势，降低了对低工资成本的发展中国家人力资源的依赖。同时，面对贸易保护主义、地缘政治冲突加剧、个别西方国家构筑“小院高墙”，推进脱钩断链的做法和逆经济全球化的动向，全球产业链供应链更加脆弱。我国经济实现高质量发展面临许多难以预料的风险挑战，必须把提升产业链供应链韧性和安全水平放在更加重要的位置。我们要通过加快高等教育强国建设步伐，强化“新工科”人才培养，加快关键技术、重要产品技术的攻关；抢占人工智能、物联网、大数据、区块链等先进技术的制高点；加强对新能源、新材料、高端装备、绿色环保等一批新的增长引擎的科学研究；培养一大批服务于自主可控、安全可靠产业链供应链的全领域高素质的专业人才队伍；培养一大批有专长、懂管理、善经营、具有国际视野的企业家人才。

实现高质量发展必须着力推进城乡融合和区域协调发展，这就迫切需要加强高等教育强国建设。着力推进城乡融合和区域协调发展，促进形成要素流动畅通的城乡融合发展格局，构建优势互补、高质量发展的区域经济布局和国土空间体系，是推动高质量发展的重要途径。同时，通过协调发展解决城乡发展不平衡、农村发展不充分问题，是实现社会主义本质，推进共同富裕，维护社会和谐稳定的必由之路。着力推进城乡融合和区域协调发展迫切需要高等教育在实现普及化的基础上大力提高人才培养质量，为农业现代化、乡村振兴、区域发展和基层治理提供大量全科型、应用型，留得住、有施展才能天地的人才；加强西部和欠发达地区高等教育发展，提升服务区域发展能力；为西部和欠发达地区畅通高素质人才培养通道，为阻断贫困代际传递，推进共同富裕提供强有力的智力支撑；加强高水平大学对西部和欠发达地区的科技服务，助力落后地区实现跨越式发展。

综上所述，实现高质量发展与建设高等教育强国具有十分密切的关系，高等教育在实现中国式现代化中充当着不可替代的战略角色，发挥着举足轻重的战略作用，实现高质量发展必须加快高等教育强国建设步伐。

三、内涵式发展是我国高等教育的必由之路

长期以来我国高等教育落后于经济社会发展速度，在要素增长的驱动下，从 20 世纪 90 年代末开始，我国高等教育进入规模扩张的快速发展时期，在一定程度上满足了经济社会发展对人才的需求。但规模扩张并不意味着质量和效益增长，随着经济增长方式的转变，高等教育人才培养质量、服务经济社会发展的作用、高等教育的治理水平出现了不适应的情况。党的十八大提出了“高等教育内涵式发展”的要求，党的十九大以后，习近平总书记更加关注高等教育的内涵式发展，多次讲话提出要求。2018 年 5 月他在考察北京大学时又进一步强调：“当前，我国高等教育办学规模和年毕业人数已居世界首位，但规模扩张并不意味着质量和效益增长，走内涵式发展道路是我国高等教育发展的必由之路。”①内涵式发展已成为新时代我国高等教育发展的核心理念。

加快构建以国内大循环为主体、国内国际双循环相互促进的新发展格局是实现高质量发展的前提和基础。高等教育以培育人力资本的方式，从提升人才供给质量与扩大人才需求两个方面对构建新发展格局具有重要意义。这就需要高等教育实现发展模式的转型与创新，从规模速度等要素性增长转变为以内涵驱动为主的整体性发展；从自我发展的高等教育转变为与社会经济协同发展；从跟跑、模仿、复制到创新引领发展。高等教育的内涵式发展是以质量提升、结构优化、效益提高等为主要特征的发展方式。

提高人才培养质量，始终是高等教育内涵式发展的核心要求。建设中

① 习近平：《在北京大学师生座谈会上的讲话》，《人民日报》2018 年 5 月 3 日。

国式现代化对于高质量人才有强烈的需求，但目前高校培养的学生质量还难以满足社会的基本要求，学生就业存在较大的供需不平衡，一些大学生找不到工作，出现就业难问题；另外，一些岗位又存在找不到合适人才，无人填补空白的矛盾。要有效实现人才“需求”与“供给”的有机结合，必须从多个角度提升教育质量，深化供给侧结构性改革，将传统的人才培养体系转化为与新发展格局相适应的现代化人才培养体系，以经济社会发展、行业发展、职业要求、创新引领为依据，建立以市场与社会需求为导向的人才培养体系。服务国家战略和经济社会发展需要是高等教育的重要使命，以此实现人才培养体系的多元化和高质量发展。

结构优化是高等教育内涵式发展的基础，走高等教育内涵式发展道路必须从高等教育结构优化入手。高等教育的适度规模和结构优化是相互联系、相互作用的关系。适度规模是教育资源的合理配置，而结构优化则是教育资源的有效利用。只有合理配置资源，才能得到有效利用。一段时期以来，高等教育注重规模扩张，一度出现教育空间的扩大超出教育教学有效管理的范围，学生数量超出每一名学生应该拥有的教育资源份额。存在学科专业同质化现象突出、学生能力培养条件保障供给不足、研究型和应用型大学比例失调、新兴学科和专业设置滞后等一系列问题。实现高等教育内部结构优化，要站在教育是“国之大计、党之大计”的战略位置上，从区域发展、教学形式、学科建设、专业设置、人才培养层次等方面思考与新发展格局的适配性。自觉筹谋自我调适、主动适应、结构合理的内涵式发展模式，建立随着外部环境发展变化而不断调整的动态系统，提升高等教育服务经济社会发展水平。建立全面、多样、开放的高等教育体系，让高等教育成为服务全民终身学习教育体系的立交桥，成为国家和区域经济社会发展的助推器。

效益提高是高等教育内涵式发展的目标。这里所指的效益毫无疑问是经济效益与社会效益的有机统一，即实现国家投入和高校产出的效益最大化，使有限的资金、设备等资源配置产生倍增效应。高等院校的效益由其人才培养的数量和质量、科学研究成果的推广与应用，以及提供的社会服务等来体现，这也是由高等教育的公益性特质决定的。习近平总书记提出了高校要做到为人民服务，为中国共产党治国理政服务，为巩固和发展中国特色社会主义制度服务，为改革开放和社会主义现代化建设服务。这“四个服务”就是中国特色社会主义高等教育肩负的时代使命，也是衡量高等教育办学效益的根本标准。只有按照这个标准才能保证高等教育高质量发展的正确政治方向，实现高等教育的内涵式发展。

内涵式发展作为高等教育发展与评价的核心理念，在思想上深化其基本认识，在实践中做到科学评估、正确判断十分关键。目前的高等教育评价工作还没能很好地体现高等教育要求，“唯项目”“唯论文”“唯奖项”以及“唯发表”等现象仍然比较严重，这会对教育教学产生不良影响，对一些教育行为产生误导。为此，要深入学习习近平总书记关于教育评价改革的重要论述，认真贯彻落实党中央国务院关于贯彻落实教育评价改革的政策方针，调整高等教育质量评价指标，完善高等教育评价体系，建立自由宽松的教学科研环境，反对急于求成、急功近利、以偏概全的评价手段和方式，回归高等教育发展的本真，充分发挥评估对促进高等教育内涵式发展的积极作用。

四、高等教育要立足两个大局，心怀“国之大者”，奋发有为

当前，世界经济增长持续放缓，区域性政治和军事冲突不断，特别是肆虐全球的新冠疫情给世界经济造成严重冲击，对全球治理产生了深远影响。与此同时，一些国家保护主义和单边主义盛行、以美国为首的西方势力对中国的封堵打压力度前所未有，全球动荡源和风险点显著增多。我们必须在一个更加不稳定不确定的世界形势中谋求自身发展。科学技术的发展，尤其是数字技术、人工智能、生物工程等的迅猛发展，正在催生一批新产业、新业态、新岗位。对人的生活方式、工作方式、交往方式、伦理观念等产生巨大冲击，使人类社会经济生活发生深刻变化。未来时代经济、社会形态整体性的重构，决定了谁赢得变化，谁就会赢得未来。我们必须通过创新塑造发展新动能新优势，开辟发展新领域新赛道。

全面建成小康社会以后,我国开启了全面建设社会主义现代化国家的新征程,中华民族伟大复兴进入不可逆转的历史进程。面对百年未有之大变局,我们只有胸怀实现中华民族伟大复兴的战略全局,才能够深刻认识高等教育的神圣职责和崇高使命,自觉承担加快高等教育强国建设步伐的重任,为伟大复兴贡献自己的力量和智慧。正如习近平总书记在 2021 年 4 月考察清华大学时殷殷嘱托的:“我国高等教育要立足中华民族伟大复兴战略全局和世界百年未有之大变局,心怀‘国之大者’,把握大势,敢于担当,善于作为,为服务国家富强、民族复兴、人民幸福贡献力量。”①

立足“两个大局”,胸怀“国之大者”,高等教育强国建设要坚持中国特色社会主义,服务于中国式现代化建设的战略需求。面对世界之变、时代之变、历史之变,高等教育要赢得优势和未来,必须急国家之所急,尽高校之所能。要紧扣时代和实践的重大课题,推动“五位一体”总体布局建设,提供创造时代辉煌的高等教育答卷。要适应我国社会主要矛盾的转化,及时回应人民的呼声,寻找维护教育公平、促进共同富裕、推动均衡发展等解决中国问题的高等教育方案。要放眼世界,洞察人类发展进步潮流,批判逆历史潮流而动的反人类思潮,积极回应全人类共同价值的关切,学习借鉴人类优秀文明成果,为破解全世界面临的共同问题提供高等教育的新思路,奋力谱写高等教育高质量发展的新篇章。

胸怀“国之大者”要坚定不移实现建设高等教育强国的宏伟目标。建设高等教育强国是以习近平同志为核心的党中央从实现中华民族伟大复兴的战略全局提出的战略任务。只有加快高等教育强国建设,如期实现高等教育强国目标才能够为中国式现代化建设提供强有力的支撑和保证。要站在讲政治的高度,切实加强政治建设、提高政治能力,把增强“四个意识”、坚定“四个自信”、做到“两个维护”落实到建设高等教育强国的实际工作中。从全面建设社会主义现代化国家的战略高度出发,主动开展教育、科

① 《坚持中国特色世界一流大学建设目标方向　为服务国家富强民族复兴人民幸福贡献力量》,《人民日报》2021 年 4 月 20 日。

技、人才三位一体工作部署,自觉强化科技是第一生产力、人才是第一资源、创新是第一动力的“三个第一”意识,坚定实施科教兴国、人才强国、创新驱动发展“三大战略”,“咬定青山不放松”,努力达到2035年总体实现教育现代化的目标。

胸怀“国之大者”要加快建设高质量的高等教育体系。整体把握高等教育体系的各个环节、各个层面、各个领域的相互关系和内在联系,谋划推进各个组成部分和整个系统的现代化。面对日趋强烈的颠覆式创新、原始创新、核心技术创新等经济社会发展需求,瞄准科技前沿和关键领域,推进新工科、新医科、新农科、新文科建设,科学谋划布局新兴专业和交叉学科。统筹职业教育、高等教育、继续教育协同创新的结构布局,为适应老龄化社会的到来,实现全民终身学习和人力资本合理布局,助推经济转型升级战略和实施就业优先战略的双管齐下。创新职普融通、产教融合、科教融汇的实践路径,搭建人才培养立交桥、形成人才培养合力,实现教育链、人才链、产业链、创新链的深度融合。全面提高人才自主培养质量,努力培养造就忠于祖国、敬业奉献、服务人民的高技能人才、卓越工程师、大国工匠、一流科技领军人才和战略科学家。组建大团队,打造大平台,推进有组织科研,集聚力量进行原创性引领性科技攻关,努力产出一批原创性标志性科技创新成果。

胸怀“国之大者”要以党的建设为引领,形成强大的凝聚力、向心力和战斗力,用饱满的精神状态战胜任何风险挑战。建设高等教育强国我国是后来者。跟上世界高等教育现代化潮流,既要学习世界各国高等教育的先进经验,又要保持自己的中国特色,这给我们带来严峻挑战和空前压力。我们在进步,发达国家也在进步,如果我们不加快高等教育强国建设步伐,就有可能出现差距越拉越大的情况。我们要通过加强党的建设,坚持全面从严治党,把高校各级党组织建设成能打硬仗、胜仗的坚强战斗堡垒。我们要用习近平新时代中国特色社会主义思想铸魂补钙,坚定信念,增强紧迫感和压力感,做到只争朝夕,时不我待。始终保持忧患意识,坚持底线思维和极限思维,做到居安思危,如履薄冰,切实维护好高校的发展和稳定。要勇于自我革命，敢于刀刃向内，打破利益固化格局，持续深化教育综合改革，用强大的精神力量克服来自各方面的风险挑战和艰难险阻。

第二节　建设世界一流大学关键要全面提高人才自主培养质量

习近平总书记高度重视人才工作，党的十八大召开不久，他在广东考察时就深刻指出："综合国力竞争归根到底是人才竞争。哪个国家拥有人才上的优势，哪个国家最后就会拥有实力上的优势。外国看中国的实力所在，就是看这个。"①2018 年 5 月他在北京大学师生座谈会上又提出："学生在大学里学什么、能学到什么、学得怎么样，同大学人才培养体系密切相关。目前，我国大学硬件条件都有很大改善，有的学校的硬件同世界一流大学比没有太大差别了，关键是要形成更高水平的人才培养体系。"②党的二十大明确提出了"全面提高人才自主培养质量，着力造就拔尖创新人才，聚天下英才而用之"的战略要求。

一、人才培养质量是建设高等教育强国的核心竞争力

高等教育强国的核心竞争力主要是指一个国家的高等教育在世界高等教育竞争和发展过程中与其他国家相比较所具有的吸引、拥有优质生源和优秀师资，在教学科研中转化资源、创造社会价值收益并为社会提供有用知识和人才的能力。高等学校的发展是与促进人的发展和社会进步密切联系在一起的，人的发展和社会进步的主体都是人。高校作为教育的高端和人才培养的最终出口，高校服务社会经济发展的首要任务就是要提高人才培养质量。培养人才是高等教育的基本任务和大学的根本使命，培养高质量人才是评价高等教育核心竞争力的基本依据。

---

① 《习近平关于科技创新论述摘编》，中央文献出版社 2016 年版，第 107 页。

② 习近平：《在北京大学师生座谈会上的讲话》，《人民日报》2018 年 5 月 3 日。

培养出拔尖创新人才是高等教育强国核心竞争力的标杆。创新驱动推进经济社会全方位高质量发展，拔尖创新人才具有关键性作用。抓创新就是抓发展，谋创新就是谋未来。拔尖创新人才作为支撑我国高水平科技自立自强重要战略力量，包括战略科学家、一流科技领军人才和创新团队、卓越工程师、青年科技人才等群体。同时，拔尖创新人才还包括哲学社会科学研究大师。当代中国正在经历人类历史上最为宏大而独特的实践创新，迫切需要一些立足于我国改革发展鲜活实践，发现新问题、提出新观点、构建新理论的杰出人才，以理论创新驱动高质量发展。拔尖创新人才的培养不是急功近利、一蹴而就能做到的事，是一所大学长期积累、综合施力、精心培育才形成的标志性成果。世界上的著名大学都以培养了多少名诺贝尔奖金获得者、杰出科学家、国家领导人和世界500强企业家等而引以自豪。拔尖创新人才的培养一般都产生在基础研究深厚、学科交叉融合特色优势明显、师资本身就是顶尖级科学家、人才选拔独具慧眼、科技装备先进且实验研究方法科学、能够制定“一人一议一策”的个性化培养方案、条件保障比较充分的高校。所以，一个国家的高等教育能否培养出一批在国际比较中都独树一帜或者鹤立鸡群的拔尖创新人才，是这个国家高等教育硬实力的突出表现。

吸引优质生源和优秀师资是高等教育强国核心竞争力的重要表现。拔尖创新人才的培养要以培养对象的优秀潜质为基础，一个学生没有创新的思维、没有扎实的专业基础、没有宽阔的学术视野、没有良好的精神风貌和意志品质是难以培养成才的。高校的核心竞争力还体现在能否把最优秀的学生吸引到自己学校来。大学竞争主要是看争夺、占有总量一定的价值资源优势的能力，争夺优质生源的优势是核心竞争力强的一个重要表现。生源是高校的生命线，优质生源用脚投票选择中意高校，把自己的未来托付给心仪的学校，是对学校人才培养质量的信任。有了优质生源作苗木，才能培养出拔尖创新人才的参天大树。但凡世界一流的大学无不以吸引全世界优秀学生为骄傲。这就是高等教育强国都是留学生目的国，不发达国家都是留学生输出国的原因所在。我国从过去主要是留学生输出国向留学生目的国的转变,就证明建设高等教育强国已经取得了积极进展。只有把我国高校建成全世界杰出青年向往的留学目的地,才配称得上高等教育强国。优秀学生的培养要以优秀教师为工作前提,习近平总书记就说过:“专家型教师队伍是大学的核心竞争力。”①世界一流大学因其具有自由宽松的学术环境、优裕的教师待遇、先进的研究条件而形成人才的集聚地。16世纪以来,全球先后形成了意大利、英国、法国、德国、美国5个科学和人才中心,它们以不同方式聚集了一大批顶尖科学家,产生了一大批顶尖科技创新成果。有了优秀的师资才有可能培养拔尖创新人才,高等教育强国无不是人才集聚高地。随着新时代我国经济与研发环境持续改善,人才回流拉力提升,已经开始形成海外科技人才回流高潮,人才吸引力明显提高。

毕业学生的就业率和社会对高校学生的认可和接纳程度是高等教育强国核心竞争力的风向标。高校人才培养的质量还体现在毕业生的就业率和社会接纳认可的程度上。大学培养人才的目的是更好地为经济社会发展服务,同时大学生个人在为经济社会发展服务中体现和实现个人的价值。大学人才的培养方式、规格与质量关系到学生走向社会的素质适应程度和在就业市场上的竞争力。高校培养的学生越是很快适应社会、融入社会,就越能够在人力资源市场竞争中处于优势地位。大学生是高校的流动人口,只有大学源源不断地培养出高素质人才,并使他们在社会工作和生活中获得竞争优势和较高经济社会地位,其毕业生在社会上享有良好的声誉和信用,才能够实现社会与高校的和谐发展,学校才有发达兴旺、追求卓越的空间。在全球化竞争日趋激烈的环境下,一个国家培养的人才越是具有较强的国际化视野,越是具有参与全球治理知识、专业化技能和国际交往能力,人才培养质量越是具有国际竞争力,就越能证明它是高等教育的佼佼者。

独特的人才培养模式是高等教育强国核心竞争力的精髓。人才培养模式是指在一定的现代教育理论和教育思想指导下,按照特定的培养目标和

---

① 《稳抓稳打勇于担当敢于创新善作善成　推动京津冀协同发展取得新的更大进展》,《人民日报》2019年1月19日。

人才规格，以相对稳定的教学内容和课程体系、管理制度和评估方式，对培养对象实施教育使其成为人才的活动过程总和。简言之，人才培养模式就是人才培养的目标和规格以及实现这些培养目标规格要求方法或手段的实施体系。人才培养模式是人才培养的基本路径，每个国家都会根据自己的国情、历史文化传统、社会经济政治需要和人才培养经验形成特殊的人才培养模式。例如，国际上具有代表性的人才培养模式就有德国研究型大学、美国创新型大学、英国文理书院和苏联时期的职业型大学四种模式。这四种模式都独具特色，为满足国家发展需要，提高人才培养质量发挥了导向性作用。我们要建设高等教育强国，必须在立足中国国情、弘扬历史文化传统、服务中国式现代化建设目标的基础上，学习发达国家高等教育的先进经验，把他们人才培养的科学理念、管理手段和教学方法融入我国高等教育的人才培养中，形成中西融汇、古今贯通、文理渗透、专通结合的人才培养模式。只有我国的人才培养模式成为培养高质量人才的孵化器，得到广泛的国际认可，才有底气称为高等教育强国。习近平总书记指出："只有培养出一流人才的高校，才能够成为世界一流大学。"①他在北京大学师生座谈会上又进一步指出："只要我们在培养社会主义建设者和接班人上有作为、有成效，我们的大学就能在世界上有地位、有话语权。"②为此，我们要把最主要的精力和最大的功夫放在切实提高人才培养质量上。

二、构建全面均衡发展的高质量学科体系

学科指按照学问的性质而划分的门类，是一定领域知识体系的集合体。学科是知识生产发展到一定阶段知识分化的产物，并随着知识和时代的发展而不断演进。学科是人才培养的重要载体，是人才培养质量的重要保证。学科还是高等学校教书育人、科学研究、服务社会三种社会职能的具体承担者，学科建设是高校构成核心竞争力的关键性工程。习近平总书记在高校

---

① 《把思想政治工作贯穿教育教学全过程　开创我国高等教育事业发展新局面》，《人民日报》2016 年 12 月 9 日。

② 习近平：《在北京大学师生座谈会上的讲话》，《人民日报》2018 年 5 月 3 日。

考察时多次强调要优化学科布局,加强学科体系建设。党的二十大提出了“加强基础科学、新兴学科、交叉学科建设,加快建设中国特色、世界一流大学和优势学科”的要求。2023 年 2 月第二十届中央政治局第二次集体学习时,习近平总书记提出了构筑全面均衡发展的高质量学科体系的目标。

学科建设作为高校发展的龙头,其任务包括优化学科结构、提高教学质量、提升教师的科研能力和教学水平、实现学术上的突破与创新、加强学术成果的吸收和转化等方面。学科建设以专业设置、师资队伍的建设、实验室等研究条件建设、课程建设等为基本保证。

构筑全面均衡发展的高质量学科体系是全面建设社会主义现代化国家的需要。从高等教育发展史来看,大学学科体系的构建和结构调整都与时代的需求密切相关。例如,美国的著名高校就是根据美国发展关键时期的需求发展特色学科,之后又根据时代变化和科技发展需要不断调整和增设学科门类,从而构建了以文理学科为基础,以医、工、经、管等应用性学科为主干的多学科相互交叉、融合、促进的学科体系的。全面建设社会主义现代化国家,我国还面临原始创新能力不足,一些核心科学技术受制于人,一些涉及中华文明传承和构建人类命运共同体新领域的冷门学科、新兴学科无人涉足或者后继乏人,新科技革命创造的新业态、新技术、新工艺缺乏相应的人才支撑,应用性不强等一系列问题。这些问题集中反映在我国高等教育基础研究不够、学科发展不齐、新兴学科发展滞后这几个层面。构建全面均衡发展的高质量学科体系不仅是建设中国式现代化的迫切需要,也是实现高等教育强国的核心指标。构筑全面均衡发展的高质量学科体系,要加快学科发展范式转型,首先要加强基础学科建设。基础科学是学科大厦的根基,我们遇到的很多科学技术问题,实质上是基础研究问题。只有强化基础研究才能走在科技最前沿、抢占制高点,创造前沿性、颠覆性、原创性的重大成果。其次,要构建基础学科、应用学科、新兴交叉学科等交叉融合、相互支撑的分层分类学科生态体系。瞄准经济社会发展的需要发展新兴学科,培养中国式现代化建设不同领域、不同层次、不同业态需要的全科型、复合型和应用型人才。再次,要发展建设中国特色、世界一流的优势学科。中国几千年的文明积淀和改革开放以来高等教育的快速发展，产生了人无我有、人有我强的优势专业与学科，例如，考古学、建筑学、中医学、汉语言学、历史学以及通信工程、机械工程、冶金工程、土木工程、水资源工程学科等。应当加大扶持力度，让中国的优势学科服务构建人类命运共同体，吸引更多的留学生。最后，填补空白学科和加强弱势学科。对于有利于中华文明传承和弘扬的冷门学科，对于构建人类命运共同体还没有涉足的领域要填补空白学科，要加强学科的扶持，提供必要的条件，抓紧创建，做到提前布局，谋定先动，防止一些冷门绝学后继无人。

构建全面均衡发展的高质量学科体系必须重视哲学社会科学知识体系的建设。我国是哲学社会科学大国，无论研究队伍、论文数量、政府投入等在世界上都是排在前列的。但目前我国在学术研究、学术思想、学术话语权等方面同我国综合国力和国际地位还不太相称，也还没有产生具有国际影响的学术大师。建设中国式现代化，迫切需要能够科学回答中国之问、世界之问、人民之问、时代之问的哲学社会科学繁荣发展。高校是哲学社会科学“五路大军”中的重要力量，应当在构建全面均衡发展的高质量哲学社会科学知识体系中作出更多贡献。2022 年 4 月 25 日，习近平总书记在中国人民大学考察时强调：“加快构建中国特色哲学社会科学，归根结底是建构中国自主的知识体系。”①这是习近平总书记自 2016 年在哲学社会科学工作座谈会上发表重要讲话之后的又一次重要讲话。为加快构建中国特色哲学社会科学指明了发展方向，提供了根本遵循。加快构建中国哲学社会科学自主知识体系，就是对构建中国特色哲学社会科学学科体系、学术体系、话语体系的集中表达。这表达了习近平总书记对中国特色哲学社会科学发展的更高要求和更多期待。高校加强哲学社会科学知识体系建设任重道远。

构建全面均衡发展的高质量学科体系必须强化战略思维和创新思维。强化战略思维和创新思维就是要站在中华民族伟大复兴的战略高度来看待

① 《坚持党的领导传承红色基因扎根中国大地　走出一条建设中国特色世界一流大学新路》，《人民日报》2022 年 4 月 26 日。

学科体系建设。要做到跳出学科发展学科,既不能坐井观天,孤芳自赏,也不能利益固化,反对改革。学科生态系统的构建就是要促进不同学科学术群体之间的对话与合作,形成协同与共创的学科场域。重大原始创新成果往往萌发于深厚的基础研究,产生于学科交叉领域。当代科学技术发展不断形成新的学科组织方式,催生新的前沿性学科,仅仅依靠单一学科很难解决复杂的科学问题。因此,需要所有学科建设者具有战略思维,不断增强大局意识,依据当代科技发展的趋势,敢于打破学科壁垒,建构与之对应的新概念、新理论、新命题,形成新的认识论与知识结构,进而建立有别于原学科的知识范畴。

三、要抓住全面提高人才培养能力的重点深化改革

我国要建设高等教育强国,全面提高人才自主培养质量,必须抓住全面提高人才培养能力深化改革。正如习近平总书记考察清华大学时指出:"建设一流大学,关键是要不断提高人才培养质量。要想国家之所想、急国家之所急、应国家之所需,抓住全面提高人才培养能力这个重点,坚持把立德树人作为根本任务,着力培养担当民族复兴大任的时代新人。"[①]党的十八大以来,全面提高人才能力的改革如火如荼,取得了突破性进展。

一是加强人才培养的基本建设,做好专业调整、教材建设、课程改革等工作。专业是人才培养的基本单元,专业的科学设置直接关系高校人才培养质量。"十三五"期间,全国高校累计新增1万个专业、撤销或停招6000个专业,推进了一场数量多、力度大、频度高的专业改革。2023年4月教育部等五部门联合发布了《普通高等教育学科专业设置调整优化改革方案》,明确到2025年,优化调整高校20%左右学科专业布点;建好10000个左右国家级一流专业点、300个左右基础学科拔尖学生培养基地,形成高水平人才自主培养体系。教材是人才培养的剧本,教材建设直接关系社会主义核

① 《坚持中国特色世界一流大学建设目标方向　为服务国家富强民族复兴人民幸福贡献力量》,《人民日报》2021年4月20日。

心价值观能否融入学生头脑，能否贯彻落实党的教育方针。为了加强教材建设，教育部成立了教材局，建立了全国性教材建设专家编审咨询机构，统筹教材建设和管理；提升教材建设的时代性和前瞻性，注重把最新研究成果、最新理论、实践成果引入教材；奖励选树优秀教材，形成强有力的导向机制，带动教材建设质量整体提升。抓好课程改革。课程是人才培养的核心要素，是人才培养最基础的工作。从 2019 年开始，我国启动了一流本科课程建设“双万计划”，连续两批共遴选出 10868 个国家级一流课程。同时，注重重构课程体系，运用现代信息技术创新课程建设模式和教学模式，把最新研究成果用最新方法引入教学，提高教学的实效性。

二是加强对高水平人才培养的改革。十余年来，我国持续不断地进行高水平人才培养改革试验，例如“大中联动”助推高中育人模式变革，把高水平人才培养链延伸到高中。先后实施两轮研究生教育综合改革。在研究生培养中，科教融合、产教融合模式更加成熟，高校与科研院所、高水平企业联合培养的格局逐步形成，建立了联合培养示范基地。探索出农业硕士“科技小院”等育人模式。研究生培养结构类型更加优化，中国特色学科专业体系更加完善，形成了涵盖 14 个学科门类、113 个一级学科、47 个专业学位类别的学科专业目录，覆盖国民经济和社会发展主要领域。同时，分类培养体系更加健全，在稳步发展学术学位的同时大力发展专业学位，制定《专业学位研究生教育发展方案（2020—2025）》，加强对专业学位研究生的培养和管理。

三是调整高等教育专业结构和优化高等教育层次结构。学科交叉融合是学科建设未来的增长点和生命力，最有可能产生颠覆性技术和引领性原创成果。随着知识生产、传播和共享模式的多样化，国际社会对跨学科人才的需求越来越强，通过发展交叉学科来探索新型人才培养已经成为世界各国高等教育改革的重要趋势。党和国家对此高度重视，习近平总书记多次提出要求。为了在全面提升人才质量的同时合理规范人才规格，建设新工科、新医科、新农科、新文科示范性本科专业，引领带动高校优化专业结构、促进专业建设质量提升，推动形成高水平人才培养体系。“双万计划”提出用三年时间建设10000个国家级一流本科专业和10000个省级一流本科专业,鼓励各高校持续深化教育教学改革,创新教育理念,更新教学内容,改进方法手段,以此引领带动新型学科建设。在新发展格局导向下,优化专本研递进式的层次结构,适配劳动力市场,扩容中等收入群体,大力发展职业教育,推进人才供给侧结构性改革。2019年教育部组织实施"双高计划",即中国特色高水平高职学校和专业建设计划,集中力量建设50所左右高水平高职学校和150个左右高水平专业群。重点布局在现代农业、先进制造业、现代服务业、战略性新兴产业等技术技能人才紧缺领域。目的在于建设一批引领改革、支撑发展、中国特色、世界水平的高职学校和专业群;引领职业教育服务国家战略、融入区域发展、促进产业升级。该计划被称为职教版的"双一流计划"。

四是坚持不懈进行人才培养模式的创新。为了培养创新型、复合型、应用型人才,我国高校越来越注重形成高等教育与经济社会、产业企业、科技创新等方面的人才培养共同体关系。探索出产教融合培养应用型技术人才、科教融汇培养研究型人才、多学科多部门联合培养复合型人才的人才培养模式。有的高校创造了书院制育人模式,较好地克服了大学生综合素质发展不均衡、师生交流不充分、个性化培养不突出的育人局限,实现学生全面浸润培养,实现专业教育与养成教育、"正业"与"居学"的有机融合。为了使高校学生适应两个大局之下多元化、快速化、复杂化的社会环境,更好地谋求自身长远的发展和内在修养的提升,一些高校在探索通识教育和专业教育相结合的育人模式,解决学生有专业知识,但适应社会能力低的问题。旨在通过通识教育的价值塑造、能力培养、知识传授等教育内容,提高学生适应社会,正确处理各种社会矛盾和问题,做一个积极向上,敢于应对挑战,奋发有为的人。有的学校开设微专业,成为探索人才多元化培养模式的一种尝试。学生在学习原有专业的基础上,根据自身的兴趣和职业发展需求进行跨学科知识学习,为适应多元化社会,提升就业竞争力做准备。有的学校探索大类培养学业支持体系,实施大类招生、大类培养,打好学生通识教育、全面发展、核心素养、基础知识的良好底子,再根据学生才学、个人兴趣、国家需要分流进行专业化培养，培养出基础更牢、专业更精、目标更明、动力更足的学生。

四、要有培养大师级人才的决心和自信

建设高等教育强国，师资队伍建设是这项工程的基础，教师是高校三种社会功能的承担主体，习近平总书记高度重视高校师资队伍建设，提出了一系列关于加强高校师资队伍建设的重要论述。2021 年 9 月在党中央召开的人才工作会议上，习近平总书记提出："我国拥有世界上规模最大的高等教育体系，有各项事业发展的广阔舞台，完全能够源源不断培养造就大批优秀人才，完全能够培养出大师。我们要有这样的决心、这样的自信。"①2022 年 4 月在考察中国人民大学时习近平总书记坚定地提出："建设世界一流的中国特色社会主义大学，培养社会主义建设者和接班人，必须有世界一流的大师。"②

我们党一贯重视人才工作，中国共产党的成长壮大就在于我们党培养和产生了许多世界著名的理论家、政治家、军事家、外交家等治国理政人才。改革开放以来，中国发展面临的严峻复杂国际竞争环境和国内改革发展的艰巨繁重任务，加重了我们对拔尖创新人才渴求的紧迫性和压力感。我们一直有浓厚的"人才情结"或叫人才焦渴症，不停地进行拔尖人才培养实验、接连出台人才奖励政策，产生了一定的积极效应，但是具有突破性、颠覆性、原始创新性的有世界影响力的人才还没有从自己的高校培养出来，由此产生了"钱学森之问"。同时，还带来了"不要输在起跑线上"、学业负担过重、竞争性选拔五花八门、学区房择校热、教育评价"五唯"现象、大学生中的内卷等一系列负面效应。我国能不能培养出世界一流的大师级人才，这不仅是建设高等教育强国的实践问题，也是全面建设中国特色社会主义现

① 《深入实施新时代人才强国战略　加快建设世界重要人才中心和创新高地》，《人民日报》2021 年 9 月 29 日。

② 《坚持党的领导传承红色基因扎根中国大地　走出一条建设中国特色世界一流大学新路》，《人民日报》2022 年 4 月 26 日。

代化国家必须解决的政治问题。

中国特色社会主义建设的理论逻辑、历史逻辑和实践逻辑充分证明：中国的高等教育完全有能力、有信心培养出世界一流的大师来，其理由如下：

第一，新时代高等教育的发展态势决定了不久的将来世界一流大师的名单里一定会有中国高校培养的人。世界一流大师的产生有一个长期积淀、厚积薄发的过程，急于求成、急功近利反而不利于拔尖人才的成长。我们要以平和的心态看待世界一流人才的产生，不以一时论英雄。纵观发达国家世界一流大师的成长过程，他们都是在有长期人才储备，研究积累的高校，认定目标，默默无闻，坚定执着，不弃不离，最终取得重大突破的。我国的高等教育是在十分薄弱的基础上发展起来的，有一个加强基础建设、大学文化积淀、学校精神凝练、培养模式选择、治理能力提高的过程。决不能因为中国高校现在没有培养出世界一流大师就否定新中国成立以来高等教育的发展。从现在发展的态势来看，我国产生世界一流大师的概率越来越大。党的十八大以来，高校在学研究生已经成为科学研究及产出高质量原创性成果的主力军。高质量原创性论文比 2010 年翻了 5 倍多。国家自然科学奖第一完成人在国内获得博士学位的比例在不断提高，这表明我国自主培养的研究生已经成为我国创新驱动发展中的核心力量，他们中一定潜藏着许多未来的世界一流大师。

第二，新时代实施人才强国战略，铺就了世界一流大师成长的道路。党的十八大以来，以习近平同志为核心的党中央立足于“两个大局”，全面深入推进人才强国战略，高瞻远瞩谋划人才事业布局，大刀阔斧改革创新，广开进贤之路、广聚天下英才，推动新时代人才工作取得历史性成就、发生历史性变革。我国培养拔尖创新人才的思路越来越清晰，方略越来越明确，措施越来越得力。我们打造国家重点实验室等高水平科研平台，用大平台、大项目、大团队吸引人才和培育人才。我们强化基础学科人才自主培养，突破常规，创新模式，更加重视科学精神、创新能力、批判性思维的培养教育，吸引最优秀的学生立志投身基础研究。我们改进评价方式，健全功勋荣誉奖励体系，切实做到尊重人才、尊重知识，鼓励创新、鼓励合作，允许失败、宽容失败，为人才“减负松绑”，一心一意搞创新，努力让人才享受良好待遇、获得最高礼遇、拥有最好发展机遇。

第三，中国式现代化建设具有世界一流大师成长的广阔天地。中国式的现代化是建设人类文明新形态的现代化，完全不走西方式现代化的单一化、畸形化和两极化的老路。中国式现代化的发展对广大自然科学工作者和哲学社会科学工作者提出了大量的人类历史上没有破解的理论问题和实践问题。这些问题的解决是中国式现代化行稳致远的基本保证，同时，也为构建人类命运共同体，参与全球治理提供中国经验、中国方案和中国样本。在这个无比广阔的研究空间里，在这个世所罕见的发展机遇里，一定会产生有世界影响力的大师。

第四，坚定的理想信念是大师级人才产生的强大精神动力。科学没有国界，但科学家是有国界的。世界许多杰出大师的产生一般都与他们有强烈的报国之志，对我们共同生活的人类和宇宙有强烈的责任感和使命感相关。作为生活在中国特色社会主义制度下的科研工作者，更有实现共同理想和远大理想的胸怀，更有开辟人类理想境界的抱负。建设中国特色社会主义，追求共产主义远大理想，有个人履行不完的责任和使命，在向着远大目标的接续奋斗中一定会有人摘取科学高峰的桂冠，功成不必在我，但功成一定有人。

第三节　高水平研究型大学要成为科技创新的生力军

高校以人才培养为中心，人才培养要以前沿的知识、先进的科技、创新的手段、问题的导向为人才培养的吸引力。科技进步靠人才，人才培养靠教育，教育质量靠科研，这形成了一个螺旋式上升的循环体。高水平研究型大学之所以能够成为拔尖创新人才的孵化器，最根本的原因就是它是重大科技创新的策源地，高水平研究型大学在培养拔尖创新人才的同时要成为科学知识的创新源泉，新兴产业和相关技术的提供者，先进文化的引领者。

习近平总书记2018年在北京大学考察时指出："高校是科技创新体系的重要组成部分、高校科研人员是我国科技创新的重要队伍。"[①]2021年5月28日在两院院士大会中国科协第十次代表大会上，习近平总书记又进一步提出，高水平研究型大学要发挥基础研究深厚、学科交叉融合的优势，成为基础研究的主力军和重大科技突破的生力军。

一、一流大学是基础研究的主力军和重大科技突破的策源地

基础研究是指通过认识自然和社会现象，为揭示自然和社会发展规律而进行的实验性或理论性研究，从中获取新知识、新原理、新方法的研究活动。基础研究不以任何专门或特定的应用为目的，其成果以科学论文和著作为主要形式，用来反映知识的原始创新能力。基础研究的方向主要有战略导向的体系化基础研究、前沿导向的探索性基础研究和市场导向的应用性基础研究三种。研究的主要方式包括科学家自主创新的自由探索、非共识创新研究和对基础科学数据、资料和相关信息系统地进行采集、鉴定、分析、综合等研究性工作。基础研究是整个科学体系的源头，是科学之本和创新之源。基础研究是所有技术问题的总机关，许多重大前沿成果或关键技术往往根植于扎实的基础研究。加强基础研究是提高我国原始性创新能力、积累智力资本的重要途径，是跻身世界科技强国的基本前提条件，是建设创新型国家的根本动力和源泉。习近平总书记深刻指出："加强基础研究，是实现高水平科技自立自强的迫切要求，是建设世界科技强国的必由之路。"[②]

高水平研究型大学作为高质量人才培养、科学研究、社会服务、文化传承、国际交流的集聚地，具有基础研究的独特优势。一是有长期的人才储备。高水平研究型大学一般都有百年以上的办学历史，在接连不断的人才培养中储备了优秀的师资，形成了老中青结构合理的人才梯队。特别是一

① 《抓住培养社会主义建设者和接班人根本任务　努力建设中国特色世界一流大学》，《人民日报》2018年5月3日。

② 《切实加强基础研究　夯实科技自立自强根基》，《人民日报》2023年2月23日。

些优势学科和基础学科都人才济济,甚至吸引了国内或者是全世界的顶尖人才。这些人才因为有健全的人才培养机制和良好的人才培养声誉而保持稳定性,不会产生人才储备和资源的动荡性。二是有比较齐全的学科体系,便于集成创新。大学最独特的优势就是学科比较齐全,可以说是学科的丛林系统。学科的全面性和多样性,有利于大学形成复杂多样的学科层次、结构和功能,也有利于学科的交叉融合。新的基础科学前沿往往诞生于多学科的交叉融合,基础研究的探索是没有学科边界的,学科丛林生态有利于基础研究加强协同协调,提高研究效率。三是有与人才培养相配套的先进的研究装备。高水平研究型大学基于人才培养和研究创新的需要,一般都拥有先进的实验室等研究平台。改革开放以来,随着教育经费的不断增加,我国高水平研究型大学的研究手段和实验设备与发达国家的高校相差无几,甚至有的比他们还先进。这比以学科划分的研究机构有更好的进行综合性研究的条件。四是有独特的大学精神文化。高水平研究型大学经过长期的文化积淀,形成了称之为大学精神的独特文化氛围。尽管高水平研究型大学的精神文化不尽相同,但都有实事求是、滴水穿石、追求卓越的思想内核。这种在长期的教学科研中形成的思想精华,是最符合基础研究所需要的精神特质的。五是有基础研究人才培养的职能,基础研究队伍实力雄厚。高水平研究型大学都有基础研究人才培养的使命和任务,长期以来就承担了基础研究的人才培养工作。加强基础研究工作,实际上可以更好地把人才培养与加强基础研究有机地结合起来,一方面在人才培养中形成良好的问题导向;另一方面又可以在基础研究中使用和锻炼人才,提高基础研究的人力资本效率。

从世界著名创新高地的实践来看,基本都以持续支持高等学校巩固基础学科建设,推进原始创新为主导。美国在刚刚发布的2024年预算中,联邦政府为科学、技术和创新前沿研究提供了2100亿美元,其中就包括对高校在人工智能、量子信息科学、微电子学和同位素生产方面前沿基础研究的重大支持。日本在2021年发布的《综合创新战略2021》中也专门指出,需进一步开拓知识前沿,强化大学基础研究开发。法国在2020年7月发布了

《2021—2030研究计划法案》,优先资助包括物理、化学、地球科学、生命科学以及与大数据开放与使用相关的基础研究领域,并将项目资助率由2016年的16%提升至2030年的30%。

高水平研究型大学不仅是基础研究的主力军,也是重大科技突破的策源地。近年来,国家许多重大科技创新成果大都来自高校。高水平研究型大学成为创新驱动发展的重要策源地的优势表现在:一是能够通过人才培养的传感器敏锐地捕捉经济社会发展的重大需求,做到坚持以问题为导向。以市场经济为导向的毕业生就业形势,是一张人才供需的晴雨表。它灵敏地反映了社会需要什么样的人,哪些新兴行业、业态需要人。高校作为与人才市场紧密联系的共同体,能够从人才市场的变化,发现经济社会发展的动向,从中提炼出社会发展需求,找到重大科技创新的课题和重大价值并组织开展研究,以满足人才培养和社会发展的战略需求。二是高水平研究型大学具有基础研究基础上创新转化的职能。人类认识自然和社会发展的规律,是要用来改造自然和社会,这是发展高等教育的目的。高水平研究型大学作为基础研究主力军,产生基础研究成果以后,不仅仅有满足培养基础研究人才的需要,而且要在基础研究的基础上开发应用型科学技术、培养科学技术的应用型人才,把对一些事物的规律性认识和工作机理转化为经济社会发展服务的新技术、新工艺、新业态,加快基础前沿研究成果向产业应用的转化,加快转化为现实的生产力社会价值。许多发达国家一流大学的实践证明,凡是基础研究走在前列的高校,往往也是科技创新的高地。三是高水平研究型大学的多种优势学科有利于组织集中攻关,开展有组织科研,集中攻克国家经济社会发展急迫需要解决的重大科学技术难题。新中国成立以来,高校为解决国家经济社会发展的科技难题作出了突出贡献。四是有与高水平人才培养衔接的优势。重大科技突破要在掌握基本原理的基础上进行技术路径、原理利用、载体选择等方面的试验,其中需要大量的人力、物力的投入,要经过反复的摸索和不断的测试,要承受无数的失败和挫折。重大科技突破的研究既有利于人才在实战中培养,也有利于满足重大科技创新研究的需要。事实证明,凡是有重大科技突破的高校,也是人才辈出的地方。

正因为如此，习近平总书记深刻指出："重大原始创新成果往往萌发于深厚的基础研究，产生于学科交叉领域，大学在这两方面具有天然优势。"[①]因此，高水平研究型大学一定要充分发挥基础研究主力军和重大科技突破策源地的作用，为开辟发展新领域新赛道、不断塑造发展新动能新优势提供强大的原始动力。

二、加快实现高水平科技自立自强

习近平总书记从对世界大势的深刻把握、从党和国家发展战略全局的深谋远虑出发，作出了一系列关于高水平科技自立自强的重要论述，深刻阐明了科技自立自强的战略目标、重点任务、重大举措和基本要求。2023 年 3 月 5 日习近平总书记在参加江苏人大代表团讨论时指出："加快实现高水平科技自立自强，是推动高质量发展的必由之路。在激烈的国际竞争中，我们要开辟发展新领域新赛道、塑造发展新动能新优势，从根本上说，还是要依靠科技创新。我们能不能如期全面建成社会主义现代化强国，关键看科技自立自强。"[②]7 月在江苏考察时又进一步指出："中国式现代化关键在科技现代化。"[③]建设高等教育强国必须牢牢把握高水平科技自立自强这条主线。

要强化国家战略科技力量建设，大力培养使用战略科学家。国家战略科技力量是体现国家意志、服务国家需求、代表国家水平的科技中坚力量。国家实验室、国家科研机构、高水平研究型大学、科技领军企业等都是国家战略科技力量的重要组成部分。党的十九届五中全会关于制定"十四五"规划和 2035 年远景目标的建议对强化国家战略科技力量作出了周密的部署和明确的分工。高水平研究型大学主要承担基础研究、基础研究人才培养和部分重大科技攻关的任务。高校人才集聚成为国家战略科技人才的

---

① 《坚持中国特色世界一流大学建设目标方向　为服务国家富强民族复兴人民幸福贡献力量》，《人民日报》2021 年 4 月 20 日。

② 《牢牢把握高质量发展这个首要任务》，《人民日报》2023 年 3 月 6 日。

③ 《在推进中国式现代化中走在前做示范　谱写"强富美高"新江苏现代化建设新篇章》，《人民日报》2023 年 7 月 8 日。

"蓄水池"。高校基础学科众多,拥有专业化的教师,能够使基础研究与人才培养紧密结合,具有培养基础研究人才方面的独特优势。高校坚持以国家战略需求为导向,着力解决影响制约国家发展全局和长远利益的重大科技问题,加快打造原始创新策源地,加快突破关键核心技术,努力抢占科技制高点。据教育部统计,新时代十年,中国高校牵头建设了60%以上的学科类国家重点实验室、30%的国家工程(技术)研究中心,全国超过40%的两院院士、近70%的国家杰出青年科学基金获得者都集聚在高校,为国家战略科技人才力量建设提供了源头活水。2021年9月在中央人才工作会议上习近平总书记提出了要大力培养使用战略科学家的要求,为国家战略科技力量配备视野开阔、前瞻性判断力、跨学科理解能力、大兵团作战组织领导能力强的领军将帅。高水平研究型大学任务更加艰巨。

持续提升基础研究原创能力。国家实施基础研究十年规划,强化前瞻性、战略性、系统性布局,统筹部署各类基础研究。近年来,高校不断加强前沿性、基础性研究领域的前瞻布局,逐步建立起以国家实验室、国家研究中心和大科学装置等重大平台为依托,以学院为基础、以重点实验平台为支撑、以自由探索为主的卓越科技创新体系。高校加强基础研究后备力量培养,成为基础研究长远发展的力量之源。高水平研究型大学把基础研究人才作为重中之重,以加强一流基础学科建设为抓手,全方位谋划基础学科人才培养,深化人才培养创新试验区改革,构建"知识专通结合、学科交叉融合、层次本研贯通、人才国际合育"的基础学科拔尖学生培养基地。

强化关键核心技术攻关。关键核心技术是要不来、买不来、讨不来的,必须掌握在自己手中。新时代国家布局实施一批国家重大科技攻关项目,提升产业链供应链韧性和安全水平。高校作为成为攻克国家重大科技战略目标的"主阵地",十分重视加强科研平台建设。科研平台提供科研的空间,就像舞台一样,舞台越大,就越能承载更多的科学家在上面"表演"的任务。科研平台具有多种功能,能够承担理论研究、技术研究、生产研究等,同时还有很强的开放性和创新性,能够提供一流的科技服务,在推进重大科技攻关中,其作用功不可没。高校以国家战略需求为导向,针对"卡脖子"技术，汇集多学科优势力量，加强同企业、科研院所、行业主管部门等的战略协同，持续发力，久久为功，解决了不少重大科技难题。

坚定科技战略定力。在我国科技事业的发展中，战略定力起到了至关重要的作用。对于一些关键性的、引领性的、战略性的核心技术，必须咬定青山不放松，持之以恒不懈追求，不达目的决不罢休。新中国成立以来，我国科技发展的经验教训深刻告诫我们，缺乏科技创新的战略定力，会造成不可估量的损失。例如，大飞机、光刻技术的发展就是典型的例子。坚定战略定力要抓紧对关键技术、“卡脖子”技术的攻关。要坚持战略谋划，加强科技战略研判，以历史的主动性，保持科技战略的清醒，不盲目跟风，不被别人牵着鼻子走，抢占科技的制高点，勇于开辟新赛道、新领域，坚持进行路径创新。

把握好科技自立自强与国际科技交流合作的关系。人类要破解共同发展难题，比以往任何时候都更需要国际合作和开放共享。只有主动融入全球创新网络，积极参与全球科技治理，积极推动国际科技组织创新合作，才能形成具有全球竞争力的开放创新生态。在新时代，我国高水平研究型大学关注国际形势的新变化，围绕全球问题、国际区域问题和国别问题，积极探索跨地区长周期的国际合作新模式和具有全球创新吸引力的协作模式，不断拓展与“一带一路”沿线国家全方位多领域合作，加强国际对接并努力在加强国际科学交流合作上发挥引领示范作用。自立自强与开放合作是辩证统一的，高水平研究型大学作为全球创新发展的一部分，只有更好地学习、吸收、借鉴全球科技成果，走开放创新之路，才能实现高水平科技自立自强。

加强科技伦理治理。科技伦理是开展科学研究、技术开发等科技活动需要遵循的价值理念和行为规范，是促进科技事业健康发展的重要保障。2022 年中共中央、国务院出台《关于加强科技伦理治理的意见》（以下简称《意见》），提出加快构建中国特色科技伦理体系，健全多方参与、协同共治的科技伦理治理体制机制。《意见》明确了增进人类福祉、尊重生命权利、坚持公平公正、合理控制风险、保持公开透明的科技伦理原则，是开展科学研究、技术开发等科技活动需要遵循的价值理念和行为规范。加强科技伦理治理有利于持续提升科技伦理治理能力,有效防控化解科技伦理风险,不断推动科技向善、造福人类,实现科技高水平自立自强。

三、坚持以问题为导向完善科技创新体系

我国科学技术发展存在的问题,一方面反映了基础条件薄弱,起步较晚的不足;另一方面也反映了科技创新体系还有不健全不完善的地方。党的十八大以来,以习近平同志为核心的党中央完善党中央对科技工作的统一领导,坚持创新在我国现代化建设全局中的核心地位,科技创新体系不断深化改革。党的二十大提出"深化科技体制改革,深化科技评价改革"的要求,高水平研究型大学作为国家战略科技力量的主力军,更要走在改革的前列。

构建关键核心技术攻关的新型举国体制。要在关键核心技术攻关上取得重大突破,更好地发挥新型举国体制优势是关键。新型举国体制是继承和发展举国体制而形成的新概念。举国体制是社会主义制度的优势,其本质就是集中力量办大事。新中国成立以来,我们在举国体制推动下,通过自力更生、艰苦奋斗,取得了"两弹一星"、人工合成牛胰岛素等科技攻关重大成就。新型举国体制是在党的十八大以后逐步凝练的。2019 年党的十九届四中全会明确提出,要"构建社会主义市场经济条件下关键核心技术攻关新型举国体制"。2022 年 9 月 6 日,习近平总书记主持召开中央全面深化改革委员会会议,审议通过了《关于健全社会主义市场经济条件下关键核心技术攻关新型举国体制的意见》。新型举国体制的特点是:充分发挥社会主义制度优势,坚持面向世界科技前沿、面向经济主战场、面向国家重大需求、面向人民生命健康的"四个面向",通过政府和市场协同发力,综合运用多种手段把政府、市场、社会等各方面力量拧成一股绳,尊重科学规律、经济规律和市场规律,不断凝聚和强化国家战略科技力量,攻克重大科技难题,在创新发展中占据主动。完善新型举国体制要在充分发挥好政府在关键核心技术攻关中的组织作用,突出企业科技创新主体地位作用,强化市场

经济规律引导作用和充分调动重大战略科技力量积极性的基础上,加大对基础前沿和社会公益科研机构支持力度,确保基础性、公益性、战略性和前沿性科学研究稳定开展。要强化国家战略科技力量的改革创新,优先布局全国重点实验室、构建科研大平台,强化多学科间的交叉支撑,形成科技战略联盟的优势互补、共建共享,助推科技研发子系统间实现系统优化。要突出任务牵引,通过定向委托、揭榜挂帅、设榜选帅、联合攻关等方式支持承担重大科技攻关任务,实行周期性和里程碑式管理。高水平研究型大学要发挥自身优势,充分运用新型举国体制,在关键核心技术新突破上更加奋发有为。

切实推动有组织科研。现代科学技术的发展推动科研方式发生深刻的变化,科学研究从科学家以个人兴趣为驱动转向为满足国家重大战略需求为驱动;从单一学科的独立研究向多学科交叉融合的复杂研究转化;科研组织模式从玩自拍式的自由探索向抢占科技制高点转化。随着创新驱动发展战略的实施,有组织科研也从部分科学家的倡导成为党和国家的决策。以习近平同志为核心的党中央对有组织科研进行了周密部署,2022 年 8 月,教育部印发了《关于加强高校有组织科研推动高水平自立自强的若干意见》,就推动高校充分发挥新型举国体制优势,加强有组织科研作出部署。有组织科研是以国家战略需求为导向,从维护国家发展和安全的视角谋划全局,协调好计划性和探索性科研任务的合理布局,整合优势资源,形成高效的组织体系和架构,避免各自为政、盲目内卷、无序发展。深入推进有组织科研,要加强研究选题有组织抉择,引导科研队伍瞄准大问题、发现真问题、解决难问题,主动对接国家重大战略目标和战略需求。要强化研究团队的有组织性,以任务为牵引,根据任务的具体要求,建立面向重大任务的多领域、跨学科大型攻关团队,既不搞个人志愿式的自由组合,也不搞拉郎配式的强迫婚姻,做到分工明确,配合默契。要提供有组织的研究平台,发挥一流学科在高水平科技创新中的支点作用,发挥高校重点实验室的共享作用,促进优势特色学科与行业产业、区域发展深度融合;以国家实验室、全国重点实验室重组为契机,通过研究院所、高校、企业强强联合,构建国家顶尖科技创新平台。要通过有组织的科研模式打通“产学研”创新链条。“产学研”是创新链上的三个不同阶段，具有研究文化不同、研究目的不同的联结困难。“产学研”这个概念提出很久了，但是做起来极其困难。要通过有组织科研把学校人才培养和自由探索、企业追求新型产品和利润、研发机构希望尽快出成果聚焦到国家的战略需求上来，形成协同互补、合作共赢的创新链接器。

健全科技成果转化体系，加快科技成果转化。科技成果转化是落实科技是第一生产力的关键，只有把科技成果加快实现商品化、产业化并不断扩大市场占有率，才能增加社会财富，提高人民生活质量。党的十八大以来，我国加快科技成果转化体系改革，鼓励科技工作者勤劳致富、创造致富，充分体现市场选择、市场激励原则的作用。在国家国有资产管理新的规定和高校校办企业改革的基础上，在高校根据介入科研链时间点与时间长短、交易方式的不同，创造了直接交易、股权租赁、科技成果作价、赋予科研人员职务科技成果所有权或长期使用权等模式，极大地调动了科研工作者和企业的积极性，加快了科技成果转化步伐。

健全和完善支持科技创新的基础制度。要根据党中央对深化科技体制改革作出的新部署、新要求，坚持完善支持科技创新的基础制度。要深化科技评价制度改革，推进基于分类导向、贡献导向和发展导向为特色的科研评价改革，坚持个人贡献质量与团队人均贡献力度评价并重。坚持破立并举，加快建立与国家战略科技力量相适应的机构、人才、项目分类评价体系和激励政策，既要鼓励支持甘坐“冷板凳”、勇闯“无人区”的原始创新，又要引导激励敢啃“硬骨头”、善打“攻坚战”的协同攻关。落实科研管理“放管服”改革，赋予高校、科研院所更多科研管理自主权，赋予科学家技术路线决定权和经费使用权，把科研工作者从繁杂琐碎的事务中解脱出来，真正节约科研专家非研究性事务时间，进一步释放科研人员的创造力和生产力。改进科学技术评价办法，各级科技行政管理部门不再自行组织科技成果评价，转由委托方委托第三方专业评价机构进行评价。持续深化人事行政管理改革，确立躬身服务科研理念。在人才工作关键环节，关注人才服务细节、积极回应人才关切，将尊才重才落到实处；为引进人才提供一站式入职服务，搭建人才交流平台，让人才成长无后顾之忧。

第四节　健全和完善具有国际视野，体现中国特色的高校内部治理结构

现代化发展，我国是后发国家。建设高等教育强国，既要借鉴各国高等教育现代化的共性，更要彰显基于我国国情的特性，尤其要同中华优秀传统文化相结合，凸显独有的文化底蕴，创造高等教育现代化的新形态。健全和完善具有国际视野，体现中国特色的高校内部治理结构，对实现高等教育内涵式高质量发展具有压舱石的作用。习近平总书记在北京大学师生座谈会上提出："全国高等院校要走在教育改革前列……当好教育改革排头兵。我也希望北京大学通过埋头苦干和改革创新，早日实现几代北大人创建世界一流大学的梦想。"①

一、内部治理结构的科学性关系高校整体竞争力水平

大学是通过学科分化、专业集群、人才分流、管理分层建立的社会组织。其内部形成了智力分层明显、学术圈子迥异、精神文化统一、权责分配适切、学校管理独立等组织特性。大学作为利益群体多元化的一个复杂、庞大、多权威共生共存的学术组织和行政组织的综合体，不仅组织结构和权力结构十分复杂，而且管理难度也相当大。大学内部治理结构是学校管理运行的主体框架和动力系统，主要是指大学内部利益群体之间各种权力的配置、相互制约、利益表达和实现的制度规定、体制安排和机制设计，集中体现大学管理的结构、运行及其规制的主要特征和基本要求。大学内部治理结构涉及大学办学理念、办学规律、办学方式等方面的具体落实；涉及政府、社会、市场与高等教育相互适应的复杂关系的处理，具有极高的改革综合性。完

① 《青年要自觉践行社会主义核心价值观》，《人民日报》2014 年 5 月 5 日。

善大学内部治理结构是推进高校治理体系和治理能力现代化,实现高等教育内涵式高质量发展的重要保证,是我国高等教育治理的核心议题。完善大学内部治理结构,起步于改革开放以来各高校的自发探索,2010 年正式纳入国家决策和部署,党的十八大以后才开启了真正的破冰之旅。

2014 年 10 月 15 日中共中央办公厅印发《关于坚持和完善普通高等学校党委领导下的校长负责制的实施意见》指明高校内部存在政治权力、行政权力、学术权力、民主管理和监督权力。四大权力是高校内部的主要权力,也是高校内部治理结构的基本要素。实现高等院校内部治理结构的科学化,需要充分把握好各个权力主体之间的关系,实现对各个权力系统各要素之间的优化组合和相互协调,最大限度发挥高等院校的发展潜力,确保高校不偏离其办学方向与发展目标,是确保学校核心竞争力的基础性工程。

实现内部治理结构科学性能够在维护大学组织特性的基础上把握学校发展的正确方向。大学作为特殊的学术和行政组织,要维护大学的功能,必须首先保持大学的组织特性,即按照人才培养和文化发展的规律享有充分的学术自由,实现学校自治。但是,作为社会主义大学本身是有政治属性的,学术自由和学校自治必须符合社会主义制度条件下人才培养和文化发展的总体要求。完善内部治理结构,实现各种权力关系的协调和相互制约,做到政治权力的运用能够在充分发挥学术权力自由的基础上保证其科学性,行政权力行使能够受到民主监督权力的制约和民主管理权力的认同,做到政治权力和行政权力的运用具有广泛的思想认识基础和群众基础。这既能够防止把大学办成党政机关,完全靠行政指挥和执行命令来推动工作,也能够防止违背社会主义教育文化发展规律的自由化倾向。学校党委的重大决策和贯彻执行能够在充分彰显大学组织特性的基础上,保证正确的办学方向,把坚定正确的政治方向与独立自由的学术思考有机地结合起来。

实现内部治理结构科学性有利于全面履行大学的职能和使命。大学作为学科分化,专业集群、人才分流、管理分层的社会组织,都以群体的组织方式承担一定的任务。学校的院系、专业、学科、研究室、实验室等都有自己的特殊任务和特别工作目标。所以,学校虽然地域面积不大却是利益单元庞杂、利益诉求复杂、利益共识形成困难的社会组织。全面履行大学人才培养、科学研究、社会服务、文化传承、国际文化交流与合作等职能,需要各个专业、各个学科、各种类型的教职员工立足岗位,忠于职守,协调配合,相得益彰。要做到大学能够全面履行职能和使命,必须有健全的内部治理结构。通过健全的内部治理结构让各种类型的利益群体实现充分的利益表达,全面把握利益诉求,同时又通过健全的内部治理结构实现广泛的民主协商,在利益实现问题上形成最大公约数。在这个基础上,科学把握好学校发展中轻重缓急的顺序,处理好主要矛盾和次要矛盾的关系,解决好突出重点和照顾一般的问题,做到既能抢占发展制高点,又能推进学校全面发展。通过健全的内部治理结构避免学校发展畸轻畸重和职能缺失现象。

实现内部治理结构科学性能够规范和健全各种权力运行机制,形成良好的校园文化和大学精神。大学是基于自己的性质和目的追求建立的社会组织,应该坚守自己的原则和底线。特别是建校时间比较长的名牌大学,在长期办学经历中,积淀了独有的大学精神和文化,这些大学精神和文化成为学校发展软实力的重要组成部分。社会主义大学的精神文化不管表达方式、语境方式、文字凝练有多大的差别,但是核心的理念都内含了社会主义核心价值观。学校内部治理结构是维护大学精神文化的重要制度保证。健全的内部治理结构能够把各种权力主体权利行使的指向性充分完整地表达出来,不存在隐忍或对自由的恐惧,也不存在不受权力制约的权力主体。特别是不处在管理中心和行政部门的学术权力和民主监督权力能够在学校治理结构中得到充分的发挥,就能够形成一股监督和保证学校科学发展的强大制约力量,规范政治权力和行政权力的运行,维护大学精神文化的风清气正。

实现内部治理结构科学性有利于凝聚改革共识,形成推动改革创新的强大动力。高校是学科丛林,各个学科、专业都要生存发展,都想在学校内争得优势地位。然而丛林的良好生态不是万物生长一般齐,而是根据自然规律和竞争法则做到错落有致相互映衬。学校发展也是这样,必须根据学校的性质、特色、长期历史积累和人才队伍状况形成发展水平有差异但有自己特色和优势的学科丛林。过去高校的发展出现过齐步走搞大而全发展模式的平均主义;也出现过扶强不扶弱,突出优势学科,路子越走越窄的狭隘主义。完善内部治理结构的要义在于学校发展有明确的战略构想、科学合理的战略布局、优化高效的资源配置、同心同德的改革发展共识和团结合作的发展力量,使学校成为竞相发展、差异有序、内聚力强的学科丛林。健全内部治理结构,能够做到学校党委充分发挥管全局、把方向、抓大事和做好思想政治工作的作用,充分协调各方面的权力关系,调动各方面的积极性,在解放思想中统一思想,形成凝聚力和向心力,做到万众一心破解改革难题。

二、完善高校内部治理结构是全面深化改革的必然要求

改革开放 40 多年来,我国持续进行高校内部管理体制改革,在人才培养体制机制、人事分配制度、招生就业管理、科技管理体制、后勤社会化改革等方面取得了显著的进展。然而,内部治理结构改革涉及高校的全局和根本,也涉及高校与政府、社会的关系,形成改革共识需要一个过程,也需要具备一定的条件,因而起步比较晚,一些重点领域仍待取得新突破。党的十八大以来,随着推进全面深化改革战略布局的完成,完善高校内部治理结构势在必行。

扩大和落实高校办学自主权必须完善高校内部治理结构。高校办学自主权问题是困扰高校改革的一个重大问题。高校要回归大学的组织属性,尊重学术自由、大学自治的基本发展规律,就一定要让大学有独立自主办学,落实大学的初心和使命的自主权。由于我国高校建设初期沿用苏联高校建设模式,形成了在政府的指导与管理下开展教育教学工作的机制,学校成了政府的附属物。在这样的情况下,内部治理结构缺乏自主性,长期以来习惯于按政府指令办事,思想僵化,自主办学意识不强,开拓创新能力不足。再加上高校与社会和市场关系疏远,学校主要对政府负责,承担的社会责任不多,市场对高校发展的影响不大,高校缺乏自主办学、自我发展的压力感和紧迫感。随着社会主义市场经济的深入发展、科教兴国战略和人才强国

战略的全面实施、就业市场的彻底开放，高校作为独立实体在社会上的存在感和显示度越来越趋于个性化并带有竞争性，学校内部治理结构的科学性对学校整体竞争力水平的作用越来越凸显。党和政府认识到下放高校办学自主权的重要性，于2010年制定中长期教育规划纲要时，启动了扩大高校办学自主权的改革试点。党的十八届三中全会明确提出："深入推进管办评分离，扩大省级政府教育统筹权和学校办学自主权，完善学校内部治理结构。"①很明显，扩大高校办学自主权的目的不是简单地一放了事，而是要使高校更好地履行自己的职责和使命，只有健全和完善高校内部治理结构，形成自主发展又能够自我约束的体制机制，才能真正体现扩大办学自主权的真谛。

消除高校行政化倾向必须完善高校内部治理结构。作为集科层组织与专业组织特征于一身的高校，会产生两种基于不同基础的权威：一种是以等级职位为基础建立的科层制系统权威；一种是以技术能力和专业知识为基础建立的学术权威。行政机关干部和专业技术人员构成高校两大主流群体，这两类人员共同生活在学校地域中，会由于思想方法、行为习惯、利益诉求、工作目标不同而产生显性或潜在的冲突。相对于科层制管理拥有从校、院、系等各层组织的权威而言，高校的学术权力则具有分散性和多元化特征。由于长期以来我国的教育管理是集权管理模式，政府是典型的科层组织，学校具有科层管理的历史惯性。当科层权威高于学术权威的时候，高校组织处于政治权力、行政权力强的态势，出现不按人才培养、学术发展要求办事的瞎指挥、乱折腾、一言堂等现象，这就是饱受诟病的高校行政化问题。高校行政化现象强化规范、秩序、统一、命令、服从来体现管理效率，不利于学术发展、创新发明和人才培养，必须按照学术组织的要求来进行学校管理。高校要解决去行政化的问题必须健全和完善内部治理结构，让学术权力拥有一定的地位，学校的政治权力和行政权力要为学校的主要责任和使命服务，而不是独立于或者凌驾于学校的主责主业之上。高校只有把行政组织和学术组织的功能有机地融合在一起，才会凸显高校的组织特性，充分

① 《十八大以来重要文献选编》(上)，中央文献出版社2014年版，第536页。

发挥高等教育的作用。

坚守以师生为本的政治立场必须完善高校内部治理结构。党的十八大以来,以习近平同志为核心的党中央提出了以人民为中心的根本政治立场,把人民高不高兴、满不满意、赞不赞成作为党执政兴国的根本依据。高等教育作为国家教育事业的龙头是人才培养的最终出口、科技创新的高地、服务社会的前沿,更应该在为人民谋幸福、为民族谋复兴方面有更多的作为。过去我们有的高校存在人才培养专业不对口,培养模式落后、学生毕业即失业、青年教师住房困难,成长面临各种焦虑、教师待遇偏低与大锅饭并存、科研管理体制僵化,科研积极性动力不足等一系列问题,最根本的是以师生为本的治理理念没有树立起来并落实到高校治理的方方面面。坚持以师生为本的治理理念关键是要通过完善学校内部治理结构去实现,通过加强党的领导和党的建设,强化政治功能,加强决策的科学化、民主化和法治化;把学校民主管理、民主监督的权力落到实处,在管理、考核、评价学校工作时,能够以师生的话语权作为主要依据,维护学校的发展和稳定。

以教育评价改革为牵引,统筹推进高校改革必须完善高校内部治理结构。高校存在的"五唯"现象,表面上看是办学理念存在偏差、尊重办学规律不够、办学方向不对头的问题,实质上是学校内部治理结构不健全,治理能力水平较低的问题。"五唯"现象的长期存在,表明学校治理存在简单化、单一化的现象;缺乏对高校这个复杂的社会组织实现管理的多样化的组织能力和充分调动各方面积极性的综合性的激励竞争机制;对改革的痛点、难点、堵点缺乏统一思想、团结一致、攻坚克难的政治能力等。习近平总书记在 2021 年 3 月看望参加全国政协十三届四次会议的医药卫生界教育界委员时进一步强调:"以教育评价改革为牵引,统筹推进育人方式、办学模式、管理体制、保障机制改革。"①要以教育评价改革为牵引深化学校各方面改革,必须以完善高校内部治理结构为前提。只有健全和完善的内部治理

---

① 《把保障人民健康放在优先发展的战略位置　着力构建优质均衡的基本公共教育服务体系》,《人民日报》2021 年 3 月 7 日。

结构党的领导才会发挥谋篇布局、战略统筹、坚强有力的作用;行政管理才会精细操作,执行到位;教职员工才会各显其能,能位互补;改革才会势如破竹,向纵深发展;学生才会乐享其成,健康成长。

三、建设世界一流大学不能照抄照搬,必须突出中国特色

中国的高校要建立什么样的内部治理结构呢？这不是一下子就能看清楚的问题,而是经过长期实践探索才总结出的科学结论。中国高校作为学习西方的产物,一开始时就是以西方为目标的,流行过师夷长技、中体西用、西体中用、全盘西化等观念,照抄照搬过西方的学校内部治理结构。然而,取法西方教育模式并未能拯救中国的教育和社会,反而沦为西方的附庸,陷入了文化虚无主义。我们党领导的社会主义革命和建设,走的是一条独立自主的道路,但在国家和社会治理中也走过弯路,在高等教育治理中也出现过高度集中统一,全盘否定西方文化,全面排斥西方学校内部治理结构的问题。事实证明,全面西化或全盘否定都是行不通的。在全球经济政治文化联系紧密、交融互鉴、共存共荣的今天,必须扎根固基,海纳百川。改革开放后,中国高等教育之所以取得巨大成就,就在于充分考虑并正确处理了本国文化与西方文化、历史传统与现代化之间的关系。

高校内部治理结构的选择实质上是一种社会制度的选择、一种文化的选择。世界主要发达国家和地区之所以形成不同的大学治理模式,既与这些国家和地区相互影响、相互借鉴学习有关,更与他们以本国国情和本土历史文明为基础有关。在中国式现代化发展进程中,如何构建中国大学的内部治理结构,需要借鉴世界发达国家大学治理的经验与做法。西方是大学治理结构形成的发源地,对于世界高等教育发展具有启迪意义。西方大学治理的一些制度设计与权力架构,如学术委员会、教授会等制度设计等都可以借鉴。其蕴含的“大学自治、学术自由、教授治学、民主管理”等价值观念也具有一定的学习价值。实现中国式高等教育现代化,必须坚持和体现开放性,善于学习世界各国一切先进文明成果,学习其先进的办学理念、治理经验和制度文明成果。然而,对价值观念的理解和其实现形式不是无差别、

普遍性的，对价值观念的理解是有倾向性和意识形态性的，价值观念的实现形式是有条件性和选择性的。例如，对“大学自治”这个理念的理解在西方和在中国就不一样。我们对“大学自治”的理解就是在党的统一领导下，大学具有独立自主的办学权。西方对“大学自治”的理解是不受政府管制的实体组织。价值观念的实现也是这样，必须根据不同国家的经济政治文化和历史条件选择不同的治理模式，西方大学的内部治理也存在着美国、德国、日本等代表性的模式。因此，高校的内部治理结构要根据各国不同的基本制度、现实国情、历史传统和发展方向进行选择，而不能完全照搬西方大学的模式。同时，从历史和现实的角度来说，西方现代大学制度是在长期历史发展中自然演变而来的，我国现代大学制度是在党和政府的主动设计和指导下形成的。这两种不同的形成方式也决定了我国高校内部治理结构的建立和完善，不能走西方大学的老路。习近平总书记 2014 年 5 月和 2018 年 5 月两次到北京大学考察都在师生座谈会上强调学习世界上先进办学治学经验，同时扎根中国大地办大学，坚持中国特色。他说：“办好中国的世界一流大学，必须有中国特色。没有特色，跟在他人后面亦步亦趋，依样画葫芦，是不可能办成功的。这里可以套用一句话，越是民族的越是世界的。世界上不会有第二个哈佛、牛津、斯坦福、麻省理工、剑桥，但会有第一个北大、清华、浙大、复旦、南大等中国著名学府。我们要认真吸收世界上先进的办学治学经验，更要遵循教育规律，扎根中国大地办大学。”①

在我国高校内部治理结构中，最能体现中国特色的是“党委领导下的校长负责制”。党委领导下的校长负责制是民主集中制在高校的具体实现形式，是我们党在领导体制上的独特创造，是高校的根本领导制度。它是指在高校实行党委的集体领导，党委一班人经过法定程序产生以后，选举或任命党委书记作为党委班子的班长，同时选举或任命校长作为行政领导班子的主要负责人。党委委员和行政领导相互兼职。在这样的领导体制下，重大问题党委集体研究决定，专业和行政事务、业务管理由校长负责组织领

① 《青年要自觉践行社会主义核心价值观》，《人民日报》2014 年 5 月 5 日。

导，贯彻落实工作，党政主要负责人在把握政治方向，制定重大决策，组织协调队伍，培养发现人才，实现全面发展等方面发挥主导的作用。党委领导下的校长负责制的实质是确立党委在高校的政治领导地位，同时充分发挥行政首长的重要作用。它体现了党委领导同行政首长负责，集体领导和个人负责的辩证统一。党的十九大以后，为了体现新时代党的建设的总要求，我们把过去党的领导主要体现在政治领导方面的要求，强化为“坚持和加强党的全面领导”，并从体制机制上落实了加强党的全面领导的措施，突出了党在管全局、谋发展、把方向、抓队伍等方面的领导核心作用。自 1989 年党的十三届四中全会把高校党委领导下的校长负责制确定为高校的根本领导制度以后，30 多年来维护了高校的健康发展与和谐稳定，具有显著的制度优势。

除此以外，我国高校内部治理结构中体现中国特色的还有很多，例如，体现民主管理民主监督作用的职工代表大会制、校长信箱、师生参与管理制等；体现教授治学的民主协商议事制度和决策咨询制度；体现校长负责的党政联席会议制度等。这些治理特色有利于高校在坚持党的教育方针根本政治方向的前提下，充分调动各方面的积极性，实现各方面权力的相互协调与相互制约，推进高校治理体系和治理能力现代化，促进高质量发展。

四、新时代高校内部治理结构的健全和完善在与时俱进

随着新时代高校内部治理结构健全和完善的深入推进，高校形成了以“党委领导、校长负责、教授治学、民主管理、依法治校”为基本理念的主体框架治理结构。高校党委发挥把方向、管全局、抓长远、做决策等作用；以校长为代表的行政组织结构构成了内部治理的行政权力主体；教授主导的校学术委员会负责行使学校学术事务决策、审议、评定和咨询等学术权力；学校的教职工代表大会、学生代表大会及工会、团委等各类群众组织被视作民主权力主体，代表全校师生员工参与学校的内部治理，监督学校各项规章规则的落实与实施。学校管理实现有章可循、有法可依、执法必严。实现高等教育治理体系和治理能力现代化的基本目标是：在学校党委领导下的政治权力、行政权力、学术权力与民主权力“四位一体”的治理结构里，各权力主

体依法依制依规履行各自的职责,加强协同与配合,形成凝聚力和向心力,科学规划合理布局,推动学校事业发展,如期完成建设高等教育强国的任务。由于复杂的历史和现实原因,学校内部治理结构基本理念的落实、体制机制的健全和完善不是一下子就能够解决的,仍然面临利益固化格局需要打破、科学理念向实践转化创新、各种权力运行机制融会贯通、解放思想与统一思想有机统一等一系列问题,改革需要一个较长的过程,需要付出艰巨的努力。在新时代,健全和完善高校内部治理结构一直在路上。

进一步落实和扩大省级政府教育统筹权,进一步落实和扩大高校办学自主权。从 2010 年全国开始启动扩大省级政府教育统筹权、落实高校办学自主权改革试点,到党的十八大以后,省级政府统筹教育的权力不断扩大,各省、自治区、直辖市能够根据自己的实际情况对高等教育进行顶层设计、科学布局、优化资源配置。与此同时,下放高校办学自主权,解除约束高校自主发展的体制机制、政策法规约束,让高校治理有更多的独立性、责任心和自制力。2017 年 3 月出台《教育部等五部门〈关于深化高等教育领域简政放权放管结合优化服务改革的若干意见〉》。在专业设置、职称评聘、薪酬待遇、用人环境、经费使用、编制岗位管理等方面进一步向地方和高校放权,给高校松绑减负、减除烦苛,让学校拥有更大办学自主权。同时,在这样的前提下要求高校深化内部治理结构改革。

坚持推进全面实现依法办校。高校内部治理结构的完善需要健全的法制作保证,党的十八大以后,教育部发布《全面推进依法治校实施纲要》,坚持开展依法治校示范校创建工作;完善依法办学、自主管理、民主监督、社会参与的现代学校制度;实施地方教育行政部门依法行政和学校依法治校考核制度;推动直属高校普遍建立法律顾问制度;试点建立校园法律纠纷预防与调解机制;实施提升依法治校能力攻坚行动,全国高校法治意识普遍增强,法治建设覆盖高校管理全领域、依法办事的能力进一步提高。

健全党委领导下的校长负责制。印发《关于坚持和完善普通高等学校党委领导下的校长负责制的实施意见》《高校领导体制运行机制实施意见》《关于加强和改进高校基层党支部建设的意见》《高校学生党建工作标准》

《关于加强民办学校党的建设工作的意见(试行)》《中国共产党普通高等学校基层组织工作条例》《关于加强新形势下高校教师党支部建设的意见》等一系列文件,充分发挥党委在推动高校事业发展中"总揽全局、协调各方"的作用,不断增强党组织的政治功能和组织力。坚持大抓基层的鲜明导向,把党的教育方针和重大战略部署落实到院(系)各项工作中去,完善院(系)党组织会议与党政联席会议的决策内容和程序,确保党的各项方针政策在基层全面落实,把高校基层党组织建设成有效实现党的领导的坚强战斗堡垒。坚持和加强党对民办高校的领导,加强民办高校内部治理体系建设。完善高校党委教师工作部设置及运行机制,加强高校教师党支部及"双带头人"支部书记队伍建设。推动高校纪检监察体制机制改革,加强党风廉政建设和反腐败斗争。纵深推进新时代高校党建示范创建和质量创优。加强高校干部的教育培训,切实提高履职能力。

制定和完善大学章程。大学章程上承国家法律法规,下接学校规章制度,是规范高校与政府、社会以及学校内部关系的准则和依据,被称为大学的"宪法"。大学章程建设是推进大学治理体系建设的重要抓手。进入新时代,制定和完善大学章程是健全学校内部治理结构的一个非常重要的阶段性工作。到目前为止,全国高校基本上完成了大学章程的起草、修改、完善、核准等程序。各高校正以学校章程为基本遵循,建立和完善相应体制机制,健全各种规章制度,规范各种权力运行,建立健全高校章程实施的监督机制,促进治理体系和治理能力现代化。

改革院系领导体制。由于学校内部治理结构的改革起步较晚,改革的层面主要集中在横向权力的行使与相互制约,而对于高校下设的二级单位之间关系的改革起步较晚。随着治理结构完善的深化,院校两级关系的改革成为高校内部治理结构改革的新热点。从《国家教育事业发展"十三五"规划》开始就启动院系领导体制改革,改革的核心是向院系下放自主权,推进管理重心下移,提高院系两级管理的责任心和使命感,实现从"校办院"向"院办校"转变。改革还涉及高校内部的院系与职能部门之间的关系,院系与院系之间的关系等层面。这种"纵向授权式"的改革将成为高校内部治理结构改革的重要方向。

完善教授治学体制机制。高校内部治理结构改革，要形成政治权力、行政权力与学术权力相互依存的协调运行机制，在与政治权力、行政权力的和谐平衡中，形成具有中国特色的学术权力的实现形式。许多高校根据实际情况研究制定高等学校学术委员会规则，明确教授治学的范围和途径，出台《高等学校学术委员会规程》，推进高校健全学术委员会、理事会等制度，以保证学术权力能够得到充分行使，受到充分尊重，能够有效运用。

完善民主管理和民主监督。坚持以师生为本，完善团委、工会、学代会等群众组织的管理作用。全面推进党务、校务、院务公开，增强管理的公开性和透明度。健全校园网、校长信箱的民主监督功能，及时解决师生员工关心的热点问题，健全新闻发布制度，加强校园舆情引导。形成集党内监督、行政监督、群众监督、社会监督于一体的监督体系，加强党风廉政建设，防范化解各种风险，维护学校的发展和安全。推进落实《学校教职工代表大会规定》，实现学校重大决策出台教职工代表有知情权、选择权和表达权以及对学校领导干部的评议权。高校在发展全过程人民民主的进程中，民主管理和民主监督水平在进一步提高。

第五节　不断提升高等教育服务区域发展战略水平

办好高等教育事关国家发展和民族未来，必须紧紧围绕国家发展战略需求提升办学水平和质量。习近平总书记在2018年全国教育大会上强调，要提升教育服务经济社会发展能力。2020年9月22日在教育文化卫生体育领域专家代表座谈会上讲话时习近平总书记进一步指出："要立足服务国家区域发展战略，优化区域教育资源配置，加快形成点线面结合、东中西呼应的教育发展空间格局，提升教育服务区域发展战略水平。"[①]提升教育

---

① 习近平：《在教育文化卫生体育领域专家代表座谈会上的讲话》，《人民日报》2020年9月23日。

服务区域发展战略水平，就是在服务区域发展工作上，区域内高校要善于根据区域发展战略要求，做到科学谋划，统筹布局，差异化发展，各施其力，各展其才，形成推进区域高质量发展的整体合力，充分显示出运筹帷幄、决胜千里的水平和能力。

一、提升高等教育服务区域发展战略水平是实现高质量发展的客观需要

服务区域发展是党和政府近几年对教育改革提出的最新要求。之所以这个要求最近才提出，有一个理论与实践的认识和发展过程。

服务区域发展是高等教育深化改革的必然结果。改革开放以来，高等教育的发展一直在试图摆脱计划经济管理模式对高校的约束、与社会脱节的问题。20 世纪 80 年代，我国提出了产学研合作的设想。90 年代用法律形式把服务社会确定为大学的三大职能之一。直到《国家中长期教育改革和发展规划纲要（2010—2020 年）》才开始提出服务国家和区域经济社会发展需要，提高社会服务能力的要求。之所以把“服务社会”聚焦为“服务区域发展”有这么几个原因：一是省级教育统筹权的扩大和落实，使省级政府在区域内统筹教育事业发展有了较大的管理自主权，同时也调动了省级政府在区域内优先发展教育，落实科教兴国战略，率先实现教育现代化的积极性。二是扩大高校办学自主权的改革，使学校有了根据办学特色谋求自身发展的内在动力。在学校具有较大办学自主权的情况下，学校与市场经济的关系越是紧密，就越需要在市场经济发展中找机遇、找短板、找出路，做到完善自己，乘势而上。而服务区域发展是谋求自身发展的最佳捷径，于是许多高校放下身段，打开大门，与政府、社会、企业加强联系，找到合作共赢的兴奋点。三是教育评价体系的改革为高校服务区域发展提供了强有力的导向。过去教育行政部门对高校的评价存在千校一面、重规模轻质量、重全面轻特色、重指标轻效率等情况。因而评价的指挥棒向高校贪大求全、数据达标、华而不实倾斜，学校同质化的现象比较严重，造成人才培养资源的大量浪费。随着新时代教育评价体系改革的启动，正在形成分类发展、特色发

展、分类评价、注重效果的评价导向。特别是教育部自2016年启动全国第四轮学科评估工作以来，将“社会服务与学科声誉”列为一级评价指标，并首次设立“社会服务贡献”二级指标。在2020年启动全国第五轮学科评估工作时，又特别强调“强化学科对国家、区域重大战略需求和经济社会发展的实际贡献”。毫无疑问，教育评价体系导向的改变，形成了高校服务区域发展的强大外驱力。由此可见，高等教育不断深化改革的结果使服务区域发展水到渠成，势在必行。

高等教育服务区域发展是促进经济社会高质量发展的重要力量。高等教育深化改革不仅提供了服务区域发展的可能性，而且也为高等教育的发展注入了生机活力，使高等教育成为促进区域内经济社会发展的重要有生力量。一是区域内高校是服务区域发展战略的重要力量。国家区域协调发展战略是指横跨几个或多个大规模区域的重大开发战略，如京津冀协同发展、西部大开发、振兴东北、长三角一体化、粤港澳大湾区建设、黄河流域生态保护和高质量发展，还有革命老区、民族地区、边疆地区立足区位优势，植根区域沃壤发展和改善自己的战略部署等。区域发展战略是国家战略的重要组成部分，对于实现新发展理念，促进高质量发展具有非常重要的作用。实践证明，区域内高校在服务国家区域协调发展战略中在决策参谋咨询、区域发展规划制定、高端人才支撑、重大科技攻关、区域社会治理等方面发挥了十分重要的作用。二是区域内高校是扎实推进共同富裕的重要力量。走共同富裕道路是中国式现代化的鲜明特色，也是中国式现代化建设的难点和关键。现代化的核心是人的现代化，共同富裕的本质是所有人的共同发展、所有人的现代化，实现社会主义人的平等发展机会和人的全面发展的价值追求。走共同富裕道路，消除人的群体性差距是关键，只有坚持教育优先发展，特别是推进高等教育的高质量发展，不断提高人的思想政治和科学文化素质，缩小人与人之间的群体性差距，阻断贫困代际传递，减少社会的无知和愚昧现象，使勤劳致富、知识致富、创造致富成为社会主流，才能使共同富裕得到扎实推进。三是区域内高校是壮大实体经济的重要力量。实体经济指一个国家生产的商品价值总量。发展实体经济是一国立身之本、财富之源,是国家强盛的重要支柱,是建设现代化经济体系的坚实基础,是实现强国战略的重要支撑。实体经济发展得越好,对其他产业的带动作用越强。发展实体经济需要调整学科结构、专业设置,在高端制造业、新兴产业、科技密集型产业等领域培养一大批技术技能型人才,全面推进新型工业化、信息化、城镇化、农业化和生态化;需要区域内高校与社会,产学研结合、产教融合、校企合作,推进产学研协同创新,加快科技成果的转化,抢占科技革命制高点;需要高校调整优化高校区域布局,加快培养各方面需要的研究型、创新型、全科型、应用型、复合型人才。

高等教育服务区域发展的关键是提高战略水平。习近平总书记在提出教育服务区域发展要求时,特别强调了要提高服务区域发展的战略水平。这是比服务区域发展一般要求的更高标准要求,意即教育特别是高等教育要在服务区域发展中发挥先导性、全局性和创新性的重要作用。因此,服务区域发展关键在提高战略水平。

所谓提高战略水平,一是要有战略眼光。善于站在国家和区域发展的全局去谋划各级各类教育的发展,真正凸显教育在区域发展中的先导性、全局性、基础性作用。二是要有大局意识。善于从教育发展全局中,认识自己的地位和作用,找准高等教育的发展定位、找准自己学校的发展地位,按照全局一盘棋的部署,做好各自的工作,不盲目攀比、不无序竞争、不挑肥拣瘦、不利益固化,作出自己的特色和成就。三是要有协同协调主动性。贯彻落实新发展理念,特别是坚定不移贯彻协同理念。协调发展作为深化改革的关键点,保证中国式现代化持续健康发展的基本工作方法,对维护区域之间发展不平衡的问题具有极端重要性并提供了实践路径。只有高校在服务区域发展中具有协同协调的意识并积极主动协同,才能够强化学校与政府、企业和社会的关系,形成改革发展的强大合力。四是要有敢于担当的精神。高校要胸怀"国之大者",敢于承担区域发展重大科研难题的攻关,为破解经济社会发展的卡点、堵点、痛点问题提供智力支持和人才保证,在区域高校服务区域协调发展战略、乡村振兴战略、提高区域综合实力等方面发挥更大的作用。

二、高校要在服务区域发展过程中找准定位，明确方向

目前我国正进入执行“十四五”发展规划，中国式现代化开局破题的关键时刻，高校服务区域发展的作用愈发凸显。然而，有的高校还没有完全探索出适合自己情况的服务区域发展的有效路径，体现在有的高校没有健全满足社会服务的工作机制；服务内容设想与区域内经济发展布局缺乏有效衔接；高校服务缺乏深度与力度，存在零散、简单、自发状态、服务效果差等问题。这需要高校在落实习近平总书记“提高教育服务区域发展战略水平”重要指示中有更多的实践创新。

一是区域内高水平研究型大学要有主动对接区域行业、产业的责任意识。在我国有一些区域是高等学校密集区，其中还有不少高水平研究型大学。这些学校隶属于中央部委，不属地方管。然而，高水平研究型大学所在区域是中国经济最发达地区或者是区域经济发展的领头雁，迫切需要高水平研究型大学的服务。当前高端制造业、新兴产业和科技密集型产业面临大批专业技术技能型人才紧缺的问题、许多“卡脖子”的科学技术亟待攻关、许多科技成果需要转化成现实的生产力等。高水平研究型大学在满足国家战略需求的同时，还应当积极为地方经济发展服务，承担区域发展责任，得到地方政府的关心和支持，释放更大的活力和能量。

二是地方本科院校要扬长避短，充分发挥自身特色和优势。区域内高校的主体是地方院校（相当一部分属新建本科院校）和高职院校。相对于高水平研究型大学整体实力比较薄弱，但学校数量多、人才培养规模大、学校特色比较鲜明，而且与地方联系紧密，更加贴近区域发展实际。因此，要充分利用自己的特点，以学生本土就业为导向，在培养大批适应区域经济社会发展需求，且能扎根区域的高素质应用型人才上，创新培养模式，提高人才培养质量。同时发挥特色学科、优势学科的长处与地方市场经济紧密联系，找到科技创新发展方向，加快科技创新和成果转化，推动地方实体经济发展。在区域经济结构调整、产业优化升级、科技创新、成果推广与转化、创新社会治理等方面有效发挥作用。

三是提升区域内高校学科体系“本土化”水平。区域内高校由于长期各种复杂的历史原因，存在一些学科专业老化、高校之间同质化现象严重、师资水平差异性比较大、学校改革利益固化现象严重、人才培养质量参差不齐等问题。提高服务区域发展战略水平亟须改革创新精神，需要敢于攻坚克难的决心和能力。切实提升学科体系的“本土化”水平，就是要适应地方经济发展而设置学科专业。这就要从专业设置、专业转型和改造、教材和课程建设、教师知识更新和师资队伍建设等方面进行全面改革。当然，这种改革是伤筋动骨的，往往困难和阻力重重，会面临对现有师资进行彻底改造、引进和培养新的师资、倒逼在岗教师增加压力感和危机感、重新配备实验室、组建教学科研团队、进行人才安置等诸多现实问题。再加上新的专业还要经过一定的周期才能得到学生和社会的认可，学校会面临招生压力和学生就业压力风险陡然增大等一系列问题。如果不提高对服务区域发展战略水平的认识，没有壮士断腕的改革决心和勇气，很可能只是把服务区域发展作为口号，唱唱高调，而仍然采取保守策略，继续维持旧的学科体系和专业设置，游离于火热的经济社会发展之外。

四是区域内高校要增加校地认同度。区域内高校要深入了解所处区域经济、社会、文化和历史，挖掘区域内潜在发展的增长点，发现区域内经济社会发展的问题、短板和缺项，用学校独特的优势和专长深度嵌入地方经济社会发展和社会治理，真正成为为地方政府和区域内人民群众排忧解难的可靠力量。高校教师要眼睛向内，主动对接和服务区域需求，扎根地方进行科学研究和教学活动，得到地方的认可。同时要主动加强校地互动，敞开大门让区域政府、企业和百姓加强对区域内所有高校的详细了解，特别是对地方高校的了解，充分认识各级各类学校的特色、地位和作用。这样区域内的学生和家长在求学的时候、企业寻求项目合作的时候能够有多种选择，而不是只把眼睛盯在几个名校上，使各自发展的路子和空间过于狭小而错失机会。

五是地方政府要健全完善高等教育区域发展政策保障体系。产教融合、产学研一体化、校地校企合作是高校服务区域发展的关键。然而，在法律规范政府、学校、企业、社会四个方面关系上还缺乏切实可行的互利共赢的合作激励机制和政策保障措施。要加强法治、政策建设，把校企合作、产教融合等的软条款、倡导性条款变成硬规定、刚性要求。要建立政府责任机制，充分发挥地方政府在产教融合、产学研一体化、校地校企合作中的重要的管理者、协调者的作用。学校要建立服务区域发展的体制机制，保障校外合作工作的落实落细。要强化企业特别是国有企业应有的社会责任，主动提供人才培养的社会服务，健全产学研机制，激发产业创新积极性。

三、分类建设，统筹推进高等教育强国目标的实现

建设高等教育强国，我们不仅要加快建设中国特色、世界一流的大学和优势学科；加强基础学科研究，产生大批原始创新成果，取得理论创新和科技创新的重大突破；提高人才自主培养质量和能力，独立培养国家战略科学家、科技领军人才、各学科专业的大师级人才和一大批高水平的技术技能型人才，还要构建高质量高等教育体系，实现高等教育规模、结构、质量、效益的协同发展。习近平总书记深刻指出："要根据建设社会主义现代化强国的需要，调整优化高校区域布局、学科结构、专业设置，改进高等教育管理方式，促进高等学校科学定位、差异化发展。"①建设社会主义现代化强国的需要是多方面的，我们不能把建设高等教育强国等同于创建世界一流大学和一流学科，而是要把它理解为创建全面满足中国式现代化建设需要的高等教育体系。建设高等教育强国我们除了要分类建设，统筹推进世界一流大学和一流学科发展之外，还要优化高校区域布局，统筹推进高等教育的发展。

2021 年 3 月十三届全国人大四次会议表决通过的《中华人民共和国国民经济和社会发展第十四个五年规划和 2035 年远景目标纲要》明确指出："推进高等教育分类管理和高等学校综合改革，构建更加多元的高等教育体系，高等教育毛入学率提高到 60%。分类建设一流大学和一流学科，支持发展高水平研究型大学。建设高质量本科教育，推进部分普通本科高校

① 习近平：《论坚持全面深化改革》，中央文献出版社 2018 年版，第 475 页。

向应用型转变。建立学科专业动态调整机制和特色发展引导机制,增强高校学科设置针对性,推进基础学科高层次人才培养模式改革,加快培养理工农医类专业紧缺人才。加强研究生培养管理,提升研究生教育质量,稳步扩大专业学位研究生规模。优化区域高等教育资源布局,推进中西部地区高等教育振兴。”

要充分发挥地方高校的作用。地方高校是我国高等教育体系的重要组成部分,为我国促进高等教育大众化、为解决就业这个民生之本作出了重要贡献。在新时代,要不断适应和满足人民对美好生活的向往,自觉匹配经济社会发展的新要求,鼓励地方高校紧扣地方发展实际,充分发挥本土人才培养体制优势,坚持地方化、特色化、开放式办学,实现人才培养和社会服务双向驱动。要鼓励地方高校紧紧扭住市场化和社会化纽带,精准定位办学目标,科学设置学科专业,扎实服务地方经济社会多样化和特色发展。地方政府层要发挥牵头作用,健全校地合作机制或者合作专项工作组,完善机构设置,实现资源平台融通共享,压实校企校地的合作职责,确保合作落到实处。

要充分发挥行业特色高校的作用。行业特色高校是指学科具有鲜明行业背景,重点服务于特定重点行业,具有重大行业或区域影响力的大学。随着我国经济结构调整和经济增长方式的根本性转变,国家和经济市场需要大量具有高水平行业能力的创新型、应用型、复合型人才。要根据分类建设的要求,建立科学评价行业特色高校的单项考核标准,鼓励高校突出风格、错位发展、做精做强,避免因评价导向依旧倾向于综合性、研究型大学,而导致的“同轨竞争”,削弱行业特色学校核心竞争力的现象。要强化有组织科研的作用,加强对核心技术、关键技术和“卡脖子”技术的集中攻关。要鼓励行业特色学校开发和研究独门绝技,创新科技成果转化模式,与企业密切合作,为构建我国完整的产业链、加快弥补产业的短板、弱项、空白而打造更多的专精特新企业。

要充分发挥高职院校的作用。截至 2022 年底,我国有高职院校 1489 所,占全国高校总数近 50%;当年招收学生近 550 万人,也是占全国高校学生总数的近 50%。高职院校规模的扩大和发展势头的迅猛,成为中国高等教育发展非常值得重视的一支力量。建设高等教育强国不可轻视高职院校在发展实体经济、建设制造业强国和质量强国、满足人民群众对美好生活需要、推进基层治理现代化、维护社会和谐稳定等方面的巨大作用。正如习近平总书记指出的,"职业教育与经济社会发展紧密相连,对促进就业创业、助力经济社会发展、增进人民福祉具有重要意义。"①充分发挥高职院校的作用,当前最重要的是采取综合有力的措施,从思想认识到社会生活实践彻底改变对职业教育的偏见和歧视,切实树立大成才观,把人人都能成才,人生处处可以出彩的理念真正变为社会实际的价值观、实际的政策法规和体制机制。

要优化高等教育布局。由于我国经济文化比较落后且发展不平衡,使高等教育发展存在比较突出的不均衡现象。高等院校比较集中地聚集在东部地区和中心城市。我国西部地区面积达678万平方公里,占全国总面积的70.6%,绝大部分地区地广人稀、经济相对落后。中西部地区存在高校点少且覆盖面广,人均占有高等教育资源量低,缺乏高水平研究型大学,进入高水平大学门槛太高,大学生毕业以后不愿意回西部工作,人才资源稀缺等问题。2023年高考以后考生自发玩梗虚构"山河大学",在网友的调侃中火了起来,这从一个侧面反映了中西部地区特别是人口大省对优质高等教育资源的美好期盼。中国式的现代化要实现全体人民共同富裕的现代化、物质文明和精神文明相协调的现代化,必须优化高等教育布局,打破长期存在的不均衡格局,实现中西部高等教育的振兴。为此,要不断优化高等教育资源的布局结构,加大对中西部高等教育的投入;加大东部高校对西部高校的对口支持力度,提高支持效率;加大对西部高校建设的扶持力度;继续实施中西部高考学生录取专项计划,为西部考生提供更多的进入高水平大学的机会。努力探索西部高等教育自主发展的本土化路线,形成强大的造血功能,确定符合实际的西部高等教育发展战略,形成西部高校内生型自我发展模式。2023年7月《全面振兴中西部高等教育"兰州倡议"》的发布,吹响了

① 《习近平向世界职业技术教育发展大会致贺信》,《人民日报》2022年8月20日。

优化高等教育布局的冲锋号。

要加快培养专业紧缺人才。随着中国式现代化建设的深入推进，一些老的产业、业态、技术工种会被淘汰，一些新兴产业、业态和工种会产生，而且会随着科技革命的发展变化得非常迅速，更新频率越来越快。同时随着人的生活质量的不断提高，对美好生活向往的目标和期望值也在不断地提升，从而产生新的需求。目前，我国高等教育在社会紧缺人才培养方面还存在反应比较迟钝、缺乏提前战略谋划布局、培养方式比较落后、培养质量不高、学生对新兴学科认同度不高、学习缺乏积极性等一系列问题。高等教育的发展要紧跟时代和人民的需要动态调整完善，并且形成灵活机动，随机应变的调节机制，这样才能始终跟上时代的步伐，及时满足人民的需求。要围绕人工智能、新能源、先进材料、有色金属、智慧电网、大数据、工业互联网、区块链、生物医药等战略性新兴产业，培养国家急需的各类新工科人才；为了应对老龄化社会提出的严峻挑战，大力培养医学、健康、康养和护理方面的专业人才；为了把中国人的饭碗掌握在自己手中，切实维护粮食等食品安全，要大力培养农业科学技术和生态科学方面的专门人才等。只有形成加快培养国家急需紧缺人才的机制，才能使高等教育强国的发展方向不脱离中国式现代化建设的实际。

第八章　新时代中国特色社会主义教育发展道路越走越宽广

党的十八大以来,在习近平总书记关于教育的重要论述的指引下,在以习近平同志为核心的党中央的坚强领导下,全国教育系统的机关干部、师生员工锐意改革,开拓创新,艰苦奋斗,团结协作,在全社会的真诚关心和大力支持下,取得了巨大的成绩。正如习近平总书记在二十届中央政治局第五次集体学习时指出的:"党的十八大以来,党中央坚持把教育作为国之大计、党之大计,作出加快教育现代化、建设教育强国的重大决策,推动新时代教育事业取得历史性成就、发生格局性变化。我国已建成世界上规模最大的教育体系,教育现代化发展总体水平跨入世界中上国家行列。据测算,我国目前的教育强国指数居全球第 23 位,比 2012 年上升 26 位,是进步最快的国家。这充分证明,中国特色社会主义教育发展道路是完全正确的。"①笔者根据国家主流媒体公开发表的数据,综合归纳了自 2012 年以来教育改革发展取得的具体成绩,仅供大家参考。尽管统计归纳工作做得不够精确、全面,甚至可能还有重大遗漏,但从这些活生生的数据,可以看到中国教育突飞猛进的发展,完全能够证明新时代中国特色社会主义教育发展道路越走越宽广,完全有信心如期实现建设教育强国的目标。

---

① 《加快建设教育强国　为中华民族伟大复兴提供有力支撑》,《人民日报》2023 年 5 月 30 日。

第一节　不懈推进教育均衡,不断扩大教育公平

我国基础教育历史性地解决了“有学上”问题,教育公平实现了新跨越。各类教育普及程度达到或超过中高收入国家平均水平。根据教育统计公报数据,11 年来,教育普及水平不断提高。截至 2022 年,全国共有各级各类学校 51.85 万所,在校生 2.93 亿人,与 2012 年相比,学校减少 4500 余所,在校生增加 3000 余万人。

学前教育普惠资源广泛覆盖,资源结构发生格局性变化。2022 年共有幼儿园 28.92 万所,比 2012 年增加 10.79 万所;在园幼儿 4627.55 万人,比 2012 年增加 941.79 万人。其中,普惠性幼儿园 24.57 万所,占全国幼儿园的比例为 84.96%。学前教育的毛入园率从 2012 年的 64.5%提高到 2022 年的 89.7%。到 2021 年,农村普惠性幼儿园覆盖率达 90.6%,每个乡镇基本办有一所公办中心园,大村独立办园、小村联合办园;城镇小区配套幼儿园治理全面展开,共治理 2 万多所幼儿园,增加普惠性学位 416 万个,城乡学前教育公共服务体系基本建成,基本满足了老百姓在家门口入园的愿望。坚持多措并举,不断提高学前教育教师队伍整体水平,到 2022 年学前教育专任教师达 324.42 万人,专任教师中专科以上学历比例达 90.30%。我国学前教育取得跨越式发展和历史性成就,实现基本普及。

党的十八大以来,我国在义务教育方面实现了发展理念、财政投入保障、标准化建设、教师队伍建设、信息技术与教育深度融合的五大新突破。截至 2022 年,九年义务教育巩固率为 95.5%,比 2012 年提高了 3.7 个百分点。基础教育大班额基本消除,小学大班额比例从 14.0%降至 0.7%,初中从 28.3%降至 0.7%。学生的负担变轻了。对留守儿童、残疾儿童、进城务工人员随迁子女、家庭经济困难学生等亟须服务的群体,多个省份明确,在中小学课后服务中优先保障。“双减”措施实施两年来成效显著,学生负担明显减轻,全面素质教育深入人心,学校教育更加注重学生的全面发展,90%以上的学生能在规定时间内完成书面作业,学校课后服务基本实现

“5+2”全覆盖，有92%以上学生自愿参加了课后服务，学校教育主阵地作用进一步强化。近年来，上海、北京、江苏、浙江、广东等地学生在国际学生评估项目(PISA)中连续取得好成绩，引发国际社会关注。

从2021年起，各地均不得要求家长提供计划生育、超龄入学、户籍地无人监护等证明材料，精简不必要的证明材料，鼓励有条件的地方仅凭居住证入学，基础教育“幼有优育、学有优教”的高质量发展起势有力。2895个县全部实现义务教育基本均衡，义务教育普及程度达到世界高收入国家平均水平。

我国建立了义务教育有保障、经济困难学生帮扶机制、做好巩固脱贫攻坚成果、完善巩固拓展对口帮扶机制、提高学生营养改善计划补助标准机制等，实现巩固拓展教育脱贫攻坚成果同乡村振兴有效衔接。教育脱贫攻坚持续推进，义务教育阶段20多万名建档立卡贫困家庭学生辍学实现了动态清零；特殊教育提升计划让适龄残疾儿童义务教育入学率超过95%；形成政府主导、学校和社会积极参与的“奖、贷、助、勤、补、免”全方位资助体系，学生资助政策体系对“所有学段、所有学校、所有家庭经济困难学生”实现全覆盖，累计资助学生近13亿人次，年资助人次从2012年的近1.2亿人次，增加到2021年的1.5亿人次。中国特色学生资助体系涵盖28个中央政府资助项目，2021年资助金额达2600多亿元。到2021年，全国学生资助金额累计超过2万亿元。其中，财政投入资金累计达1.45万亿元，占资助资金总额的72%。民族地区、原集中连片特困地区、原“三区三州”学生资助比例分别为46%、43%、82%，高于全国26%的平均资助比例。持续实施营养改善计划，覆盖农村义务教育学校12.38万所，每年惠及3700多万学生，受益学生达3.5亿人次之多，受益学生的体质健康合格率从2012年的70.3%提高至2021年的86.7%，农村学生健康状况有了根本改观。《中国农村教育发展报告2020—2022》调研结果显示，2021年全国有义务教育阶段农村留守儿童1199.20万人，与2012年相比减少1071.87万人，减幅达47.20%。该报告显示，2021年全国义务教育在校生数达1.58亿人，比2012年增加1339.34万人。2021年小学教育城镇化率达79.15%，初中教育城镇化率达87.85%，义务教育总体城镇化率达81.91%，分别比2012年增加

16.82、8.3和13.91个百分点。2021年全国义务教育阶段进城务工人员随迁子女有1372.41万人，比2012年减少21.46万人。2021年在公办学校就读和享受政府购买民办学校学位服务的比例达90.9%。随迁子女依然以省内流动为主，占57.8%。义务教育城镇化进程进入相对稳定发展阶段。农村义务教育经费投入持续增长，农村义务教育从基本均衡开始进入优质均衡，着力构建优质均衡的基本公共教育服务体系的新的发展阶段。在新时代，优质均衡的内涵集中体现为全面发展理念更鲜明，标准化建设程度更高，教师队伍更强，人民群众更满意。

普通高中教育是国民教育体系的重要组成部分，在人才培养中起着承上启下的关键作用。党的十八大以来，我国普通高中教育加快普及发展步伐，如期实现普及目标，全面深化教育综合改革，持续推进育人方式变革，不断提升育人质量，努力满足人民群众对公平而有质量教育的需求。2022年共有普通高中1.50万所，比2012年增加1491所，增长9.06%。普通高中招生947.54万人，比2012年增加102.93万人，增长12.1%。全国普通高中56人以上大班额比例大幅下降，从2012年的47.8%降至2021年的4.8%，下降了43个百分点，助推教育教学质量提升，促进学生身心健康发展。高中阶段毛入学率达91.6%，比2012年提高了6.6个百分点。高中阶段教育普及水平进一步提高，中西部普及提升幅度最大。教育部与中西部10个普及水平较低的省份签订了普及攻坚备忘录，建立协同机制，强力推进普及攻坚，这10个省份毛入学率10年平均提高了17.02个百分点，有的省份提高近30个百分点，明显缩小了区域教育发展差距。从2010年起，教育部就开始在若干省区市开展普通高中多样化特色发展试点，现在已走出同质化发展模式，普通高中错位提升之路更明晰，满足学生全面而有个性发展的需要，成为当前我国高中阶段教育建设的重中之重，高中阶段学校多样化发展的改革正如火如荼。

高等教育方面，2022年共有高等学校3013所，比2012年增加571所；各种形式的高等教育在学总规模4655万人，比2012年增加1330万人。博士生招收13.9万人，比2012年增加7.06万人，硕士生招收110.35万人，比

2012 年增加 58.22 万人。高等教育毛入学率达 59.6%，比 2012 年提高 29.6 个百分点。高等教育实现了从大众化到普及化的历史性跨越。高等教育普及化水平进一步巩固和提升，多样化、个性化、学习化、现代化等普及化阶段的发展特征更加显著。持续实施重点高校招收农村和贫困地区学生专项计划，招生名额从 2012 年的 1 万人增至 2022 年的 13.1 万人，累计录取学生 95 万余人；2022 年国家批准甘肃设立新时代振兴中西部高等教育改革先行区，新增 15 所部属和东部高水平大学对口支援 13 所西部高校；国家实施师范教育协同提质计划，协调 10 所高水平师范大学、30 所地方高水平师范院校，重点支持 32 所中西部欠发达地区地方薄弱师范院校的发展建设；分中央和地方赛道建设 11761 个国家级一流本科专业点，高等教育发展更加协调，布局结构继续优化。

特殊教育体系进一步完善。2022 年，全国共有特殊教育学校 2314 所，比 2012 年增加 461 所；全国共招收各种形式的特殊教育学生 14.63 万人，比 2012 年增加 8.06 万人；在校生 91.85 万人，比 2012 年增加 53.97 万人。

为解决老年大学一课难求的问题，国家推动部门、行业企业、高校举办的老年大学面向社会开放办学，到 2025 年，每个县（市、区、旗）至少有 1 所老年大学。《"十四五"国家老龄事业发展和养老服务体系规划》提出，依托国家开放大学筹建国家老年大学，搭建全国老年教育资源共享和公共服务平台；推动部门、行业企业、高校举办的老年大学面向社会开放办学；支持各类有条件的学校举办老年大学（学校）、参与老年教育。我国目前的老年大学有诸多种类，比如老干部学校、社区老年大学、开放大学体系老年大学、企业或高校举办的老年大学、乡村老年学校等。各类老年大学正积极面向社会开放办学，向更多老年人提供优质的学习资源。

第二节 立德树人工作取得实质性进展，青少年综合素质不断提升

我国青少年学生思想政治教育已整体进入质量提升和内涵发展的新阶

段,表现在以下几个方面。

形成了强化党对思想政治工作领导的新格局。办好中国的事情,关键在党,坚持为党育人、为国育才,教育领域党的领导和党建谱写新篇章。各级党委和政府成立教育工作领导小组,压实党全面领导教育的责任,出台若干加强思想政治工作的文件。健全完善高校党委领导下的校长负责制、稳步推进中小学党组织领导的校长负责制,学校书记、校长履行第一责任人职责,带头走进课堂听课讲课,带头推动思政课建设,带头联系思政课教师,已形成制度性安排。全覆盖选派民办学校党组织负责人,将党的建设成效纳入办学评价指标体系,党的领导纵到底、横到边、全覆盖的工作格局基本形成。成立省级高校课程思政教育联盟,高校全部设立马克思主义学院,“大思政”工作格局基本形成。强化统筹协调,有效汇聚多部门共同推动教育改革发展的强大合力。教育部、中央宣传部做好“大思政课”建设的总体谋划;中央网信办指导做好“大思政课”全媒体宣传;科技部、工业和信息化部、生态环境部、国家卫生健康委、国家文物局、国家乡村振兴局、中国关心下一代工作委员会等部门,加强对育人基地的指导和建设,切实发挥好基地的育人功能。全面加强教师思想政治和师德师风建设,依法依规健全师德规范体系,强化教师日常教育引导,严肃执纪执法坚守师德红线。多维度协同推进意识形态工作,牢牢把握意识形态工作领导权,马克思主义指导地位不断巩固和加强,党旗始终高高飘扬在育人一线。

护航青少年“拔节孕穗期”,思政课一体化建设成效显著。教育部成立大中小学思政课一体化建设指导委员会,切实加强对不同学段、不同类型学校思政课建设的分类指导。按照不同学段学生身心特点和成长发展规律,循序渐进、螺旋上升,有针对性地开展思想政治教育。通过探索确定思想政治教育小学阶段重在启蒙道德情感,初中阶段重在打牢思想基础,高中阶段重在提升政治素养,大学阶段重在增强使命担当。一条循序渐进、螺旋上升的认知路径被清晰划定。北京、上海、天津、吉林 4 地教育部门探索推进大中小学思政课一体化建设,力争出经验、求实效。自 2021 年底以来,由大中小学、教育行政部门、教研机构共同组成,覆盖全国 32 个省区市的“大中小学思政课一体化共同体”相继获批立项建设，着眼于循规律、建体系、强机制、重保障。构建思政课一体化的保障机制，推进大中小学思政课教师队伍专业发展一体化建设，开展课程、教材、教学等一体化建设。加强思政课与各类教育资源之间的协同配合，形成合力。一是重视和加强马克思主义理论学科建设，发挥其对思政课的支撑作用，全方位提升思政课建设理论水平。二是增强思政课程与课程思政的协同。深入挖掘各类课程和教学内容中蕴含的思政教育资源，最大限度发挥其育人功能，使各类学科课程与思想政治理论课同向同行，形成协同效应。三是增强思政课与育人资源的协同。立足校内特色载体、优质资源，依托图书资料、校园活动等开展思政育人。将思政“小课堂”与社会“大课堂”结合起来，积极挖掘社会实践资源，建设博物馆、纪念馆、革命遗址等大中小学思政课一体化教学实践基地，统筹规划各学段社会实践的目标设计和内容衔接，进一步丰富育人资源、拓展育人空间，形成协同育人格局。党的二十大以后，习近平总书记提出：“坚持改革创新，推进大中小学思想政治教育一体化建设，提高思政课的针对性和吸引力。”①从思政课一体化到思想政治教育一体化，内涵外延的深刻变化和极大丰富，意味着思想政治教育将从小课堂向社会大课堂的演进，必将更加有效调动各方面思政要素，构建起结构优化、层次衔接的“大资源”平台。

“三全育人”改革进入深水区，各类育人平台、育人载体、育人机制进一步系统优化，思想政治工作体系加快形成。各地积极探索、不断总结、大力推广学校家庭社会协同育人有效模式，营造全社会各方面关心支持协同育人的良好氛围。许多地方开设“父母大学”将学生心理健康和生涯发展等内容融入家庭教育课程、打造家庭教育服务品牌、设立家庭教育指导师岗位、针对不同家庭的个性化需求提供具体指导、社区开办“隔代教育”主题讲座等，家庭教育指导已成为城乡社区公共服务重要内容，正在构建家庭教育指导服务新体系。强化社会教育资源建设和供给、开放和共享，努力为学

① 《加快建设教育强国　为中华民族伟大复兴提供有力支撑》，《人民日报》2023 年 5 月 30 日。

校和家庭开展活动创造便利条件。家庭、学校、政府、社会在横向贯通以及环境氛围营造上更加协同有力。明确了学校、家庭、社会在协同育人中的各自职责定位及相互协调机制，力争到2035年，形成定位清晰、机制健全、联动紧密、科学高效的学校家庭社会协同育人机制。

深入推动思想政治理论课改革创新。加强思政课教学机构之间的沟通协作，通过集体备课、教学研讨、专题培训、资源共享等一体化教学展示活动，帮助教师更好把握教学重点，更好推进各学段教学目标的实现，在统筹协作下，大中小学思政课按下了沟通互联的“加速键”。组织开展“小我融入大我，青春献给祖国”、新时代先进人物进校园、领导干部上讲台、国企骨干担任校外辅导员等工作，促进思政小课堂与社会大课堂互联互动。直播、短视频、H5等新媒体技术在思政课中得到广泛运用，网上思政课新样态加速形成。全国高校积极采用案例式教学、探究式教学、体验式教学、互动式教学、专题式教学、分众式教学等多种先进的教学方式。《义务教育课程方案和课程标准（2022年版）》中，小学原品德与生活、品德与社会和初中原思想品德被整合为“道德与法治”，登上秋季新学期的课表。改革思政课教师评价机制，提高评价中的教学和教学研究占比，克服唯文凭、唯论文等弊端，引导思政课教师把主要精力放在教书育人上，增强教师职业认同感、荣誉感、责任感。

高校思想政治工作发生深刻变化。高校思想政治工作战线紧紧围绕落实习近平总书记系列重要讲话精神和一系列重要指示批示，推动高校思想政治工作发生了格局性变化、取得了历史性成就。大力推进习近平新时代中国特色社会主义思想进教材进课堂进师生头脑，牢牢把握用习近平新时代中国特色社会主义思想铸魂育人这一主线，系统谋划、整体推进，出台了关于进教材的工作指南，分段分科推进，覆盖国家、地方和校本课程。创新推动思政课建设，37家全国重点马院全面开设习近平新时代中国特色社会主义思想概论课，并作为必修课程。从2019年起设立马克思主义理论本科专业，将马克思主义理论学科列入“国家关键领域紧缺高层次人才培养专项招生计划”，截至2022年，高校马克思主义理论学科专业本硕博在校生达

6.2 万人。不断落细落小落实社会主义核心价值观教育，持续加强爱国主义、集体主义、社会主义教育，结合重要节点和重大主题，以文明校园创建为抓手，加强校园文化建设，强化典礼仪式育人功能，将社会主义核心价值观融入师生日常。实施高校思想政治工作质量提升工程，着力构建课程、科研、实践、文化等“十大育人体系”。推动高校加快构建思想政治工作体系，详细规划了理论武装、学科教学、日常教育等七大体系建设任务，各高校探索形成了一批可转化、可推广的实践经验。不断加强队伍建设，不断配齐配强高校思政工作队伍，思政课教师和辅导员数量大幅增加。到 2022 年，全国高校专兼职辅导员达 24.08 万人，比 2017 年增加了约 9.21 万人，31 个省(区、市)辅导员配备实现整体达标。培养培训更加系统，巩固完善“部、省、校”三级培训研修体系，定期遴选产生最美高校辅导员和高校辅导员年度人物。全国高校马克思主义学院也由 450 余家发展到覆盖全部高校，中宣部、教育部重点建设 37 家全国重点马院，教育部支持建设 200 余家示范马院和优秀教学科研团队，人才聚集效应加速显现，为思政课建设提供了重要人才支撑。高校思政教师队伍建设卓有成效，截至 2021 年底，高校思政课专兼职教师超过 12.7 万人，较 2012 年增加 7.4 万人，队伍配备总体达到师生比 1∶350 的要求；专职思政课教师年轻化成为队伍发展新态势，49 岁以下教师占 77.7%，具有高级职称的占 35%；41 个全国高校思政课教师研修(学)基地、32 个“手拉手”集体备课中心，开展常态化培训研修，每年培训教师近 6000 人。

意识形态领域形势发生全局性、根本性转变。创新推动网络育人，连续举办“一节一推选”活动，引导广大师生创作了百余万件优秀网络文化作品。充分发挥 200 个高校思政公众号的示范引领作用，推动高校思想政治工作联网上线。开展“一站式”学生社区综合管理模式建设试点，统筹推进教育培养模式、管理服务体制和协同育人体系改革，推动校院领导力量、管理力量、思政力量、服务力量下沉，创新打造新时代高校版“枫桥经验”。99.4%的学生认为“中国共产党具有无比坚强的领导力，是中国人民最可靠的主心骨”；九成以上大学生对思政工作表示满意，给予了较高评价；约

95%的学生对辅导员等思政工作队伍表示满意……

各网络媒体自觉对标对表党和国家中心工作开展议题设置，不断提升优质内容供给能力。结合党的十九大、新中国成立70周年、中国共产党成立100周年、党的二十大等重要节点，精心策划组织宣传报道，主线清晰、主题鲜明；聚焦生态文明建设、脱贫攻坚、乡村振兴、抗击疫情等重大主题，着力在丰富内容、创新表达上下功夫，凝聚人心、汇聚力量。广大网络媒体始终把习近平新时代中国特色社会主义思想的宣传作为网上宣传的头等大事，利用文字、图解、音视频、直播等全媒体报道方式，推出一大批现象级作品，全方位、立体化展现习近平总书记大党大国领袖风范，让党的创新理论“飞入寻常百姓家”。同时，各网络媒体积极履行社会责任，共创网络治理美好环境。配合历年“清朗”系列专项行动，主要网络媒体在“饭圈”乱象、色情低俗、网络谣言等问题的整治上，或加大宣传力度，或提供信息技术支持；聚焦未成年人保护，落实“护苗”要求，不少网络平台上线青少年模式，未成年人网络素养培育、网络信息内容规范工作取得实质成效。网络空间生态日渐清朗，形成了良好的舆论环境。

第三节　人才培养为服务国家战略提供了强大的人力支撑

截至2022年，我国人才资源总量达到2.2亿人，比2012年增加了1亿人。党的十八大以来，我国研究生教育学科专业结构、人才培养结构持续完善，全国800多个研究生培养单位向经济社会发展主战场输送了60多万名博士和650多万名硕士。研究生培养结构类型更加优化。中国特色学科专业体系更加完善，新增网络空间安全、集成电路科学与工程、国家安全学、中医等一批一级学科和专业学位类别，工程专业学位类别由1个调整为8个，形成了涵盖14个学科门类、113个一级学科、47个专业学位类别的学科专业目录，覆盖国民经济和社会发展主要领域。同时，分类培养体系更加健全，在稳步发展学术学位的同时大力发展专业学位，硕士专业学位授予人数占比从 2012 年的 35%增至 2021 年的 58%，博士专业学位授予人数占比从 5.8%增至 9%。研究生培养改革全面深化。在研究生培养中，科教融合、产教融合模式更加成熟，高校与科研院所、高水平企业联合培养的格局逐步形成，认定建设 108 家工程专业学位研究生联合培养示范基地，探索农业硕士"科技小院"育人模式，带动全国高校建设科技小院 300 多家。研究生导师发展体系不断完善，导师队伍由 2012 年的 29.8 万人增加到 2021 年的 55.7 万人，结构优化、质量提升。研究生科研贡献更加突出。近年来，新增院士和国家科技三大奖第一完成人中，我国自主培养的博士均占 2/3 左右；国家自然科学基金重点项目成员中，超过 50%为在读研究生、超过 30%为在读博士生。"嫦娥"飞天、"蛟龙"入海、高铁飞驰、航母入列，一系列国家重大工程的背后，我国自主培养的研究生已经成为科技创新的主力军。

作为世界工程教育第一大国，我国工程教育取得历史性成就，培养造就千万高层次工程技术人才。到 2021 年我国工科在校本科生达 644 万人，为加快工业化进程，提升工业化水平，为中国乃至全球产业进步提供了坚实的智力供给。

我国博士后事业取得显著成就。截至 2022 年，我国累计招收博士后约 34 万人，设立博士后科研流动站 3352 个、博士后科研工作站 4338 个，涵盖了国家经济社会发展的各个主要领域。在培养机制方面，博士后工作已从重点高校和科研院所扩展到企业和园区，研究领域也发展到了 13 个学科门类的 110 多个一级学科，并鼓励跨学科招收和培养复合型博士后。同时，为了满足企业对高层次创新型青年人才的需求，博士后科研工作站备案制改革启动实施，使设站更加灵活高效。自 2022 年实施备案制改革以来，已新设 698 家博士后科研工作站。在经费保障方面，博士后创新人才支持计划累计投入资助经费约 15 亿元，资助 2500 名优秀博士后，逐渐形成品牌。中国博士后科学基金累计资助 83 亿元，资助近 12 万名博士后。为加快成果转化，自 2012 年起，我国开展了"博士后科技服务团"活动，通过人员培训、技术服务、项目对接、成果转化等形式，为中西部等省份需求单位提供实地科技服务。迄今为止，已举办 110 余批次的活动，对接服务项目近 2000 项。

中国科学院、中国工程院公布2021年院士增选结果，新当选两院院士中，超半数来自高校。来自高校的新当选院士中，多位拥有自主培养的烙印，他们毕业于国内高校，且长期在国内高校从事教学科研工作。

国家启动实施了基础学科拔尖人才培养战略行动，目前重点依托77所高水平大学的288个基础学科拔尖学生培养基地，累计吸引3万多名优秀学生投身基础学科，形成基础学科拔尖人才“梯队网络”。系统性布局建设18家国家卓越工程师学院、国家卓越工程师创新研究院，未来还将布局建设一批国家卓越医师学院，培养具有卓越临床能力的好医生和大医生，全面深化新工科、新医科、新农科、新文科建设，并分类建设首批12家未来技术学院、50家现代产业学院和一批专业特色学院。

截至2021年底，我国哲学社会科学人才培养已涵盖哲学、经济学、法学、教育学、文学、历史学、管理学、艺术学，共8个学科门类，28个一级学科。教育部启动新文科建设，明确构建世界水平、中国特色文科人才培养体系总体目标。2012年以来，新增128种文科类新专业，新设41种小语种专业；面向6大选题领域、22个选题方向设立1011个新文科项目；适应经济社会需求，新增3000余个文理、文工等学科交叉融合专业点。一些高校在推进哲学社会科学跨学科人才培养方面进行了积极探索，例如，搭建“双一流”跨学科重大创新规划平台；成立交叉科学研究院；创新跨学科交叉融合的拔尖人才培养模式；构建集学科基础平台课、专业课、实践教学于一体的多样化课程体系；建立交叉学科师资人才在各个交叉平台上进行科学研究和指导学生的激励机制等。

中国大学生创新创业教育走在了世界高等教育的最前列，中国高校毕业生创业率已超过3%，比发达国家平均水平高一倍以上。创新创业教育推动形成新的人才培养观和新的质量观。2022年，第八届中国国际“互联网+”大学生创新创业大赛，突出职普融通、产教融合、科教融汇，340万个项目参赛，1450万名学生报名，充分显示创新创业观念深入人心。中国香港《南华早报》网站2021年11月27日发表一篇观察报道称，根据新兴市场咨询公司和《泰晤士报高等教育》杂志所做的一项调查，过去10年，中国在毕业生就业能力方面排名世界第五。英国仅领先中国一个位次，中国的排名较2010年上升了六个位次。此外，进入前100名的中国内地院校都保持或提高了其排名。以就业能力衡量，中国的大学正变得更具价值。

随着国家高等教育智慧教育平台的建成，高校上线慕课数量超过6.45万门，注册用户4.24亿人次，学习人数达10.88亿人次，在校生获得慕课学分认定3.66亿人次，实现优质资源开放共享，帮助西部高校提升教育教学水平，推进教育公平，提高人才培养质量。中国高等教育慕课数量和应用规模均居世界第一，推进了一场领跑高等教育新形态和数字化教育的学习革命。

我国职业教育从层次走向类型、从政府主体走向多元参与、从规模扩张走向内涵发展。2022年8月发布的《中国职业教育发展报告（2012—2022年）》显示，职业教育累计为各行各业培养输送6100万高素质劳动者和技术技能人才，在现代制造业、战略性新兴产业和现代服务业等领域，一线新增从业人员七成以上来自职业学校毕业生。党的十八大以来，本科层次职业教育的发展的“堵点”被打通，截至2022年我国职业本科教育有32所高校，在校生22.87万人，2022年招生7.63万人。未来，将会有更多的职业院校学生在职业教育体系内接受本科教育，为社会输送更多高技术技能人才。产教融合、校企合作是职业教育的生命力。党的十八大以来，职业教育产教融合的底色更鲜明，办学的路子更宽广，开展现代学徒制、产教融合型城市等一系列试点，建立健全政府主导、行业指导、企业参与的办学机制，鼓励行业企业全面参与教育教学各个环节。在政策激励下，全国组建了1500多个职业教育集团（联盟），培育了3000多家产教融合型企业、试点建设了21个产教融合型城市，职业学校与企业共建实习实训基地2.49万个，年均增幅达8.6%，现代学徒制试点覆盖1000多个专业点，惠及10万余名学生（学徒）。2022年第46届世界技能大赛，在中国代表团参加的34个项目中包揽了33枚奖牌，其中共获得21枚金牌、3枚银牌、4枚铜牌和5个优胜奖，在金牌榜上名列第一。职业教育的大发展为服务“中国智造”提供了强大的内生动力，为民生改善提供了重要的支撑，成为乡村振兴的重要引擎。

教材是学校教育教学的基本依据，是育人育才的重要载体，教育思想和理念、人才培养的目标和要求等，都集中体现在教材中。党的十八大以来，教材建设扎实推进，体系门类逐步健全，质量水平不断提升。截至2021年，我国正在使用、版权页标注为“教材”字样的各类学历教育教材数量达到20.34万种，其中，基础教育类教材1.08万种，职业教育与继续教育类教材8.47万种，高等教育类教材10.79万种。“马工程”重点教材的课程覆盖率和教材使用率逐年提升，2020年课程平均覆盖率达到85.35%，教材平均使用率达到77.27%。大中小学课程教材体系构建步伐加快，重大主题教育持续深化。教材体系日益完善，结构不断优化，品种类型更加丰富，内容质量持续提升，育人功能显著增强，时代特征愈发凸显，中国特色更加鲜明，涌现出一大批引领教育教学改革、支撑创新人才培养的优秀教材。

在实现中国梦的“关键一程”上，人才对我国发展的支撑作用前所未有，中华大地正成为各类人才大有可为、大有作为的热土。

第四节　“双一流”建设取得重大突破，一批高校进入世界一流方阵

我国已形成明显的研究型大学群体。教育部教育质量评估中心发布的《一流大学建设高校教学质量监测报告（2021年度）》，通过大量基础数据、图表，直观地反映了41所高校的整体概况、办学条件、师资建设、招生就业、专业教学等方面的情况，全方位呈现了一流大学建设高校的建设成效。招生是一流大学人才培养的第一道关口。2020—2021学年，一流大学建设高校本科计划招生22.07万人，实际录取22万人，校均实际录取5300余人。从招生结构上来看，从2017—2018学年至今，一流大学建设高校校均本科生与研究生比例持续下降，2020—2021学年，校均本科生与研究生比例已经接近1∶1。这说明我国高等教育体系中已经形成了明显的研究型大学群体。2017年以来，一流大学建设高校生均课程门数持续上升，2020—2021学年，一流大学建设高校共开设本科课程32.77万门次、13.95万门课

程，生均课程门数为 0.1585。课程是大学人才培养的基础和载体，课程数量的增加说明一流大学在课程改革上的投入力度不断加大。同时，课程资源投入不断加大，突出的表现是教授给本科生上课成常态。2017—2021 学年，一流大学建设高校升学率整体上升。2020—2021 学年校均升学率达 52.17%。其中，出国留学率为 8.45%，读研率为 43.72%。研究型大学人才培养层次的上移意味着更多本科生有机会进入研究生阶段学习，升学率上升是符合高等教育发展趋势的。2020—2021 学年有 7.5%的一流大学建设高校应届本科毕业生选择灵活就业或自主创业，部分一流大学建设高校的这一比例已经超过 10%，个别高校已经达到 20%左右。这说明这部分毕业生思维活跃，有勇气去尝试各种新鲜事物，追求不同的人生目标，实现多样化选择，创新创业能力有了新的突破。

英国泰晤士高等教育 2022 年 10 月 12 日公布 2023 年度世界大学排名，中国清华大学和北京大学均位列排行榜前 20 名。跻身前 100 名的中国内地高校分别为清华大学、北京大学、复旦大学、上海交通大学、浙江大学、中国科学技术大学、南京大学。其中清华大学位列第 16 名，北京大学位列第 17 名。除上述 7 所高校外，还有 4 所中国内地高校跻身前 200 名，分别是南方科技大学、武汉大学、华中科技大学和四川大学。本年度共有来自 104 个国家和地区的 1799 所大学上榜。英国牛津大学蝉联榜首，美国哈佛大学位列第二名，英国剑桥大学和美国斯坦福大学并列第三名。英国《旗帜晚报》援引泰晤士高等教育首席知识官菲尔·巴蒂的话说，尽管西方大学仍然在排名中占主导地位，但东亚和中东地区的大学排名正日益取得进展。在全球范围内，高等教育质量正在日趋平均。

我国高校一些学科排名已经进入世界一流。2022 年世界一流学科排名中，我国内地大学在 54 个学科中有 14 个学科排名第 1，有 114 个学科进入前 10 名，排名第 1 和进入前 10 名的学科仅次于美国，排前 50 名、前 100 名的学科数也仅次于美国。但是，我国排名第 1 和进入前 10 名的学科主要集中在工科和农科，美国和英国在理科（数理化）、文科（经济和法学）方面还占有绝对优势。

高等教育发展格局在悄悄发生变化，首先表现在区域高等教育规模的位次和占比已经发生格局性的变化。2000—2020 年，北美和欧洲占世界高等教育规模的比重从 40%下降到 21%。同期，东亚和东南亚地区高等教育占世界高等教育规模的比重从 24%上升到 33%，开始成为全球高等教育在学规模第一大区域。泰晤士高等教育 2023 年世界大学排名，东亚的日本上榜大学 117 所，中国上榜 100 所（包括香港 5 所），合计 217 所，已经开始具有可以抗衡美国（177 所）和英国（103 所）上榜合计 280 所的能力，开始成为世界高等教育第一梯队国家。世界高等教育规模的中心已经转移到亚洲，高等教育水平的绝对中心地位也开始发生动摇，亚洲开始成为重要中心之一，而且这种向东亚发展的势头还在继续强化。按照世界高等教育中心的转移将带来世界科技中心的转移，世界科技中心的转移将带来世界经济中心的转移的发展规律，21 世纪中叶前将一定会迎来“亚洲时代”。

中国高等教育整体水平进入世界第一方阵。目前，世界上有 197 个国家，共有高校 3.5 万多所。如果一个国家的高等教育整体实力水平居于世界前 10%（前 20 名），那么这个国家的高等教育就进入了世界高等教育发展的第一方阵。如果居于世界前 5%（前 10 名），则进入了第一方阵的中间位置；如果居于世界前 2%—3%（前 6 名），则进入了第一方阵的领跑位置。据此划分，第一方阵代表着世界先进水平，第一方阵的领跑位置代表着世界一流水平。从通用性指标来看，中国高等教育多项指标位居世界前 5%，甚至进入 2%—3%以内。根据 QS、泰晤士、U.S.News、软科学四项排行榜来看，我国高水平大学群体实力、高等理科教育水平、高等工科教育水平、高等农学教育水平、高等文科教育水平、人力资源开发水平均位列世界前三，位居世界前 2%；此外，高等医学教育水平位居世界第四，高等教育整体水平位居世界第八。以上数据表明，中国高等教育已经稳稳进入世界先进水平，一些发展领域进入了世界一流水平。

中国高等教育在部分领域开始实现领跑。近年来，中国高等教育不断深化改革，推动了以“四新”（新工科、新医科、新农科、新文科）建设为代表的新教改，以发展在线教育教学为代表的新形态，以培养创新创业能力为代表的新质量取得了显著成效。以新工科建设为例,2018 年工科在校本科生 551 万人、工科本科毕业生占世界总数的 38%,厚实的人才基础支撑我国建成全球唯一拥有全部工业门类的国家。

第五节　科研管理改革激发创新活力,创新成果助力强国建设

党的十八大以来,我国科技事业发生历史性、整体性、格局性重大变化。高校作为国家创新体系的重要组成部分,把发展科技第一生产力、培养人才第一资源、增强创新第一动力更好地结合起来,有效支撑了我国教育、科技和经济社会的发展,助力社会主义现代化强国建设。

高校积极响应党中央号召,取得了一批具有标志性意义的重大科技成果。在神舟飞天、北斗组网、羲和逐日、高速铁路、C919 大飞机、港珠澳大桥等一系列大国工程中,数百所高校在突破"卡脖子"问题的基础理论和核心技术方面作出了突出的贡献。统计数据显示,截至 2022 年,高校作为第一完成单位获得的国家科技三大奖累计突破 1000 项。从数量上讲,高校获得了一半以上的国家科技三大奖;从质量上讲,高校获得了 60%的国家自然科学一等奖和 90%的国家技术发明一等奖。高校获得了全部 11 项国家技术发明一等奖中的 10 项、全部技术发明奖中的 72%,并获得了两项国家科技进步特等奖,还获得了全部 10 项国家自然科学奖一等奖中的 6 项。2020 年度国家科学技术奖共评选出国家最高科学技术奖 2 人,国家自然科学奖 46 项,国家技术发明奖 61 项,国家科学技术进步奖 157 项。高校(含附属医院)作为第一完成人所在单位或第一完成单位获奖 165 项,占授奖项目总数的 62. 5%;高校作为主要完成人所在单位或主要完成单位获奖 212 项,占授奖项目总数的 80. 3%。2020 年度国家最高科学技术奖获奖人分别为中国航空工业集团有限公司顾诵芬院士和清华大学王大中院士。中国十大科技进展、中国科学十大进展和中国高校十大科技进展的奖励是仅次于国家科学技术奖励的重要科技奖项,是衡量中国高校科技创新能力的重要指标。

从2012年至2021年,北京大学共有13个项目入选“高校十大科技进展”。入选的13项科技项目分布在计算机、互联网、生物医学、物理等多个领域,入选率为第一。高校在全国授奖项目中连年保持高比例,充分展示了高校科技工作者追求真理、勇攀高峰的科学精神;充分彰显了高校在我国科技创新体系中的重要地位,在基础研究和重大原始创新中的独特优势;充分体现了高校对实现高水平科技自立自强的有力支撑,对国家安全和经济社会发展作出的重要贡献,高校已经成为我国基础研究的主力军和重大科技突破的策源地。

高校不断加强创新平台体系建设,大力培养创新人才,加速汇聚创新资源,积极开展国际科技合作交流,高校科技创新综合实力实现跃升。截至2022年,高校牵头建设了60%以上的学科类国家重点实验室、30%的国家工程(技术)研究中心;教育部瞄准世界科技前沿和国家重大需求,主动布局建设了25个前沿科学中心、14个集成攻关大平台、38个国家级协同创新中心,系统布局的教育部重点实验室、工程研究中心、省部共建协同创新中心等平台超过1500个。高校战略科学家和领军人才群体稳步壮大,全国超过40%的两院院士、近70%的国家杰出青年科学基金获得者集聚在高校。

所谓ESI排名,就是基于Clarivate Analytics统计的一万余种学术期刊的数据库,综合评价一所高校的学科实力。ESI数据库更新了最新数据,2022世界高校学术排名新鲜出炉。在此次排名中,内地高校整体表现非常突出,综合排名再次取得了不小的进步。排名进步方面,全国高校均表现强劲。中国大陆一共362所高校有学科进入全球前1%,其中新增7所。中国科大、清华、北大3所内地顶尖高校较上一期数据比较,排名均有所提高。

上海交通大学、浙江大学、复旦大学、中山大学、华中科技大学、中国科学技术大学、南京大学、四川大学等都有进步。从2011年1月1日到2021年10月31日,中国大陆高等院校、科研院所等共发表367万篇论文,最近两个月又多发10万篇,平均每月发文5万多篇。引用次数也很高,被引5024万次。从榜单看,我国大陆高校在论文数量和论文被引数量方面,均是全球第二。

在学术研究论文发表方面,中国的存在感日益提升。日本经济新闻社与荷兰爱思唯尔公司合作,对世界各高校发表的论文数量进行了分析。结果显示,2018 年至 2022 年发表论文数量排名前 500 位的大学中,居第一位的是美国哈佛大学,而中国科学院大学等中国高校包揽了第二位至第四位。统计该名单上的各国高校数量发现,美国有 101 所,中国有 87 所,远多于其他国家和地区。排在美中之后的是德国(28 所)、英国(26 所)、法国(23 所)、澳大利亚(20 所)和意大利(18 所)。日本是 11 所,与韩国数量相当。

成果转化能力明显提升。教育部不断强化高校科技成果转移转化机构和人才队伍专业化建设,率先调整专利资助奖励政策,推动专利申请前评估制度落地,着重发挥产权激励和评价导向作用,高校科技成果供给质量和转化效率显著提升。根据中国科技成果转化年度报告,高校科技成果供给力量和转化效率显著提升,高校科技创新能力大幅提升。高校专利授权量从 2012 年的 6. 9 万项增加到 2021 年的 30. 8 万项,专利转让及许可合同数量从 2000 多项增加到 15000 多项,专利转化金额从 8. 2 亿元增加到 88. 9 亿元,增幅接近十倍,实现了质、效、能的同步提升。2021 年共有 3649 家高校院所以转让、许可、作价投资和技术开发、咨询、服务方式转化的合同总金额为 1581. 8 亿元,总合同为 564616 项,合同当年到账金额(不含作价投资)为 1016. 9 亿元。2021 年科技成果转化总合同金额超过 1 亿元的高校院所数量为 314 家。2021 年,高校院所以转让方式转化科技成果的合同金额为 86. 6 亿元,比上一年增长 23. 5%;以许可方式转化科技成果的合同金额为 74. 3 亿元,比上一年增长 8. 9%;以作价投资方式转化科技成果的合同金额为 66. 5 亿元,比上一年增长 0. 1%。截至 2021 年底,高校院所创设和参股公司数量为 3415 家,比截至 2020 年底增长 17. 6%。其中,中央所属高校院所创设和参股公司数量为 1260 家,比截至 2020 年底增长 47. 9%;地方所属高校院所创设和参股公司数量为 2155 家,比截至 2020 年底增长 4. 1%。2022 年,我国高校发明专利产业化率为 3. 9%,较上年提高 0. 9 个百分点。近两年,以高校为第一专利权人的产学研发明专利产业化率为 17. 8%。高校更多的科技成果已经转化为现实的生产力。

中国对自然科学贡献首超美国居首位。2023 自然指数年度榜单(2023 Nature Index Annual Tables)揭示了研究成果发表于 2022 年 1 月至 2022 年 12 月,对高质量的自然科学研究贡献最大的机构和国家。该榜单显示,中国在自然科学领域已超越美国,位居榜首。“自然指数”是一个数据库,它追踪发表在 146 种高质量自然科学和卫生科学期刊上的科研论文。“份额”作为自然指数的标志性指标,是根据数据库中特定地区的论文作者所属机构,来计算该机构的作者所占比例,以衡量对研究论文的贡献。调整后的份额(Adjusted Share)则将自然指数在文章总数上的微小年际变化考虑在内。以贡献份额(Share)衡量,中国对自然指数所覆盖的四大自然科学类别(物理、化学、生物科学、地球和环境科学)的总体研究贡献,首次由第二位跃升至第一位。与 2021 年相比,中国的调整后份额增长了 21.4%,在年度榜单前十国家中增幅最大。此外,中国在自然科学领域的主导地位在机构榜单中也显而易见。机构十强中有六家来自中国,分别为排名第一的中国科学院、排名第五的中国科学院大学、排名第六的中国科学技术大学、排名第七的南京大学、排名第九的北京大学和排名第十的清华大学。看看 2015—2023 年的“自然指数”,就会发现中国在高质量研究成果方面一直在迅速缩小与美国的差距。2015 年中国发表高质量科研成果的“贡献份额”——“自然指数”的一个标志性指标——相当于美国产出的 37%。到 2020 年,这一比例已升至 69%。在 2023 年的榜单上,中国的“贡献份额”已经超过美国。在该指数追踪的四大学科化学、地球与环境科学、生命科学和物理学中,中国大学在化学方面明显处于领先地位。自然指数创始人 David Swinbanks(戴维·斯温班克斯)在评论 2023 年的指数时表示,近年来自然指数年度榜单所呈现的趋势表明,中国的研究投入令其在自然科学领域超过美国只是时间问题。

高校哲学社会科学学术研究成果数量和质量取得长足进步。党的十八大以来,我国高校坚持社会主义办学方向、坚持马克思主义指导哲学社会科学的自觉性全面增强,马克思主义的立场观点方法全面落实到思想理论建设、哲学社会科学研究、教育教学各方面,高校哲学社会科学的马克思主义底色更加鲜亮。例如，在北京大学，《马藏》编纂与研究工程持续推进，学者们对马克思主义形成和发展过程中相关文献进行汇集与编纂，目前已出版多卷；中国人民大学启动“习近平新时代中国特色社会主义思想研究工程”，旨在进一步强化习近平新时代中国特色社会主义思想研究的系统性谋划、整体性推进、项目化管理……。教育部布局建设教育部人文社科重点研究基地 151 个、教育部哲学社会科学实验室 30 个、哲学社会科学各类协同创新中心 40 家；深入实施“高校哲学社会科学繁荣计划”，2012—2021 年累计投入繁荣计划专项资金 47.9 亿元，《儒藏》、“清华简”、甲骨文研究、“全球汉籍合璧工程”和“中国历代绘画大系”等取得重大成果，极大地提升了中华文明国际传播力、辐射力和解释力。高校哲学社会科学人才队伍建设取得新进展，呈现学历高、视野宽、活力强、梯队衔接的特点。截至 2021 年，高校哲学社会科学教学和研究人员达到 89.7 万人，比 2012 年的 48.2 万人增长约 86%；44 岁及以下青年学者达 59.3 万人，约占比 66%。人才遴选和职称评定制度改革等持续深化，推动高校哲学社会科学工作者在为祖国、为人民立德立言中成就自我、实现价值。

第六节　教育基础条件极大改善，为改革发展奠定良好基础

教育优先发展战略地位有效落实，国家财政性教育经费投入占 GDP 比例连续 11 年超过 4%。国家财政性教育经费累计支出 34.1 万亿元，年均增长约 9.4%，高于同期 GDP 年均名义增幅（8.9%）和一般公共预算收入年均增幅（6.9%）。以政府投入为主、多渠道筹集教育经费体制不断巩固完善，有力支撑起世界最大规模教育体系，教育成为财政一般公共预算第一大支出，一批重大教育工程得以顺利实施，极大地改善了学校办学条件，有力推动了我国教育现代化总体发展水平跨入世界中上国家行列。2022 年教育经费总投入 61344 亿元，同比增长 6%，比 2012 年的 27695.97 亿元增加了 1.22 倍；其中国家财政性教育经费 48478 亿元，比 2012 年的 22236 亿元增

加了 1.18 倍。实现从“穷国办大教育”向“大国办强教育”的迈进。

财政投入连年发力。2022 年中央财政安排“十四五”国家基础教育重大项目计划资金共计 605 亿元，其中学前教育发展资金 230 亿元、义务教育薄弱环节改善与能力提升项目资金 300 亿元、普通高中学校改善办学条件补助资金 70 亿元和特殊教育补助资金 5 亿元。经费专项推进引领。完成 2 万余所小区配套园治理工作“回头看”，新增普惠学位约 50 万个；遴选确定了 135 个县区开展义务教育优质均衡发展先行创建工作，实施部属高校县中托管帮扶项目；高校研究与试验发展拨入经费从 2012 年的 768.7 亿元增加到 2021 年的 1592 亿元，十年累计拨入经费总额超万亿元。高校科技活动中的研究与试验发展人员全时当量从 2012 年的 20.9 万人年增加到 2021 年的 33.4 万人年，增幅近 60%。创新资源的汇聚为高校原始创新能力跃升和关键技术突破奠定了坚实基础。

全国中小学教职工编制省市县三级全面达标。中小学教职工编制国家标准自 2001 年制定以来，先后两次调整，逐步提升农村、县镇编制标准，2014 年实现全国城乡中小学教职工编制标准的统一。针对经济社会发展、人口流动等形成的区域间基础教育不平衡问题，2021 年 6 月，中央编办、教育部立足于服务人民群众、为教育事业发展办实事，共同研究印发《关于推动中小学教职工编制全面达到国家基本标准的通知》，要求各地 2021 年底前实现全省（自治区、直辖市）总量达标，2022 年 6 月底前实现以县（含地级市辖区）为单位全面达标。截至 2022 年 6 月底，全国省市县三级中小学教职工编制，已如期达到或高于国家基本标准，有效促进了教育资源的城乡均衡配置，为办好人民满意的教育奠定了坚实基础。

教师学历层次不断提高。我国专任教师总数从 2012 年的 1462.9 万人增加到 2022 年的 1880.36 万人，增长了约 29%。各级各类教师素质不断提升、结构不断优化，小学教师本科以上学历占比从 32.6%增长到 2021 年的 70.3%；职业教育“双师型”教师占比超过 50%；高校硕士研究生导师从 22.9 万人增加到 2021 年的 42.4 万人；博士研究生导师从 6.9 万人增加到 2021 年的 13.2 万人。截至 2022 年，全国义务教育阶段本科以上学历专任教师比例为 81. 02%,其中农村义务教育阶段本科以上学历专任教师占比达 76. 01%,比 2012 年增长 35. 29 个百分点。农村教师整体学历和能力水平持续提升,教师结构不断优化,教育质量稳步提高。高等教育中具有高级职称专任教师比例为 41. 93%。这些数据表明,我国教师队伍建设已经完成重要的数量积累与规模发展阶段的“从量变到质变”。教师队伍总量扩大的同时,结构性矛盾需要缓解,尤其是中西部地区优秀师资薄弱、音体美教师缺乏等问题。2022 年,一项项措施陆续出台落地——八部门联合启动国家乡村振兴重点帮扶县教育人才“组团式”帮扶工作,从东部 8 省份选派高中校长、管理人员和教师共计 2392 人,帮扶西部 10 个省区市 160 个国家乡村振兴重点帮扶县各建好 1 所普通高中和 1 所职业高中;定向培养、定向就业的“优师计划”2022 年一共招收 11418 人,同比增长 19. 8%,着力缓解音体美等教师资源缺口,促进学科结构均衡;实施师范教育协同提质计划,协调 10 所高水平师范大学、30 所地方高水平师范院校,重点支持 32 所中西部欠发达地区地方薄弱师范院校的发展建设。

教师职业的吸引力大幅提高。2012 年开始执行的教师资格考试,报名人数由最初的 17. 2 万人次跃升至 2022 年的 1144. 2 万人次。“教资热”的原因来自多方面,不能简单地在“教资热”与“教师热”之间画等号,但毫无疑问教师地位和待遇的提高是其基本原因。2020 年,我国历史性地实现了“义务教育教师平均工资收入水平不得低于当地公务员平均工资收入水平”这一目标。新教师岗位竞争明显加大,有的地区数十人竞争一个岗位成为常态化。2022 年师范类高校和专业延续了近年来火热的态势。例如,北京师范大学(公费师范生)理科投档最低分排名 3186 位,较 2021 年前移 847 位次;陕西师范大学(公费师范生)理科投档最低分排名 8292 位,较 2021 年前移 1781 位;华中师范大学(优师专项)文科投档最低分排名 3072 位,较 2021 年前移 2250 位;西南大学(优师专项)文科投档最低分排名 2793 位,较 2021 年前移 2812 位。一些地方师范院校也有类似的情况。值得一提的是,部分师范院校的征求志愿投档线甚至超过许多知名“211”“985”高校。随着国家和各地一系列惠师政策的出台和落地,教师的社会地位不断提高，职业幸福感和获得感大大增强，使得教师职业的吸引力进一步提升。

农村义务教育教师资源配置更均衡。农村义务教育阶段学校教师特设岗位计划实施以来，累计有109.5万名高校毕业生赴中西部农村学校任教，其中本科以上学历占比达84.8%。同时从东部地区、城市学校选派优秀校长和教师帮扶中西部农村学校，有效缓解了欠发达地区优秀教师不足等问题。农村教师培训体系更健全。“国培计划”对中西部农村义务教育教师进行有针对性的培训，截至2022年，已有1800余万人次参加培训，中央财政累计投入经费200余亿元。未来5年将针对国家乡村振兴重点帮扶县的农村教师开展学历提升培训。同时，带动各省份提升农村教师学历，进一步促进城乡教育优质均衡发展。

党的二十大首次将“教育数字化”写进报告，提出“推进教育数字化，建设全民终身学习的学习型社会、学习型大国”。当前，国家教育数字化战略行动扎实推进。运用智慧校园平台、建设数字实训基地、开展数字教育活动……各级各类学校积极探索，不仅开辟出教育新形态，更推动提升师生数字素养，让数字技术为全面育人服务。国家智慧教育公共服务平台于2022年3月28日正式上线以来，聚合了高质量、体系化、多类型的数字教育资源，而且平台不断丰富内容资源、拓展领域、升级迭代，已建成世界第一大教育教学资源库。截至目前，平台累计浏览量达260亿次，访客量超19.2亿人次，访问用户覆盖200多个国家和地区。目前，全国中小学（含教学点）互联网接入率达到100%，99.9%的学校出口带宽达到100M以上，超过3/4的学校实现无线网络覆盖，99.5%的学校拥有多媒体教室。注册用户达7300万，周活跃用户数量在1500万左右。国家智慧教育公共服务平台，为广大师生、社会公众提供了丰富的服务供给。数字化在课堂教学中得到更充分的应用，数据驱动深刻改变了传统教育教学模式，为教师的因材施教和学生的个性化学习提供了科学支撑。数字化教学条件的不断改善，为教育均衡发展提供了重要的硬件基础。

教育法治建设扎实推进，为教育改革发展营造良好的法治环境。党的十八大以来,全国人大共颁布或修订(正)了12部教育法律,例如,《中华人民共和国高等教育法》《中华人民共和国职业教育法》《中华人民共和国家庭教育促进法》《中华人民共和国民办教育促进法》等;还有一些法律正在制定和修订中,例如,《中华人民共和国教师法》《中华人民共和国学位法》《中华人民共和国学前教育法》等,为教育改革发展提供了根本的法制遵循。中央政府还发布或批准了59项教育行政法规和国务院规范性文件,为教育改革发展指明了方向,提供了政策工具和保障措施。除此以外还有约4000项部门规章,为各个领域的教育改革发展提供政策指引。在新时代,我国教育法治建设在体系层面上呈现出教育行政法律关系不断明确、学校教育法律内容不断丰富以及社会主体教育权利义务日益明晰的新形态。这些政策法规充分发挥教育法治理念的引领性、基础性与保障性作用,真正做到为教育改革发展保驾护航。学校还普遍建立法律顾问制度,为决策实现民主化、科学化、法治化提供保证。广大中小学建立聘用法治副校长制度,在学校管理中,坚持依法治校。深入开展法治宣传教育,努力营造全民守法的良好氛围。

第七节　教育开放合作呈现新格局,教育的国际影响力和话语权不断增强

2021学年在册国际学生来自195个国家和地区,学历教育学生占比达76%,比2012年提高35个百分点。同181个建交国普遍开展了教育合作与交流,与58个国家和地区签署了学历学位互认协议,76个国家将中文纳入国民教育体系。截至2021年,全球已有70多个国家将中文纳入国民教育体系,4000多所国外大学开设了中文课程。据粗略统计,截至2021年,中国以外正在学习中文的人数约2500万,累计学习和使用中文的人数近2亿,全球参加中文水平考试(HSK)等各类中文水平考试达4776万人次。国际中文教育拥有广泛而坚实的基础。2021年,内地(大陆)高校共有港澳台在校生3.82万名,较2012年的2.53万增长了51%。内地已连续多年成为

港澳学生赴港澳以外地区升学首选。越来越多的台湾学生选择到大陆就读。

随着中国经济的快速发展和国家实力的迅速提升，我国国际地位得到了巨大提升，中国高等教育“走出去”已成为趋势，越来越多的高校赴海外办学。高校境外办学，是中国高校主动与世界交流、推动构建人类命运共同体建设的举措之一，对于提升我国高等教育的国际影响力和国际竞争力具有重要意义和作用。“一带一路”倡议实施以来，我国高校境外办学发展迅速，据不完全统计，我国高校在海外开设的专业包括中国语言文学、中医药、中医针灸、中国传统武术、体育教育、工商管理、法律、教育、金融与投融资管理、哲学、学前及特殊教育、航海技术、烹饪工艺与营养、新闻与传播学等。随着我国综合国力日益增强，高等教育质量及国际影响力稳步提升，特别是提出“一带一路”倡议后，越来越多国家对国内高校发出了办学邀请。我国职业教育与70多个国家和国际组织建立了稳定联系，400余所高职院校与国外办学机构开展合作办学。鲁班工坊成为重要国际品牌。中国—东盟职业教育联合会、未来非洲—中非职业教育合作计划、金砖国家职教联盟等区域教育合作机制不断完善。我国高校境外办学主要有三种形式。第一种是高校于境外独立办学，如厦门大学马来西亚分校、老挝苏州大学、北京大学汇丰商学院英国校区等。第二种是中外高校合作创建，如清华大学全球创新学院、大连海事大学斯里兰卡校区等。第三种是所在国政府、企业（包括中方企业）以及其他机构合作办学，由地方政府、企业和其他机构提供办学所需条件，中方高校实施相对独立办学，如北京语言大学东京学院等。清华大学与华盛顿大学、微软公司联合，强强合作，跨学科、跨界融合，成立全球创新学院，面向社会、产业界对技术创新人才的实际需求，培养具有全球视野和创新能力的技术领军人才。北京大学汇丰商学院英国校区致力于搭建国际化的产学研创新平台，促进中英、中欧经济、金融和科技领域合作。北京大学与清华大学在欧美办学，探索了我国顶尖大学与世界发达国家教育合作的新道路。无锡商业职业技术学院为柬埔寨西哈努克港经济特区发展培养本土高素质技术技能人才，积累了高等职业教育服务中资企业“走出去”、校企联合培养当地高素质技术技能人才的经验。

加强与联合国教科文组织的合作，推进在中国设立相关机构。全面参与二十国集团、金砖国家、亚太经合组织（APEC）、上海合作组织等多边机制框架下的教育合作，成立“金砖国家职业教育联盟”和举办相关活动，主办金砖国家教育部长会议，设立 APEC 教育研究网络。举办中国国际教育年会、国际中文教育大会、中国留学论坛，在职业教育、数字教育等领域积极搭建全球性高端教育合作平台。创新外语院校和高校外语院系人才培养机制，深化高校公共外语教学改革；加强各类国际化人才培养，加强青年学生的“全球能力”培养。

广大留学人员积极投身改革开放和社会主义现代化建设，积极推动我国同其他国家各领域交流合作，为推动我国经济社会发展作出了重要贡献。《新时代的中国青年》白皮书显示，2019 年，超过 70 万人出国深造，超过 58 万人学成回国；40 多年来各类出国留学人员累计超过 650 万人，回国留学人员累计达 420 余万人。随着新时代中国特色社会主义事业不断发展、我国综合国力不断增强和社会主义现代化建设对人才需求的不断增长，我国出国留学人员和留学回国人员的数量保持快速增长的态势。党的十八大以来，超过八成出国留学的中国学生完成学业后，选择回国发展。

全球中文学习平台在 2019 年正式上线，仅用两年时间发展用户 610 万人、覆盖全球 182 个国家和地区。此外，为应对全球新冠疫情挑战，平台聚焦海外中文学习者上线了国际版 App，更好地发挥网络教育优势，服务海内外学生“停课不停学”。

地处改革开放前沿的广东省，2012 年以来香港中文大学（深圳）、广东以色列理工学院、深圳北理莫斯科大学和香港科技大学（广州）先后获批设立，目前共有 5 所具有独立法人资格的中外、内地与港澳合作办学机构，占全国总量的一半。同时香港城市大学（东莞）获批筹设。高起点、高标准、新机制筹建大湾区大学、深圳理工大学等本科院校。实施港澳台居民在粤申请参加中小学教师资格考试制度。建设 5 所港澳（港人）子弟学校及 29 所设港澳（港人）子弟班的学校，港澳居民或其随迁子女来粤接受基础教育享受内地居民子女同等入学政策,2021 至 2022 学年,全省中小学在读港澳学生近 11 万人,高校在读港澳学生 1.3 万人,规模全国最大。建设粤港澳高校联盟及专业联盟等 50 余个合作平台,缔结姊妹学校(园)1165 对,组织粤港澳师生教研、体育、美术、音乐、创新创业、中华经典诵读和学宪法讲宪法系列交流活动。

尽管我国新时代的教育事业取得了历史性成就,发生了格局性变化,但是,建设教育强国的任务还十分艰巨,时间还十分紧迫,困难还十分巨大,矛盾还十分复杂,容不得丝毫松懈和骄傲。我们要按照党的二十大提出的"三个务必"的要求,振奋精神,锐意进取,奋发图强。积极响应习近平总书记的号召:"全党全国人民要坚定信心、久久为功,为早日实现教育强国目标而共同努力。"①

① 《加快建设教育强国　为中华民族伟大复兴提供有力支撑》,《人民日报》2023 年 5 月 30 日。

主要参考文献

《十八大以来重要文献选编》(上),中央文献出版社 2014 年版。

《十八大以来重要文献选编》(中),中央文献出版社 2016 年版。

《十八大以来重要文献选编》(下),中央文献出版社 2018 年版。

《十九大以来重要文献选编》(上),中央文献出版社 2019 年版。

《十九大以来重要文献选编》(中),中央文献出版社 2021 年版。

《十九大以来重要文献选编》(下),中央文献出版社 2023 年版。

《习近平著作选读》第一卷,人民出版社 2023 年版。

《习近平著作选读》第二卷,人民出版社 2023 年版。

习近平:《论坚持全面深化改革》,中央文献出版社 2018 年版。

习近平:《论坚持党对一切工作的领导》,中央文献出版社 2019 年版。

《习近平关于全面从严治党论述摘编》,中央文献出版社 2021 年版。

习近平:《论科技自立自强》,中央文献出版社 2023 年版。

《习近平关于社会主义精神文明建设论述摘编》,中央文献出版社 2022 年版。

习近平:《论坚持人民当家作主》,中央文献出版社 2021 年版。

习近平:《论党的宣传思想工作》,中央文献出版社 2020 年版。

习近平:《论坚持全面依法治国》,中央文献出版社 2020 年版。

《习近平关于科技创新论述摘编》,中央文献出版社 2016 年版。

《习近平关于网络强国论述摘编》,中央文献出版社 2021 年版。

习近平:《论中国共产党历史》,中央文献出版社 2021 年版。

《习近平新时代中国特色社会主义思想专题摘编》,党建读物出版社、中央文献出版社 2023 年版。

《毛泽东选集》第一——四卷,人民出版社 1991 年版。

《邓小平文选》第一——三卷,人民出版社 1993 年版。

《江泽民文选》第一——三卷,人民出版社 2006 年版。

《胡锦涛文选》第一——三卷,人民出版社2016年版。

《习近平总书记教育重要论述讲义》,高等教育出版社2020年版。

刘献君、李培根主编:《教育理念创新与建设高等教育强国》,高等教育出版社2016年版。

袁贵仁主编:《中国教育》,北京师范大学出版社2013年版。

柳海民主编:《教育学概论》,北京师范大学出版社2015年版。

袁贵仁总主编、本册主编刘自成:《中国教育咨询报告》(一)(二),高等教育出版社2012年版。

教育部编写组:《中国共产党教育理论与实践》,北京师范大学出版社2001年版。

教育部:《面向二十一世纪教育振兴行动计划学习参考资料》,北京师范大学出版社1999年版。

《中共中央关于制定国民经济和社会发展第十四个五年规划和二〇三五年远景目标的建议辅导读本》,人民出版社2020年版。

许杰:《探索中国特色现代大学制度:理论建构与政策实践》,北京理工大学出版社2019年版。

郑丽平:《教育发展新水平》,中国人民大学出版社2020年版。

国家教育行政学院编著:《国家教育体制改革试点阶段性研究报告(高等教育卷)》,教育科学出版社2014年版。

国家教育行政学院编著:《国家教育体制改革试点阶段性研究报告(基础教育卷)》,教育科学出版社2014年版。

国家教育行政学院编:《高等教育热点问题调研报告》,高等教育出版社2015年版。

郝维谦、龙正中主编:《高等教育史》,海南出版社2000年版。

教育部主编:《共和国教育50年》,北京师范大学出版社1999年版。

建设高等教育强国发展战略研究课题组主编:《建设高等教育强国》,高等教育出版社2016年版。

北京教育科学研究院组编:《教育现代化的理论进展与实践探索》,北京师范大学出版社2015年版。

瞿振元、王建国主编:《建设高等教育强国的意义与使命》,高等教育出版社2016年版。

国家教育行政学院编著:《新中国教育行政管理五十年》,人民教育出版社1999年版。

教育部课题组:《深入学习习近平关于教育的重要论述》,人民出版社2019年版。

黄百炼:《建设社会主义现代化教育强国的思想指南——读〈习近平总书记教育重

要论述讲义〉有感》,《中国编辑》2020 年第 11 期。

王树国:《新领域　新赛道　新征程　为建设社会主义现代化国家贡献教育力量》,《国家教育行政学院学报》2023 年第 5 期。

邓卫:《增强高校基层党组织政治功能和组织功能　以高质量党建引领学校高质量发展》,《国家教育行政学院学报》2023 年第 7 期。

于发友:《建设教育强国是民族复兴基础性工程》,《中国教育报》2023 年 3 月 16 日。

周洪宇:《教育优先发展助力强国建设民族复兴》,《中国教育报》2023 年 3 月 16 日。

怀进鹏:《加强建设教育强国》,《人民日报》2022 年 12 月 21 日。

姜恩来等:《从领导权到党的全面领导:中国共产党高等教育发展历程的三重逻辑》,《中国高等教育》2021 年第 8 期。

刘复兴:《坚持党对教育事业领导的全面性、系统性、整体性》,《教育研究》2021 年第 4 期。

崔延强、段禹:《中国共产党高等教育理论与实践之百年历史经验》,《西南大学学报》(社会科学版)2021 年第 3 期。

孙霄兵:《中国共产党领导教育的基本政策、战略维度和历史逻辑》,《人民教育》2021 年第 3—4 期。

朱国仁:《坚持和加强党对教育工作的全面领导》,《中国党政干部论坛》2020 年第 10 期。

杨晓慧:《确保党委领导核心　坚持社会主义办学方向》,《中国高等教育》2016 年第 12 期。

康秀云:《习近平"坚持社会主义办学方向"重要论述的思想精髓》,《东北师大学报》(哲学社会科学版)2021 年第 3 期。

檀慧玲等:《坚持扎根中国大地办教育》,《中国高等教育》2019 年第 6 期。

王顺洪:《论扎根中国大地办世界一流大学》,《西南交通大学学报》(社会科学版)2017 年第 5 期。

刘洪刚:《"坚持以人民为中心发展教育"的基本要义与时代价值》,《理论视野》2021 年第 8 期。

黄百炼:《中小学校长如何贯彻立德树人思想》,《中小学校长》2015 年第 1 期。

黄百炼:《高校人才培养模式创新的几点思考》,《国家教育行政学院学报》2014 年第 4 期。

袁振国、沈伟:《立德树人的落实机制:现状、挑战与对策》,《苏州大学学报》(教育科学版）2021 年第 1 期。

石中英：《努力培养德智体美劳全面发展的社会主义事业建设者和接班人》，《中国高校社会科学》2018 年第 6 期。

石书臣：《正确把握“课程思政”与思政课程的关系》，《学科与课程建设》2018 年第 11 期。

冯刚、史宏月：《新时代立德树人的理论内涵及其价值意蕴》，《社会主义核心价值观研究》2019 年第 5 期。

袁贵仁：《加快推进教育治理体系和治理能力现代化》，《人民论坛》2014 年第 5 期（上）。

顾明远：《教育领域综合改革的宏观思考》，《教育研究》2014 年第 6 期。

杨银付：《深化教育领域综合改革的若干思考》，《教育研究》2014 年第 1 期。

钟秉林：《推进教育综合改革，适应经济社会新常态》，《教育与职业》2016 年第 1 期。

刘复兴、王慧娟：《习近平关于教育改革创新的思想》，《兰州学刊》2018 年第 1 期。

林崇德、黄四林：《以培养“四有”好老师为目标　涵养高尚师德修养——〈中小学教师培训课程指导标准（师德修养）有效实施的关键问题〉》，《人民教育》2022 年第 1 期。

范楠楠：《“四有”好老师的时代意蕴及其养成》，《教育科学论坛》2017 年第 9 期。

夏文斌：《引导教师做“四有”好老师》，《中国高等教育》2019 年第 15 期。

黄百炼：《把立德树人的根扎在家庭》，《人民日报》2013 年 9 月 1 日。

王定华：《切实推进高校教师考核评价制度改革》，《中国高等教育》2017 年第 12 期。

游旭群：《中国特色世界一流教师教育体系建设的探索——基于党的十九大以来我国教师教育政策的视角》，《教师发展研究》2022 年第 6 期。

杜志强、王新烨：《我国基础教育教师队伍建设面临的问题与对策》，《中州学刊》2020 年第 10 期。

黄百炼：《党的领导是中国高教迈向世界一流的坚强保证》，《中国高等教育》2016 年第 7 期。

王传毅：《优化顶层设计　分类推进交叉学科建设》，《北京社会科学》2023 年第 1 期。

鲍嵘、朱华伟：《大学章程与高校治理结构之关系研究》，《现代教育管理》2019 年第 5 期。

刘国瑞：《开启高等教育强国建设的新征程》，《中国高等教育》2022 年第 12 期。

尚洪波:《高校内部治理结构改革:改革开放四十年来的回顾与展望》,《国家教育行政学院学报》2018 年第 11 期。

黄浩、胡科、丁旭:《我国顶尖研究型大学内部治理结构研究》,《黑龙江高等教育研究》2021 年第 11 期。

吴岩:《中国式现代化与高等教育改革创新发展》,《中国高教研究》2022 年第 11 期。

刘国瑞等:《中国式高等教育现代化的逻辑、特征与任务》,《高等教育研究》2022 年第 11 期。

谢伏瞻:《加快构建中国特色哲学社会科学学科体系、学术体系、话语体系》,《中国社会科学》2019 年第 5 期。

周远清:《走中国特色之路　建高等教育强国》,《中国高等教育》2017 年第 10 期。

周远清:《跨世纪的中国高等教育大改革》,《教育史研究》2017 年第 11 期。

钟秉林:《深入实施科教兴国战略　着力造就拔尖创新人才》,《中国高等教育》2023 年第 6 期。

后　　记

2021年1月，我的老朋友，北京大学习近平新时代中国特色社会主义思想研究院院长王浦劬给我打电话，说是研究院想出一套《新时代中国特色社会主义理论与实践研究丛书》，他希望我担任《新时代中国特色社会主义教育理论与实践研究》这本书的作者。面对老朋友的邀约我颇费踌躇，虽然我一辈子都在教育系统工作，做过教育教学、教学管理、教育行政、教育宣传、教育干部培训等工作，但学的不是教育专业而是政治学专业。在科学研究中由于工作关系主持过几项教育类的国家社科基金的重大课题或教育部的重大委托课题，发表过一些相关科研论文和编著等成果，但这只是我研究成果中的极少部分，我没有接受这本书任务的底气，于是最初选择推辞。但浦劬院长认定我能完成任务，希望我能帮他这个忙，我就应承了下来。承担任务后开始琢磨书稿结构、框架，才发现完成这个任务的难度超乎预料。中国的教育类型长期认定的就有八种之多，加上新时代坚持立德树人和以人民为中心发展教育把学前教育和家庭教育纳入进来，就高达十种。每一种教育类型还存在办学体制机制不一样而带来的领导体制、经费投入、教育管理、政策法规差异性的情况。每一种教育类型都有教育理念、人才培养模式、人才培养目标、管理体制、保障体制、科学研究、招生考试体制、教师人事管理体制、社会环境等改革发展面临的不同问题。如何在一本书中体现教育改革发展的时代特色和印记，又能够照顾全面反映教育的方方面面的理论和实践创新，确实需要付出更大的努力。好在新时代许多教育界同人有不少方方面面的研究成果，笔者在浩如烟海的研究成果中吸收营养，消化吸收再创新。本书中的主要参考文献只是列举了所涉猎文献的有代表性的一部分,在此,向所有教育研究专家致谢。本书的写作得到了北京大学习近平新时代中国特色社会主义思想研究院的大力支持,院长王浦劬亲自过问工作进展,帮助解决许多具体问题,提供指导;研究院还提供了科研经费用于各种支持保障;研究院的管理人员范春丽、韩函等同志为书稿的完成做了大量服务性工作,在此一并致谢。我原来的工作单位——国家教育行政学院的同事们为我完成书稿开展调查研究提供了许多方便,在此表示衷心感谢。丛书的编稿负责人毕于慧同志对书稿结构框架的确立和书稿的修改提供了许多有益的意见,在此表示衷心感谢。我的夫人李世玲为了我有时间完成书稿承担了大量家务劳动,为她的付出表示感谢。

黄百炼

2023 年 12 月

责任编辑：毕于慧
封面设计：王欢欢
版式设计：东　昌

图书在版编目(CIP)数据

新时代中国特色社会主义教育理论与实践研究/黄百炼 著. —北京：
　人民出版社,2024.7
(新时代中国特色社会主义理论与实践研究丛书)
ISBN 978-7-01-026552-0

Ⅰ.①新…　Ⅱ.①黄…　Ⅲ.①中国特色社会主义-教育理论-研究
　Ⅳ.①G520

中国国家版本馆 CIP 数据核字(2024)第 105315 号

新时代中国特色社会主义教育理论与实践研究

XINSHIDAI ZHONGGUO TESE SHEHUIZHUYI JIAOYU LILUN YU SHIJIAN YANJIU

黄百炼　著

人民出版社 出版发行
(100706　北京市东城区隆福寺街 99 号)

中煤(北京)印务有限公司印刷　新华书店经销

2024 年 7 月第 1 版　2024 年 7 月北京第 1 次印刷
开本:710 毫米×1000 毫米 1/16　印张:22.5
字数:323 千字

ISBN 978-7-01-026552-0　定价:92.00 元

邮购地址 100706　北京市东城区隆福寺街 99 号
人民东方图书销售中心　电话 (010)65250042　65289539